증보판

시련과 극복의 한국사

최근영 · 최일성 · 이헌주 지음

敎友社

머리말

역사는 우리가 살아온 발자취를 사실대로 그 상태를 밝히는 학문이다. 그런데 그 발자취 속에는 청산할 것과 발전시켜야할 것이 혼합되어 있다. 즉 청산해야할 것은 부끄러운 것이며, 발전시켜야할 것은 자랑스러운 것이다. 이렇듯 서로 상반되는 역사적 사실을 놓고 볼 때 청산해야할 과제들은 미루거나 등한시한다면 역사발전에 큰 걸림돌이 될 것이다.

해방 후 우리의 역사학계를 보면, 1970년대에 접어들면서 국사편찬위원회를 중심으로 사료의 수집, 분석, 정리 및 편찬과 한국사의 연구활동이 활발하게 이루어졌다.

한편 대학에서 교양과목으로 다루고 있는 <한국사>는 대학 나름대로 내용이 다양한 많은 교재가 개발되었다. 그러나 이들 교재를 보면, 학기 당 배정된 시간으로 학습을 끝낼 수 있는 일부 특정분야를 택하여 체계적으로 심도 있게 다루어 주는 교재가 있었으면 하는 아쉬움이 있다.

이 책은 필자가 평소 느낀 문제점을 고려하여 국립 충주대학교 <역사와 문화> 영역의 교재로 채택하기 위하여 2002년에 간행되었으며 그간 강의를 하면서 보완의 필요성을 느껴 몇 항목을 더하여 다시 발간하게 되었다.

책의 내용은 4편으로 나누어 구성했다. 제1편은 한국사의 흐름 속에서 <시련과 극복>을 인식하는데 필요한 18개 항목을 선정, 그 시말과 성격 등을 서술하였다. 제2편은 우리의 역사를 이웃하는 나라들이 그들의 이해관계에 입각하여 해석하는 몇몇 문제들을 골라 <역사와 이웃> 편을 새로 추가하였다. 이는 국제사회에 살아갈 젊은 학생들에게 우리의 역사를 왜곡하는 이웃 나라의 논리를 비판할 수 있는 능력을 키워 우리 역사를 지켜나갈 수 있게 하고자 함이다.

제3편은 충주대학교가 위치한 충주를 위주로 한 중원지방의 역사로, 이 지역은 선사시대로부터 조선시대까지 간과해서는 안될 사실들이 많다. 그 사실들을 요약 정리하여 학생들의 과제물로 삼고자 소개하였다.

제4편은 충주지역의 대표적 유적과 인물을 소개하였다. 학생들로 하여금 관련 유적을 답사하는데 보탬이 되고자 하였다.

이 책에 선별된 주제들은 필자들이 이미 발표한 논문을 다시 정리한 것과, 학계에서 발표된 논 · 저를 참고하였으나 교재의 성격상 각주처리는 하지 못하고 대신 참고문헌을 밝혔다. 논 · 저자의 양해를 바랄 뿐이다. 제1 · 2편의 고대사 부문은 최근영, 중세사부문은 최일성, 근세사부문은 이헌주가 주로 집필하였다. 임나일본부는 김택균이 집필하였다. 제3 · 4편은 최근영과 최일성이 집필하였다.

그리고 내용의 선별과 서술상에 있어 미비한 점은 앞으로 수정 · 보완해 갈 생각이다.

2004년 2월
저자 씀

차 례

제 1 편

시련과 극복

1. 고조선 사회의 성장과 발전

1) 고조선의 성장

『삼국지』 위지동이전(魏志東夷傳)은 중국의 5호16국 시대 이전에 해당하는 한국 고대사회의 형성 및 정치 · 사회상 연구의 기본 바탕을 제공하는 옛 문헌이다.

위지동이전은 고대 한국사회의 정치 · 경제 · 사회 · 문화면의 모든 양상이 명확하게 나타나지는 않지만, 중국인(한족계)이 우리 민족을 어떻게 바라보고 있었는가는 잘 보여주는 자료라 할 수 있다. 중국인의 동이관도 시대변천에 따라 변화되었음은 위지 이후의 중국사서에서 나타나고 있다.

이 글에서는 위지동이전을 중심으로 고조선사회의 성장과 발전 및 사회상을 살펴보고자 한다.

기자조선의 유일한 기록은 동이전의 한전(韓傳)에 '옛 기자(箕子)의 후예인 조선후(朝鮮侯)는 주나라가 쇠약해지자 연(燕)나라가 스스로 높여 왕이라 칭하고 동쪽으로 침략하려는 것을 보고 조선후도 또한 스스로 왕호를 칭하고 군사를 일으켜 연나라를 공격하여 주나라 왕실을 받들려 하자 그의 대부 예(禮)가 간하므로 곧 중지하였다'라 한 내용이다.

위 내용으로 보아 기자의 후손인 조선후가 등장한 때는 B.C. 330～320년경으로 당시 한반도와 만주지역에는 성읍국가가 존재했음을 알 수 있다. 즉 주나라가 쇠하자 그 제후국들이 각기 왕을 칭하였는데, 연나라의 역왕(易王 : B.C. 333～321)도 왕을 칭하고 동쪽으로 영토를 넓히려 했다. 이때 조선의 후(侯)도 스스로 왕이라 칭하고 군사를 일으켜 연을 역공하려 했다.

이 내용으로 본다면 B.C. 330년 경의 조선은 이미 요하를 경계로 연나라와 대립할 수 있을 정도의 막강한 세력으로 등장하였음을 알 수 있다. 또한 왕을 칭한 것도 연과 같은 시기인 점으로 볼 때 중국에서 연을 고대국가로 보고 있다면 조선도 고대국가로 간주되어야 할 것이다. 그러므로 고조선이 연맹왕국이 된 것은 늦어도 B.C. 4세기말 이전으로 생각할 수 있다. 이때 예맥족의 생활권은 대동강에서 요동지방에 이르는 일대였지만, B.C. 4세기 말～3세기 초에 걸쳐 요동으로 침입하는 연나라의 세력에 밀리기 시작하였다.

연은 소왕(昭王 : B.C. 312～279) 때 장군 진개(秦開)를 보내어 요하 상류에 근거를 두고 있던 동호족(東胡族)을 원정하고 고조선 경내로 침입했다. 연나라는 요동지방에 요동군을 설치하고 보루를 쌓기까지 했다. 이때 고조선은 서방의 2천여 리를 상실하여 만번한(滿潘汗)을 경계로 연과 대치하게 되었다. 이 만번한의 경계는 천관우 등의 견해에 의하면 요하 입구 개평(蓋平)으로부터 평북(平北) 박천(博川)을 연결하는 선이었다. 그 후 연이 진(秦)에 망하고(B.C. 222) 요동군이 진의 지배하에 들어가게 되었는데, 시황제는 중국을 통일하고 만리장성을 쌓는 등(B.C. 214) 요동군에 대한 지배책을 강화하려 하였다. 그러나 진은 곧 망하고(B.C. 207), 한(漢)이 중국을 통일하였다(B.C. 202). 한나라 고조(高祖)는 노관(盧綰)을 연왕으로 봉했으나 적극적인 동방진출은 하지 않았다. 이때 고조선과의 국경선은 종래의 만번한에서 패수(浿水)로 변경되었다. 경계선인 패수에 대해서는 일찍이 정약용이 압록강으로 본 견해가 있는데, 천관우는 이 설의 타당함을 주장하고 있으며, 이병도는 청천강 이남 대동강 이북의 땅으로 보고 있고, 또 예성강까지 보는 견해도 있다.

당시 중국과의 관계를 보면, 시황제 때 조선에서는 부왕(否王)이 즉위하여 진에 <약복속(略服屬)>되었는데 <불긍조회(不肯朝會)>하였다는 기록과『삼국지』마한전에 왜・한이 대방군에 속하였다고 한 점을 보면 진・한과는 교역과 사신을 보내는 등의 교섭이 있었음을 알 수 있다.

그리고 만리장성을 축조할 때부터 동원을 기피한 현지의 사람들은 고조선 국경지역으로 이주하기 시작하였으며, 특히 연・제・조나라 사람 등이 전란을 피하여 고조선 방면으로 들어온 유이민이 많았다.

위만(衛滿)이 이주할 당시의 한의 사회를 살펴보면, 한이 제후들의 세력을 제거하려 하자 연왕(燕王)에 책봉되었던 노관은 이에 불안을 느껴 흉노로 망명하였다(B.C. 195). 이로 인하여 연의 정국이 혼란해지자 그곳에 살던 사람은 고조선으로 망명하여 오는 자가 많았다. 이때 위만은 유이민을 이끌고 고조선으로 들어와 북방 수비를 약속하고 국경지대인 서계에 거주할 것을 신청하여 이를 허락 받은 뒤 준왕(準王)의 신임을 받아 박사직에 임명되고, 100리의 땅을 받아 고조선의 서쪽 변두리 수비의 임무까지 맡게 되었다.

이후 유이민을 기반으로 세력을 확장한 위만은 마침내 준왕에게 중국 군대가 10도로 침입하여 온다는 허위보고를 하고 숙위(宿衛)를 자청하고서는 수도 왕검성을 침입하여 준왕을 몰아내고 스스로 왕이 되었다(B.C. 194). 이때 준왕은 남쪽으로 내려가 진국에서 한왕(韓王)이라 칭하였다.

그러면 위만은 과연 어느 계통의 인물인가. 일본인 중에는 위만조선이 중국인 이주자들에 의해 지배되는 식민지정권이라 보는 이들이 있다. 그러나 이러한 주장은 여러 학자에 의해 반박되었다. 그 근거를 보자.

첫째, 『삼국지』 위지 동이전 예전에 '진승(陳勝) 등이 군사를 일으켜 온 천하가 진나라에 반기를 드니, 연·제·조나라 지역의 백성 수 만인이 조선으로 피난하였다. 연나라 사람 위만이 상투를 하고 오랑캐의 복장으로 (조선에)와 그 왕이 되었다'라 한 기록에 근거하면, 위만이 올 때 한인(韓人) 특유의 상투를 틀고 오랑캐의 복장을 입었다는 점이다. 당시 두발의 형태를 보면 동호족은 삭발을, 흉노나 퉁구스계통은 변발을 한 것이 특징이며, 조선인은 한인 특유의 상투를 트는 것이 풍습이었다.

둘째, 위만이 한인계 또는 동호계의 인물이었다면 준왕이 위만에게 처음부터 국경수비의 책무를 맡게 할 까닭이 없었을 것이라는 점이다.

셋째, 위만이 즉위한 후 국호를 조선이라고 한 점이다.

넷째, 위만정권의 관리들 중에는 니계상(尼谿相)·삼(參) 등과 같이 토착출신이 많다는 점을 들고 있다.

이상의 근거로 본다면 위만이나 연·제·조나라로부터 이주해온 사람들은 한족의 지배권에 살고있던 동이계의 조선인들인 것이다.

위만조선 건국후 위만의 정치적 활동을 보면, 그는 요동태수를 통하여 한에 형식적 조공을 바쳤으나 자주국으로 지위를 인정받았다. 그리고 법률·문화·관습 등에 있어서는 독자적 특색을 갖고 있었다.

2) 위만조선

당시 위만조선의 영역은 청천강 이남, 한강 이북과 후에는 옥저와 동예가 자립한 지역인 동해안의 함남·강원 지대의 일부를 지배하고 있었고, 위만의 손자인 3대 우거왕(右渠王) 때는 세력이 더욱 강대해 졌다. 이때 위만조선은 한강 이남의 진국(辰國) 등이 한과 직접 물산을 교통하는 것을 금지시켰다. 한나라 무제(B.C. 179~157)는 위만조선과 흉노의 결탁을 우려하는 등 위협을 느꼈다. 불안을 느꼈던 무제는 마침 고조선에 속해있던 예군(濊君) 남여(南閭)가 28만의 무리를 이끌고 한의 요동군에 투항하자, 예의 땅에 창해군(滄海郡)을 설치(B.C. 128) 하고 조선 침략의 전초기지로 삼으려고 하였다. 그러나 3년 뒤에 창해군은 폐지되었는데, 그 이유는 교통로 개척이 진척되면서 연·제나라 지방의 주민들이 창해군 방면으로 이주한 데에도 그 원인이 있었다고 생각된다.

이후 한나라 무제는 흉노에 대한 원정사업(B.C. 133~B.C. 119)과 남월(南越)에 대한 평정을 끝낸 뒤(B.C. 112~B.C. 111) 우거왕의 반한적 태도와 흉노와의 결탁을 견제할 목적으로 사신 섭하(涉河)를 보냈으나 우거왕은 그 제의를 거절하였다. 귀국하던 섭하는 국경인 패수(浿水)에 이르러 자신을 호송하던 위만조선의 장수인 장을 살해하고 본국으로 도망하였다. 이후 섭하가 요동군 동부도위(東部都尉)에 임명되어 치소(治所)인 무차현(武次縣)에 부임하자 이에 조선은 군사를 출동시켜 섭하를 보복 살해해 버렸다. 이를 계기로 무제는 B.C. 109년 양복(楊僕)·순체(荀彘)를 시켜 수륙 양면으로 왕검성을 공격하게 했다. 이때 조선군은 선도(銑刀)·노(弩)·선갑(銑甲)으로 무장하고 저항했다. 이에 전세가 불리하자 한은 위산(衛山)을 강화교섭사로 파견, 화의를 제의했으나 실패로 끝났다. 이후 위만조선의 중신은 적장 양복(楊僕)과 비밀리에 화의를 진행하고 있었다. 전쟁이 교착 상태에 빠지자 무제는 공손수(公孫遂)를 지휘자로 삼고, 화의 교섭을 벌렸던 양복을 처형한 뒤 다시 순체로 하여금 적극적인 공세를 하게 했다.

이때 위만조선 내부에는 화전 양파로 분열되어 주화파인 노인(路

人)·한음(韓陰)·삼(參)·왕협(王唊) 등은 적군에 투항하였고, 왕자인 장(長)까지 적에 투항하자 삼은 우거왕 마저 살해해버렸다. 그러나 왕이 죽은 뒤에도 대신 성기(成己)는 최후까지 항전하였다. 이와 같은 한과의 전쟁은 위만조선인의 자주적 독립정신의 표현인 것이다. 특히 성기의 대한투쟁의 정신은 높이 평가되어야 할 것이다.

그러나 위만조선에 관한 기록 중, 『삼국지』 위지동이전 동옥저전(東沃沮傳) 조에 '한무원봉(漢武元封) 2년, 조선을 정벌하여, 위만의 손자인 우거왕을 죽이고, 그 땅을 나누어 4군으로 하였다'란 기록을 본다면 위만조선이 무방비 상태에서 한나라와 서전도 하지 못하고 패망한 것 같이 되어있다. 이 같은 기록을 근거로 한국민은 고대국가가 개막되는 위만조선시대부터 자주적 독립정신이 없었던 것으로 보아서는 안 된다. 다시 말해서 비록 위만조선이 멸망(B.C. 108)하고 한사군이 설치되었지만, 1년여에 걸친 국민들의 선전은 높이 선양되어야 할 점이다.

그 사실은 한사군이 설치된 이후의 경우를 보더라도, B.C. 82년 진번과 임둔이 폐지되고, B.C. 75년 현도군 내의 토착민인 예인들의 반항으로 치소를 노성(老城 : 興京)으로 옮기고, 진번 땅에는 남부도위, 임둔땅에는 동부도위를 설치하였다. 또 중국에서 왕망(王莽)이 타도될 때 혼란한 틈을 타서 낙랑의 토호인 왕조(王調)가 한인 태수인 유헌(劉憲)을 살해하고 스스로 대장군 낙랑태수라 칭하였다(A.D. 30). 이와 같이 고구려 토착인 등 조선인의 신흥 세력에 의해 한은 군·현을 유지해 나가기가 어려웠던 것이다.

특히 낙랑군 내부에서 왕조(王調)의 저항운동이 7년간 계속되었다. 이를 계기로 동부도위를 폐지하여 단단대령(單單大嶺) 동쪽의 7개 현은 옥저 및 예의 대군장(大君長)을 현후로 삼아 자치를 허락하였다. 이때 고구려의 세력도 흥기하여 현도군의 치소는 다시 노송(老松)에서 무순(撫順)으로 쫓겨가고 말았다. 그 후 후한 헌제(獻帝) 때를 전후하여 한반도 남쪽의 진(辰)이 세력이 왕성하게 되고, 많은 조선인이 남하하자 요동태수 공손강(公孫康)은 남쪽의 진을 견제하기 위하여 진번 옛 땅에 대방군을 설치하였다. 그러나 한군현은 고구려 · 백제의 끈질긴 공격을 받아 낙랑군과 함께 소멸(313)되고 말았다. 이렇듯 고조선 멸망 후 설치되어 최후까지 존속한 낙랑 · 대방군은 조선에 둔 한의 조계지에 불과했던 존재였던 것이다.

3) 고조선의 사회와 문화

그러나 한군현의 문화적 영향을 간과할 수는 없다. 낙랑문화는 한반도 고대문화의 선진적 위치인 평양의 토성리와 대방군의 당토성 등을 중심으로 우리의 토착문화와 결합하면서 발달한 문화인 것이다. 그 문화의 영향을 살펴보면 대략 다음과 같다.

첫째, 한인과의 접촉으로 고조선 사회의 정치적 발전과 민족의식을 분해 작용한 일면도 있다. 그러나 조선 토착민에게는 오히려 국력과 정치적 자각이 촉구되었다고 생각된다. 이러한 배경에서 고구려 · 백제의 성장이 촉진되었다고 보아도 무리는 아닐 것이다.

둘째, 낙랑과 대방 문화가 비록 한의 문화이지만 철기문화의 보급으로 철제농기구의 생산과 특히 벼농사의 본격화는 농업 생산력을 증대시켰다. 그리고 백제와 신라의 연금술 및 금속공예의 발달도 낙랑 문화와 연결해 볼 문제라고 생각된다.

셋째, 한문화 중 특히 한자의 보급은 유학의 수용에 영향을 주었다고 본다. 한문화 수입에 대한 사실은 『삼국지』 위지동이전 한전(韓傳) 조에 '(한족인의) 풍속은 의책(衣幘)을 입기를 좋아하여 하호들도 (낙랑 · 대방)군에 가서 조알(朝謁)할 때는 모두 의책을 빌려 입으며, 자신의 인수(印綬)를 차고 의책을 착용하는 사람이 천명이나 된다'라 한 내용을 볼 때, 대방군과 인접한 백제(伯濟)를 비롯한 마한계 사람들은 한군현의 문화를 섭취하고 있었음을 알 수 있다. 이와 같이 조선인들은 낙랑·대방군의 창구를 통하여 한문화를 섭취하고 경제적 교역을 하고 있었던 것이다. 이러한 문화적 교류로 인하여 종래 북방문화권의 영향을 주로 받아서 형성된 청동기시대의 북아시아형 문화가 중국형으로 전환되는 계기가 되었다고 한다.

그러나 위지동이전 등 중국 고대 사서에 기록된 조선 관련 기록을 비판 없이 그대로 맹종해서는 안 된다는 사실이 중요하다. 그 근거를 든다면, 『삼국지』 위지동이전에 조선의 기사는 별도의 항목으로 취급되지 않고 다만 한전(韓傳)과 예전(濊傳) 등에 간략하게 기록되어 있다. 그 이유는 무엇 때문일까. 아마도 한이 고조선을 멸망시키고 한사군을 설치했기 때문인 것으로 보여진다.

그리고 진한과 마한에 대한 서술내용을 보아도 큰 차이점을 드러내준다. 진한은 마한보다 높게 평가하였고, 마한은 진한보다 격하시켰다. 그 이유는 백제(마한)인 중에는 고조선의 유이민도 많았고, 또 낙랑·대방과 투쟁이 빈번했기 때문에 역시 격하시켰다고 생각된다. 이와 같은 사실은 위지동이전에서 부여와 고구려인의 인성을 평함에 있어서도 양자를 다르게 평하고 있다. 예컨대 부여인들은 '체격이 크고 성질이 굳세고 용감하며, 근엄·후덕하여 (다른 나라를) 쳐들어가거나 노략질하지 않는다'고 평했다. 그런데 부여와 동족인 고구려는 '부여의 별종으로 보고, 그들의 성질은 흉악하고 급하며, 노략질하기를 좋아한다'고 한 것이 그것이다. 이와 같이 다르게 평한 까닭은 부여의 경우, 한(후에는 위)과 친선적 관계를 유지했으나 고구려는 한과 적대적 관계를 유지했기 때문에 부여와 고구려가 동족임에도 인성의 평을 달리한 것으로 보아야 할 것이다.

2. 5~6세기 고구려의 국력과 동북아 정세

1) 삼국의 성장과 세력 확장

고구려는 국초부터 중국과의 항쟁과 외교적 경쟁을 하면서 성장하였다. 광개토대왕(391~413)과 장수왕(413~491)의 활동에서 보듯이 5세기는 대내적으로 한강유역 점령을 위한 삼국간의 쟁탈전에서 주도권을 잡은 시기이며, 대외적으로는 요동반도의 장악과 만주의 주인공이 되기 위한 중국과의 항쟁이 극심했다. 요컨대 5세기 고구려는 삼국간의 충돌이나 중국 세력과의 항쟁과 외교적 경쟁에서 승리하여 요동 및 만주지역에 걸친 대제국을 건설, 중국 세력의 동쪽 진출을 막고 한반도의 영토와 문화를 보존하는 방파제의 구실을 했던 것이다.

이에 관한 사실을 살펴보면, 광개토대왕은 소수림왕(371-384) 때부터의 국내적 정치안정을 기반으로 영토확장에 주력하였다. 그는 후연(後燕)을 쳐서 요동지방을 차지하였으며 숙신(肅愼)을 복속시켜 만주지역의 주인공이 되었다. 한편 남쪽으로는 백제의 한성(漢城)을 침공하여 주변 58성을 점령, 한강까지 세력이 진출한 바 있으며, 신라 내물왕의 군사요청을 받아 5만의 군대를 원조하여 왜군을 격퇴하는 등 정복군주로서의 막강한 국력을 과시하였다.

장수왕은 광개토대왕의 업적을 이어받아 수도를 국내성에서 평양으로 천도하는(427) 한편 정치기구를 정비하여 국력신장에 힘썼다. 특히 남하정책을 적극 추진하여 백제의 서울인 한성을 함락하여(475) 개로왕을 죽이고 아산만까지 진출하여 한강유역을 완전히 장악하였다. 그리고 신라를 공격하여 남양만으로부터 조령·죽령·영해·영덕으로 이어지는 선 이북의 땅을 확보하였다. 충주에 세워진 중원고구려비는 이 시기 고구려의 세력확장을 보여주는 기념물이다.

이렇듯 대제국을 건설, 고구려 발전의 새로운 전기를 마련한 시기의 중국은 위진남북조로 분열된 때였다. 이때 고구려의 외교정책은 분열된 중국정세를 이용하여 북조와 남조 등에 사신을 보내어 철저하게 실리를 추구하는 친선적 외교관계를 유지했다. 이를테면, 425년(장수왕 13) 후위에 사신을 보내 조공한 이래 계속 사신을 파견하였고, 435년(장수왕 23)에는 후위와 정식 외교관계를 수립했다. 이러한 외교를 통해 고구려는 중국 세력을 교묘히 견제하고 군사적 충돌을 피하였으며, 북방세력으로부터의 위협도 예방하는 데 성공하였다.

장수왕은 재위기간에 중국과 46회의 조공기록을 갖고 있는데, 북위 이외에도 연·송·남제·동진 등과도 중복된 조공관계를 맺고 있었다. 이러한 외교관계는 강한 국력과 정치적 발전에 짝하는 것으로 나라가 안정되었기에 가능한 것이었다. 문자왕 때에는 부여를 완전히 복속하여(494) 최대의 영토를 이룩했다.

요컨대 5세기 고구려의 국력과 외교정책은 만주에서 주인이 될 수 있었고, 삼국의 주도적 위치를 유지, 한반도의 방파제 역할을 하면서 삼국의 생활권을 보호해주고, 후일 수·당과의 전쟁도 가능할 수 있게 하였다.

그러나 6세기 중반에 접어들면서 삼국은 각기 통일을 위한 정책을 지향하면서 대중국 외교도 새로운 국면에 접어들었다. 당시 크게 주목되는 변화는 국력이 삼국 중 가장 열세에 처해 있었던 신라가 세력증강의 길을 적극적으로 모색했다는 점이다. 이를테면 진흥왕(540- 76)때 거칠부(居柒夫)로 하여금 고구려를 공격하여 한강유역을 완전히 차지하여(552) 신주를 설치하고(554) 대중국 교통로인 당항성을 장악한 후 처음으로 중국 남북조의 북제·진 등과 통교하여 공식적 외교관계를 수립하여 국제적 위상을 높이는 등 국력을 과시했다. 이때 고구려는 나제동맹군(433~553)에 패해 한강유역을 내주고 말았는데, 돌궐의 위협 때문에 남쪽을 돌아볼 여지가 없었던 것도 하나의 요인이었다.

이때 중국정세의 커다란 변화는 수의 등장(581)이었다. 수나라 문제(文帝 : 581-604)는 300여 년 동안 남북조로 분열되었던 여러 나라들을 통일(589)하여 강대한 중앙집권국가를 형성하였다. 이러한 변화에 짝하여 통일국가를 각기 지향하던 고구려 · 백제 · 신라는 경쟁적으로 수에 접근하기 위해 외교적 접촉을 모색하는 등 동아의 국제정세는 새로운 변화가 나타났다. 삼국 중 수의 통일에 크게 관심을 가진 것은 물론 요하를 경계로 접한 고구려였다.

2) 삼국의 대중국 외교

먼저 백제의 수나라 접근책을 보면, 위덕왕(554～599)이 수에 사신을 보내어(581) 조공하니 수의 고조(문제)가 왕을 상개부의동삼사대방군공(上開府儀同三司帶方郡公)으로 삼았다.

고구려는 581년(평원왕 23) 12월에 수에 사신을 보내어 조공을 하니 문제가 왕을 대장군요동군공(大將軍遼東郡公)으로 책봉하였다. 이후 평원왕은 왕 24년부터 3년간에 7회에 걸쳐 사신을 파견, 국제적 정세를 관망하면서 수의 침입을 대비하기 위한 대책을 모색하였다. 이를테면 병기를 수리하기 위하여 비밀리에 재화로 수나라 쇠뇌장을 우대하여 데려왔다. 또한 585년(평원왕 27) 남조의 진에 사신을 파견한 이후 590년까지 수에 사신을 보낸 기록이 보이지 않고 있으며, 같은 해 평원왕은 중국의 진이 수에 멸망했다는 말을 듣고 크게 두려워하여 병기를 수리하고 곡식을 저축하여 방비책을 강구했다는 사실에서 알 수 있다. 이때 수나라 문제는 고구려 평원왕에게 새서(璽書)를 보내어 책망했다고 한다.

그 새서의 내용에서 주목을 끄는 것은 '비록 (말은) 번속이라 하나 성의를 다하지 아니한다'라고 꾸짖은 점과 '왕(고구려의 영양왕)은 요하가 넓다 하겠지만 어찌 장강(양자강)에 비할 수 있으며, 고구려 인구의 다소가 어찌 진국에 비할 수 있으랴'한 점이다. 이는 고구려가 막강하다 하나 중국에 비할 수 없다는 뜻으로, 당시 수나라가 고구려를 소홀히 취급, 자존심을 손상시키고 있었음을 알 수 있다. 즉, 수나라는 고구려에 대하여 신속(臣屬)을 강요하는 입장을 취하고 있었다고 볼 수 있다. 요컨대 이 위협적인 국서는 양국 관계가 위험한 파장을 일으킬 조짐을 보여주는 단서였다고 볼 수 있다.

이때 신라와 수나라와의 관계를 보면, 수의 문제는 신라 진평왕을 봉하여 '상개부낙랑군공 신라왕(上開府樂浪郡公新羅王)'이라 예우하였다.

요컨대 고구려의 대수관계를 보면, 고구려는 주변의 여러 국가와 투쟁 및 외교적 타협을 취하면서 앞으로 수의 통일이 미칠 국제적 파장을 예의 주시하고 있었음을 알 수 있다. 고구려와 수의 관계는 6세기 후반이 되면 상호 신뢰성을 잃고 점차 적대적 대립관계로 치닫게 되었던 것이다. 즉 두 나라는 동아시아의 패권을 둘러싼 적대관계로 맞서는 입장이 되었다.

이에 따른 고구려의 방어책을 보면, 586년(평원왕 28) 도읍을 장안성으로 옮긴 것이 주목되는 시책이었다. 이 장안성은 552년(양원왕 8)부터 축성하기 시작하여 35년만에 완성되었는데, 내성과 외성을 튼튼히 쌓은 것으로 보아 수의 공격을 막기 위한 대책이었음을 알 수 있다. 그러나 35년간에 걸친 장안성 축성과 뒤이은 천도는 수나라 문제를 자극하는 결과를 가져온 측면도 있다.

이때 고구려의 조정은 주화파와 주전파로 나뉘어 갈등을 빚고 있었는데, 수에 대한 강경책을 주장하는 주전파가 우위의 입장이었다. 이는 598년(영양왕 9) 고구려가 말갈병 만여 명을 이끌고 수나라 요서 지방을 선제 공격했다는 사실에서도 알 수 있다. 이로서 수와의 대결은 불가피한 상태로 급변해 갔다. 당시의 영양왕은 '인품이 준수하고, 제세안민(濟世安民)을 스스로의 대임으로 삼았다'고 하는 영걸이었다. 그는 6세기 이후 고구려를 침체로부터 일으킬 수 있는 인물이었는데, 명장 을지문덕이 등장한 것도 영양왕 때였다. 한편 이즈음 신라 진평왕이 수에 사신을 보내어 출병을 청한 것(611)이나, 백제 무왕이 수와 함께 고구려를 공격하겠다고 청한 친수정책(611) 등도 수의 고구려 침략을 부추긴 요인이 되었다.

3) 동북아 정세

당시 북아시아의 유목민 사회는 돌궐의 시대였다. 그들은 외몽고의 오르콘강(바이칼호 남쪽) 유역을 본거지로 하여 동몽고·북만주 일대와 내몽고 사막까지 뻗어 요서지방을 위협하는 존재였다. 이때의 고구려는 수를 견제하기 위하여 동돌궐의 추장인 계민가한(啓民可汗)과 접촉하여 우호적 관계를 유지하였으며, 시라무렌강의 거란·송화강지대의 말갈 등을 그 세력 하에 둘 수 있을 정도의 국력을 유지하고 있었다.

고구려는 또한 왜와의 관계도 종래의 적대적인 자세에서 접근책으로 전환하여 우호적 관계를 유지하였다. 예컨대 595년 혜자(慧慈)가 성덕태자(聖德太子)의 스승이 되어 정치개혁에 참여한 것이나, 승융(僧隆 : 602)·운총(雲聰 : 602)·법정(法定 : 610)등이 일본에 건너간 사실과 종이·먹 등이 전해진 점에서 알 수 있다.

그리고 백제는 신라를 적국으로 여기고 수와는 우호적 입장을 보였으나 속으로는 경계하는 자세를 취하면서 친선관계를 더욱 튼튼하게 유지해가고 있었다.

요컨대 5세기말 6세기의 고구려는 수에 대항하기 위하여 북방의 돌궐·거란·말갈 등과의 연계책을 모색함으로써 돌궐에서 고구려·백제 · 왜로 이어지는 연합세력이 형성하였다. 이 같은 국제관계는 수에 부담을 주었으며, 수나라는 이에 대항하기 위하여 신라와 연합을 구축하였다. 이같이 남북 · 동서로 분열, 연결된 양대 세력을 대표하여 고구려와 수가 임유관전투(589) · 살수대첩(612) 등 5차에 걸친 전쟁을 하게 된 것이다.

어쨌든 고구려와 수의 전쟁은 양국에 미친 영향이 컸다. 수나라는 고구려와의 전쟁에서 패한 것이 커다란 요인이 되어 618년 멸망하였으며, 고구려는 국위를 천하에 크게 떨쳤으나 인적 · 물적인 손실과 삼국간의 대외관계에 소홀함이 문제였다.

이를테면 수나라가 고구려를 침공하자 고구려는 돌궐 · 거란 · 말갈 등 북방 민족과는 우호적 관계를 보였다. 그러나 이때 백제와 신라는 수나라에 고구려 토벌을 요청했다. 그 까닭은 고구려가 수나라와 장기간의 전쟁에 온 국력을 집중하다 보니 5세기 삼국간에 영토확장을 둘러싼 싸움으로 얽힌 옛 원한을 풀지 못했기 때문이었다. 후일 신라와 당의 연합군에 의해 백제(660)와 고구려(668)가 멸망하게 된 것도 그 영향이 컸던 것이다.

한편, 수나라 양제의 장기적인 호전적 계책에서 보듯이 정치적 지배층이 민생을 외면하거나 민심에 귀를 기울이지 않으면 국민적 공감대를 상실, 다 함께 멸망한다는 것을 깨닫게 해준다.

3. 7세기 동북아 정세와 신라의 삼국통일

1) 동북아 정세의 변화

7세기에 들어서면서 동북아의 국제정세는 새로운 변화가 전개되었다. 그것은 신라와 당이 군사동맹을 맺어 백제·고구려를 멸망시키고, 뒤이어 당의 세력은 반도 내에서 축출되었으며, 통일신라와 발해의 남북국시대가 탄생된 것이다. 이 같은 정세변화의 배경을 보면, 신라는 백제와 고구려의 압력에 시달려 당과 제휴하게 되고, 고구려와의 싸움에서 패한 당은 후일 고구려를 무너뜨리고 동북아에서의 패권을 장악하기 위해서 신라의 군사적 지원요구에 적극 응했던 것이다.

신라와 당의 접근은 642년(선덕왕 11) 8월 백제와 고구려가 공모하여 대당 교통로였던 당항성(경기 남양)을 취하자 신라는 당에 군사적 지원을 청하게 되었다. 같은 해 백제 장군 윤충(允忠)이 신라의 대야성(합천)을 함락하여 도독 김품석과 그의 처, 그리고 죽죽(竹竹)·용석(龍石) 장군이 살해되는 등 큰 피해를 입었다.

신라는 백제로부터 당한 대야성의 굴욕을 보복하기 위하여 먼저 김춘추를 고구려에 보내어 구원을 청했지만, 고구려의 보장왕은 이를 거절했다. 고립에 처한 신라는 648년(진덕여왕 2) 김춘추와 그 아들 문왕(文王)을 당에 보내어 백제를 멸망시키기 위한 나당군사동맹을 체결하였다.

당시 신라가 취한 친당정책은 삼국간의 첨예한 대립에서 살아남기 위한 최선의 수단이었으며, 신라의 대당외교는 끝내 당의 세력을 끌어들여 먼저 백제를 멸하고 뒤이어 고구려를 멸할 것을 약속하기에 이르렀다.

이후 나당연합군은 660년(무열왕 7) 백제를 멸망시켰다. 당은 백제의 옛 땅을 통치하기 위하여 5도독부를 설치하였다가 다시 개편하여 웅진도독부 하나만을 두고 유인원(劉仁願)이 지휘하는 당병 1만 명을 두어 다스리도록 하였다. 이 때 신라도 군대 7천여 명을 사비성에 주둔시켜 당과 연합하여 백제 부흥운동을 진압하였다. 이 같은 신라의 처지는 앞으로 당의 원조를 받아 고구려를 정복해야 할 입장이었으므로 어찌할 수 없는 방편이었다.

이 때 당은 신라를 당의 지배하에 묶어둘 야심을 갖고 있었다. 그 사실은 당 고종이 개선한 소정방에게 신라를 정벌하지 않은 이유를 물었다는 점에서 충분히 알 수 있다. 당은 663년(문무왕 3) 결국 신라를 계림대도독부(鷄林大都督府)로 삼고, 왕을 계림대도독으로 임명하여 신라마저도 그들의 지배하에 넣으려 하였다.

한편 당은 664년 의자왕의 아들 부여융(扶餘隆)을 웅진도독으로 임명하였고, 그 다음 해에는 부여융을 신라 문무왕과 함께 웅진 취리산(就利山 : 공주 금강 북안의 鷲尾山)에서 회맹하여 화친을 다짐하게까지 하였다. 이 같은 당의 행위는 백제 유민의 부흥운동을 무마하기 위한 일면도 있으나, 그 근본적 저의는 신라가 백제 옛 땅에 대한 지배권을 포기하도록 하려는 술책이었으므로 오히려 신라를 크게 자극시켰다.

그리고 당은 668년(문무왕 8) 고구려를 멸망시킨 뒤 그 옛 땅에 9도독부를 두고, 이어 평양에는 안동도호부를 설치, 설인귀(薛仁貴)를 안동도호로 삼아 2만 명의 군대를 두고 직접 지배하였다. 이러한 당의 조치는 한반도 전체에 대한 완전한 지배를 꾀했던 것이라 할 수 있다.

당시 660년부터 668년까지 삼국통합을 위해서 9년간에 걸쳐 백제·고구려와 싸워온 신라로서는 끝내 당에 편입된 주현으로 전락된 처지에 이르게 된 격이었다. 이로써 당에 희생된 신라는 9년 동안 싸운 대가를 찾기 위해서라도 반도내의 당군을 축출해야 하는 과제를 안게 되었다.

신라가 당의 세력을 축출해야만 했던 이유는 문무왕의 <답설인귀서>에

'산천토지는 나의 탐하는 바가 아니며, 옥백과 여자도 내가 가지고 있는 것이다. 내가 백제와 고구려를 평정하면 평양 이남 백제의 토지는 다 신라에게 주어 길이 평안하게 하려 한다'(『삼국사기』 권7, 신라본기 7, 문무왕 11년)

고 한 사실에서 알 수 있다.

위의 기록은 648년 김춘추(후의 무열왕)가 당에 들어갔을 때 태종이 신라에 대해 약속한 것이다. 그러나 당은 양국간의 외교적 약속을 이행하지 않았다. 이에 따라 신라는 당의 위약에 따른 배반의 부당성에 대하여 국운을 걸고 대당전쟁을 결행한 것이다.

2) 대당통일전쟁과 자주통일

신라의 대당전쟁은 고구려가 멸망한 직후부터 그들 유민의 부흥운동과 함께 백제지역의 당나라 주둔군을 공격하는 것에서부터 시작되어 고구려 지역까지 확산되었다. 먼저 신라는 고구려의 왕족 안승(安勝)이 귀순해오자 그를 받아들여 금마저(金馬渚 : 익산)에 있게 하고 소고구려(뒤에 報德國)왕으로 삼아(670) 고구려 부흥군을 대당전쟁에 이용하려 했다.

신라가 당과 정면으로 충돌하기 시작한 것은 670년(문무왕 10) 신라 설오유(薛烏儒)와 고구려인 고연무(高延武)가 함께 각각 정병 1만을 이끌고 압록강을 건너 당과 싸워 승리한 때부터였다. 이후 신라는 먼저 당이 지배하고 있던 옛 백제지역을 대대적으로 공격했다. 670년 7월에는 품일(品日)·문충(文忠)·중신(衆臣)·의관(義官)·천관(天官) 등이 63성을 공취하고, 그 주민은 신라로 사천시켰다. 그리고 천존(天存)·죽지(竹旨) 등은 7성을 공취하고 적병 2천을 살해하였으며, 문영(文穎) 등은 12성을 취하고 적병 7천을 살해하고 많은 전마와 병기를 빼앗는 큰 전과를 얻었다.

특히 671년 1월에는 당병이 백제를 도우려 한다는 말을 듣고 진공(眞功) 등을 시켜 옹포(甕浦)를 지키게 하였고, 6월에는 죽지(竹旨) 등이 가림성(加林城 : 임천)·석성(石城 : 임천 석성리)에서 당군과 싸워 5천 3백여 명을 참살하고 백제 장군 2명과 당나라 장군 6명을 사로잡는 등 큰 성과를 올렸다. 이렇듯 옛 백제지역에서 승리를 거듭한 신라는 전면전에 대처하면서 671년 7월에는 사비성을 함락, 소부리주(부여)를 설치하고 아찬 진왕(眞王)을 도독으로 삼아 직속령을 삼음으로써 백제 전역을 지배하게 되었다. 그리고 동년 10월에는 당나라 운송선 70여 척을 공격하여 낭장(郎將) 겸이대후(鉗耳大侯)와 병사 1백여 인을 사로잡는 전과를 올렸다.

한편 고구려 옛 지역에서의 대당전쟁은 672년(문무왕 12)부터 격돌되었다. 동년 7월 당의 고간(高侃)과 이근행(李謹行)이 4만의 병력을 이끌고 평양에 이르러 8개소의 진영을 설치하여 주둔하고 있다가 8월에 한시성(韓始城)과 마읍성(馬邑城)을 격파하고 백수성(白水城)으로 진격해오자, 신라군과 고구려병이 합세하여 수천 명의 당군을 살해하였다. 이 때 퇴각하는 고간을 추격하다가 의문(義文)·산세(山世)·능신(能申)·두선(豆善)·안나함(安那含)·양신(良臣) 등이 전사하였다. 이러한 상황 속에서 신라는 동년 9월에는 원천(原川)·변산(辺山) 등과 당나라인으로 신라에 억류중인 병부낭장(兵部郎長) 겸이대후(鉗耳大侯)·왕예(王藝)·왕익(王益)과 군사 170명을 당에 보내어 사죄를 청한 바 있다. 이 같은 신라의 외교는 화전 양면정책을 시도한 것으로 성과를 얻지 못했다. 673년(문무왕13) 9월에 신라는 철천(徹川) 등을 시켜 병선 1백 척을 거느리고 서해를 지키도록 하였다. 이 때 당병은 말갈과 거란병을 이끌고 북변을 침입하였다. 이에 신라는 아홉 번을 싸워 적병 2천여 명을 살해하고 지금의 임진강과 한강하류 등지까지 들어온 당군을 대파했으며, 당군은 고구려 부흥군과 신라군의 협공에 시달렸다.

이렇듯 전세가 불리해진 당군은 675년 2월 유인궤(劉仁軌)가 칠중성(七重城 : 적성)을 격파한 후 군사를 이끌고 돌아가니 당나라 고종은 최후의 결전을 단행하고자 이근행(李謹行)을 안동진무대사로 삼아 신라를 경략케 하였다. 이 때 신라는 당이 거란과 말갈의 병사를 이끌고 침입할 것이라는 정보를 듣고 9군을 출동하여 대비하고 있었다. 드디어 당군은 동년 9월 장군 설인귀(薛仁貴)가 신라의 숙위 학생이었던 풍훈(風訓)을 향도로 삼아 황해도 지역으로 침입해 오자, 신라 장군 문훈(文訓) 등이 격파하여 적군 1,400명을 죽이고 병선 40척을 빼앗았으며 전마 1천 필을 노획하는 대승을 거두었다.

그러나 또 다시 동년 9월 29일 장군 이근행이 20만의 대병을 이끌고 한탄강 지역의 최대 군사요새인 매소성에 와 주둔하자, 신라군은 이를 격파하여 전마 30,380필과 많은 병기를 노획하는 큰 성과를 얻어냄으로써 육지에서의 대당전쟁을 사실상 종결짓는다. 그리고 동년 11월부터 서해 앞 바다에 다시 나타난 설인귀가 이끈 수군을 신라의 사찬 시덕(施得)이 금강하구의 기벌포에서 섬멸하여 서해의 제해권도 신라가 장악하게 되었다.

3) 민족국가 형성

이렇듯 7년간(문무왕 10년~16년: 670~676)에 걸쳐 국가의 운명을 걸고 싸운 나당전쟁은 신라의 승리로 끝을 맺었다. 이로써 당은 한반도 지배의 야욕을 버리고 676년 2월 안동도호부를 평양으로부터 요동성으로 옮기고, 677년 2월에는 또 다시 신성으로 옮겼다. 이 때의 국경선을 영토로 볼 때 평양의 대동강구로부터 원산만 이남에 한정된 불안전한 통일이었다. 그러나 신라의 삼국통합은 한국의 역사상 민족국가 형성의 기반과 민족문화 창달의 새로운 기틀을 마련하는 전기가 되었다.

요컨대 신라의 삼국통합과 당나라 세력의 축출은 한국의 역사상 <일통삼한(一統三韓)>의 단일 민족국가 형성의 기반과 민족문화 창달의 새로운 터전이 마련되고 민족문화가 보다 다양하게 발전하게 되는 전기가 되었다. 이 같은 결과는 신라를 중심으로 백제·고구려민들이 연합하여 당의 세력을 몰아낸 결과였다.

이리하여 당을 반도 내에서 완전히 축출하여(676) 삼국은 통합되었다. 그러나 우리의 활동무대는 영토상으로 대동강구로부터 원산만 이남의 땅에 국한되었다. 한때 그 이북에 발해가 건국(698～926)되었지만, 이 역시 요나라에 멸망되어 만주의 땅은 끝내 잃고 말았다. 이와 같이 영토가 축소는 당의 세력을 끌어들일 당시 나·당 양국간에 사전 협의된 내용으로, 신라의 국력에 따른 대당외교 실패의 결과였던 셈이다. 그 사실은 735년(성덕왕 34) 당나라 현종이 대동강 이남의 영유권을 신라에 공인한 사실에서도 알 수 있다.

4. 신라 하대 당나라 유학의 열풍과 그 영향

1) 9세기의 시대 상황

9세기 당과 신라의 정세를 보면, 당은 안사의 난(755~763)을 계기로 정치·경제적으로 당나라 왕실의 권위는 실추되어 왕권이 약화되었고, 희종(僖宗 : 873~888)년간에는 왕위의 쟁탈전으로 정치적 혼란기였다. 신라의 경우도 혜공왕이 김양상과 김경신 등에 피살(780)되고, 김양상(선덕왕)이 왕위에 오른 뒤부터 진골귀족간의 분열과 대립으로 빈번한 왕위쟁탈전을 초래되어 155년 동안에 20여 명의 왕이 교체되었다. 이에 따라 왕권이 약화되자 호족세력의 등장과 육두품계층의 성장 및 천재지변으로 인한 농민반란까지 겹쳐 9세기 신라사회는 역사상 최대의 혼란기를 맞이하였다.

이러한 시대적 상황에서 크게 주목되는 것은 첫째로 도당유학생이 현저하게 증가된 점이고, 둘째는 지방민들이 당과 일본 등지로의 유민화하는 현상이 크게 나타나 당에 있는 기반을 무대로 한 해상왕 장보고가 등장하고, 무역상인의 활동이 번성한 점이다.

신라조정에서 유학생을 당의 국학에 입학시켜 주기를 최초로 청원한 때는 640년(선덕왕 9)이다. 관계 사료를 살펴보면 아래와 같다.

① 왕이 자제를 당에 보내어 국학에 입학하기를 청했다. 이 때 태종은 천하의 명유를 많이 초빙하여 학관을 삼고 자주 국자감에 나아가 그들에게 (학문을) 강론케 하였다. 학생으로 『예기』와 『춘추좌씨전』 하나 이상에 능통한 자는 관리로 삼았으며, 학사 1,200칸을 증축하여 학생을 늘리어 3,260명에 달하였다. 이에 사방의 학자가 구름과 같이 장안에 모여들었다. 이 때 고구려·백제·고창(高昌)·토번(吐蕃)도 역시 자제를 보내어 입학시켰다(『삼국사기』 권5, 선덕왕 9년조).

② 정관 5년(631) 이후 태종은 국학과 태학에 여러 번 행차하였으며 학사 1,200칸을 증축하였다. 국학·태학·사문학 역시 학생을 증원했다. ……이에 고구려·백제·신라·고창·토번 등 제국의 추장들이 자제를 보내어 국학에 입학하기를 청했다. 이 때 국학에는 8,000여 명의 학생이 있었으며 그 번성함이 미증유의 것이었다(『당회요(唐會要)』 권55, 학교).

위의 사료에서 주목을 끄는 점은 고구려·백제·신라 삼국이 한결같이 당의 국학에 유학생을 입학시키고자 했다는 것이다. 당시 이들 삼국의 대당 접근은 성당문화(盛唐文化)의 수용과 유교 정치이념의 추구, 내지는 친당정책을 통한 국제간의 세력균형유지 등이 목적임을 쉽게 알 수 있다.

한편 당이 국학의 규모를 확대시켜 주변국가의 유학생을 대거 수용코자 한 것은 그들을 문화적으로 당에 동화시켜 당 중심의 천하질서를 꾀하려는 의도에서였다. 그 이유야 어쨌든 신라의 경우 초기 도당유학생은 '왕이 자제를 보냈다'는 점을 고려하면 그들이 왕족이나 고위층의 자제일 것으로 보여 그 수가 하대에 비해 그리 많지 않았을 것으로 짐작된다.

먼저 신라 도당유학생의 수를 보면, 837년(희강왕 2) 3월 당의 국학에 수학 중인 학생은 총 216명이었다. 당의 빈공과(賓貢科)에 합격한 사람도 821년(헌덕왕 13) 김운경(金雲卿)이 최초로 합격한 이래 당말까지 58명이나 되었으며, 5대 때에도 32명의 급제자가 배출되었다. 그 중에는 최이정(崔利貞)·박계업(朴季業)·김윤부(金允夫) 등과 나말 삼최(三崔)로 일컫는 최치원(崔致遠)·최신지(崔愼之)·최승우(崔承祐) 등이 유명하다.

이와 같이 유독 9세기 정치적 혼란기에 도당유학의 열기가 고조된 이유는 무엇일까. 당시 도당유학생은 관비와 자비생으로 구분된다. 관비생은 수업연한의 만기가 10년이며, 학비는 신라에서 책값과 도당·

귀국시의 선편을 부담하고, 당은 식량과 옷을 제공했다. 이 같은 정책적 배려는 학자적 관리양성에 목적이 있다고 보아야 할 것이다.

그러나 육두품출신과 사비유학생의 진출이 증가한 이유 중에는 진골귀족의 관직독점으로, 이들은 오직 학문적 진출로 출세의 길을 개척할 수밖에 없다는 심리가 작용했다고 보겠다. 한편 또 다른 이유가 있다면, 하대 정치적 불안에 따른 도피성 유학, 또는 반사회적 의식을 갖는 육두품 지식인들을 반회유·반추방격으로 유학시킨 일면도 있었다. 즉 9세기 도당유학생의 열기는 이러한 복합적 요인으로 증가되었던 것이다.

9세기 도당유학생의 증가는 하대사회의 구조적 모순의 시정을 촉구하는 데 기여할 수 있는 새로운 세력형성을 예고하는 커다란 변화였다.

2) 유학생들의 동향

다음은 9세기 당나라에 있던 유학생의 동태를 살펴보자. 유학생 중에는 10년 만기의 수업연한이 지났는데도 귀국치 않은 자들이 상당수 있었다. 예컨대 ① 최이정, 김숙정, 박계업 등 4인은 825년(헌덕왕 17) 조정에서 사절을 통해 당에 요청하여 귀국한 관비유학생이다. ② 그리고 840년(문성왕 2) 당나라 문종(827~840)은 홍로시(鴻臚寺)에 명하여 질자(質子)와 10년 만기가 되어 마땅히 귀국해야 할 학생 105명을 돌려보낸 사실이 있다. ③ 또 9세기말의 관비생인 김무사(金茂使), 양영(楊穎), 최환(崔渙), 최광유(崔匡裕) 등 4인은 897년(효공왕 1)에 수업만기를 이유로 하정사로 입당한 수창부시랑(守倉部侍郎) 김영의 선편에 귀국시켜 줄 것을 요청한 바 있다.

그러면 앞에서 본대로 도당유학생들이 수업연한이 지났는데도 귀국치 않은 이유는 무엇일까. 그 이유는 관계 사료가 없어 정확히 알 수는 없다. 다만 당시의 시대적 상황으로 추리할 수밖에 없다. 앞의 ①의 사안이 있었던 시대상을 보면, 822년(헌덕왕 14) 웅천주도독 김헌창이 공주에서 반란을 일으켜 국호를 장안국(長安國)이라 칭하고 4주 3소경을 장악하는 등 정치·사회적인 혼란이 야기되었다. 그 후유증은 범문(梵文)의 반란(825)으로 이어져 사회 불안 등 지방세력 등장의 경종이 되었다.

②의 사안이 생긴 때의 사회를 보면, 838년 상대등 김명(金明)이 이홍(利弘) 등과 반란을 일으켜 왕의 근신들을 살해하자 겁에 질린 희강왕은 스스로 목매어 자결함으로써 김명(金明 : 민애왕, 838～839)이 왕위에 오르고, 민애왕은 김우징(金祐徵) 일파에게 살해되고 김우징이 신무왕(839)으로 즉위하는 연속적인 왕위쟁탈전으로 왕권이 약화된 상태였다. 신무왕 역시 즉위 6개월만에 병사하자 태자 경응(慶膺)이 문성왕(文聖王 : 839～857)으로 즉위하였다.

③의 일이 있었던 시기를 보면, 사회혼란이 절정에 달한 때였다. 진성여왕(887～897)이 그의 양위표(讓位表)에서 말했듯이 신라사회는 정치가 문란하고 풍속이 퇴폐한 나라가 된 시대였다.

이러한 시대적 상황을 고려해보면, 그들이 귀국치 않으려 한 이유는 첫째, 당에서 학문적 재능을 유감없이 발휘한 그들은 신라사회가 앞날을 예기치 못할 상태였기 때문에 당에서 안주코자 한 것으로 볼 수 있겠다. 또 하나의 요인은 진골만능의 관직독점 등으로 귀국해 보아도 고작 외직·문한직·근시직으로서의 길이 열려있어 자신들의 학문적 식견과 경륜을 발휘하기 어렵다는 판단도 크게 작용했을 것으로 판단된다.

다음은 사비생의 경우를 보자. 사비생의 경우는 아래의 <표 1>에서 보듯이 당나라 관직에 임명된 자들이 많았다.

<표 1> 도당유학생의 당직 역임자

인 명	당 의 관 직	전 거
金雲卿	充兗州郡都督府司馬・淄州長史(사비생)	『삼국사기』 권11 문성왕 3년조
裴 光	光祿主簿兼監察御史(사비생)	『삼국사기』 권11 경문왕 4년조
崔致遠	宣州漂水縣尉・承務郎侍御史內供奉(사비생)	『삼국사기』 권46 최치원전
金文蔚	工部員外郎・沂王府諮議參軍(사비생)	『삼국사기』 권12 효공왕 10년
金 裝	海州縣刺史(사비생)	『조동문선』 권47
金 穎	守定邊府司馬(사비생)	普照禪師碑銘』
金簡中	試太子通事舍人(사비생)	慈覺大師入唐求法巡禮行記』

당에서 관직을 받은 위의 7명은 하대에 해당되는 도당유학생 45명 중 사비생으로 확인되는 10명중에 해당하는 유학생이다. 이로써 본다면 사비생이 주로 당의 관직에 참여했던 것으로 판단된다.

육두품 출신으로 문재를 떨친 최치원의 경우를 보자. 그는 12세에 입당(868)하여 18세에 빈공과에 급제하였다. 그리고 20세에 당의 강남도(江南道) 선주(宣州) 표수현위(溧水縣尉)를 제수 받아 지방행정관을 지냈다. 그 다음해 박학굉사과(博學宏詞科)에 응시하기 위하여 현위직을 사임하고 회남(淮南)에 은거하여 시험준비에 몰두하고 있던 중, 황소의 난(875~884)을 계기로 고병(高騈)이 황소의 난 토벌군 최고 지휘관에 임명되자(880) 최치원을 불러 종사관으로 삼아 문필을 맡겼다. 그 때 그는 황소를 치는 〈격황소표〉를 지어 그의 문명은 중국에 크게 떨쳤고, 당나라의 관직을 받았으며, 희종으로부터 자금어대(紫金魚袋)까지 제수 받았다. 그러나 그는 정치・사회적 혼란이 가중되던 885년(헌강왕 11)에 귀국하였다.

이렇듯 당시 도당유학생들은 당나라 문인들과 교류하면서 그들의 문재를 유감없이 발휘하여 문화외교적 측면에서 신라의 국위를 선양하였다. 이에 당나라 문인은 물론 조정에서까지 신라인들의 학문적 수준을 높이 평가했다.

그 사실은 8세기초부터 신라에 보내는 조제사(弔祭使)·책봉사(冊封使)·책명사(冊命使) 등을 선별할 때 오경에 능통한 학자적 관료를 엄선했다는 사실에서도 충분히 짐작할 수 있다. 이 같은 당의 태도는 곧 도당유학생들의 학문적 노력의 결과이다. 요컨대 도당유학생들의 학문적 노력은 국제적으로 신라의 위상을 한 차원 높이는데 커다란 기여를 했다.

3) 도당유학생들의 역사적 위치

9세기 도당유학생들은 10년 동안의 당나라 생활에서 황소의 난 등으로 혼란된 사회를 몸소 체험하면서 학문적 깊이와 유교적 소양을 갖추었고, 당의 관직생활을 통하여 학자적 관료로서의 경륜을 쌓은 신라 최고의 지식인 집단이었다. 다시 말해서 이들이 귀국하면 신라하대사회의 모순을 극복하는 데 크게 도움이 기대되는 선각자적 지식인이었던 것이다.

그러면, 먼저 9세기 신라사회의 모순을 살펴보자. 단적으로 말해서 왕권을 둘러싼 진골귀족간의 연속된 대립과 분열은 마침내 율령체제는 물론 사회존립의 기반이 되는 도덕성마저 상실하고 말았다. 좀더 언급하면, 정치기강의 문란으로 인사정책의 모순이 격화되었고, 진골귀족들의 사치와 향락, 토지의 전장화 현상, 수취체제의 모순, 농민반란, 떼도둑의 발생, 호족세력의 대두 등으로 앞날을 예기치 못할 불안한 시대였다.

이러한 시대적 분위기에 당으로부터 속속 귀국한 유학생들은 난세의 상황에 대처하는 모습은 다양하였다. 그러나 그들의 직임은 김암·김운경·자옥·김영·최치원과 김입지·박임범·최언위 등의 활동에서 보듯이 거의 외직과 문한직에 등용되었다. 그러면 귀국한 유학생들을 중앙직이 아닌 외직이나 문한직에 주로 등용한 까닭이 무엇일까. 그 배경은 골품제도의 구조적 모순을 극복하지 못한 데다가 진골만능에 따른 그들의 관직독점 때문이었다. 단편적 자료이기는 하지만 문성왕의 종숙인 김계종(金繼宗)과 김훈영(金勳榮)이 각각 무주장사(武州長史), 강주(康州) 사수현(泗水縣) 현령이었던 점을 보아도 알 수 있다. 이러한 형편에서 보면, 유학생에 대한 외직 등의 대우는 그리 나쁜 것이 아니다.

요컨대 유학생들의 불만은 외직 등용에 대한 불만도 작용했으리라 보지만 그보다는 그들이 왕권강화 · 과거제도의 필요성 · 인재등용의 공정성 등 시대정신에 맞는 개혁의 필요성을 제시했으나 그 주장이 실현되지 않는 정치적 한계성에 불만이 컸다고 보여진다. 이를테면, 헌덕왕 때 집사시랑(執事侍郞)을 역임한 녹진(祿眞)이 상대등 충공(忠恭)에게 인사정책의 시정을 촉구한 점이나, 진성여왕 때 왕거인(王巨人)이 시정을 비방한 누명으로 투옥된 사실에서 충분히 짐작된다.

또한 당에서 귀국(885)한 최치원의 경우, 그는 문한직인 시독겸한림학사(侍讀兼翰林學士)를 역임하고 외직인 태산군(太山郡) · 부성군(富城郡) 태수를 역임했다. 894년(진성여왕 8)에는 왕에게 10여 조의 시무책을 올려 관등이 아찬까지 올랐지만 그는 끝내 가야산으로 은둔 방랑생활을 하고 말았다. 그가 은둔을 자청한 것은 정치적 한계점에 도달한 때문이었을 것이다.

한편 김가기(金可紀)는 당나라에 있을 때 선종입사(宣宗入仕)의 권유(858)도 사절하고 귀국했다. 그러나 그가 시의에 적응치 못하고 당으로 다시 돌아간 예 등에서 충분히 알 수 있다.

다음은 최치원과 함께 3최라 일컫는 최승우 · 최신지(언위)의 경우를 보자. 최승우는 890년(진성여왕 4)에 입당, 국학에서 공부하여 시랑 양섭(楊涉) 아래서 빈공과에 급제(893)하였다. 그는 당나라에서 태위

(太尉) 위소도(韋昭度), 빈주막부로 부임한 진책(陳策), 진사 조송(曹松) 등 걸출한 시인들과 폭넓은 교우관계를 맺었다. 귀국 후 관직생활에 관한 사항은 알 수 없으나 후백제로 망명했다. 그는 견훤을 위하여 왕건에게 보내는 격서를 쓰는 등 반신라적 입장을 견지했다. 최신지는 897년(효공왕 1) 하정사 김영(金穎)을 따라 입당한 관비생으로 906년 빈공과에 급제했다. 그는 귀국 후 집사시랑, 서서원학사(瑞書院學士)가 되었으나 고려로 망명하여 태조(왕건) 태자사부가 되고 한림원령평장사(翰林院令平章事)를 지냈다.

이렇듯 위 두 인물은 반신라적 행동을 취했다. 그 원인은 진골귀족들의 정치적 부패에 환멸을 느낀 것으로 추측되나, 반신라적 행동은 혼란된 당말 사회에서 체험한 역사인식이 크게 작용했다고 보겠다.

지금까지 도당유학생들의 귀국 후 활동을 살펴보았다. 그들이 신라사회에 끼친 영향을 종합하면, 유학생들은 비록 외직과 문한직 등 하위직에 종사하였지만 학문적 지식과 당에서 체험한 역사적 경험을 통하여 학문학과 유교사상의 보급, 애민적 왕도정치의 방향 등을 제시하여 나말 사회·사상변동에 커다란 역할을 했다. 즉 그들의 정치이념과 정신적 자세는 고대사회에서 중세사회로의 성장을 지향하는 기운을 조성시키는데 획기적인 공헌을 하였다. 바꾸어 말하면 그들의 사상적 이념과 반신라적 활동은 신라멸망과 새 왕조 탄생에 커다란 변수로 작용하였고, 그들의 사상적 이념은 왕건의 건국이념으로 수용되어 왕권안정과 유교정치구현에 이바지하였던 것이다. 요컨대 고려 왕건의 골품제도 초월책, 조세제도의 감면, 평화적이고 융화적인 애민정책, 또한 광종의 과거제도 채택, 성종 때 유교정치구현 등의 연원은 9세기 신라 도당유학생들의 역할에 생각이 미치게 된다.

5. 신라하대 해상세력의 진출과 쇠퇴

1) 해상세력의 등장 배경

신라의 대당 무역을 통한 해외진출은 8~9세기에 이르러 활기를 띠었다. 8세기말 신라의 정치적 상황은 혜공왕(765~780)이 살해되고 김양상(金良相)이 선덕왕(780~785)으로 즉위한 이후 왕위쟁탈전이 연속되었다.

예컨대 선덕왕이 후사 없이 죽자 김주원(金周元)과 김경신(金敬信)간의 대립은 김주원이 축출되고 김경신이 원성왕(785~798)으로 즉위하였다. 이후 역시 왕위쟁탈전이 계속되어 애장왕(800~809)·희강왕(836~838)·민애왕(838~839) 등은 무력에 의한 왕위쟁탈전으로 희생되었다. 이에 따라 왕권이 약화되어 사회가 혼란하자 진골귀족들의 사병과 대토지 소유로 부의 집중화 경향이 초래되었다. 진골귀족들은 금입택(金入宅)·사절유택(四節遊宅) 등에서 보듯이 사치생활에 빠져들었다. 이러한 경향은 지방관리나 촌주 등에도 자극되어 지방세력 형성을 촉진시켰다. 이에 따라 고통을 받는 계층은 농민이었다. 즉 농민은 조세와 고리대에 시달렸다. 더욱이 헌덕왕(809~826) 때의 연속된 천재지변은 도적들의 봉기와 유민화 현상을 초래하여 농촌생활은 비참한 상태였다.

이를테면, 814년(헌덕왕 6) 5월 서쪽지방에 홍수가 났고, 동왕 7년에는 서쪽 변방의 주군에 큰 기근이 있어 도적이 봉기하여 이를 토평해야 할 지경이었다. 동왕 8년에는 흉년과 기근으로 인해 170명이 당나라 절동 지방에까지 건너가서 먹을 것을 구하는 자가 생겨나는 실정이었다. 또 동왕 9년 10월에는 굶어 죽는 사람이 생겨나 곡식을 풀어 구제하였으나 그 해결이 불가능했다. 헌덕왕 때의 경우 천재지변을 이유로 해임된 시중이 3명이나 되었다.

이렇게 농촌사회가 파탄지경에 이르자 초적이 곳곳에서 일어나 농촌사회는 더욱 더 어려움에 빠져들어 자손을 팔아 자활하는 자도 있었다. 헌덕왕 때 일반백성의 생활이 비참했다는 사실은 811년(헌덕왕 3년) 8월부터 824년까지 13회에 걸쳐 826명의 신라인이 일본열도에 표착했다는 사실에서도 실감할 수 있다. 이 같은 유민파동은 곧 생활의 빈곤에 따른 자활의 방편이었을 것이다. 당시 당의 형편을 보면 환관들의 전횡과 당쟁으로 왕권이 약화되고, 지방에서는 절도사들이 발호하여 사회혼란이 가중되었다. 특히 이민족 개방정책에 의하여 이민족 출신의 절도사나 호장호졸(胡將胡卒)들이 등장하였으니, 이들의 신분은 미천한 계층이었다.

지금까지 살펴본 국내외의 사정에서 보면, 장보고(張保皐)의 입당도 9세기초 흉년으로 인한 자활의 방편에서 꿈을 갖고 출발한 것이 아닌가 싶다. 장보고가 입당한 시기는 기록이 없어 정확히 알 수 없지만, 흉년과 기근이 극심했던 헌덕왕 6년～9년(814～817) 사이가 아닌가 생각된다. 그 이유는 그의 거점인 청해진(淸海鎭) 설치가 828년(흥덕왕 3)이며, 그가 서주(徐州)의 무령군(武寧軍)에 입대한 뒤 3대 55년(765～819)간이나 산동반도 전역을 장악했던 이정기(李正己) 일가의 이사도(李師道 : 806～819)를 토벌할 때 참가했다는 사실 등을 놓고 역으로 추산해 보면 유이민 파동이 극심했던 때와도 맞아떨어지기 때문이다.

그가 입당하여 최초로 정착한 곳은 강소성(江蘇省) 금산현(錦山縣) 서주(徐州)였다. 서주는 777년(당 대종 12) 고구려계 후예인 이정기에 의해서 점유되었다가 781년 그가 죽은 직후 그의 종형인 서주자사 이유(李洧)가 당에 귀순한 곳이다. 좀더 언급하면, 나·당연합군이 백제와 고구려를 멸망시킨 뒤, 당은 백제 의자왕을 비롯하여 왕족·귀족·장군 등 88명과 백성 12,807명을 포로로 잡아 당으로 이주시켰다. 고구려의 경우, 당 고종은 백성 38,300호를 중국의 강남·회남·산남·경서의 여러 주로 강제 사천시켰다. 이로써 중국 장안을 비롯하여 산동성 등주현 유산포·문등현·적산포 일대, 대운하 회수유역의 내륙지방 곳곳은 이미 백제·고구려계 후예들의 생활기반이 다져진 곳이었다. 이에 따라 신라 유이민이나 무역상의 활약에는 그리 낯설지는 않은 곳이었다. 그 사실은 역어(譯語) 김정남(金正男)이 일본 조공사절단의 귀국을 돕기 위해 초주 지방의 신라인에게서 해선(海船) 9척·암해로자(諳海路者) 60여 인을 고용한 점에서도 알 수 있다. 이로써 본다면 장보고의 재당 활동도 예외는 아니었을 것이다.

이제 장보고가 당에 구축해 놓은 기반을 살펴보자. 장보고는 서주에서의 군 생활을 시발로 하여 3대 55년간(765～819) 평노치청절도사겸압신라발해양번사(平盧淄靑節度使兼押新羅渤海兩蕃使)가 되어 치주·청주·등주 등 15주를 소유했던 이사도(李師道) 토벌에 참여하여 소장(少將)으로 승진하였다. 명성을 떨친 뒤 군에서 나와 적산 지방을 무대로 세력 기반을 구축하였다.

그의 재당활동에서 주목되는 것은 법화원(法華院)의 창건이다. 법화원은 그가 넌 수입 쌀 500석의 장토(莊土)를 기증하여 창건한 것이다. 그 규모는 주지하는 바 승 24인, 이승 3인, 노파 2인이 상주하였고, 신라통사압아(新羅通事押衙) 장영(張泳)·왕훈(王訓) 등이 관리하였다. 강회는 신라의 풍속대로 진행하였는데 839년 11월 16일부터 840년 1월 15일의 경우 매일 40명 내외의 신도가 모였고 마지막 2일간은 250명과 200명이 참여했다. 이러한 면을 볼 때 당시 그 규모가 컸음을 알 수 있다.

2) 청해진의 설치

그는 법화원을 중심으로 당에 있는 신라인들을 자신의 조직망으로 끌어들여 양주 · 초주 등 중국 연안지대에 거주하는 신라인들과 연관을 맺어놓고 귀국하였다. 그가 귀국한 표면상의 이유는 중국의 어디를 가보나 우리 동포들을 노비로 삼고 있어 청해에 진영을 설치하여 해적들이 사람을 약취하여 서쪽으로 가지 못하게 하기 위해서였다. 이 같은 목적을 달성하기 위하여 그 뜻을 흥덕왕에게 말하고 1만의 병졸을 얻어내어 지금의 전남 완도군 장좌리에 청해진을 설치(828)하여 거점을 삼고 해상세력가로 군림했다. 청해진의 지역적 위치는 황해를 횡단하면 중국과 연결되고, 남쪽으로는 일본 북구주 박다(博多)로 이어지는 해상교통의 요지이다. 더욱이 경주의 관문인 울산항으로 왕래하는 대당무역 상인뿐 아니라 일본과 당 사이에 왕래하는 상인들도 보호 · 통제할 수 있는 천연의 요새지이다. 주목되는 것은 '측미한 해도인'인 그에게 흥덕왕이 선뜻 1만의 병졸을 주고, 신라 역사상 관직에도 없는 대사(大使)라는 직함을 인정한 점이다.

그 배경을 살펴보면, 첫째 김헌창의 난(822)을 계기로 반신라적 지방세력이 나타난 점, 둘째 당나라 상인과 해적들이 남서 해안에 나타나 신라인을 약취하는 사례가 나타난 점, 셋째 803년(애장왕 7)과 834년(흥덕왕 9) 중앙 귀족들의 사치금지와 외래품 사용을 금하기 위한 유시를 각기 내린바 있다. 이를 고려하면, 9세기초 조정에서는 군소 무역상인들을 통제할 필요성이 절실했을 것으로 추리된다. 이러한 점등을 상기하면 장보고의 뜻과 왕권의 약화로 지방에 대한 통어력을 잃은 조정의 이해가 서로 일치하여 흥덕왕이 그에게 남서해안 지역의 행정 · 군사적 통어를 맡기려는 의도에서 후원한 것이 아닌가 싶다. 장보고가 해상세력가로 등장하여 동양 삼국의 해상무역을 통제 · 장악할 수 있었던 것은 조정의 후원에 의해 가능했던 것이다.

3) 장보고의 무역활동

다음은 그의 무역활동에 대하여 살펴보자. 장보고의 교역활동은 국내 청해진을 거점으로 중국의 등주 적산포였다. 적산포에서 초주·연수·양주 등지에 분산되어 있던 신라 무역상인들을 하나의 교역망으로 편제하여 그의 영향권 밑에 두고, 청해진과 연결하여 다시 일본 구주에 이르는 해상무역권을 장악하였다. 그의 무역은 매물사(賣物使)와 교관선(交關船)의 동정에서 살필 수 있다. 교관선은 유산포(乳山浦)와 양주(揚州) 사이를 왕래하면서 신라인 대일무역상 왕정(王靖) 및 왕종(王宗)과도 교역했다. 교역품은 전하는 기록이 없어 알 수는 없지만, 당시 공무역을 통한 대당 수출품이 금·은 세공품, 견직·공예품 등이고, 수입품은 서적·차·의복·비단·문방구 등이었다. 이를 고려하면 그의 교역품도 그와 비슷했을 것이다. 그러나 1991년 문화재관리국에서 청해진의 거점이던 지금의 장도(將島) 발굴 조사시 햇무리 굽의 청자완이 출토된 것으로 보면, 자기제조 기술면에도 큰 영향을 주었을 것으로 보고 있다.

한편 일본과의 무역을 보면, 일본은 중국 문물에 대한 욕구가 컸으나 그들의 조선술과 항해 기술로는 어려움이 있어 신라상인의 중개무역에 의해 그들의 욕구를 충족시키고 있었다. 따라서 일본 상인들은 대마도(對馬島)·하관(下關)·박다 등지에 무역소를 두고 신라상인의 무역품을 기다리는 실정이었다. 장보고는 이러한 여건을 최대한 이용해서 회역사를 파견하여 박다에 무역소를 두고 일본관원을 상대로 상거래를 했다. 당시 일본 상인들은 대금을 선납하는 실정이었기에 일본정부는 일본인들의 상행위를 경계하는 행정명령을 내리기까지 했다. 이렇게 장보고의 무역품이 일본 상인에게 큰 영향을 끼쳤다는 사실은 장보고가 살해된(841) 직후 회역사 이충(李忠)과 양원(楊圓) 등이 일본 박다로 돌아가자 장보고를 살해한 염장(閻丈)은 그의 부하 이소정

(李少貞)을 일본에 보내어 이충 등이 지참한 화물을 인도해 줄 것을 요청한 것으로도 알 수 있다. 요컨대 장보고 선단의 교역품은 조정의 비호 하에서 동양 삼국의 해상무역을 통제·장악하여 우리 역사상 전무후무한 신기원을 형성했던 것이다.

4) 신라 하대의 왕위쟁탈전과 청해진의 몰락

다음은 장보고의 세력과 신라 조정과의 관계를 살펴보자. 결론부터 말하면 장보고는 강진·나주·영암 등지를 잇는 일정한 영역에서 행정적·경제적·군사적 독립성이 유지되는 지방세력으로 발전·성장함으로써 조정에서도 제어할 수 없는 존재로 군림했다. 곧 836년 12월 홍덕왕이 죽자 균정(均貞 : 홍덕왕의 종제)과 헌정(憲貞)의 아들인 제륭(悌隆)의 왕위쟁탈전이 일어나 이에 패한 균정의 아들 김우징(金祐徵)은 처자와 함께 청해진으로 도망하여 장보고에 의지하였다. 그리고 김명(金明)이 희강왕을 핍박하여 죽이고 왕위에 오르자(민애왕) 김양(金陽) 역시 군사를 모집하여 청해진으로 도망·의지했던 것이 그것이다. 이렇듯 청해진은 중앙정객들의 정치적 망명처가 되기도 했다.

장보고에 의지해 있던 김우징과 김양은 끝내 희강왕을 타도하기 위하여 장보고에게 5천의 병사를 지원 받아 경주를 침입하여 민애왕을 살해하고 김우징이 신무왕으로 즉위하였다(839). 이후 김우징은 장보고의 공을 인정하여 감의군사(感義軍使)란 칭호를 제수하고 식읍 2천호를 봉하여 주었다. 신무왕이 병사한 후 즉위한 문성왕(태자 경응(慶膺)은 김양에게는 부왕 즉위의 공을 추록하여 소판 겸 창부령을 제수하였고 장보고에게는 교서를 내려 진해장군(鎭海將軍)으로 삼았다. 이로써 장보고는 명실공히 왕권과 연계되는 중앙의 귀족신분으로 등장하였다.

그러나 문성왕이 즉위한 직후 부왕의 약속대로 그의 딸을 비로 맞이하려 한 것이 화근이 되어 장보고는 김양 일파인 염장에게 841년 살해되고 말았다. 요컨대 장2보고는 배타적 의식이 철저했던 진골귀족들에 이용되다가 살해되고 말았다. 이를 고려하면 이제까지의 통념인 장보고의 죽음이 반란에 의한 것이 아니고 진골귀족들에 이용되다가 살해된 사건, 즉 <장보고 피살사건>으로 보아야 옳다고 본다. 장보고가 살해된 뒤 청해진은 중앙정부에서 통어하지 못했다. 다시 말해서 염장을 중심한 토착세력에 장악되어 10여 년간 존속되다가 851년(문성왕 13)에 혁파되었고, 그곳 주민들은 벽골군(김제)으로 강제 사천시켰다. 청해진 혁파는 곧 신흥하는 염장 세력이 위협적인 존재로 여겨 이를 제거한 조치였다고 보겠다. 어떻든 장보고 해상세력의 등장은 남서해안 지방 등 지방세력 대두에 커다란 자극제가 되었던 것이다.

결론적으로 말해서 장보고의 해상세력은 곧 조정의 비호 아래서 탄생·성장된 것이다. 그러나 이 역시 중앙에서 그를 통어하지 못하고 끝내 혁파시키고 말았다. 이 같은 결과는 육두품계층의 성장과 활동에서도 보았듯이 진골귀족들의 권력쟁탈에 따른 왕권의 약화로 지방 통어력을 상실한 결과 나타난 것임을 알 수 있다. 이로써 전대미문의 신라 해상무역의 이권도 중국·사라센·일본인에게로 넘어가고 말았다. 이에 우리는 대립과 분열은 곧 국력쇠퇴의 기본적 요인임을 다시 한번 실감하게 된다.

지금까지 9세기 장보고의 등장을 중심으로 그들이 신라사회에 끼친 영향을 살펴보았다. 요컨대 장보고의 등장과 활동은 조정의 보호 하에서 등장 발전된 해상세력이었다. 그러나 그는 중앙의 왕위쟁탈전에 말려들어 우리의 역사상 전무후무했던 해상경제력도 막을 내리게 되었다. 즉 조정의 보호 하에서 성장한 장보고의 해상 경제력도 끝내는 진골귀족의 배타적 대립과 갈등에서 무너지고 말았다.

6. 신라의 쇠퇴와 멸망

1) 신라 멸망의 원인들

신라의 역사는 두 가지가 주목을 끈다. 그 첫째는 사직을 달리한 백제와 고구려를 700여 년만에 통합, 민족국가 형성의 전기를 마련한 것이며, 둘째는 삼국통합 후 240여 년을 채 넘기지 못하고 후삼국으로 분열, 우리의 역사상 최대 혼란기를 맞아 끝내 후고구려의 뒤를 이은 고려에 자진 항복(935)한 점이다. 이렇듯 통일신라가 다시 분열되고 멸망하게 된 요인에 대한 기왕의 연구성과를 보면, 결정 단계의 직접적인 근인적(近因的) 요인에 치중하여 연구된 것이 사실이다. 이에 필자는 그 요인의 폭을 넓혀 크게 두 가지로 구분·규명해야 된다고 평소 생각해 왔다.

그 첫째는 삼국통합 후 신라 중앙귀족층들이 갖는 경주 중심의 지역적 폐쇄성과 배타적 정책이 잠복성 불안요인이 되어 후일 신라의 분열(후삼국)과 멸망에 영향을 주었다고 간주되는 원인적(遠因的) 조건을 찾아내야 한다는 점이다. 그 사실은 견훤과 궁예가 옛 백제·고구려 지역을 무대로, 쓰다 버린 국호를 되찾으면서 후백제(900)·후고구려(901)를 각기 건국한 사실에서 충분히 알 수 있기 때문이다.

둘째는 신라 하대 빈번한 왕위 쟁탈전을 둘러싼 반역과 반란이 정치·경제·사회·사상 등에 영향을 주어 그 후유증이 멸망의 직접적인 근인적 요인으로 작용한 점을 규명해야 할 것이며, 아울러 나말의 천재지변과 10세기 전반기 동아시아의 국제정세가 신라멸망에 끼친 영향도 함께 살펴보아야 할 점이다. 이제 그 요인을 상호 연관시켜 살펴보겠다.

2) 먼 원인이 되는 조건

첫째는 수도 천도의 실패를 들 수 있다. 삼국통합 후 신라가 가장 먼저 취해야 할 과제는 통일정부에 걸맞은 정치체제의 정비와 백제·고구려 유민과의 신뢰성과 동질성 확보를 위한 시책을 구현하는 일이다. 즉 삼국민간의 화합을 위한 개방성을 추구하고, 국토와 인구가 약 3배로 늘어난 만큼 균형된 지역발전을 위하여 지배층이 낡은 제도와 관습을 벗는 일이다.

그 과제중의 하나가 반도의 동남쪽 구석에 치우친 수도를 행정·군사·교통·물산 등 여러 조건을 고려하여 영토의 중앙지역으로 옮겨야 할 일이다. 689년 신문왕은 수도를 지금의 대구로 옮기려 했지만, 중앙귀족들의 반대로 좌절되었다. 그 결과 수도의 행정력을 보강하기 위한 대안으로 5소경(원주·청주·충주·김해·남원) 제도를 채택했다.

5소경 지역은 본시 신라의 땅이 아닌 곳으로 이들 부도(副都)는 지방문화 발전의 중심지가 되어 점차 의식수준이 높아졌다. 하대에 이르러 5소경에서 주목되는 것은 경주가 병든 도시로 전락할 당시 5소경 지역은 반신라적 지방세력이 등장하는 거점이 되어 신라의 국력쇠퇴에 결정적 타격을 주었다는 사실이다.

예컨대 원주는 양길과 궁예가 반신라적 기치를 들고 거병한 거점이 되었고, 청주는 호걸들이 많아 그들의 향배가 후삼국 중 어느 편으로 붙느냐의 변수에 따라 삼국간의 국력이 달라진다고 본 곳이었다. 904년 궁예는 청주의 민가 1천 호를 철원으로 옮겨 자신의 세력기반을 구축했다. 그리고 충주의 경우, 호족출신인 유긍달·유권열은 고려 태조 왕건에게 붙어 유긍달의 딸은 왕건의 셋째부인(신명순성왕후)이 되었다. 김해의 경우 호족으로 등장한 김인광, 소충자·소율희 형제는 선종불교를 적극적으로 후원하여 김해지역은 선종 승려들의 요람처가 되었다.

이 같은 결과는 천도계획의 좌절에 따른 후유증으로 진골귀족들이 갖는 경주중심의 폐쇄성과 지역분파주의 사고에서 초래된 것이다.

요컨대 수도천도의 좌절 등에서 보는 진골귀족들의 폐쇄성과 배타성은 지방 통어의 탄력성을 잃게 하였으며, 하대에 이르러 신라의 분열과 멸망에 커다란 변수로 작용했다고 보아야 할 것이다.

그리고 둘째는 제·려 유민의 신분적 차별도 문제였다고 보겠다. 삼국 중 어느 나라가 통합을 했건 정복국가의 입장에서 보면 피정복국가의 유민에 대한 차별은 상상할 수 있는 일이다. 그러나 제도적 장치에 의한 홀대가 문제인 것이다.

먼저 그 시책부터 보면 백제인의 경우는 신라 17관등의 관계 중 5두품에 해당하는 10관등(대나마)까지만 허용되었다. 673년(문무왕 13) 고구려인은 신라 6두품에 해당하는 7관등(일길찬)까지 허용되었다. 이 시책이 언제까지 얼마나 철저하게 시행되었는지는 자료가 부족하여 알 길이 없다.

다만 차별정책에서 주목을 끄는 것은 백제유민을 고구려 유민보다 3관등급의 차이를 두고 홀대한 점이다. 그 이유 역시 관련자료가 없어 알 수 없다. 이에 대하여 백제는 나라도 작고, 660년 멸망한 후 4년간에 걸친 맹렬한 부흥운동을 한 것에 기인한 것으로 볼 수 있다는 견해도 있다.

그런데 나제동맹이 깨진(553) 후 『삼국사기』에 신라가 백제를 칭한 것을 보면, 장사(長蛇)·봉시(封豕)·원흉·원수·원악·흉악·시랑 등으로 백제를 격하시켜 호칭한 예가 유독 많이 나타난다. 이 점을 고려할 때 백제인에 대한 홀대는 삼국정립 시 고구려보다 심한 대립과 전쟁관계에서 온 후유증의 산물로 판단해도 무리는 아닐성싶다.

어쨌든 신라정부가 제·려 유민을 제도적인 장치를 만들어 차별한 것은 그들로 하여금 신라에 망한 원한과 적개심을 갖게 하는 잠복성 불안요인이 되었다고 판단된다. 이러한 원심은 정치·사회적 혼란이 극심했던 하대 김헌창의 난(822)과 후백제·후고구려가 등장할 때 편승 작용되었다.

이에 근거한다면 앞서 언급했듯이 제·려 유민에 대한 차별정책 역시 신라 멸망에 커다란 변수가 되었다고 볼 문제이다.

끝으로 오악(五岳) 선정의 후유증도 문제였다. 통일 후 신라정부는 국가의 수호를 목적으로 명산대천 등 자연신에 대한 제사의 대상을 확대·정비하였다. 그런데 그 대상지를 선정함에 있어 대사(大祀)는 말할 것도 없고 중사(中祀)인 오악(계룡·토함·팔공·태백·지리산)을 선정한 것을 보면, 계룡산을 제외하고는 신라 본래의 영역을 벗어나지 못하였다. 이 시책 역시 신라지배층의 폐쇄성과 지역 분파주의적 배타적 정신을 드러낸 시책이 아닐 수 없다. 요컨대 이 시책 역시 앞에서 본 시책과 궤를 같이하는 배타적 성격의 산물이다.

위에서 본 세 가지 시책은 신라 고유의 폐쇄성, 즉 신라중심사상에서 경주중심주의를 쉽사리 극복하지 못한 점으로 후일 제·려 유민들로 하여금 신라조정에 원심을 갖게 하여 지방행정 통어력을 잃게 하는 결과를 초래하였다. 이 같은 결과는 곧 신라분열과 멸망의 한 요인으로 작용한 것이다.

3) 가까운 원인이 되는 요인

한 국가의 국력이 쇠퇴하거나 멸망의 조짐은 일시에 나타나 보이는 것이 아니다. 신라의 경우도 그 조짐은 하대(780~935)에 접어들면서 드러나기 시작했다.

그 첫 번째로 지적되는 문제는 왕위 쟁탈전으로 볼 수 있다. 왕위 쟁탈전은 곧 왕권약화를 초래시켰으며 이로 인한 정치기강의 문란은 토지제도의 문란, 사치와 향락, 농민반란 등을 유발시켜 끝내 후삼국으로 분열되어 35년간 명맥을 유지하다가 망했다. 이제 그 요인을 정치 · 경제 · 사회 · 사상과 천재지변, 동아시아의 정세 등에서 살펴보겠다.

첫 번째로 지적할 수 있는 것은 지도층의 분열과 법질서의 붕괴이다. 신라 하대 왕실내의 큰 변화는 왕위계승이 합법적인 혈통에 의한 세습이 무시되고, 무력으로 왕을 살해하고 즉위하는 경우가 자주 나타나는 등 왕권에 대한 반역과 내란이 빈번하게 발생했다.

그 대표적 예를 보면, 김양상은 혜공왕을 죽이고 즉위(37대 선덕왕)하였고, 38대 원성왕(785～798 : 김경신) 역시 선덕왕의 후계자로 추대된 김주원을 강릉으로 추방하고 즉위했다.

이 같은 결과는 왕권을 둘러싼 왕족간의 대립과 갈등에서 비롯된 것으로 그 후유증은 사병화된 군사적 힘이 난무하는 풍조를 불러일으켰다. 이후 40대 애장왕(800～809)도 난군에 의해 살해되고, 김주원의 아들 김헌창(웅천주 도독)은 공주에서 중앙출신의 관리들과 종족들이 중심이 되어 822년 반란을 일으켜 일시에 4주 3소경을 석권하였다. 이들 사건은 집권체제의 동요와 지방세력 태동에 큰 영향을 주었다.

이후 무력에 의한 왕위 쟁탈전은 또다시 격화되어 홍덕왕이 죽자 규정(均貞)과 제릉(悌隆)과의 왕위쟁탈에서 균정이 살해되고, 제융이 43대 희강왕(836～838)으로 즉위했다. 희강왕 역시 상대등 김명의 반란군에 살해되고, 김명이 44대 민애왕(838～839)으로 즉위했지만 이 역시 김우징(후의 44대 신무왕 : 839)의 난군에 살해되었다. 당시 김우징은 균정과 제융 간의 왕위쟁탈시 균정을 받들다 실패, 청해진으로 도망가 피신해 있다가 장보고의 병사 5천명을 지원 받아 경주를 진격하여 민애왕을 살해하고 즉위한 인물이다.

이렇듯 무력에 의해 연이어 나타난 왕위 쟁탈전은 집권체제를 파국으로 몰고 갔다. 민애왕 이후 841년부터 901년까지 18건에 해당하는 반역과 내란이 발생하였다. 그 어간에 경문왕(861～875)은 국학에 대해 관심을 갖고, 김예(金銳) · 김현(金鉉)의 모반사건 때 주모자를 처리하면서 그 일족을 멸하는 등 권력집중에 노력하였고, 헌강왕(875~886) 역시 국학에 행차하여 박사 이하의 교관에 명하여 경의(經義)를 강론케 하는 등 인재양성 등에 뜻을 보였으나, 진골귀족들의 정권욕과 도덕적 타락 때문에 왕권과 사회안정을 찾기에는 힘든 형국이었다.

이와 같이 군사적 우열에 따라 권력을 장악하게 되는 풍조는 또 다른 문제점을 파생시켰다. 이를테면 권력을 장악한 귀족들은 자신들의 권력을 보다 강력하게 유지하기 위하여 사병을 길러 무장하고 대토지 소유를 확대하여 경제적 부를 축적한 것이 그것이다.

그 사실은 단편적 기사이기는 하지만, 『신당서』 신라전에 '신라의 재상가에는 노동(奴僮)이 3천이요, 소・말・돼지와 갑병(甲兵)이 그에 상등했다'라는 기록과 『삼국사기』 권48, 열전 효녀 지은 조에 '효종랑(孝宗郎)이 지은에게 곡식 100석과 그들 낭도들이 조(租) 1천 석을 모아줄 정도의 재력을 갖고 있었다'는 기록 등에서 충분히 알 수 있다.

한편 약화된 왕권은 지방세력을 증대시켰으며, 계층간의 분열과 대립을 격화시켜 그 혼란은 진성여왕 때 이르러 극에 달하였다. 그 파탄의 기점은 889년(진성여왕 3) 주・군에 대한 조세독촉이 농민반란을 일으켜 전국으로 확산되면서 중앙의 권력체제는 통치력을 상실하고 말았다. 그 사실은 최치원이 진성여왕을 위해 대작한 '양위표(讓位表)'에

> 도적이 당을 이루어 광기를 풍기니 관할하는 구주에서 고을을 표방하는 백군이 모두 구화를 만나 겁회의 재를 보는 것 같아오며, 더욱이 사람 죽이기를 마(麻)베기처럼 하여 내던져진 백골은 숲처럼 쌓이고 창해의 횡류는 날로 심하고 곤강의 사나운 불꽃은 바람같이 거세어 이제 어진 나라는 변해서 병든 나라가 되었습니다(『동문선』 권33).

라고 한 사실이나, 역시 최치원이 대작한 효공왕의 '사사위표(謝嗣位表)'에 '지금은 군읍이 모두 도적의 소굴이 되었고, 산천이 모두 전쟁터

이니 어찌 하늘의 재앙이 우리 해곡(海曲 : 신라)에만 흘러드는 것이랴'고 한 기록이 당시의 참담한 실상을 극명하게 보여주고 있다.

끝으로 후삼국시대 왕실내의 정세를 보면 역시 불안했다. 효공왕(897~912)이 후사 없이 죽자 아달라왕의 원손인 박경휘가 자신보다 서열이 앞선 효종(孝宗 : 효공왕 때 시중 역임)을 제치고 신덕왕(912~917)으로 즉위했다. 당시 박경휘가 국인의 추대를 받았다고 하지만, 이 역시 박경휘의 정치·군사적 세력이 효종의 세력보다 강했기 때문이 아닌가 싶다.

어쨌든 박경휘의 즉위는 원성왕계인 효종 중심의 김씨 진골들이 불만을 품게 된 요인으로 후일이 염려되는 일이었다. 그 사실은 927년 견훤이 경주를 침입하여 경애왕을 제거하고 효종의 아들인 김부를 경순왕으로 즉위시킨 것에서도 볼 수 있다.

지금까지 살펴본 진골귀족간에 권력을 둘러싼 대립과 갈등은 곧 왕권의 약화에 따라 중앙의 통치력이 상실됨으로써 나타난 것이다. 즉 왕권쟁탈전은 신라멸망의 제1차적 요인이 되었다고 보겠다.

두 번째는 왕실·귀족과 사찰의 대토지 경영의 해독성도 큰 요인이 되었다. 결론부터 말하면 왕실·귀족층과 사찰의 대토지 경영의 해독은 농민의 몰락과 국고의 고갈을 초래하여 신라멸망의 큰 요인으로 작용했다. 이 견해는 주지하듯이 이미 손진태·이병도 등 선학들이 강조한 설이다.

신라 귀족관료들의 경제기반은 식읍·녹읍·전장 등이었다. 그러나 이들은 하대 집권체제가 쇠퇴하면서 독자적 재력을 배경으로 개간이나 권력에 의해 토지를 강점·약탈하거나 기증을 받는 형태로 막대한 농장을 확대시켜 경제적 부를 축적했다. 그들에게는 수조(收租)·공부(貢賦)·역역권(力役權)이 주어졌다.

당시 대농장 경영의 실상을 보면, 『신당서』 신라전에 '재상가에 녹이 끊이지 않았고, 노동이 3천이요, 갑병·소·말·돼지 등이 그에 상

등했다'는 기록과 신라 재상의 방목장이 무주의 남쪽경계인 황모도(黃茅島) 벽지에까지 있었다는 사실, 앞서 언급했던 효종랑의 재력을 보아도 그 실상을 실감할 수 있다.

요컨대 진골관료들의 대토지 경영은 경제력과 정치적 권력을 비대화시켜 왕실에 위협을 주는 세력의 기반이 되어 권력투쟁은 물론 사치와 방탕을 유발시켰다. 특히 그 후유증은 진성여왕 때 농민반란의 경우에서 보듯이 계층간의 대립과 민심 이반 등을 불러왔던 것이다.

그리고 대토지의 경영은 사원세력의 경우도 예외는 아니었다. 왕실과 귀족들은 탑이나 불상을 조성하기 위하여 많은 재산을 헌납하였다. 그 사실을 보면, 애장왕이 해인사를 창건한 일, 경문왕이 헌안왕을 위해 보림사 3층석탑을 세운 일(870), 사원들이 여러 곳에 분산된 토지를 관리하기 위하여 장사(莊舍)를 두고 관리인 지장(知莊)을 파견했던 사실, 879년(헌강왕 5) 지증(智證)이 전지 500결을 봉암사에 희사했던 일 등이 그것이다.

당시 사원이 소유한 토지는 면세의 특권을 누렸다. 사원소유의 토지 역시 국가재정의 궁핍과 사치 등 신라멸망에 요인이 된 것이다. 그 사실은『삼국사기』경순왕 본기 사론에

> (신라가) 불교를 받들어 그 폐해를 알지 못하고 (그리하여) 여항(閭巷)에는 탑묘(塔廟)가 즐비해지고 평민들은 사찰로 도망하여 승려가 됨에 병농이 점점 줄어들어져서 국가는 날로 쇠하여가니 어찌 난망치 않으리오.

라는 기록을 보아도 극명하게 실감할 수 있다.

셋째는 왕공 귀족들의 사치와 향락 역시 문제였다. 사치와 향락의 풍조는 예나 지금이나 불합리하게 쟁취한 권력이나 부의 축적에 수반되는 것이다. 신라 하대에 만연된 사치와 향락풍조가 멸망의 요인이 된다는 것은 손진태 · 이우성 · 이기동 등 여러 선학들이 공통적으로

지적하는 점이다.

먼저 하대 수도의 면모를 보자. 『삼국유사』에 보면, 신라 전성기 경주의 호구수는 178,935호이며, 39개의 금입택(金入宅 : 부자집)과 사절유택(四節遊宅)이 있었다. 49대 헌강왕(875～886)대의 경우 성중에는 초가집이 하나도 없고, 노랫소리가 길거리에 가득하여 밤낮으로 끊이지 않았다고 하며, 밥을 숯으로 지었다고 한다. 이와 같은 지배층의 이기주의적 사치는 망국적인 풍조가 아닐 수 없다.

당시 이를 염려한 애장왕은 사치금지령(806)을 내렸으며, 흥덕왕은 외국에서 수입한 상품이 얼마나 큰 문제였든지 외래품 사용에 대한 금지령을 선포했다(834). 그러나 약화된 왕권으로는 그 풍조를 통제할 능력이 없었다.

신형식 교수는 이러한 사치와 호화로운 장식 속에서 배태된 신라 백성들의 의식체계의 변모는 전반적인 농민의식의 성장을 가져와 기존사회의 질서와 전통에 일대 타격을 주게 되었을 것이라는 견해를 표하기도 했다. 어쨌든 귀족지배층의 이기적인 사치와 향락은 계층간의 갈등과 민심 이반 등 신라멸망의 요인으로 작용했다고 보아야 할 것이다.

한편 당시 농민들의 생활상을 보면, 조세와 고리대에 시달린 농촌사회는 연이은 천재지변으로 도둑의 봉기와 농민반란이 일어나 유민화 현상이 나타나고 심지어 해외로 눈을 돌려 일본과 당으로 건너가는 자가 있는가 하면 살기 어려운 농민은 자손을 팔아 자활하는 형편이었다. 당시 남서해안에는 해적들이 출몰하여 사람들을 약취하는 지경에까지 되었다.

요컨대 농촌사회 파탄으로 인한 농민들의 유민화 현상은 조세징수, 병역·노역 징발 등에 타격을 주고 호족세력 등장에 영향을 주어 이 역시 신라멸망의 원인이 되었다.

넷째는 6두품 지식층의 반신라적 동향을 지적하지 않을 수 없다. 6두품 계층은 재질과 학식이 뛰어나도 신라 17관등 가운데 제6관등(아찬)까지, 관직은 부(部)·부(府)의 차관직인 시랑·경까지만 오를 수 있는 신분이었다. 이리하여 이들 계층은 당의 개방정책에 눈을 돌려 당의 국학에 입학하여 수학한 학문적 식견을 토대로 하대의 정치·사회·사상 등 학문분야의 계발자로서 많은 노력을 경주했다. 그러나 신분상의 제약으로 학문적 식견 등을 피력하는 데는 어려움이 뒤따랐다.

840년(문성왕 2) 당나라 문종이 유학기간 10년이 초과된 신라유학생과 질자 105명을 강제로 돌려보낸 사실이 있다. 그들의 입국거부는 자신들이 입국해 보아도 진골 만능시대의 여건으로 보아 근시직(近侍職)·문한직(文翰職)·지방직 등으로 전전할 것이라는 신분적 좌절감, 왕권을 둘러싼 진골 귀족간의 대립과 분열로 인한 정치기강의 문란, 인사정책의 모순, 토지제도의 문란 등 앞날을 예기치 못할 불안한 시대였다는 점이 고려된 것이 아닌가 싶다.

어쨌든 이들 계층은 정치적 활동에는 영향력이 미약했지만 신라 말 사회사상의 변동에 있어 주역을 담당, 새로운 사회를 지향하기 위한 의식변화를 일으킴에는 공헌이 컸다.

헌덕왕(809～826) 때 집사시랑을 역임한 녹진(祿眞)이 '사(私)에 의하여 공(公)을 멸'하는 인사정책의 모순을 지적한 점, 왕거인(王巨人)이 진성여왕의 시정을 비방한 누명으로 투옥된 일, 최치원이 사회적 현실을 냉철하게 통찰하고 신라멸망을 예언했다고 보는 '계림황엽 곡령청송(鷄林黃葉 鵠嶺靑松)'이란 글귀, 진성여왕에게 올린 '시무십조(時務十條)'·'사사위표'의 내용 중 애민적 정치이론으로 보는 '물은 배를 띄우지만 광풍이 일면 물은 배를 전복시킨다'란 한 구절 등이 모두 그 범주에 해당된다고 보겠다. 이렇듯 6두품 계층은 나말 인사정책의 모순과 진골위주의 정치체제에 따른 정치·사회적 모순을 시정·촉구하는 등 국왕의 권력집중에 필요한 개혁안을 제공하였다.

한편 그들은 유교정치이념을 추구하면서 아울러 선종불교·풍수지리·도참사상·노장사상·비보사상 등 사상계의 변화에도 크게 기여했다. 당시 유행한 풍수·도참·비보사상·미륵신앙 등은 지방호족 등 정치세력에 이용되어 신라 중심사상의 권위를 부정하는데 영향을 끼쳤다. 결론적으로 말해서 6두품 계층의 활동은 기존의 정치·경제·사회질서의 모순과 사상적 의식변화에 비판적 사고를 갖게 하는 등 고대사회를 중세사회로 전화하는 데 공헌했다. 이 같은 판단이 옳다면 6두품 계층의 활동은 곧 신라멸망에 영향을 준 것이다.

그 사실은 존왕적 입장을 견지했던 최치원도 끝내는 가야산으로 은둔했고, 당에서 귀국한 김가기도 다시 당으로 돌아간 사실, 나말 3최로 칭하는 최승우·최신지가 후백제와 고려로 각각 망명한 사실, 그리고 고려건국 과정에서 6두품의 사상적 이념이 새 국가의 방향제시 등 왕권강화에 수용되었다는 사실에서 충분히 알 수 있다.

다섯째로 천재지변도 신라멸망에 변수로 작용하였다. 고대인들은 천재지변을 하늘의 뜻으로 어겼고, 군왕 등 정치적 실권자들의 실정에 대한 경고와 비판으로 생각했다. 『삼국사기』에 신라가 당한 천재지변의 세기별 통계를 보면, 정치적 혼란기였던 8~9세기와 짝하여 극심했다. 최치원이 대작한 효공왕의 '사사위표'에

> 큰 흉년이 자주 들어 좀도둑이 사방에서 일어나 처음에는 늑대와 이리 같은 탐욕을 부리더니 점차 홍곡(鴻鵠)의 웅지를 자랑하였다. 처음에는 쥐같이 숨어서 살살 뒤주를 뒤지고 주머니를 더듬더니 형세를 틈타서 벌떼 날 듯함에 갑자기 성을 파괴하고 고을을 노략질하여 마침내 연진이 국내에 자욱하고 풍우가 또한 농사를 잡치게 하니 뭇 도적들이 동릉(東陵)에 더욱 치성하여 농사를 남무(南畝)에 지을 수가 없습니다.… 지금은 군 읍이 모두 도적의 소굴이 되었고 산천이 모두 전쟁터이니 어찌 하늘의 재앙이 우리 해곡에만 흘러드는 것이랴(『동문선』 권33).

라는 내용을 보면, 진성여왕 때 흉년이 농촌의 파탄은 물론 정치·사회적 혼란에 절대적 영향을 주었다고 보겠다. 그 사실은 양길과 궁예

및 견훤의 세력기반이 지방의 농민군과 생활에 지쳐 도적이 된 무리들이었다는 점에서도 충분히 알 수 있다. 이런 점을 고려하면 하대의 천재지변 역시 간과할 수 없는 멸망의 요인이 된 점이다.

여섯째는 동아시아의 정세변화와도 관련이 있다고 볼 수 있다. 최치원이 895년(진성여왕 9)에 찬한 '해인사묘길상탑기(海印寺妙吉祥塔記)'에 보면, 신라의 재앙을 당으로부터 온 듯이 인식하고 있다. 아마도 최치원이 당에서 체험한 황소의 난(875~884)과 비슷한 재앙이 당으로부터 파급・연장된 것으로 느꼈을 것으로도 볼 수 있다.

고대 한반도와 중국 내에 있어 각국간 멸망된 시기의 차이를 보면, 중국의 수(581~618)가 당(618~907)으로 교체된 후 머지않아 백제(660)와 고구려(668)가 망하였다. 특히, 10세기 전반기 주목을 끄는 동아시아의 국제정세는 당이 망하고, 송(960~1277)이 건국되었으며, 그 어간에 만주에서는 거란족이 흥기하여 요(916~1125)를 건국하였다. 한편 고구려의 옛 땅을 무대로 건국한 발해(698~926)는 요나라에 망하고 말았다.

이렇듯 동아시아의 국제정세가 불안한 때 신라는 후삼국으로 분열되어 역사상 최대의 혼란기를 맞아 935년 고려(918~1392)에 자진 항복하였다. 당시 신라를 비호해 주던 당이 멸망했다는 것은 신라조정을 크게 불안하게 했을 것이다.

또한 신라를 둘러싼 고려와 후백제와의 관계를 보면, 후백제는 경주를 침입하여 경애왕을 자살시킬 정도의 막강한 군사력을 유지했던 강국이었다. 그리고 고려는 신라와 군사동맹을 유지했던 친선관계였다.

이 같은 열국 간의 관계를 놓고 굳이 신라항복의 요인을 본다면, 첫째, 당나라 멸망으로 인한 국제적 불안감, 둘째, 군사력이 막강했을 뿐 아니라 자신을 옹립했던 견훤이 자진하여 왕건에 귀부했다는 불안감, 셋째, 고려 왕건은 즉위 직후부터 지방 호족들을 회유・포섭함에 있어 인(仁)과 덕(德)으로 평화적인 화합과 융화정책을 취하는 한편 발해의 유민도 적극적으로 받아들이는 정책을 펴 호족들의 향배가 왕건에게로 쏠리는 입장이었다는 점, 넷째, 경명왕과 경애왕의 친고려정책으로 견훤의 침입을 자초한 점과 견훤이 경애왕을 살해하는 등의 만행은 당시 민심을 신라를 도운 왕건에게 몰아다 준 결과가 되었다는 점 등을 들 수 있다.

그러나 보다 중요한 것은 견훤이 고려 왕건에 귀부한 것이 경순왕의 항복을 결심케 한 자극제가 되었다고 보겠다. 그 사실은 삼국간에 신흥하는 고려의 판세로 보거나 견훤(935년 6월 귀부)과 경순왕(935년 10월에 항복하기를 청하여 11월에 귀의)이 차례로 고려에 귀부한 시기 등을 보아도 짐작이 간다. 그리고 당시 신라의 처지를 보면, (경순왕이) '외롭고 위태함이 이와 같아서 형세는 능히 온전하게 할 수 없으니 이왕 강하지도 못하고 또 (바짝) 약하지도 못하여 무고한 백성들로 하여금 참혹하게 죽도록 하는 것은 나로서는 차마 할 수 없는 일이다'라고 한 내용을 음미하면, 당시의 국세로 보아 국력회복이 불가능한 시국이었음을 실감할 수 있다.

4) 신라의 멸망

지금까지 신라멸망의 원인을 삼국통합 후 신라중심주의에 의한 진골귀족들의 폐쇄적·배타적 정책에 의해 파생된 멸망의 원인적 조건과 하대 왕위쟁탈전이 격화되면서 100여 년 동안에 파생된 멸망의 근인적 요인을 살펴보았다.

이를 요약하면, 첫째 원인적 조건으로 간주한 수도천도의 좌절과 5소경 설치문제, 제·려 유민의 신분적 차별, 오악 선정 등의 시책에서 파생된 후유증은 제·려 유민들에게 신라에 대한 원심을 갖게 하여 잠복성 불안요인으로 작용하였다. 즉 그들의 반 신라적 원심은 나말의 정치 · 사회적 혼란기에 편승하여 신라분열과 멸망에 커다란 변수로 작용했다는 사실이다.

둘째, 근인적 요인은 하대 군사적 무력에 의한 왕위쟁탈전은 왕권약화와 율령체제를 붕괴시켜 토지제도의 문란과 농촌생활의 파탄, 사치와 향락 등을 파생시켜 계층간의 갈등과 대립을 격화시켰다. 특히 진성여왕의 난정과 당시 극심한 천재지변은 농민반란과 호족세력의 등장으로 국력은 마비상태에 빠지게 되었다.

한편 6두품 계층은 기존의 정치 · 경제 · 사회현실의 모순과 사상적 변화에 비판적 사고를 갖게 한 그들의 반사회적 활동도 신라멸망에 커다란 영향을 주었다고 보겠다.

그리고 신라를 둘러싼 중국과 고려 · 후백제와의 관계에서 볼 때 당나라의 멸망과 특히 군사적으로 막강했던 견훤이 고려에 자진하여 귀부한 점과 호족들의 향배와 민심이 고려로 쏠린 것은 경순왕의 항복을 결심케 한 자극이 되었다고 보겠다.

7. 무인정권기의 농민과 천민의 항쟁은 왜 일어났는가

1) 봉기의 배경

고려 1170년(의종 24) 무인정권이 성립하자 전국적으로 일어난 농민항쟁은 약 1세기 동안 지배권력에 저항하였다. 무인정권기에 일어난 농민항쟁은 규모나 지속성에 있어 신라하대인 9세기와 조선후기인 19세기에 일어났던 농민항쟁과 함께 전근대 한국사의 3대 농민항쟁의 하나라 할 수 있다.

항쟁의 주체인 농민과 천민은 1차 산업인 농업이 사회적 생산의 대부분을 차지하고 있던 전근대 사회에서 농업생산을 담당하던 생산자이며 국가 재정의 대부분을 담당하고 있던 계층이다. 이들의 봉기는 사회경제적 모순과 지배계층의 불법적인 경제적 수탈에 대한 최소한의 생존권이라도 보장받으려는 집단적 항쟁으로 보아야 할 것이다.

농민은 토지에서 생산을 하여 그 일부를 세금으로 바치고 나머지 농산물로 살아가는 계층이다. 따라서 그들의 생산 터전인 토지가 농민들에게 고루 소유되었을 때 농민은 토지에 안착되어 안정된 생활을 영위하여 왔다. 그러므로 국가에서는 토지제도를 마련하여 농민의 안정적 생활과 국가 재정을 마련하였다.

그러나 고려의 토지제도는 최성기라 일컬어지는 문종대부터 붕괴하기 시작하여 많은 농민들은 토지를 떠나 떠돌아다니게 되었다. 토지를 잃고 떠돌아다니는 농민을 유민이라 한다. 이러한 유민은 도적 또는 떼도둑이 되어 사회를 혼란으로 몰고 갔다. 고려의 토지제도는 전시과체제였다. 그러나 12세기초부터 토지탈점이 나타나고 인종 때부터 본격적인 토지겸병이 시작되고 무인정권이 성립되면서 더욱 확대되었다.

무인정권이 성립되기 이전인 인종 때 이자겸과 묘청의 난이 일어나 중앙집권체제가 흔들렸고, 의종 때에는 유민이 더욱 많아지고 홍천과 전주 등 각 지역에서 도적이 일어났다. 의종 24년 일어난 무신란의 성공은 무반 지위의 상승과 더불어 귀족사회의 수탈체제에 신음하던 피지배층의 광범위한 지지와 성원에 의한 것이었음에도 피지배층을 위한 수취체제의 개편을 위한 대책 없이 무신들은 정권을 장악하여 많은 토지와 노비를 소유하여 부귀영화를 누리고 정권의 주도권을 장악하기 위한 권력투쟁을 하였다.

이러한 지배층 내부의 갈등과 권력자들의 부패 타락은 중앙정부의 지방에 대한 통제력을 약화시켜 지방관이 조세를 많이 거둬들여 백성을 못살게 굴었다. 이러한 지방관의 농민에 대한 착취는 농민들이 유민이 되는 원인이 되었다. 중앙정부는 유민을 방지하기 위하여 지방에 감무를 파견하였다. 그러나 이들 감무는 쿠데타에 참여했던 무인들에 대한 논공행상과 무인정권을 확립하기 위한 지방통치권의 확보에 근본이 있었다. 더구나 무인 집권자 중에는 재물을 탐하여 벼슬을 팔기도 하여, 지방관의 부정은 중앙의 권세가와 연결되어 자행되고 있었다.

무신란 이후 하극상의 풍조가 사회전반에 걸쳐 팽배하여 종래에 엄격했던 신분질서가 흔들리고 한편으로 피지배층의 사회의식이 크게 성장하였다. 노비의 몸에서 태어난 이의민이 무인집정이 되었다던가, 할머니와 어머니가 모두 관기였던 조원정이 추밀원부사가 된 것 등은 이러한 사회풍조 속에서 가능했을 것이다. 이러한 사회풍조는 농민과 천민들로 하여금 재래의 신분제에 대한 관념을 변모시킴과 동시에 그들의 지위 상승 의욕을 크게 자극하였을 것이다.

1105년(예종 즉위년)에 지방관리들이 포악하여 백성을 못살게 굴어 우봉 · 토산 · 적성 · 파주 · 사천 · 삭녕 · 안협 · 동음 · 안주 · 영광 · 가화 · 청송 · 인의 · 금성 · 제천 · 보령 · 여미 · 강진 · 정안 · 만경 · 부윤 · 양구 · 낭천 등 전국에 걸쳐 광범하게 유민이 발생하였고, 1162년(의종 16) 이천(伊川) · 안협 · 동주 · 평강 · 영풍 · 의주(宜州) · 곡주 등 지방에서 대규모 도적이 일어났다. 1168년(의종 22) 탐라에서 불법적으로 공부를 부과하여 백성들이 생활이 곤란해지자 수량(守良)등이 봉기하여 수령을 내쫓았다. 이러한 상황에서 농민의 봉기는 일어났다.

2) 농민과 천민의 봉기

농민의 봉기는 1172년(명종 2) 창주・성주・철주의 백성들이 지방관의 탐욕과 백성을 학대한 것에 대한 분노와 지역세력의 약화로 인한 불만에서 발생한 단순한 봉기였다. 그러나 당시 서북면병마사 대장군 송유인(宋有仁)이 이를 수습하지 못하여 스스로 물러날 정도로 기세가 대단했을 것으로 보인다.

1174년(명종 4) 9월 서경유수 조위총의 난이 일어났다. 무신들은 김보당의 난 이후 지방관까지 모두 무신으로 바꿀 계획을 세웠다. 따라서 조위총은 조만간 관직에서 쫓겨날 위기의식을 느끼고 중앙정부에 반기를 들었다. 이에 서북지역 40여 성이 호응했다. 조위총의 난은 처음에는 순수한 농민 봉기가 아니었지만, 서북지방의 일반 농민이 대거 참여함으로서 농민 봉기의 성격을 띠게되었지만, 명종 6년 6월에 진압되었다.

명종 7년 조위총의 남은 무리 500여 명이 다시 봉기하여 유수와 판관등을 죽였다. 이들은 서북면의 가주・위주・태주・연주・순주 등의 산골에 흩어져 있다가 자주, 숙주를 공격하여 불태우고, 묘덕・향산의 여러 사찰을 무찔렀다. 관군은 창고를 열어 진휼하고 각기 원하는 곳에서 살도록 하였으며, 지휘자에게는 관직을 주니 농민의 봉기는 진정되었다.

명종 9년에 서북면지병마사 이부(李富)가 농민들이 다시 봉기할까 우려하여 양식을 주겠다고 속여 구주(龜州)등 5개성의 농민들을 성내로 유인하여 죽였다. 이에 우방전(牛方田)등은 이를 알고 다시 무리를 모아 봉기하여 관군을 쳐부수기도 했으나 끝내 진압되고 말았다. 1176

년(명종 6) 1월 공주 명학소(鳴鶴所)에서 망이(亡伊)·망소이(亡所伊)가 봉기하여 공주를 함락하고 조정에서 파견한 군대를 무찌르니 조정에서는 명학소를 충순현(忠順縣)으로 승격시켜 회유하였다. 그러나 명학소의 농민봉기는 같은 해 9월 예산현, 이듬해 2월 황려현(여주)과 진주(진주 : 진천), 4월에는 청주 관내의 속군현을 점령하는 등 충청도와 경기도 일대를 점령할 정도로 기세를 올렸으나 정부군에 의해 명종 7년 7월에 진압되었다.

이외에도 명종 6년 손청(孫淸)은 충남 가야산 일대에서 봉기했고, 명종 7년 이광(李光) 등이 전북 익산의 미륵산을 중심으로 봉기했고, 1182년(명종 12) 충청도 관성(管城 : 옥천)에서는 현령을 잡아 가두었다. 부성(富城 : 서산)에서는 백성들이 일어나 관청을 폐쇄하였으며, 전주에서는 주현군과 관노가 합세하여 관선 제조의 지나친 혹독한 사역에 불만을 품고 일어났다.

지금까지 살펴본 무인정권 초기의 봉기는 대체로 지방관 및 향리의 수탈과 억압에 대한 항거이며, 신분해방을 위한 봉기도 있었다. 봉기 주체는 농민이나 군인, 천민 또는 노비 등이고, 자연발생적으로 일어난 소규모의 봉기이며 연합이라는 측면도 나타나지 않은 미숙한 단계에 머물고 있었다.

명종 20년 경주에서 일어난 농민봉기는 1193년(명종 23) 운문(경북 청도)의 김사미(金沙彌)와 초전(경남 밀양)의 효심(孝心)이 대규모 봉기로 이어졌다. 명종 24년 김사미는 항복하고, 효심의 봉기군은 관군의 장군을 전사케 하는 등 크게 세력을 떨쳤으나 대규모의 관군에 밀려 밀성싸움에서 농민군 7,000여 명이 죽음을 당하여 결정적인 타격을 입었고 그 후 효심도 사로잡혀 항쟁은 끝났다.

1199년(신종 2) 2월 김순(金順)이 주도하였던 경주의 농민군은 명주(강릉)의 농민군과 연합하여 강원도와 경상도 동해안 일대를 점령하였으나 3월에 진압되었다. 신종 3년 경주에서 최대의(崔大義)가 봉기하였고, 신종 5년 경주의 삼별초, 운문의 농민군과 부인사와 동화사 승려들이 결합하여 영주(永州 : 영천)를 공격하였다. 발좌(勃佐)와 이비(利備)가 이끈 농민군은 울진 운문 초전의 농민군과 연합하여 인근 주군을 공격하고 기양현(경북 예천)과 기계현도 공격하였다. 이들 농민군은 1204년(신종 7) 5월에 진압되었다.

1198년(신종 원년) 최충헌의 사노 만적(萬積)과 노예들은 자기의 주인을 죽이고 노비문서를 소각하여 삼한에 천인을 없앰으로서 노예해방을 이루고 더 나아가 정권을 장악하고자 하였으나 사전에 발각되어 실패했다. 그 후에도 노비들의 신분해방 운동은 1203년(신종 6) 개경에서 노예들의 전투연습으로 나타났다.

신종 3년 4월에 진주에서 공사노예들이 향리들의 강압적인 수탈에 저항하여 향리들의 집 50여 호를 불태우고 사람을 죽였다. 이를 수습하는 과정에서 향리 정방의(鄭方義)가 이 지역을 장악하자 진주민들이 협주의 노올부곡민과 연합하여 정의방에게 대항하여 실패하기도 했지만 끝내 진주민이 정방의를 타도하였다. 같은 해 밀성의 관노 50여 명이 봉기하여 운문의 농민군과 합세하기도 하였다. 신종 5년에는 경주에서 다시 봉기가 일어나고 그들은 신라의 부흥을 표방하고 나왔다.

명종 20년 이후의 봉기는 농민 외에 노비와 천민의 봉기가 집중적으로 나타나고 노비들의 봉기는 자신들의 사회 경제적인 처지를 개선하는 한편 궁극적으로 그들의 신분해방을 달성하고자 하였던 것이다.

1216년(고종 3) 홍화진의 양수척이 봉기하여 거란군의 향도가 되었으며, 그해 12월과 다음해 1월 거란군을 방어하기 위해 출동한 군인들의 봉기, 진위현의 이장대(李將大) 등의 봉기, 서경에서 고구려부흥운동을 내세운 최광수(崔光秀)의 봉기, 고종 6년 의주에서 한순(韓恂)·다지(多智)의 봉기, 1227년(고종 14) 이천에서 인걸(仁傑)의 봉기, 고종 20년 충주 관노의 봉기, 경주의 최산(崔山)과 이유(李儒)의 봉기, 고종 19년과 20년의 개경 근교 초적의 봉기, 고종 24년 담양 이연년(李延年)의 백제 부응운동 등 농민봉기는 몽고와의 전쟁 중에도 광범한 지역에서 농민과 천민이 주체가 되어 봉기하고 있으며, 고구려나 백제의 부흥을 내세워 고려왕조를 부정하는 신국가 건설운동도 제창되고 있다.

이상과 같은 사실은 이 무렵의 농민항쟁이 최씨정권의 강압적인 진압과 몽고의 침략이라는 외압에 의해 일시적으로 위축되기는 하였으나, 농민항쟁을 유발시켰던 근본적인 모순이 제거되지 않는 한 어떤 형태로던 필연적으로 일어날 수밖에 없음을 알려주고 있다. 이러한 사정을 극단적으로 들어내어 준 것이 1250년대 이후의 농민봉기라 할 수 있다. 예컨대 고종 40년 양근현민의 봉기, 동주산성민의 봉기, 고종 43년 입암산성민의 봉기 등이다. 1270년(원종 11) 삼별초 항쟁이 일어나자 밀성민과 개경의 관노 등이 봉기하여 삼별초에 가담했다. 1273년(원종 14) 몽고군과 고려군이 연합하여 삼별초항쟁을 완전히 진압하면서 약 1세기간 끈질기게 지속되었던 농민항쟁은 종말을 고하게 되었다.

3) 농민봉기의 의의와 성격

12세기 후반기부터 13세기까지 농민항쟁은 약 1세기 간 지속되었다. 항쟁의 주체였던 농민과 천민은 지배층의 억압에 정면으로 반발하여 구질서의 타파를 요구하던 시기였다. 초기에 농민봉기는 단순히 탐학한 지방관의 교체요구에서 출발하였으나, 나중에는 신분제도 타파·토지겸병 근절·수취체제의 균등 등 체제개혁 요구를 거쳐 새로운 국가건설까지 표방하였다. 정부는 각도에 찰방사를 보내어 탐학한 수령을 내쫓아 민심을 회유하기도 하였고, 공주 명학소의 경우에서 보는 바와 같이 소를 현으로 승격시켜 그들의 신분을 올려주기도 하였으며, 또한 농민 봉기의 주동자를 회유하여 벼슬을 주기도 하였다. 그러나 이러한 미봉책으로는 농민봉기를 근본적으로 막을 수 없었다. 농민들은 권세가의 토지점탈에 의한 사회경제적 모순과 지방관의 착취와 수탈, 불균등한 수취체제 등이 그들의 생활을 궁핍하게 만들고 더 나아가 유민이 되는 상황에서 이를 극복하기 위한 봉기를 근본적인 대책 없이는 농민을 안정시킬 수 없었다. 신분제사회의 틀에서 신분해방과 정권탈취까지 목포로 했던 천민의 봉기도 무인정권에서는 용납할 수 있는 것이 아니었다. 당시 무인정권은 농민봉기를 유발시켰던 여러 가지 사회적 모순을 개선하여 농민의 생활을 안정시킬 정책을 실행하지 못하고 군사적으로 진압하는데 급급하였다.

농민의 봉기는 농민이나 천민이 그들의 봉기를 성공으로 이끌 수 있을 만큼 성장하지 못했기 때문에 모두 진압되었지만 탐관오리의 제거나 농민들의 생활을 안정시키기 위한 노력도 전혀 없었던 것은 아니었다. 고려 전기 군현체제의 한 축을 이루었던 부곡제의 해체는 이 시기 농민항쟁의 주요한 결과라 보여지고, 고려 후기에서 조선초기까지 진행된 향·소·부곡의 소멸, 속현의 폐지 등 이후의 사회변화에 상당한 영향을 주었다. 농민의 봉기가 갖는 역사적 의의도 바로 이런 점에 있다고 보여진다.

참고문헌

변태섭, 1984, 『농민·천민의 난』, 『한국사』 7, 국사편찬위원회.

김상기, 1985, 『고려시대사』, 서울대학교 출판부.

박용운, 1988, 『고려시대사』, 일지사.

박종기, 1991, 『무인정권하의 농민항쟁』, 『한국사 시민강좌』 8, 일조각.

이정신, 1991, 『고려 무신정권기 농민·천민항쟁 연구』, 고려대학교 민족문화연구소.

이정신, 1994, 『농민·천민의 봉기』, 『한국사』 20, 국사편찬위원회.

8. 고려와 몽고와의 관계

1) 징키스칸의 등장

몽고족은 고대부터 몽고 고원의 동부에 살고있던 흉노와 동일계통의 유목민족이었다. 몽고족은 금제국이 중원을 정복할 때까지도 부족제로 분산되어 그 중 일부가 금에 복속되는 등 금의 세력 하에 있었다. 13세기초에 등장한 테무진(Temukin ; 鐵木眞)은 케레이트・나이만・메르키트 등 여러 부족을 합쳐서 몽고 지방을 통일하고, 1206년 여러 부족의 추대로 오논하변에서 칸(大汗)의 지위에 올라 스스로 징키스칸(成吉思汗 : 太祖)이라 하였다.

몽고 지방에서 징키스칸의 세력이 확립되자 동방의 형세는 크게 변화되기 시작하였고 본격적인 외국원정이 시작되었다(1209). 당시 몽고국 남방에는 4개의 나라가 있었으니, 몽고와 접한 금나라, 금나라의 남쪽에는 남송이 임안(臨安)을 수도로 하고 있었고, 금・송의 서쪽에는 서하국이 서역과의 교통로 상의 요지를 차지하고 있었으며, 한반도에는 고려가 있었다.

몽고는 이중에서 먼저 서하를 격파하고 이어 금나라를 공격했다. 징키스칸은 만년에 서아시아의 경제력을 탐내어 서방으로 진출을 꾀하다가 도중에 죽었다. 그 뒤를 이은 태종은 징키스칸의 유지를 받들어 금을 공격하였다. 이때를 틈타 남송은 몽고와 동맹을 맺어 금을 멸망시켰다(1234).

이후 태종은 유럽 대원정군을 조직하여(1236) 러시아의 각지를 공격한 뒤에 유럽에 침입하여 폴란드・독일・헝가리・오스트리아 등지를 공격하다가 태종이 죽자 회군하였다.

4대 헌종 때에는 페르시아를 공격하여 압바스 왕조를 멸하고(1258)

시리아 이동의 땅을 통일하여 일한국을 세웠다(1259). 그리고 헌종의 동생 쿠빌라이(Kubilai)는 티벳의 토번(吐番)·운남의 대리국(大理國)을 멸하고, 안남의 진왕조(陳王朝)를 공격하여 남송 공격의 태세를 완료하였다.

5대 세조는 수도를 북경으로 옮겨 대도(大都)라 칭하고, 국호를 元이라 개칭하였다(1271). 그리고 남송과의 동맹을 끊고 남송을 멸하여(1279) 중국대륙의 정복이 완료함으로써 전 중국이 원의 지배를 받게 되었다. 이리하여 몽고는 태조 징키스칸으로부터 세조에 이르기까지 5대 70년에 걸쳐 유럽·아시아에 걸친 광대한 영토를 정복하고 서유럽·인도·이집트·일본을 제외한 역사상 유례가 없는 세계대제국을 건설하였다. 당시 고려가 몽고와 접촉하게 된 것도 몽고의 세계대제국 건설과정의 일이었다.

2) 몽고 침략에 맞선 항쟁

몽고의 화북 진출에 따라 금의 세력이 약화되자, 이 틈을 타서 거란족 야시부(耶廝夫)가 대요수국(大遼收國 : 1216)을, 반금세력이었던 포선만노(浦鮮萬奴)는 동진국(東眞國 : 1217)을 각기 세워 만주에 웅거하였다. 이때 몽고족이 만주로 진출해오자 이에 쫓긴 대요수국은 고려에 침입(1217~8)하여 2년간에 걸쳐 개경·철원·원주·제천 지방까지 유린하였다.

거란족이 침입한 원인은 의복과 식량을 얻어 생존을 유지하기 위한 침입이었으나, 침입할 때의 병력은 무려 9만 명이나 되는 대규모 침입이었다. 1219년(고종 6) 몽고는 이들을 몰아낸다는 명분으로 합진(哈眞)·찰자(札刺) 등이 동진국과 연합해서 고려에 들어오니 조충(趙冲), 김취려(金就礪) 등이 이끈 고려군과 연합하여 강동성에서 거란군을 격퇴시켰다. 이것이 몽고와 최초로 접촉하게 된 것이다.

이때 몽고는 고려를 도와 거란족을 물리친 것을 구실로 삼아 징키스칸은 고려와 우호관계를 맺었던 것이다(1219). 이 맹약을 맺은 몽고의 의도는 조공을 통한 물자의 입수가 주목적이었다. 그러나 합진이 고려와 정식으로 결호를 맺고 돌아갈 때 조충 등이 의주까지 가서 그를 전송했는데, 그때 몽고군은 동진인 40여 명을 의주에 머무르게 하고 말하기를 '너희들은 고려말을 배우고 우리가 다시 올 것을 기다려라' 한 사실을 보면 고려에 대한 몽고의 야심은 심상치 않았던 것이다. 이후 몽고는 고려에 대하여 큰 은혜를 베푼 듯이 무리한 조공을 강요하여왔다. 예컨대 1221년(고종 8) 사신으로 온 저고여(著古與)가 몽고 황태자의 지시라하여 무리한 금품을 요구한 것이 그것이다. 그러나 전통적으로 북방민족을 멸시하고 경계심을 지녔던 고려는 몽고의 요구에 응하지 않았다.

이후 조공문제 등으로 양국사이가 원만치 못하던 중 1225년(고종 18) 몽고 사신 저고여가 고려에 사신으로 왔다 돌아가는 길에 압록강 부근에서 피살된 사건이 일어나 양국관계는 통교가 끊기고 몽고는 이를 트집잡아 고려에 침입하였다. 그러나 당시 집권자인 최충헌(崔忠獻)은 '나라가 부하고 강하다' 하여 변방 경비에 신경을 쓰지 않고 있었다.

드디어 몽고의 고려 침입은 1231년(고종 18) 최초로 시작되어 이후 약 30여 년간에 걸쳐 파상적으로 6차에 걸쳐 침입이 계속되었다. 몽고의 고려 침입은 공물에 대한 기대뿐 아니라 금을 멸하여 만주와 화북지방을 점령하고, 나아가서 남송과 일본을 정벌하기 위한 기지의 확보를 전제로 함과 동시에 세계정복의 야망에서 나온 것이었다.

몽고의 제1차 침입은 저고여 피살사건을 응징한다는 구실로 이루어졌다. 이때에 살례탑(撒禮塔)이 이끄는 몽고병이 철주·구주로 침입해 오자 박서 등이 용감히 항전하였으나 수도가 포위되자, 조공을 조건으로 강화를 청하게 되고, 몽고는 고려에 민정 감찰관인 다루가치

(達魯花赤) 72인과 수비대를 배치하고 철군하였다(1232). 이때 몽고 관리의 심한 횡포와 굴욕적인 강화에 분노를 느낀 고려의 군신들은 항몽투쟁을 결심하기에 이르렀다.

당시 고려 조정은 장기 항전을 결심하여 몽고와 단교하고 ,1232년(고종 19) 도읍을 강화도로 옮기고 항몽 태도를 분명히 하였다. 이때 유승단(兪升旦)은 '작은 나라로서 큰 나라를 섬기는 것은 사리에 어찌할 수 없는 일이다. 예(禮)로써 섬기고 신(信)으로써 사귀면 저희인들 무슨 이름으로 매양 우리를 괴롭히겠는가. 성곽과 종묘를 버리고 해도에 서복(竄伏)하여 구차하게 세월을 끌어 변방의 백성으로 하여금 장정은 봉적에 다 쓰러지게 하고 노약자를 붙들려 노예가 되게 하는 것은 국가의 좋은 계책이 아니다'라고 강하게 반대하였다. 그러나 끝내 천도가 결행되고(1232), 백성들을 산성과 해도로 피난시켰다. 강화도로 천도한 것은 해전에 약한 몽고군의 허점을 이용코자 한 것이다. 이에 자극을 받은 몽고는 1232년 살례탑을 선봉으로 제2차 침입을 단행하였다. 살례탑은 사자를 강도에 보내어 개경 환도를 요구했으나 이에 응하지 않았다. 교섭에 실패한 살례탑이 처인성(용인)을 진격하다가 김윤후(金允候)에게 피살되자 사기를 잃은 몽고군은 다시 철수했다.

그후 몽고는 대륙의 동진국과 金을 멸하고 남송을 치는 한편 그 여세를 몰아 1235년 당올대(唐兀臺)를 선봉으로 3차 침입을 단행하여 5년간이나 항쟁을 계속하였다. 이때 친원파 홍복원(洪福源)을 앞세운 몽고군은 전략을 바꾸어 강도정부와는 강화 교섭을 피하고 전 국토를 유린하여 농민의 생활은 극도로 비참해졌고, 황룡사구층탑・대구부인사 소장의 대장경 등 국보적 문화재가 소실되었다. 이렇듯 항몽투쟁이 장기화되자 강도정부는 본토의 피해가 날로 극심해지자 할 수 없이 몽고에 철군을 요청하였고, 몽고군은 친조(親朝)를 조건으로 철군하였다(1239). 그러나 고종은 친조 요구에 응하지 않았다. 이에 몽고는 아모간(阿母侃)을 선봉장으로 하여 1247년 4차 침입을 단행해왔으나, 몽고 정종의 죽음으로 곧 철군하였다.

1251년 새로 즉위한 몽고의 헌종 역시 개경환도와 친조문제를 이유로 야굴(也窟)을 선봉장으로 1252년 5차 침입을 단행하였다. 이때 충주성에서 김윤후·지광수가 이끈 노예군이 70여 일간 전력투구하여 몽고군을 격퇴시켰다. 당시 몽고군의 청야전법으로 농민의 생활은 극도로 비참해지자, 1253년 안경공(安慶公) 창(淐)을 몽고에 보내어 철군토록 요청하였다. 이후 몽고는 개경환도와 국왕 친조에 대한 동정을 살피다가 차라대(車羅大)를 선봉으로 1254년 6차 침입을 단행하여 6년 동안이나 전국을 유린하고 206,800여 명의 포로를 잡아가는 등 병화와 기근이 겹쳐 농민의 생활이 말이 아니었다. 한편 조휘(趙暉)·탁청(卓靑) 등과 같이 화주(和州) 이북의 땅을 들어 몽고에 투항하는 반역배가 나타났으며, 전화와 기근에 시달린 백성들이 관헌을 죽이고 몽고병에 항복하는 자도 적지 않아 국내 사정이 극히 불안하였다.

이와 같이 국내사정이 불안한 중에서도 강도에서의 최씨 무인정권은 대몽항쟁을 견지하였다. 그 배경에는 고려무인의 불굴의 항쟁정신에도 원인이 있었지만, 최씨정권의 권력유지를 위한 의도도 한몫 했다. 이때 대몽항전의 주체는 농민이었다. 당시 연속된 장기간의 전쟁으로 본토내의 국민생활이 비참해지면서 정부에 동요가 일어나 최씨의 마지막 집권자인 최의(崔竩)가 무신 김준(金俊) 등에 의하여 살해되었다(1258). 이 때 정권을 잡았던 김준 일파 역시 원과의 강화를 반대하였다. 그러나 김준은 왕과 문신들의 압력에 못 이겨 몽고와 강화하기로 하고, 1259년(고종 46) 태자 전(倎 : 원종)을 몽고에 보내어 항복의 뜻을 전하는 한편 강도의 내외성곽을 파괴하였다.

항복의 뜻을 전해 받은 몽고의 세조는 조서를 보내왔다. 그 내용은 고려의 정치·문화·풍속의 독자성을 인정하는 조건 아래 강화를 맺자는 것이었다. 이 같은 조건은 약 30여 년간에 걸친 고려인의 강인한 항쟁이 뒷받침되었기 때문에 얻어진 결과다. 그러나 김준을 죽이고 정권을 잡은 임연(林衍)은 친원책을 추진하는 원종을 폐하고 왕제인 창(淐)을 옹립(1269) 하는 등 다시 항몽책을 표방하였다. 이때의 고려는 항몽책을 유지할 수 없는 실정이었다. 몽고의 압력으로 원종이 복위되고(1269) 임연이 죽은 뒤 아들 임유무(林惟茂) 역시 원종에게 피살되어 무신정권의 여맥은 끊어지고 1270년(원종 11) 개경 환도령이 내려졌다.

1270(원종 11) 개경환도가 실현되고 삼별초군이 혁파되자, 몽고에 대한 적개심이 강하였던 삼별초군은 고려의 자주성 회복을 표방하면서 반란을 일으켜 배중손(裵仲孫) 등이 반몽정권을 수립하였다. 삼별초는 이후 강화도·진도·제주도를 근거로 4년간이나 김통정의 지휘하에서 항쟁을 전개하였으나, 여몽연합군의 공격으로 1273년(원종 14) 평정되고 말았다. 이후 고려는 80여 년간 원의 부마국으로서 정치, 경제, 사회적 간섭을 받게 되었다.

3) 원간섭기의 시련

다음은 원의 정치적 간섭 등으로 받은 영향에 대하여 보자. 고려는 80여 년 동안의 원의 정치적 간섭과 경제적 착취 등으로 큰 시련을 당하였다. 그 중 첫 번째 시련은 2차에 걸친 일본원정이었다. 세계를 제패한 원은 일본 정복을 꿈꾸고 고려를 통해 일본에 국서를 보내어 조공을 요구하였다. 그러나 전쟁의 발발을 희망하지 않았던 고려는 일본에 통호(通好)를 권하는 한편, 원에 대해서는 해로원정의 위험성을 들어 만류했다. 그러나 일본의 겸창막부(鎌倉幕府)는 이에 불응하였다. 그 결과 원은 끝내 무력원정을 계획하고 고려에 명하여 일본 원정의 선도가 되어 출발할 것을 요구하였다. 1274연(충렬왕 1) 여몽연합군은 함선 900척과 2만 5천의 병력으로 합포(마산)를 출발하여 1차 원정을 단행하였다. 연합군은 대마도를 습격한 다음 북구주의 박다(博多)를 공격하였으나, 태풍과 일본의 저항으로 실패하고 말았다.

원 세조는 재차 원정을 기도하여 군사・물자를 고려에 준비토록 한 후 1281년(충렬왕 7) 2차 원정을 단행했다. 이때 동로군(東路軍)은 함선 900척・병력 4만이었고, 강남군(江南軍)은 함선 3500척과 병력 10만이었다. 연합군은 합포를 출발하여 박다를 공격, 60여 일간 전력 투구하였으나 역시 태풍과 질병으로 실패하고 말았다. 이 같은 실패는 겸창무사(鎌倉武士)의 항전과 '신풍(神風)'이라 불리는 태풍의 결과이기도 했으나, 원군의 해전 미숙, 고려군의 소극적인 태도와 항몽정신, 그리고 월남인의 몽고에 대한 반항이 있었기 때문이었다. 2차에 걸친 일본 원정으로 고려측은 병력・공인의 징발, 전함의 건조, 군량미의 부담 등으로 인적・물적인 손실을 크게 입었으며, 일본측은 방비를 굳게 하였고 이후 한반도와 대륙세력을 경시하게 되었다.

일본원정 이후 원은 고려왕실을 분열시키고, 정치체제를 약화시키고자 내정간섭을 강화했다. 그 사실을 보면, 원종이 왕권강화를 목적으로 세자비를 원의 공주로 맞이한 것이 계기가 되어 공민왕 때까지 왕과 세자는 원제실의 공주들 정비로 취하고 그 비의 소생이 왕위에 즉위하는 것을 원칙으로 하였다. 이러한 까닭에 왕호까지도 원에 대한 충성심의 표시로 '충(忠)'자를 쓰고 '조(祖)・종(宗)'자 대신 '왕(王)'자를 쓰도록 하였고 왕위의 폐립도 원에 의해 좌우되었다.

원은 관제의 통폐합, 용어의 격하에 간섭하였고, 특히 병제에 더욱 철저하였다. 그리하여 개경에 순마소(巡馬所)를 두고 경찰 근위의 임무를 맡겨 고려인을 체포・처벌케 하였으며, 총관(總管)・만호(萬戶) 등의 몽고식 무직이 수여되었으며 다루가치(達魯花赤)가 설치되었다. 또한 일본원정의 지휘감독기관이던 정동행성(征東行省)을 그대로 존속시켜 그 장을 고려왕이 겸임토록 하고 행정・군사・사법 등을 감시하는 기구로 강화시켰다.

한편 원은 봉천(奉天) 요양(遼陽) 일대의 고려 유민을 통제한다는 명목 아래 고려의 왕족을 심양왕(瀋陽王)에 봉하여 고려 왕실을 분열·견제하려 하였다. 그 결과 심양왕은 고려와 원 사이에 왕위계승을 둘러싸고 대립을 야기시켰다. 그리고 고려의 국호마저 폐하고 직속령으로 만들려는 홍중희 등 부원배들의 입성책동도 나타났다.

원은 고려의 영토를 변화시켰다. 즉 화주(和州 : 永興)에 쌍성총관부(雙城總管府 : 1258~1356)를, 자비령(慈悲嶺) 이북에 동녕부(東寧府 : 1270~1290)를 설치하여 조휘와 최탄을 각기 총관으로 임명하였고, 제주도에 탐라총관부(耽羅總管府 : 1273~1301)를 두어 원의 직속령으로 다스렸다. 그 결과 한때 고려의 영토가 축소되었다. 그 후 동녕부와 탐라총관부는 고려의 요구로 충렬왕 때 반환되었고, 쌍성총관부는 반환치 않아 공민왕 때 이르러 류인우(柳仁雨)가 무력으로 수복하였다.

원의 지배로 사회적 혼란도 적지 않았다. 공녀·환관의 징발, 부원세력들의 고려에 대한 반역행위 등이 그 대표적인 것이었다. 그리고 원의 공녀 요구로 백성들의 원성이 컸고, 조혼의 풍습이 생겨났다. 또한 부원배와 원에 발탁된 환관들의 발호로 사회혼란이 야기되고 원의 풍속인 호복·체두변발·몽고식 성명·몽고어 등이 고려에 침투되어 유행되었다.

원은 응방(鷹坊) 반전도감(盤纏都監)을 두어 매의 사육과 사냥 및 세공을 감독하여 백성들의 생활을 더욱 궁핍케 하였다. 또 부원배와 관료 귀족들은 권력을 남용하여 농민을 수탈하고 대농장을 확대시켜 고려의 멸망을 촉진시켰다.

한편 여·원 간의 사신·귀족·관리·문인학자 등의 왕래가 빈번하여 문화 교류가 촉진되었다. 안향(安珦)에 의한 주자학의 전래, 충선왕의 만권당(萬卷堂) 설치와 이를 통한 중국학자와의 문화교류, 송설체(松雪體)의 전래, 주자가례·주자전서·농상집요 등의 서적 전래, 화약제조법의 전수, 그리고 목면의 전래, 특히 사라센 계통의 천문·역법·수학·의학 등의 과학문명이 유입된 것도 이때의 일로서 조선시대의 문화발전에 크게 기여하였다. 한편 몽고의 침입으로 국보적 문화재가 소실되었고 팔만대장경의 조판도 항몽의식에서 나온 산물이었다.

한편 원의 정치적 간섭을 받는 과정에서 주목되는 것은 민족사의 기원에 대한 관심, 즉 민족의식이 높아졌다는 점이다. 예컨대 고종 때 이규보(李奎報)의 『동명왕편』이나 충렬왕 때 일연의 『삼국유사』는 국조신화를 합리적으로 정리하여 민족사의 기원을 정립시켰으며, 천손족이라는 자부심을 환기시켜 민족의식과 민족의 주체성을 선양시켰다. 이와 같은 민족의식은 14세기 중엽 원이 쇠미해진 틈을 타서 원으로부터 지배를 벗고 자주성을 되찾으려한 충선왕(1308～1313)의 개혁정치와 공민왕(1351～1374)의 배원정책에서 알 수 있다. 끝으로 충선왕과 공민왕의 시책을 보자.

4) 반원정책의 전개

충선왕은 사림원(詞林院)을 두어 신진세력과 더불어 구관제를 부활하는 한편, 정방을 폐지하여 권문세력을 누르고, 왕권을 강화하여 원의 간섭으로부터 왕실을 찾으려 애썼다. 그리고 국가의 수입을 증대하기 위하여 과세를 공평히 하고, 권문세력이 불법으로 소유한 토지를 양민에게 돌려주고, 노비를 추고하여 해방시켜 귀족의 횡포를 억제하였으며, 소금의 전매제도 등을 강구했다. 그러나 원의 간섭과 권문세가들의 반발로 실패로 끝나고 말았다.

공민왕의 반원정책은 14세기초 원제국이 쇠퇴하면서 한족 군웅들의 '반몽홍한' 운동이 치열하게 전개되어 고려에 대한 원의 간섭도 약화되었다. 이 틈을 타 먼저 왕권강화책으로 인사행정권을 좌우하던 정방을 폐지하여 권문세가의 실권을 빼앗고 그들의 발호를 막는 한편 구귀족과 신흥귀족 간의 갈등 등 정치적 혼란을 막기 위하여 권문세가와 인연도 배경도 없는 무명의 승려 신돈(辛旽)을 등용하였다. 그리고 교육 및 과거제도를 정비하는 한편 신흥사대부 출신의 성리학자를 등용하였다.

한편 배원정책을 보면, 원의 연호・체두변발・호복 등을 폐지하고, 친원파 기철(奇轍)・권겸(權謙) 등을 숙청하였다. 그리고 정동행성을 폐지하고, 중앙관제 일부(첨의부) 4사(전리・판도・군부・전법사)를 폐지, 구관제인 2성 6부로 복구시켰다. 한편 병권을 회복하여 새로 친위병을 편성하고 지방군의 재배치를 꾀하는 한편 북방 경략에 힘썼다. 이로서 쌍성총관부를 무력으로 철폐하고 철령 이북 땅을 회복했으며(1356), 최영(崔瑩)과 인당(印瑭)을 보내어 요동지방을 공략하여 압록강 건너의 팔참(八站)을 빼앗았다. 1370년 이성계의 출정군은 1차로 동가강 상류 무라산성(無羅山城)을 공파했으며, 지용수(池龍壽)・이성계는 2차로 요동의 중진인 요양을 점령하고 고려의 영토임을 선언했으나 수비가 곤란하여 포기하고 말았다. 이리하여 고려의 영토 일부를 복구하고 고려의 자주권을 회복할 수 있었다.

그러나 국권회복의 시책이 추진되어 가는 중 원 및 친원파의 반발이 컸다. 친원파 김용(金鏞)은 흥왕사를 습격하여 공민왕을 살해하려다 실패하였고(1363), 원의 순제는 공민왕을 폐하고 덕흥군(德興君)을 왕위에 오르게 하고 일방적으로 공민왕 폐위를 선언한 사실도 있었다. 그리고 반역배 최유(崔濡)는 원에 가 있던 덕흥군을 받들고 원병 1만으로 압록강을 넘어 고려에 침입해 오기도 했다(1364).

최영・이성계 등이 이러한 변란을 진압하고 그들을 처형했으나, 원의 정치적 영향력이 완전히 배제된 것은 아니었다. 공민왕은 원・명교체기를 이용하여 배원정책 등 개혁정치를 시도했으나 권문세가의 반발, 왜구 및 홍건적의 침입으로 국정이 불안한 중에 정치를 밀고 나아갈 만한 세력을 형성하지 못하여 큰 성과를 얻지 못했다.

공민왕 사후 이인임(李仁任)의 추대로 즉위한 우왕 때는 대륙정세의 변화에 따라 새로운 국면을 맞이하게 되었다. 우왕 때 명의 사신 채

빈(蔡斌)이 귀국도중에 고려인 호송관 김의(金義)에게 살해되었다. 이때 김의는 북원으로 도피했다. 이에 겁을 먹은 우왕과 국상 이인임 일파는 공민왕대의 친명책을 버리고, 친원책으로 기울어졌다. 그러나 현실적으로 볼 때 고려의 입장은 친원 일변도의 외교노선만을 취할 수는 없었다. 그 이유는 신흥사대부 정도전과 이성계 중심의 친명파들의 압력을 무시할 수 없었고, 이때 정몽주 등도 이인임의 외교노선을 반대하였기 때문이었다.

한편 고려의 친원파에 자극 받은 명은 고려에 무리한 세공요구와 요동왕래의 금지 등 어려운 문제를 제기하더니 마침내 1388년에는 쌍성총관부 관할 하에 있던 철령 이북의 땅에 철령위(鐵嶺衛)를 설치하겠다고 고려 조정에 통고해 왔다. 이에 자극을 받은 고려는 명이 차지한 요동지방을 이 기회에 회복하려고 했다. 이때 이인임을 숙청하고 실권을 장악한 최영은 명과의 전쟁을 각오했으나, 이성계는 국내외 사정을 이유로 이를 반대하였다.

최영은 우왕과 더불어 1388년(우왕 14) 요동정벌을 결정하였다. 이성계와 조민수(曹敏修)는 최영의 지휘하에 38,800여 병력으로 정벌을 결행하였다. 원정을 반대하던 이성계는 위화도에 이르러 '작은 것으로 큰 것에 거스르는 것은 불가하다'등 4불가론을 내세워 회군할 것을 우왕에게 청했으나 우왕 및 최영은 이를 반대하였다. 이성계는 이윽고 회군을 단행하여 개경을 함락시키고 최영과 우왕을 추방한 뒤 우왕의 아들 창(昌)을 왕으로 옹립하였다(1388). 이로써 이성계는 군사적·정치적 실권을 장악하여 새 왕조 창건의 기반을 마련하게 되었다.

9. 사대부 세력의 성장과 고려의 멸망

1) 사대부 세력의 성장

사대부란 학문적 교양을 갖추고 정치의 실무에도 능한 학자적 관료를 말한다. 이들은 최씨 집권기부터 이미 형성되기 시작하였다. 최씨 정권은 정국이 안정됨에 따라 그들의 정권을 유지하기 위해 능문능리(能文能吏), 즉 학문적 교양이 높고 행정실무에 밝은 문인들을 기용하였다. 이들은 유교적 지식이 부족한 무인정권에 대하여 학문과 행정의 능력을 보충하여 주는 관료적 학자가 되는데 이것이 바로 신흥사대부의 초기의 모습이었다. 이들은 무신정권이 붕괴된 이후 더욱 활발히 중앙정계에 진출하여 커다란 사회세력을 형성하기에 이르렀다.

이들 사대부들은 권문세족과 달리 문벌에 힘입어 음서를 통해서 관계에 진출하기보다는 학문적 실력을 바탕으로 과거를 통하여 중앙의 관리로 진출하였다. 그러나 때로는 군공 등으로 첨설직을 받아 품관이 됨으로서 신분적인 상승을 하는 자들도 있었는데 이들을 보통 한량이라 불렀다. 사대부들은 권문세족과 달리 그 가문이 한미하였고 지방의 향리출신이 많았다. 향리출신의 사대부는 자기 향리에 소규모의 농장을 가지고 있는 중소지주층이었다. 재향지주인 이들은 전호나 노비의 노동에 의하여 토지를 경영하거나 직접 경작하였던 점에서 부재지주인 권문세족과 그 성격을 달리했다. 때문에 사대부들은 권력에 의해 불법수단으로 막대한 농장을 소유한 권문세족을 경멸하였다.

사대부들은 새로운 유학인 성리학을 수용하여 새로운 지도이념을 모색하였다. 중앙정계에서 자신들의 의견이 받아들여지지 않거나 정치적으로 위기에 처하는 경우, 그들 자신의 생활 근거지인 향리로 돌아가 전원생활을 즐기기도 하였다. 그러므로 개경에서 향리로 돌려보내는 귀향죄가 이들에게는 두려운 바가 아니었다. 사대부들은 성리학을 학문적으로 받아들여 불교를 비판하고 도덕을 강조하며 인간을 중요시하였다. 정치 · 경제 · 사상적인 면에서 권문세족과 대립하는 사대부 세력의 진출은 고려후기를 이끌어 가는 사회세력의 대세를 이루었고 나아가 몇 차례의 충돌이 빚어지기에 이르렀다.

고려후기에 사대부들이 정계에 진출하여 그 세력이 점차로 커져감에 따라 권문세족들에 의해 형성된 농장 등 사회의 폐단을 개혁하려고 하였다. 이러한 사대부의 개혁노력은 강력한 세력을 형성하고 있는 권문세족과 충돌하였다.

사대부 세력이 현실에 대한 개혁의지의 표출은 1298년(충렬왕 24) 충선왕이 충렬왕의 선위를 받아 즉위한 해에 나타났다. 즉위교서에 나타난 개혁의지는 권문세족들의 비리에 대한 일대 개혁과 정방을 폐지하고 사림원(詞林院)을 설치하는 등 정치개혁 시도였다. 충선왕의 개혁은 박전지(朴全之) · 최참(崔旵) · 오한경(吳漢卿) · 이진(李瑱) 등 사대부들에 의하여 주도되었다. 이러한 개혁은 원의 간섭을 부인하고 새로운 정부를 세우려는 움직임으로 구체화하였다. 반원정책을 표방한 충선왕의 개혁정치는 원의 간섭으로 충선왕이 왕위에서 물러남으로서 실패하고 말았다.

충목왕은 즉위(1334) 후 왕후(王煦)를 등용하여 정방을 폐지하고, 정치도감(整治都監)을 설치하여 녹과전을 부활하는 등 개혁에 착수하였다. 그러나 권문세족의 반발로 주춤하다가 1347년(충목왕 3) 다시 본격적으로 추진하였다. 고려사회의 모순은 원과 밀접한 관계에 있는 기관이나 정치세력에 의해 야기된 것으로 보고 이에 대한 시정책을 제시하였다. 이러한 개혁은 정치도감을 중심으로 이루어지고 정치도감은 왕후, 안축(安軸), 백문보(白文寶), 전록생(全祿生)등 신진사대부에 의하여 주축을 이루었다. 이러한 개혁은 권문세족의 강한 반발과 원의 간섭으로 실패하였다.

14C 후반에 들어서자 중국 각처에서 반란이 일어나고 한족의 명(明이) 새로 일어나 원은 쇠약해져 갔다. 이러한 대륙의 정세를 파악한 공민왕은 정치개혁을 시도하였다. 공민왕은 즉위하자 변발과 호복을 풀고 변정도감(辨整都監)의 설치를 지시하고 정방을 혁파하였다. 본격적인 개혁은 1356년(공민왕 5)부터 시작되었다. 원에 의지하여 권세를 누리던 기철(奇轍)·권겸(權謙)등 부원 반역세력을 숙청하고, 원의 감독관청인 정동행성을 폐지하는 한편 원의 간섭으로 바뀌어진 관제를 복구하였으며 쌍성총관부를 무력으로 수복하고 인당과 최영으로 하여금 요동지방을 공략하게 하였다. 또 원의 연호 사용을 폐지하고 무인집권시대 최씨의 사적기관의 하나였던 정방이 무인정권의 몰락 후에도 여전히 존속되어 인사권을 장악하고 왕권을 견제하자 이를 폐지하는 등 광범한 개혁을 시도하였다. 이러한 공민왕의 개혁은 대외적으로 반원친명정책을 추진하는 한편 대내적으로는 권문세족을 억압하기 위한 왕권강화책이었다. 국내에서는 부원배들의 강한 반발을 받아 홍왕사의 변이 있었고, 원에서는 덕흥군을 새로운 고려왕으로 임명한 일도 있었으나 공민왕의 강경책은 이를 극복하였다. 공민왕의 반원자주와 권문세족의 억압은 신진사대부들이 진출할 수 있는 기틀을 제공하여 주었다.

공민왕 14년에는 무명의 승려인 신돈(辛旽)을 기용하여 국정을 총괄하게 하였다. 신돈은 이공수·경천홍 등 권문세족을 축출하고 전민변정도감(田民辨整都監)을 설치하여 권문세족이 불법으로 빼앗은 토지와 노비를 원주인에게 돌려주거나 해방해주었다. 성균관을 중건하고 과거제도를 개혁하여 유학교육의 부흥과 신진세력의 양성에 노력하였다. 그리고 직함만을 가진 한량관을 군사편제 속에 포함시켜 서울에 살며 숙위하게 하였다. 공민왕 때의 개혁정책은 정치·경제·사회적 모순을 제거하려 했으나, 친원파의 반발, 구귀족과 신진세력과의 갈등, 신돈의 횡포, 왜구·홍건적의 침입 등으로 뜻을 이루지 못했다. 어쨌든 고려말 등장한 사대부세력은 권문세족과의 몇 차례 충돌을 거듭하면서 성장하여 끝내는 새왕조 조선을 개창하는 세력으로 성장해 갔다. 이는 아직도 신진세력의 미성숙에 기인한다고 할 수 있으나, 성균관 중건 등으로 새로운 사대부가 급격히 성장하는 계기가 되었다.

2) 고려의 멸망과 조선의 창건

반원친명정책을 표방하던 공민왕이 죽고 이인임에 의하여 우왕이 추대되었다. 이인임이 실권을 잡자 친원정책으로 되돌아갔다. 이때 중국 대륙에서 일어난 명은 친원정책을 쓰는 고려에 압력을 가하면서 원이 점령하였던 철령 이북의 지역을 명이 직속영토로 하겠다고 통고하여 왔다. 원의 쌍성총관부 관할지역을 명이 직속영토로 한다는 소위 철령위 설치 문제였다. 이 때는 이인임 일파가 물러나고 최영・이성계 등이 권력을 잡고 있을 때다. 최영은 이에 분개하여 우왕의 동조를 받아 요동정벌을 결정하고 스스로 팔도도통사가 되어 조민수를 좌군도통사로, 이성계를 우군도통사로 삼아 요동 출병을 명하였다.

그러나 군사적 견지에서 요동정벌이 불가함을 주장하던 이성계는 1388년 위화도에서 회군하여 우왕과 최영을 축출하고 정권을 장악하였다. 이성계는 정도전(鄭道傳)・조준(趙浚) 등 사대부 세력과 연결하여 폐가입진의 명분으로 창왕 마저 축출하고 공양왕을 세웠다. 이들 신흥 사대부들은 조준을 앞세워 1390년(공양왕 2) 전제개혁을 실시하여 전국의 공사 전적을 모두 소각하고 이듬해인 1391년에 과전법(科田法)을 공포하였다. 이로서 이성계는 군권에 이어 경제권도 완전히 장악하였던 것이다.

과전은 경기도에 한하여 관료들에게 그 관직의 고하에 따라 토지를 분배하였는데, 그 결과 조준 등 개혁파가 합법적으로 많은 과전을 점유하여 구세력을 경제적으로 압도하였다. 경기 이외의 전국 토지가 공전으로 편입되어 공전의 증대는 국가수입이 증가하였으며, 방대한 농장을 소유하고 국가의 경제를 좀먹던 귀족과 불교사원은 큰 타격을 입었다. 사전개혁은 고려 초기의 전제를 부활 확충하여 새 관료체제로 개편함으로써 국가재정을 확보하자는 것이었지만, 구세력의 박탈과 새 양반 관료지배의 토대를 구축하는 경제적 기반이 되었던 것이다.

과전법의 특징을 요약하면 과전을 경기에 국한하여 지방토착 세력의 대두를 막고 지방토지는 군전·관아전 등을 삼아 효율을 높였다. 관료의 신분보장을 위하여 산관에게까지 과전을 확대시켜 주면서 공사노비·공상·승려 등에게는 토지가 지급되지 않았으며, 수전자에게 전세를 물려 지주적인 성격을 띠게 하였다. 또 전주는 함부로 전호의 경작지를 빼앗지 못하게 하는 대신 전호는 나름대로 경작권을 팔거나 주지 못하게 하여 토지에 얽어매고 지나친 수탈에서 보호하였다. 이로서 장차 세워질 조선왕조의 경제적 기초는 이루어지게 되었다.

외적을 격퇴하여 민중의 신망을 얻은 이성계는 위화도회군 후 군사·정치권을 장악하고 그 여세를 몰아 전제개혁을 단행하여 경제권을 쥔 뒤 민심을 수습하고 모든 권력을 한 손에 장악하였다. 마침내 정몽주 등 반대세력을 제거하고 1392년 조준·배극렴 등 군신의 추대를 받아 공양왕으로부터 양위의 형식을 취하여 왕위에 오르니 이것이 조선의 건국이다.

10. 조선 전기 동아의 정세와 임진왜란

1) 16세기 후반의 동북아 정세

16세기 후반, 동북아의 국제정세는 커다란 변화가 일어나 동북아 질서를 급변시켜 가고 있었다. 우선 중국에서 명나라는 16세기 이래 내각대학사(內閣大學士)의 수석 환관이 정권을 장악하면서 대립과 분열이 심화되었으며, 지방에서는 새로운 신분층인 향신(鄕紳)이 대두되어 지방관과 '해금정책(海禁政策)'에 대하여 저항의 움직임이 나타났다. 대외적으로는 달단(韃靼)이 내몽고 일대를 지배하면서 명은 이들과 대립하였고, 동남 연해안 일대에서는 왜구의 출몰과 약탈에 시달렸다. 한편 만주의 여진족은 아직 통일세력을 이루지는 못하였으나 16세기 말엽에 이르러 조선의 변경을 자주 침략하였으며, 명 세력의 쇠퇴와 함께 여진족의 통합 기운이 거세게 일어나고 있었다.

일본에서는 무로마찌 막부(室町幕府 : 足利氏)의 권위가 약화되고 각지방에서 호족이 대두하여 상호 투쟁하는 전국시대에 돌입하였으나, 16세기 후반에 오다 노부나가(織田信長)가 혼란을 수습하고 통일정권을 이루어갔다. 이러한 과정에서 대호족들인 전국(戰國) 다이묘(大名)들에 의하여 평지에 성을 쌓는 축성술이 발달하였고, 보병집단에 의한 전술의 변화가 일어났다. 이러한 축성술과 전투부대 편성의 변화는 지리상 발견 이후 포르투갈인 등의 상선 왕래하면서 야소회와 함께 신무기인 조총이 전래 보급되면서 이루어졌다.

오다 노부나가는 1560년 반대파를 물리치고 세력을 확대하였으나 1582년 살해되고 그 뒤를 이은 토요토미 히데요시(豊臣秀吉)가 통일사업을 적극적으로 추진하여 100여 년간의 전국시대가 끝나고 1585년 통일국가가 성립되었다.

이때 조선왕조의 대일본 외교정책은 일본의 무역요구와 왜구의 침탈사이에서 회유와 강경책을 병행하는 평화주의에 입각한 교린정책(交隣政策)이었고, 왜에 대해 상국을 자처하면서 평화 유지 태도를 지켰다. 그러나 왜인들이 규정을 위반하여 삼포왜란(1510)·사량진왜변(1544)·을묘왜변(1555) 등이 발생하였고, 을묘왜변을 계기로 임진왜란 전까지 국교가 완전 단절되었다.

당시 일본에서는 전국시대를 통일한 토요토미는 조선에 눈을 돌리고 있었다. 1585년경부터 대륙침공의 뜻을 품은 토요토미는 전국적인 토지와 호구 조사를 단행하여 인부 징발자료를 정비하였다. 그리고 대마도주 무네(宗義調)에게 조선침공의 뜻을 밝혔다. 조선 사정에 정통한 대마도주는 그 계획이 무모한 것을 알고 통신사를 일본에 파견할 것을 조선에 요청하였다. 그러나 일본사신의 영접과 서계에 적힌 내용이 전례 없이 오만한 것이 문제가 되어 조헌(趙憲)은 일본정벌의 강경론을 주장하기도 했다.

이때 토요토미는 이미 조선침략의 뜻을 품고 있었다. 그는 자신의 개인적인 공명심과 영웅심도 있었지만, 무역과 결부된 해외발전, 그리고 일본 내의 신흥세력인 영주들의 힘을 약화시키기 위한 방안으로 국외원정 등으로 돌렸던 것이다. 그러나 그 첫 시도는 실패하였다. 이후 토요토미는 1588년과 1589년에 다시 승려인 켄쇼(玄蘇)와 무네(宗義智)를 조선에 보내 공작과 조총을 바치고 앞서 죽도를 약탈한 왜구를 호송해 오는 등 환심을 보이면서 통신사의 파견을 간청하였다.

조선정부는 이에 따라 황윤길(黃允吉)·김성일(金誠一)을 통신사로 삼아 1590년 3월 일본에 파견하였다. 이들은 경도(京都)에서 토요토미를 만나고 1591년 1월 귀국하였는데, 이때 가져온 답서에는 명을 정벌한다는 뜻인 '입대명(入大明)'이란 구절이 있었다. 두 통신사의 복명에서 황윤길은 일본이 많은 병선을 준비하고 있어 반드시 침범할 것이라 하였고, 김성일은 왜가 침범할 동정이 없다고 하여 양인이 상반된 보고를 하였다.

조정의 의견이 양론으로 나누어져 대립되고 있을 때 켄쇼・무네 등 일본사신들이 3차로 입국하여 1년 후에 일본이 '가도입명(假道入明)' 하리라는 것을 통고하였다. 이에 당황한 조선정부는 5월에 일본의 서계 내용과 동정을 명에 보고하는 한편, 일본의 침공에 대비하여 유능한 무장을 발탁하고 경상・전라도의 연안에 여러 성을 수축하고 무기를 정비케 하였다. 그러나 조선 건국 후 약 2백년간 평화 속에 살아온 위정자와 백성들은 일본의 태도를 반신반의하면서 고식적 평화를 바라고 있었다.

당시 조선사회는 사화와 당쟁으로 정치가 문란하여 사회적 혼란이 심하였고, 전세제의 문란 등으로 농촌이 피폐하여 민심이 크게 이반되어 국력이 쇠약해진 상태였다. 이에 조정에서는 왜의 침략에 대비하기 위하여 1555년(명종 10) 군국기무를 총괄하는 비변사(備辺司)가 이미 설치되고, 이이(李珥)가 1583년 십만 양병을 주장하여 국방력 강화를 역설하였으나 집권층은 안일 속에서 적극적인 대책을 강구하지 않았다. 정부가 성곽 수축과 군비 정비의 명을 각도에 내렸으나 오히려 민폐를 야기시킨다는 원성이 높았다.

일본의 토요토미 히데요시는 1591년 1월 전국에 걸쳐 군량・병선・군역의 수를 할당하고 행영본부(行營本部)를 설치하였고, 이듬해 3월 약 20만의 수륙침략군의 편성을 마쳐 침략전쟁의 준비를 완료했다.

2) 초기 전투에서의 패배

1592년(선조 25) 4월 13일에 700여 척의 병선에 탑승한 일본침략군 선발 제1대는 대마도 대포(大浦)를 떠나 오후 5시경 부산포에 이르렀다. 14일 고니시 유끼나가(小西行長)가 지휘하는 18,700여 명의 제1대는 부산성을 함락시켰다. 다음날 동래부사 송상현(宋象賢)이 전사함으로써 동래성도 함락시키고 중로(中路)로 진군했다. 이때 조선군은 실전 경험도 없었고, 병력의 수도 일본군에 비해 적었을 뿐 아니라, 신무기인 조총을 가진 일본군에 심리적 공포에 휩싸여 전의를 상실했던 것이다.

4월 18일 가또 기요마사(加藤淸正)가 이끄는 22,800명의 제2대는 부산에서 경주 쪽 좌로(左路)로 진격하고, 구로다(黑田長政)가 지휘하는 11,000여 명의 제3대는 다대포를 거쳐 김해에 상륙하여 우로(右路)로 침공을 개시하였고, 무리 요시나리(毛利吉成)이 이끈 후속부대는 현해탄을 건너 부산·김해로 상륙하였다. 이때 일본군의 침공진로는 아래의 길을 택하였다.

중로 : 동래→양산→청도→대구→안동→선산→상주→조령→충주→여주→양근→용진나루→서울 동로

좌로 : 동래→언양→경주→영천→신령→군위→용궁→조령→충주→죽산→용인→한강

우로 : 김해→성주→무계→지례→금산→추풍령→영동→청주→경기도

조정에서는 일본군의 침공소식을 4월 17일 새벽 경상좌수사 박홍(朴泓)으로부터 보고 받았다. 잇달아 경상도 각 지방이 함락되었다는 패보로 백성들은 공포분위기에 빠져들었다. 이에 조정은 급히 신립(申砬)을 도순변사로, 이일(李鎰)을 순변사로 임명하여 조령 방면을 방비케하고, 유극량(劉克良) 등으로 하여금 죽령을 막게 하는 한편 김성일·김륵(金玏)을 경상도에 보내어 민심 수습과 항전을 독려케 하였다.

당시 조야에서는 북상하는 왜군의 선봉을 이일과 신립이 꺾을 것으로 희망을 갖고 있었다. 그러나 4월 24일 상주에서 이일이 가또 기요마사군(加藤淸正軍)에게 패하고, 이어 충주 탄금대에서 배수진을 쳤던

신립도 패하였다. 이후 관군은 큰 전투를 한번 해보지 못한 채 흩어져 도망가고 말았다. 그 원인은 부역제의 모순으로 방군수포(放軍收布)의 성행은 군사동원의 체계를 무능하게 하였고, 진관체제(鎭管體制)가 해이되어 대외 방어태세를 갖추지 못한 점, 조총으로 무장한 전력에 압도되어 군졸의 사기가 저하된 점, 죽령·조령·추풍령 등지에서 대적하지 못한 전술상의 부재, 그리고 왜군의 신속한 북상으로 주요 간선도로가 장악되어 군령체계와 군수확보에 곤욕을 치른 것 등 복합적인 것이었다.

어쨌든 4월 29일 충주 탄금대 전투의 패보를 접한 선조는 전의를 상실하고 몽진(蒙塵)을 결정하고, 왕자인 임해군(臨海君)은 함경도에, 순화군(順和君)을 강원도에 보내 근왕병을 모집케 하고, 4월 30일 새벽 선조는 유성룡(柳成龍)·이산해(李山海)·이항복(李恒福) 등 호종신하들과 서울을 빠져 피난했다. 이때 하삼도는 무정부적 혼란상태였고 도성의 난민들은 장예원·형조의 건물과 궁궐을 불지르거나 약탈하였다. 도성방어를 위해 상경하던 하삼도의 군대도 왕의 피난 소식을 듣고 도중에서 흩어져 버렸다.

서울에 입성한 왜군은 대오를 재정비하고 고니시 유끼나가(小西行長)는 평안도로, 가또 기요마사(加藤淸正)는 함경도로, 구로다(黑田長政)는 황해도로 진격할 것을 정하고, 한편 서울 주둔 부대와 후방지역 담당 부대를 재배치하였다.

도성 방어의 책임을 맡았던 신각(申恪)은 함경도 남병사 이혼(李渾)의 군대와 양주에서 합류하여 해유령에서 왜군을 기습하여 최초의 승리를 거두었다. 그러나 왜군은 5월 17일 개성을 함락하고 평양으로 육박하여 함경도를 석권하였다. 위기에 처한 선조는 이덕형(李德馨)을 명에 보내어 원병을 요청하였다. 그리고 선조는 6월 11일 평양를 떠나 23일에 의주에 이르렀다. 이로서 전 국토가 왜군에 유린되는 위기에 직면하였다.

3) 의병의 활약

앞에서 본대로 관군은 실패했다. 그러나 각지에서의 의병활동은 그 공이 컸다. 그들은 일본군의 후방기지를 교란시키고 그들을 점거지에서 몰아냈다. 의병에는 전직 관료·유생·농민·승려는 물론 천인까지 가담하였다. 일본군은 간선도로를 따라 급진격하였기 때문에 그들의 군세가 미치지 못한 하삼도의 대부분 지역은 의병의 온상지가 되었다. 의병은 정면 충돌을 피하고 매복기습작전의 유격전술을 썼다.

홍의장군(紅衣將軍) 곽재우(郭再祐)가 경상도 의령에서 기병하여(1592. 6) 합천·진주성 등지에서 왜군을 격퇴하여 경상우도를 보호한 것을 시초로 의병은 전국으로 확산되었다. 고경명(高敬命)은 6천여 의병으로 담양을 거쳐 금산에서 왜군과 격전하다가 아들 인후(因厚), 유팽노(兪彭老)와 함께 전사했다. 그의 장자인 종후(從厚)도 의병을 일으켜 진주성 싸움에서 죽었다.

조헌(趙憲)은 충청도 옥천에서 기병하여 차령에서 왜군을 격퇴한 후, 영규(靈圭)가 이끈 승병 500여 명과 합세하여 청주성을 수복하고 금산성으로 진격하다가 전사했다. 그후 박정량(朴廷亮)등이 전사한 700구를 모아 무덤을 만드니 곧 금산 칠백의총(七百義塚)이다. 금산전투는 호남지역으로 진출하는 왜군을 막는 데 중요한 역할을 했다.

김천일(金千鎰)등은 나주에서 기병하여 고경명(高敬命)과 호응하여 수원 독산성에서 기세를 떨쳤고, 강화의 우성전(禹性傳)과 호응하였다. 황해도에서는 이정암(李廷馣)이 연안에서 의병을 모집하여 적을 격퇴함으로서 양호의 해상교통이 의주와 연결되게 하였다. 함경도에서 임해(臨海)·순화군(順和君)이 포로가 되었을 때, 정문부(鄭文孚)와 관민이 경성에서 기병하여 길주 등지에서 왜군을 격파했다.

특히 의병 중에서 묘향산의 휴정(休靜 : 西山大師)은 승군을 조직하여 명군과 합세하여 평양 탈환전에 공을 세웠고, 그의 제자 처영(處

英)은 호남에서, 유정(惟政 : 四溟大師)은 관동지방에서의 활약하였다. 그리고 나주에서 기병하여 의병으로 이름을 떨친 김덕령의 활약도 컸다. 요컨대 의병들의 유격 전술로 왜군의 군사행동에 큰 차질을 주었고, 관군들이 전열을 재정비할 수 있는 시간적 여유를 갖게 하였으며, 또한 남해지역에서 수군이 곳곳에서 연승할 수 있었던 것도 육지에서 의병들이 왜군들의 공격을 차단했기 때문이었다.

4) 수군의 활약

이제 조선군의 해전 활동을 살펴보자. 1591년 초 전라좌수사에 부임한 이순신은 군사훈련을 강화하고 군기를 정비하고 있다. 1592년 4월 15일 왜군 침입의 급보를 받은 이순신은 전라우수영군의 내원을 청하고 5월 4일 출동, 1차 출동 때는 옥포·적진포에서, 2차는 사천·당포·당항포에서 왜선을 격멸시켜 그 결과 가덕도 서쪽의 제해권을 장악하였다. 특히 사천해전에서부터 거북선이 돌격선이 되어 크게 활약하였다.

왜의 수군이 연패하자 토요토미는 전 수군을 동원하여 조선의 수군을 격파할 태세를 갖추었다. 이때 왜의 쓰지자카(脇坂安治)는 70여 척을 이끌고 통영수도(統營水道 : 견내량)에 이르렀다. 한편 이순신은 전라우수영군 및 경상우수영군과 합세하여 전선(戰船)·협선(狹船) 100여 척으로 거제도·가덕도에서 준동 중인 왜의 수군을 격멸하고자 출동하고 있었다. 이때 이순신은 견내량에 들어온 왜선을 한산도 앞바다로 유인하여 학익진(鶴翼陳)을 쳐서 전멸시켰다. 이것이 3차 출동 때의 '한산대첩'으로 일본의 수군이 남해를 돌아 황해·평안도로 진출·상륙할 가능성을 완전 배제시켜, 임진왜란의 전세변화에 결정적 영향을 끼쳤다. 그리고 안골포 해전에서 왜선을 전멸시키고 군의 위력을 과시했다.

토요토미는 한산도 해전에서 대패한 후 수군의 전술을 바꾸어 부산포 등지에 주둔하고 조선수군과의 전쟁을 금하였다. 이때 이순신은 전라좌우 및 경상도의 수군과 연합하여 적의 교두보이며 근거지인 부산포를 장사진(長蛇陣)으로 돌진하여 왜선 500여 척 중 100여 척을 격파했다. 이로부터 일본의 수군은 해상전을 피하고 주로 육지에서 대항할 뿐이었다.

이와 같이 조선의 수군이 왜의 수군을 압도할 수 있었던 것은 정연한 편제, 견고한 전선·포 등 각종 화력과 거북선의 활약 등이 중요한 원인이었으나 이순신의 전술과 지휘능력이 보다 근본적이었다.

5) 명군의 원병과 전세의 역전

다음은 명과의 관계를 보자. 당시 조선은 명과 전통적으로 우호관계를 맺었다. 그런데 임란 전에 중국에서는 장차 조선이 왜와 합세하여 명을 침공하리라는 유언비어가 퍼졌고, 왜란 후 서울이 함락되었다는 소식이 전해지자 이에 대한 의구심까지 품게 되었다. 그러므로 명은 조선의 원병 요청을 받고서도 평양까지 군사를 보내어 실정을 탐색하며 원병 파견을 미루었다. 그러나 사은사로 갔던 신점(申點) 등이 명의 병부상서 석성(石星)을 움직여 명도 7월에 출병이 결정하였으나, 조승훈(趙承訓)·사유(史儒) 등이 요동군을 이끌고 평양성을 공격하다가 패퇴하였다. 이후 명은 낙상지(駱尙志)를 선봉으로 삼아 압록강을 건너게 하고 12월에 송응창(宋應昌)·이여송(李如松)으로 하여금 동정군 4만 5천을 거느리고 조선에 구원하게 하였다. 1593년 1월 조·명연합군은 고니시 유키나가(小西行長)가 포진한 평양성을 탈환하였다. 후퇴하는 왜군을 추격하여 개성을 수복하였으나, 벽제에서 일본군의 기습을 받아 일시 개경으로 후퇴하여 진격을 멈추고 있었다.

전쟁은 해를 넘기면서 역전되어 갔다. 전라도는 왜군이 침입하지 못하였고, 경상・충청・경기도에서는 관군과 의병이 합세하여 약 17만 2천여 명이 왜군과 싸워 연승을 계속하였다. 곽재우가 의령・창녕・현풍 등지에서 연승했고, 추풍령에서 정기룡(鄭起龍)이 활약했고, 권응수(權應銖)・정대임(鄭大任)은 영천성을 수복했다. 또 김면(金沔)・정인홍(鄭仁弘)은 성주성을 탈환했고, 박진(朴晉)은 신무기 비격진천뢰(飛擊震天雷)를 사용하여 경주성을 수복하였다.

1592년 10월 왜군은 호남지방으로 통하는 교통의 요충지 진주를 점령하기 위해 약 3만의 왜군으로 공격해왔다. 목사 김시민(金時敏)이 이끈 8천 6백 명의 수성군은 곽재우・이달(李達)・임계영(任啓英) 등의 의병장의 후원을 받으며 군민 일체의 협동작전을 전개하여 6일 만에 적을 격퇴하였다. 이에 타격을 입은 일본군은 1593년 6월 가또 기요마사・고니시 유끼나가・우끼다(宇喜多秀家) 등 9만 3천 병력을 동원하여 진주성을 공격 복수전을 펴왔다. 이에 군민이 합심하여 10일간 항전하였으나 함몰되고 말았다. 이때 김천일・최경회(崔慶會)・황진(黃璡)・이종인(李宗仁)・고종후(高從厚)등이 전사했다.

이치전투에서 승리하고 수원 독산성에 주둔한 전라도 순찰사 권율(權慄)은 명군과 호응하여 서울을 탈환하고자 1593년 2월 행주산성으로 진을 옮겼다. 이때 왜군은 벽제에서 이여송이 이끈 명군을 패퇴시킨 후라 사기가 왕성하였다.

권율은 창의사 김천일(金千鎰)・충청감사 허욱(許頊) 등으로 하여금 약 1만의 군사로 각각 금천(시흥)・강화・통진에서 주둔하여 호응케 하고, 정병 약 2천 3백 명으로 행주산성에서 배수진을 치고 서울의 왜군과 대치하였다. 벽제관 전투로 사기가 높아진 3만의 왜군은 우끼다(宇喜多秀家)의 지휘 아래 3진으로 나누어 행주산성에 쇄도하여 파상적인 공격을 해왔다. 조선군은 권율의 독전 아래 변이중(邊以中)이 만든 화차 · 비격진천뢰 · 총통 등 화력을 총동원하고 수차에 걸친 육박전으로 왜군을 격퇴하였다. 이 대첩은 진주성 혈전 · 한산도대첩과 함께 3대첩의 하나로 꼽히고 있다. 이로써 일본군은 서울 철수를 서두르게 되었다.

6) 강화교섭의 결렬과 정유재란 발발

왜군은 초기 한반도를 유린했으나 수군의 패전으로 제해권이 빼앗겼고, 각처 의병의 유격전에 몰리어 점차 후퇴하였다. 한편 명도 왜와의 격전을 피하려했다. 일본과의 화의는 이미 1592년 6월 고니시 유끼나가(小西行長)의 제의에 의하여 이덕형과 일본의 야가가가와(柳川調信) · 켄쇼(玄蘇)의 회담을 계기로 강화교섭이 시작되었다. 한편 명은 막대한 희생을 내면서 왜와 결전하는 것을 피하려 하여 동년 8월 심유경을 기용하여 평양에서 일본과 강화회의를 가졌었다. 일본군은 북진의 여력이 없자 화의에 응하였던 것이다. 이듬해 3월 용산회담의 결과 일본군은 서울을 철수하여 남하하였으며 포로가 된 두 왕자를 돌려 보내왔다. 조선은 처음부터 명과 일본사이의 강화회담을 반대하였으나, 회담이 진전되자 심유경을 따라 일본에 황신을 통신사로 파견하였다. 회담이 계속되면서 일본군도 물러가고 그 일부만 잔류하였고, 명의 주력부대도 철수하였으며, 선조도 1593년 10월에 서울로 환도했다. 그러나 5년간에 걸친 화의교섭은 아무런 성과를 얻지 못했다. 이때 토요토미는 명의 황녀로써 일본의 후비로 삼을 것과 조선 8도중 4도를 할양할 것, 조선의 왕자 및 대신을 인질로 보낼 것 등 망상적인 요구조건을 내걸고 승리자로 자처하려 했다. 이에 대하여 심유경은 토요토미의 요구조건이 명에서 용납되지 않을 것을 알고 토요토미를 일본의 국왕으로 삼고 그 입공을 허락한다는 봉공안을 내세워 국면을 해결하려

하였다. 명은 1596년 양방형(楊方亨)을 책봉사로, 조선의 황신을 통신사로 삼아 일본에 파견하여 토요토미를 일본국왕에 봉한다는 책서와 금인을 전했다. 이에 분노한 토요토미는 이를 받지 않고 사신을 돌려보냈고, 심유경은 명에 돌아와 국가기만죄로 사형을 받았다. 이로서 양국간의 교섭은 1596년 9월 오오사카성(大阪城) 회담을 계기로 결국 깨지고 말았다. 이때 명은 전통적인 대외관계를 고수하려 하였고, 일본은 명의 자존적 대외관을 근본적으로 부인하며, 조선에 대해서는 대등한 외교관계로의 전환을 기도하였던 것이다.

명·일간에 강화교섭이 결렬된 후 조선은 왜군의 재침에 대비하여 경상도의 금오·공산·화왕산성을 비롯하여 각도의 산성을 증·개축하게 하고 해안방비를 강화하였다. 그리고 의병을 일으켜 금산에서 왜병과 싸워 아버지와 동생(因厚)과 함께 전사한 고종후(高從厚)의 예에 따라 부모·처자·형제가 왜군에 피해를 입은 자들로 분의복수군(奮義復讎軍)을 편성케 하였다.

명과 일본과의 강화교섭은 결렬되었다(1596.9). 당시 토요토미는 강화의 조건에 대해 심유경의 술책에 속은 것을 알고, 1597년 1월 고니시 유끼나가·가또 기요마사 등 수륙군 14만 1천 5백으로 재침했다. 이를 정유재란이라 한다.

이때 명은 조선의 다시 원병을 요청함에 따라 형개(邢玠)를 총독으로 하여 양호(楊鎬)·마귀(麻貴) 등 약 5만 5천의 군대를 조선에 파견하였다. 당시 조선군의 총 병력은 확실치 않으나 전선에 동원 가능한 병력은 약 3만에 불과했다.

왜군은 임난 때와는 달리 경상·충청·전라도의 완전 점령을 전략으로 하여 전주를 점령한 후 북진하였다. 이에 권율을 도원수로, 이덕형을 부원수로 삼아 대적케 하였다. 조선군은 안의(安義)의 황석산성·남원성·고령에서 끈질기게 항전하였지만 밀렸다. 그러나 명군은 직산에서 북진하는 일본군을 대패시켜 수세로 몰아넣었다. 이에 일본군은 남하하여 순천 · 울산 등지의 연해안에 축성하며 농성하였다.

해전의 경우는 이순신이 삼도수군통제사의 직에서 파면된 후 원균이 그 후임이 되었다. 그러나 칠천량 해전에서 일본군의 기습을 받아 원균과 이억기가 전사하고, 충청 · 전라 · 경상 수군은 거의 전멸하였다(1597). 이에 당황한 조정에서는 다시 이순신을 기용하였다. 그는 남은 전선 겨우 12척을 가지고 서진해 오는 후지또(藤堂高虎) 등이 이끈 병선 130여 척을 명량에서 맞아 조류를 이용하여 격파하였다(1597). 이후 사기를 잃은 일본군은 접전을 피하고 경상 · 전라도의 해안지대로 몰린 왜군은 육해군에 봉쇄되어 전투는 거의 교착 상태에 빠지게 되었다.

1598년 8월 토요토미 히데요시가 병사하자 일본군은 철수하였다. 이순신은 명의 수군과 합세하여 철수하는 일본 수군 300여 척을 격파하기 위한 최후의 해전을 노량에서 벌렸다. 그는 진두지휘 중 적의 유탄에 맞아 전사하였지만 200여 척의 왜선을 격파시켰다(1598. 11. 18). 이로서 전후 7년에 걸친 전란은 끝났다.

7) 왜란의 영향

임진 · 정유왜란은 조선 · 명 · 일본에 큰 영향을 주어 동북아의 정세를 변화시켰다. 이때 큰 손실을 본 것은 조선이었다. 백성은 도탄에 빠졌고, 정치 · 경제 · 문화 · 사회 · 사상 등 각 방면에 걸쳐 심각한 타격을 받았다.

먼저 조선에 끼친 영향을 보자. 정치 · 군사적 면을 보면, 비변사의 기능이 더욱 강화되고 의정부의 권한은 약화되었다. 그리고 병농일치에 입각한 오위제도가 무너지고 용병으로 운영된 훈련도감을 설치(1594)하고, 오군영과 속오군의 특수부대를 창설했다. 특히 명나라 절강병법의 대가 척계광(戚繼光)이 지은 『기효신서(紀效新書)』의 내용을 받아들여 포수·사수·살수의 삼수병의 특수부대가 설치되었다. 또 이장손이 비격진천뢰를, 변이중이 화차를 발명하고, 이순신·나대용(羅大用)이 거북선을 제조하였을 뿐만 아니라 왜로부터 조총이 보급되고, 명으로부터 서양식 대포인 불랑기포(佛郞機砲)가 소개되는 등 각종 신무기가 제조·보급되었다.

경제면에서는 토지제도와 수취체제가 변모되었다. 전화로 인한 농촌의 황폐, 은결의 증가, 지배체제의 문란에 따른 관리 토호들의 부정, 왜란 전의 농토가 왜란 후 광해군 때에는 54만 결로 줄어들어 조세수입이 격감되었다. 이러한 여건 하에서도 전후 복구사업에 따른 군비의 확장, 시설복구에 따른 경비지출은 재정의 궁핍이 심화되었다. 조정에서 대대적인 양전사업을 실시하여 조세부과 토지는 늘어났으나(인조 때 120만 결), 과중한 세금의 부과에 따른 농민의 이농현상과 관리·토호의 부정으로 재정 안정은 쉽지 않았다. 이에 따른 개선책으로 대동법(선조)·영정법(효종)·균역법(영조)·환곡책의 개선·면역전 확대의 방지 등이 강구되었다. 그리고 공명첩·납속책 등이 재정확보책으로 실시되었는데, 이는 신분제도의 혼란과 매관매직을 성행시켰다.

문화상에 있어서도 국보급 문화재가 소실·약탈되었다. 불국사·경복궁과 사대사고에 보관된 조선왕조실록도 전주사고 외에는 모두 불타버렸다. 그리고 일본은 전쟁 중 조선의 전적·공예품·보물 등을 노략질해 갔고, 목공·직공·도자기공과 학자들까지도 납치하여 그들의 문화발전에 진력하도록 강요하였다. 특히 인쇄술·주자학·도자기 공예의 일본 전파는 일본문화의 수준을 한 단계 높여 에도 막부(江戶幕府)의 전성기를 누리게 하였다.

사상적으로도 커다란 영향을 주어 의병 등을 통한 애국심 및 자아반성이 일어나는 한편, 애국·애족의 정신을 낳았고, 왜란 후 제도의 개편과 18세기 실학발생의 계기가 되었다. 그러나 왜란 중 명의 원조는 일부 지배층의 숭명사상을 고취시켜 정치적·문화적 독자성의 발전을 저해시킨 일면도 있다.

또 한편 왜란을 통한 정치·경제·사회면에 입은 피해는 조선의 조야에 일본에 대한 적개심을 고조시켰다. 그러나 양국간은 국교재개의 움직임이 이어 나타나 1599년 대마도주 무네(宗義智)가 교린적 우호 회복을 요청하였고, 다음해 포로 160명을 보내온 것을 계기로 1604년 승려 유정(惟政)이 도일하여 교섭한 결과 3,000여 명을 쇄환하여 왔다. 드디어 1607년 270여 인의 사절을 일본에 파견하여 양국의 국교를 재개하였고, 1609년(광해군 1) 일본과 기유조약을 체결하였다.

어쨌든 왜란을 계기로 일본에서는 전쟁에 앞장섰던 서부지방의 영주들이 몰락하고 전쟁을 반대했던 동부의 영주들이 성장하여 도쿠가와 이에야스(德川家康)가 무인정권을 수립하여 도쿠가와 막부(德川幕府)를 엶으로써 중앙집권이 강화되었다.

한편 대륙에서는 원병을 파견한 명은 국력의 소모와 더불어 국가의 재정이 곤란을 당했다. 명은 만주에서 홍기한 여진족 후금의 위협을 받다가 멸망하고 청(淸) 왕조가 중국본토의 주인공으로 등장하게 되었다.

11. 호란과 북벌계획

1) 호란의 배경

임진왜란을 계기로 명나라와 조선의 세력이 약화되는 사이에 만주의 여진족은 흥기하여 조선의 변방을 자주 침입해 왔다. 당시 조선은 그들을 회유와 정벌로 신축성 있게 대응하였다. 끝내 명의 세력에서 벗어난 여진족은 누루하치(奴兒哈赤)에 의하여 건위주(建州衛) 지방의 여러 부족을 통일하여 1616년(광해군 8) 후금을 건국하고 명을 압박하는 한편 조선과 명과의 관계를 끊을 계획을 갖고 있었다. 이때 선조의 뒤를 이은 광해군(1608～1623)은 급변하는 양국간의 정세에 휘말리는 것을 피하기 위하여 중립적 외교정책을 취하면서 국방에 유의하여 성과 병기를 수리하고 군사훈련을 강화하는 한편 양전(量田)사업과 호적정리 업무를 실시하여 국가 수입 증대에 힘쓰는 등 외교와 내정에 현명한 솜씨를 보였다. 그러나 후금이 1618년 명에 도전하여 무순(撫順)과 청하(淸河)를 점령하자 명은 10만 대군을 동원하여 홍경(興京)을 공략할 계획을 세우고, 한편 조선에 구원병을 요청해 왔다. 당시 광해군은 강홍립(姜弘立)에게 1만의 병력을 꾸어 명군을 돕도록 하였지만, 그에게 전세를 살펴 향배를 정하도록 밀령을 내리고, 아울러 후금에 조선측의 출병이 본의가 아님을 전달하였다.

1619년 3월 조선의 원병은 명나라 군과 함께 심하(深河)에서 후금에게 패하여 명은 만주에서의 세력은 크게 꺾이고, 끝내 명·청이 교체되는 계기가 되었다. 이때 강홍립은 광해군의 밀령에 따라 후금에 투항하여 전란의 위험에서 벗어날 수 있었다. 이후 조선 정부는 후금과의 관계를 신중하게 견제하는 한편 명과는 계속하여 성절사·동지사 등을 보냈고, 후금에는 진주사 등을 보내면서 전통적인 대한족 관계의 유지와 신흥하는 북방세력과의 불필요한 충돌을 피했던 것이다.

그러나 광해군의 중립적 외교정책에 따른 후금과의 화평은 오래가지 못하였다. 1623년 인조반정으로 광해군이 당쟁의 소용돌이에 휩쓸려 폐위된 후 인조(1623~1649)를 옹립한 서인정권은 중립적 외교정책을 지양하고 친명배금정책을 분명히 하였다. 이러한 외교 정책의 변화 속에 후금의 신경을 자극하는 두 가지 사건이 발생했다.

그 첫째는 명나라 장군 모문룡(毛文龍)이 후금이 차지한 요동 지방을 빼앗기 위하여 평안도 철산 앞 바다의 가도에 주둔하여 후금을 자극시킨 점이고, 둘째는 인조반정 후 논공행상에 불만을 품은 이괄(李适 : 2등 공신)이 1624년 난을 일으킨 점이다. 즉 반란군들은 서울까지 점령하였다가 곧 관군에 의해 진압되었지만, 그의 잔당 한윤(韓潤) 등이 후금으로 도망하여 광해군의 폐위와 인조등극의 부당성을 지적하고 후금의 군사를 유도하여 조선 침략을 충동하였다.

2) 정묘호란의 발생

이때 후금은 만주의 전지역을 장악하고 심양(瀋陽)과 요양(遼陽)을 함락시킨 뒤 1625년 수도를 심양으로 옮기는 등 국력이 날로 성장하고 있었다. 당시 조선과 명과의 전통적 친연관계를 경계하고 있던 후금은 위에서 본 사실을 구실로 하여 1627년(인조 5) 태종은 왕자 아민(阿敏)으로 하여금 3만의 군대를 이끌고 출동케 하여 의주·안주·평양·황주를 함락시키고 평산까지 침입하니 왕은 강화도로, 소현세자는 전주로 피난 갔다. 당시 후금의 침입에 분노한 정봉수·이립 등은 의병을 조직하여 용골산성과 의주 및 그 밖의 지역에서 많은 의병이 일어났다. 이때 후금과의 강화에 대한 의견은 주화와 주전의 두 파로 대립되어 있었다. 왕은 최명길(崔鳴吉) 등 주화파의 중재로 1개월만에 정묘

화약을 체결하였다.

화약 당시 가장 문제가 된 것은 조선의 대명관계였다. 즉 후금은 조선이 명과 단교하고 명의 연호를 사용치 않을 것을 요구하였고, 조선은 후금과 화약을 하되 명에 적대하지 않고, 후금에 보내는 국서에는 아무런 연호도 사용치 않는다는 입장을 내세워 일단 결말을 지었던 것이다. 또 양국은 형제의 관계로 화맹을 맺고 철병 후 서로 침략하지 않을 것과 매년 금·은·모시·무명 등을 바치고, 의주에서 관무역(중강개시 : 中江開市)을 조건으로 후금의 군대는 철수하였다.

이렇듯 양국간에 화의가 쉽게 이루어진 것은 후금은 본래 중국 대륙을 먼저 장악하려는 데 목표를 두었기 때문이었다고 볼 수 있다.

3) 병자호란의 발생과 전개

정묘년 화약 후 후금의 태종은 1636년 국호를 청(淸)으로 고치고, 스스로 황제라 일컫는 한편 조선에 대해서는 군신의 관계를 강요했다. 이때 조선의 집권층으로서는 야만시 했던 후금으로부터 국토를 유린당하고 군신관계를 강요받는 새로운 양국관계는 참기 어려운 굴욕이었다. 그리고 후금이 요구하는 세공과 특히 명을 정벌하기 위한 원정군과 군량·병선 등의 지원은 큰 부담이 되었다.

이렇듯 후금이 형제관계를 군신관계로 바꿀 것을 조선에 요구한 고압적 태도는 조야의 분노를 자아내어 그 부당성을 논박하는 상소와 후금의 사신을 죽이고 척사하라는 주장이 잇달아 나왔다. 이때 인조는 후금의 국서도 받지 않고 전국에 선전 교서를 내리고 적의를 표했다. 이에 청 태종은 직접 10만의 대군을 이끌고 동년 12월 압록강을 건너 조선에 침입해 왔다. 침입의 목적을 조선을 군사적으로 제압·복종시켜 청이 중국을 지배하는 데 후한이 없도록 하자는 조처였다. 당시 의

주부윤 임경업(林慶業)이 백마산성을 굳게 지켰으나, 청군은 그 성을 우회하여 10여일 만에 개성을 지나 서울로 진격해 왔다. 조정에서는 왕자 봉림대군·인평대군과 종실 및 일부 관리들을 다시 강화로 피난케 하고 왕과 소현세자는 남한산성으로 피난하여 항전을 꾀하였다. 인조는 성내의 군사 1만 3천여 명으로 성을 지키면서 8도에 근왕병을 모집하도록 교서를 내리는 한편 명나라에 구원을 요청하였다. 그러나 청군의 포위망에 싸여 성중에는 식량이 떨어지고 각도의 원병도 성에 이르지 못하였으며, 명나라 역시 말기적 현상이 두드러져 원병이 불가능하였고, 강화도는 청군에 함락되어 왕자와 관리들이 모두 포로가 되어 남한산성으로 호송되는 처지였다.

청은 조선에 대하여 세자의 인질을 조건으로 화의를 요구해 왔다. 이에 김상헌(金尙憲)과 삼학사인 홍익한·윤집·오달제 등은 화의를 극력 반대하였고, 최명길·김류 등은 화의 할 것을 주장하여 의견 대립이 심각하였다. 고립상태에 빠진 인조는 척화론자들의 반대에도 불구하고 항전 45일 만에 최명길 등의 의사에 따라 국서를 청나라 군영에 보내고, 1637년 1월 30일 삼전도(三田渡 : 송파)에 나아가 청 태종과 치욕적인 군신관계의 강화를 맺었다. 현 송파에 있는 삼전도비는 이때 세워진 청 태종의 송덕비이다. 강화의 조건은 청의 요구대로 군신관계를 맺고, 조공을 약속하는 한편 명과 단교하고 청이 명나라를 정벌할 때 원병을 파견할 것 등을 약속하였다. 그리고 청 태종은 소현세자와 빈궁, 봉림대군과 부인, 재신들을 인질로 하여 철수하였다. 이때 척화파의 강경론자인 삼학사는 청에 잡혀가 죽음을 당하였다.

4) 북벌론의 대두

이렇듯 두 차례(정묘·병자)에 걸친 호란으로 소중화(小中華)를 자처하던 조선의 자존심은 실추되고, 고대부터 중화사상에 입각하여 취해진 대중국 조공관계는 더욱 제도화되었다. 예컨대 청에 매년 정기적으로 동지·정조·성절사를 통한 세폐 이외에도 수시로 사은·주청·진하·진주·진위·고부사 등을 보내어 대청 조공에 따른 경제적 어려움도 컸다.

이에 따라 반청감정은 조야에 크게 충천하여 의주부윤 임경업 등은 명을 통하여 청을 치려하였다. 특히 병자호란 때 볼모로 심양에서 옥고생활을 하다가 귀국한 봉림대군이 효종으로 즉위하니 이때는 청에 대한 감정이 극도로 악화되어 북벌론이 국시로 계획되는 등 반청사상이 고조되었다.

예컨대 효종은 송시열·송준길 등과 북벌을 계획하고 이완을 훈련대장으로, 화란인 Hamel(하멜)을 등용하여 훈련도감에서 신무기를 제작하였고, 효종 3년에는 어영청을 설치하는 등 북벌을 추진하였으나 재위 10만에 죽자 실현되지 못했다. 이후 북벌론은 현종 때 청의 오삼계(吳三桂)가 반란을 일으키자, 이 틈을 타 나순좌(羅順佐) 등이, 숙종 때는 윤휴 등이 북벌을 청했으나 뜻을 이루지 못했다. 그 후 청의 문물이 발달함에 따라 18세기 후반에는 북학론이 대두되어 조선의 대청의식도 달라지게 되어 청의 문화를 받아들이자는 북학운동이 나타났다.

한편 효종 때 북벌론이 고조되어 가고 있을 때 러시아가 흑룡강에 침입하여 알바친성을 수축하는 등 그 세력이 남하해 왔다. 이에 위협을 느낀 청이 조선에 원병을 요청해 오자 효종은 2차(1654·1658)에 걸쳐 변급과 신유 등 초총군을 각기 출동시켜 러시아군대를 격퇴시킨 바 있다. 이를 나선정벌이라 하는데, 이는 호란 이후 국방강화의 실력을 보여주는 것이다.

12. 실학의 발달과 민족문화의 새 기운

1) 실학 발생의 배경

실학이란 현실문제에서 옳은 것을 추구하는 학문으로 민생의 안정을 도모하는 이용후생(利用厚生)과 사회의 모순을 개혁하려는 경세치용(經世致用)을 주도하며, 자유로운 입장에서 현실을 비판하는 동시에 당면한 경제·정치·사회 등의 제도적 모순과 우리의 역사·지리·언어·농업·지리·지지·금석학·의학·천문·동식물 등을 진지하게 연구를 하는 것을 본질로 하고 있다.

실학 발생의 요인은 첫째, 16세기 이후 소수 양반귀족들의 권력과 부의 독점으로 국민의 생활은 피폐하고 국력이 약화되었으며, 둘째, 성리학 일변도의 사상 체계에 대한 반성이 지식인 사이에 싹이 텄으며, 셋째, 중국의 고증학과 서양문물(西學)의 영향을 받아 과학적이고 사실적인 사고 방식이 대두된 점 등을 들 수 있다. 이에 따라 정치적 실권과 거리가 먼 지식인들 사이에 실증적이며, 실제적인 학문을 닦으려는 운동이 촉구되어 정치·경제·자연과학·문화 전반에 걸친 새로운 기풍이 형성되었다. 한편 실학 발달의 기운을 북돋아 준 것은 왜란과 호란의 쓰라린 경험을 겪은 뒤 급변하는 국제정세에 대처할 수 있는 국가의 역량이 강화되어야 한다는 사회적 분위기와 특히 영·정조의 문예 진흥책이 실학 융성에 영향을 주었던 것이다.

당시 실학 운동의 인물을 보면, 그 준비기의 인물로는 사창제(社倉制)·10만 양병설·대동법 등의 실시를 주장한 이이(李珥), 미신타파와 향약 실시 등을 주장한 조광조(趙光祖), 이황(李滉)의 사상에 영향을 준 이언적(李彦迪) 등을 들 수 있다. 선구자로는 북경을 3번이나 다녀온 지봉유설의 저자 이수광(李睟光), 우리나라 역사지리 연구의 선구자인 한백겸(韓百謙), 대동법실시・화폐사용・시헌력 채택 등을 주장한 김육(金堉) 등이 유명하다.

그리고 17세기 중엽 실학 발전기에 들어와서는 실학자들의 학문적 관심은 두 경향으로 나타났다. 이들의 관심은 먼저 농촌문제에 쏠렸다. 그 학파를 일컬어 중농학파 또는 경세치용학파라 했다. 이들의 주장은 불안했던 농촌을 배경으로 농촌사회와 직결되는 현실의 토지제도(均田制・公田制)・군사제도・교육제도 등의 폐단을 개혁의 대상으로 주장하였다. 그 대표적 인물은 균전론 주장과 자영농 육성, 과거제도 폐지와 천거제 실시, 신분제 및 직업의 세습제 폐지 등을 주장한 유형원(柳馨遠), 호포법을 주장했고 사문난적으로 몰려 죽은 윤휴(尹鑴), 농업기술연구서 『색경(穡經)』의 저자 박세당(朴世堂), 『산림경제(山林經濟)』의 저자 홍만선(洪萬選) 등을 들 수 있다.

한편 18세기 실학 완성기의 대표적 인물은 성호학파(星湖學派)를 이룰 정도로 안정복・이가환・이중환・신경준 등의 제자를 배출한 이익(李瀷)이 유명하다. 이익은 한전론(限田論)을 주장하였다. 즉 그는 한 가정생활을 유지하는데 필요한 일정한 토지를 영업전으로 하고, 그 밖의 토지는 자유롭게 매매할 수 있게 하자고 주장하였다. 그리고 나라가 빈곤하고 농촌피폐의 요인 되는 양반제도・노비제도・과거제도・사치와 미신 숭배 등의 시정을 강력히 촉구하였다.

한편 민본사상에 의한 인간평등론을 주장한 윤증(尹拯), 연행사로 북경을 다녀와 천문・역사・천주교 등을 소개한 이이명(李頤命)을 들 수 있고, 특히 실학을 집대성하여 『목민심서』, 『경세유표』 등 5백여 권의 저술을 남긴 정약용(丁若鏞)은 여전제(閭田制 : 집단공동농장제)를 주장했다. 여전제란 마을을 단위로 하여 토지를 공동으로 소유하고 수확량을 노동량에 따라 분배하자는 것이다.

이렇듯 농촌문제에 관심이 많았던 실학자들은 토지문제 뿐 아니라 종자와 농경기술의 개발, 수리시설확충, 경작방법과 시비법 개선을 제시하는 등 부국강병과 대중생활의 향상, 민생의 안정을 위한 개혁에 역점을 두었다.

2) 북학파의 형성

또 다른 학파의 경우를 보면, 18세기 후반에 들면서 국내 도시를 배경으로 도시 상공업의 진흥과 육성, 기술문화의 개발을 통한 농업진흥, 신분제 철폐, 국내외 교역확대, 사농공상의 신분적 차별 철폐 등에 깊은 관심을 보인 학자들이다. 이 학파를 일컬어 중상학파 또는 이용후생학파라고 하는데, 이들은 청나라 문물 수용을 주장했으므로 북학파라고도 칭했다.

북학파들의 대표적 인물을 보면, 그 첫째로 『우서(迂書)』의 저자 유수원(柳壽垣)을 들 수 있다. 그는 북학파의 선구자로 사농공상의 직업적 평등화, 소상인 등의 합자, 전화(錢貨)의 유통, 대상인들의 진흥정책 등을 주장하였다. 한편 『열하일기』의 저자 박지원(朴趾源)은 연경에 들어가 서광계(徐光啓)의 『농정전서(農政全書)』에 감화를 받았다. 그는 『과농소초(課農小抄)』 등을 통해 농업생산력을 높이는 문제에 관심을 쏟았다. 즉 가옥개량, 수레와 선박의 이용, 화폐유통의 필요성을 강조하였으며, 문장에도 뛰어나 『호질』·『허생전』·『양반전』 등의 소설을 써서 양반들의 무능과 부패상 등 양반제도의 비생산성을 비판하였다.

『북학의(北學議)』의 저자인 박제가(朴齊家)는 3회나 북경을 다녀와 청나라 문물의 수용을 적극적으로 제창했다. 그는 청나라와 통상을 강화할 것과 궁실·도로·서화·과거 등을 소개하고, 수레와 선박의 이용을 늘릴 것과 절약보다는 소비가 생산을 촉진하는 길이라고 주장했다. 그리고 홍대용(洪大容)은 청나라 기행문인 『담헌연기(湛軒燕

記)』를 써 청나라 문물을 소개하고, 국방강화, 경제건설, 과거제 폐지, 8세 이상 의무교육, 간쟁기관의 혁파 등을 주장하였다. 이때 이덕무(李德懋)는 그의 문집인 『청장관전서(靑莊館全書)』에 북경 기행문인 『입연기(入燕記)』가 실려있다.

앞에서 본 북학파들의 주장도 중농학파 같이 양반사회의 정치・사회에 관한 모순을 비판, 민본주의, 부국 강병과 대중 생활의 향상, 민생 안정을 위한 개혁에 역점을 둔 것은 공통적이었다.

3) 실학의 영향

이렇듯 18세기를 전후하여 실학사상이 융성 보급되면서 민족적 자아에 대한 각성과 역사의식이 고취되었다. 이에 따라 중국 중심의 사관을 탈피하여 국사의 독자적인 체계 확립에 노력하여 고대사・문화사・지리・지지・금석학에 대한 인식이 높아졌으며, 국어학・농업 및 수산업・의학・정치・외교학 등 각 분야에 대한 학문이 크게 발흥하였다.

예컨대 안정복(安鼎福)의 『동사강목(東史綱目)』, 한치윤(韓致奫)의 『해동역사(海東繹史)』, 이긍익(李肯翊)의 『연려실기술(燃藜室記述)』, 김정호(金正浩)의 『대동지지(大東地志)』, 이중환(李重煥)의 『택리지(擇里志)』, 신경준의 『훈민정음운해』, 서유구(徐有榘)의 『임원경제지(林園經濟志)』, 박지원의 『과농소초(課農小抄)』, 정약전(丁若銓)의 『자산어보(玆山魚譜)』, 허준(許浚)의 『동의보감(東醫寶鑑)』, 사상의학설(四象醫學說)을 제기한 이제마(李齊馬)의 『동의수세보원(東醫壽世保元)』, 그리고 천문학 분야에서는 김석문(金錫文)・홍대용(洪大容) 등이 지전설(地轉說)을 주장하여 성리학적 세계관을 극복하고자 했다.

한편 문학과 예술 분야에도 새 경향이 나타났다. 문학 작품의 경우,

서민문학이 대두하여 종래의 양반 중심적인 문예를 비판하고, 일반 민중들이 창작하고 향유하는 작품들이 대두하였다. 이를테면 작품의 주제는 계급 타파를 위한 민담·애정·군담 등 양반 사회의 모순과 평민들의 생활을 묘사하는 작품들이 많았다. 서민소설의 경우 전쟁·군담·권선징악·애정·가정·풍자·민담·사회소설 등이 주류를 이루었고, 신사임당·허난설헌·이덕봉·이옥봉·황진이·이매창·윤지당 임씨·의유당 김씨·혜경궁 홍씨·김부용 등 여류 작가들이 많이 배출된 것도 이때였다. 그리고 창극·판소리·민요 등도 민중 오락으로 서민들의 갈채를 받아 성행하였다.

그림의 경우, 실학의 영향을 받은 화풍은 종래 산수·인물화에 치중했던 화풍을 벗어나 한국적 산수화풍이 개척되었고, 또한 서민을 주인공으로 한 밭갈이·추수·집짓기·대장간 등 땀흘려 일하는 모습 등의 풍속화가 유행되었는데, 이러한 변화는 인간 본연의 감정을 표현한 예술의 민중화를 뜻하는 것으로 볼 수 있다. 당시 산수화풍의 개척자로는 진경산수화에 뛰어난 정선(鄭敾)과 조속(趙涑)인데 정선의 대표작으로는 <인왕제색도>와 <금강전도>를 꼽을 수 있다. 그리고 풍속화를 개척한 대가로는 서민의 생활상과 부녀자를 주제로 간결 소탈하고 익살맞게 능숙한 솜씨를 보여준 김홍도(金弘道)와 도회지 양반들의 풍류 생활과 부녀자들의 모습, 남녀사이의 애정을 섬세하고도 세련된 필치를 보여준 신윤복(申潤福)을 들 수 있다.

한편 18세기말에 들어 강세황(姜世晃)·김수철 등은 원근법 등 서양화법을 그림에 반영시켰으며 또 다른 화가로는 변상벽·심사정·김득신·남계우·장승업·안중식 등이 유명했다.

글씨의 새 경향을 보면, 유학자요, 고증학·금석학자로 이름난 김정희(金正喜)를 꼽을 수 있다. 이는 고금의 필법을 두루 연구하여 자기 개성에 맞게 발전시킨 추사체를 형성하여 새로운 경지를 개척했다. 이외에도 원교체를 창안한 이광사(李匡師)가 있으며, 전기·오경석은 추사의 필법을 이었다.

한편 도자기 공예에서는 청화백자가 유행하였다. 청화백자는 흰 바탕에 푸른 색깔의 그림을 그려 넣은 것인데, 그 모양은 맑고 아름다운 한국적인 정취를 보여주는 것이 특징이다.

지금까지 살펴본 실학은 정치적 실권과 경제적 부와는 거리가 먼 몰락한 지식인들에 의해 연구 주장되어 당시의 국가 정책에 반영되지는 못하였다. 그러나 실학은 후일 정치적 실권을 갖는 지도층의 자각적 반성과 부국강병·민생안정을 위한 성찰의 시간을 갖게 하는 계기가 되어 주었다고 볼 수 있다. 즉 실학은 근대 지향적인 새로운 시대정신을 갖게 하는데 커다란 자극을 주었던 것이다. 이를테면, 실학사상은 한말의 개화사상, 대한제국 당시의 광무개혁운동, 제국주의 열강의 침탈에 대응하기 위한 애국계몽운동 등의 전개에 영향을 주었던 것이다.

13. 두 차례의 양요(병인 · 신미)와 쇄국정치

1) 19세기 전반의 조선사회

19세기 전반의 조선사회는 국내외적으로 심각한 위기사항에 처해있었다. 국내적으로는 순종 · 헌종 · 철종 3대 60여 년간 풍양조씨와 안동김씨의 세도정치로 왕권의 약화는 물론 중앙과 지방을 막론하고 관리들의 기강은 극도로 문란하여 국정의 혼란과 특히 삼정의 문란에 의한 농민의 파탄으로 전국 각지에서 민란이 빈번하게 발생하였다.

한편 국외적으로는 서양에서 일찍이 산업혁명을 거쳐 자본주의 경제체제를 이룩한 제국주의 열강들이 원료 공급지와 상품시장을 확보하기 위하여 군함을 앞세우고 아시아 여러 나라에 경쟁적으로 침입해왔다.

예컨대 청은 영국과의 1840년 아편전쟁에 패하여 문호를 개방했고(1842), 1860년 애로우(Arrow) 사건을 계기로 영불연합군이 청의 북경(北京)을 점령하였다. 일본은 미국이 1854년 군함을 이끌고 위협하자 통상조약을 맺고 문호를 개방했다.

이 무렵 조선의 경우, 서양 여러 나라로부터 통상을 요구받았다. 1832년 영국 상선 앰허스트호(Lord Amherst)가 충청도 몽금포 앞 바다에 나타나 통상을 요구하였으며, 1845년 영국 군함 사마랑호(Samarang)가 제주도 및 전라도 서남 해안을 1개월에 걸쳐 수역을 측량하였고, 1846년에는 프랑스 군함 3척이 충청도 해안에, 1854년 러시아 함선이 함경도 해안에 와서 각기 통상을 요구하였다. 이때 왕권이 약화되고 탐관오리들의 부정과 부패로 농촌경제가 파탄된 세도정치하의 국내정세로 보면, 서양제국과의 통상과 서양상품의 유입 등은 일단 저지해야 할 문제점으로 인식될 수 있었다. 한편 서양 선교사들의 활약으로 천주교들의 증가는 조야에 위기의식을 고조시켰다.

이때 철종(1849~1863)이 후사 없이 죽자 흥선군의 둘째 아들(재황)이 12세로 왕위에 오르니 대원군이 정권을 장악하고 그는 국정을 바로잡기 위하여 왕권강화정책을 추진하는 한편 서양의 통상요구를 거절하는 동시에 천주교에 대한 탄압을 단행하였다.

천주교 탄압의 동기는 철종 이후 천주교 탄압이 완화되자 프랑스 신부 베르누(Berneux)·리델(Ridel)·페롱(Ferron) 등이 잠입하여 활동함으로서 그 교세가 날로 확장되었고, 대원군은 처음에 천주교에 관대하여 고종 초기의 신도가 2만여 명에 이르렀다. 이때 대원군은 1860년 이후 위협적인 대상이 된 러시아 세력의 남하를 견제하기 위하여 프랑스 세력을 이용하려고 하였다. 그러나 그 교섭은 실패로 돌아갔고, 또한 청에서 천주교를 탄압한 소식이 전해지는가 하면 국내 유생들은 천주교를 사교로 간주하고 서양 열강의 앞잡이로 인식하여 천주교의 탄압을 강력하게 주장하였다.

이 같은 분위기에 처한 대원군은 천주교 탄압령을 내리고 9명의 프랑스 신부와 남종삼(南鍾三)·정의배(鄭義培) 등 수 천명의 신도들을 처형했다. 이 탄압이 병인사옥(1866)이다. 이 사옥은 서양세력 침투에 대응하여 나타난 것으로 서양과의 무력대결을 야기하고 말았다.

2) 병인양요와 오페르트 도굴사건

병인사옥 때 살아남은 리델 신부는 중국으로 탈출하여 천진 주재 프랑스 극동함대 사령관 로즈(Admiral Rose) 제독에게 천주교 박해의 참상을 보고하니, 북경 주재 베르네 공사와 로즈제독은 신부 학살에 대한 문책과 통상관계를 수립하기 위하여 조선을 침입하였다. 이때 로즈제독은 1866년 8월 군함 3척을 이끌고 한강의 양화진에 나타나 정찰에 그치고 일단 퇴각하였다. 같은 해 9월에 다시 군함 7척으로 강화도를 점령하고 서울로 진격하려 했다. 이때 그들은 병기와 강화도 외규장각에 소장되었던 서적 등을 약탈해 갔다.

프랑스 군대의 침략은 신부 살해의 책임을 묻는다는 구실로 무력을 앞세워 조선을 굴복시켜 개항을 시키고자 한 것이다.

이때 조선정부는 한강 연안의 경비를 강화하는 한편, 한성근(韓聖根)·이용희(李容熙)가 이끈 부대는 문수산성(文殊山城)에서, 양헌수(梁憲洙) 부대는 정족산성에서 각기 적군을 격퇴하여 로즈제독은 40여 일만에 퇴각하고 말았다. 이 전쟁이 병인양요(1866)이다.

그 결과 대원군은 프랑스군대의 격퇴를 널리 선전하고, 서양의 세력을 과소 평가하면서 천주교 탄압을 더욱 강화하였다. 1866년에는 상해에 주재하던 독일 상인 오페르트(Oppert)가 두 차례에 걸쳐 영국상선을 타고 충청도 연안과 강화도에 나타나 통상을 요구했다. 그러나 모두 거절되자 1868년 3번째로 미국인 젠킨스(Jenkins)와 함께 충남 덕산군 구만포에 상륙하여 대원군의 생부 남연군의 무덤을 도굴하려다 실패하고 귀국했다. 오페르트의 만행은 서양인에 대한 배외감정과 천주교 탄압 등 쇄국정책의 강화시키는 결과를 초래시켰다.

3) 신미양요와 쇄국정책의 강화

한편 병인양요가 일어나기 직전에 미국 상선 제너럴 셔어먼(General Sherman)호가 대동강을 따라 평양까지 올라오자 평양 감사 박규수(朴珪壽)가 퇴거를 명했으나 통상 요구와 약탈을 자행하여 평양 군민과 충돌을 일으켜 배가 불타 침몰된 사건이 일어났다. 이 사건을 계기로 미국은 사건에 대한 문책과 통상을 강요하기 위하여 북경 주재 미국공사 로우(Frederick Low)가 그랜트(Grant) 대통령의 훈령에 따라 미국 아시아 함대 사령관 로저스(Rodgers)와 협의하여 1871년 군함 5척으로 조선정벌을 단행했다.

이때 대원군은 병인양요 이후 성곽을 수리하고 포대를 축조하며 대포를 만드는 등 국방을 엄히 하고 있었다. 당시 강화도를 공격한 미군은 광성진 · 초지진 등을 점령하였으나, 어재연(魚在淵)이 광성진 전투에서 완강하게 저항하고, 갑곶에 상륙한 미군도 강화 수병이 공격하여 퇴각했다. 이 전쟁이 신미양요(1871)다.

이렇듯 프랑스와 미국의 침공을 격퇴한 대원군은 쇄국정책을 더욱 강화하였다. 대원군이 쇄국정책을 강화시킨 데는 유교문화의 전통질서를 지키려는 백성들의 지지도 있기 때문이었다.

어쨌든 대원군은 '서양 오랑캐가 침범함에 싸우지 않음은 곧 화의하는 것이요, 화의를 주장함은 나라를 파는 것이다'라는 내용의 척화비를 전국 각지에 세우고 서양과의 수교를 완강하게 거부하였다.

그러나 프랑스와 미국이 쉽게 물러난 데는 그들 국가들이 당면한 선결 문제가 고려된 것이다. 예컨대 프랑스는 인도차이나의 식민지 경영에 역점을 두고 있었으며, 미국은 남북전쟁 이후 서부개척 등의 문제로 조선과의 통상문제 등에 적극성을 띠지 않았던 것이다. 그리고 영국은 인도의 경영에 주력하고 있었으며, 러시아는 연해주 지방의 개척으로 조선에 대한 관심이 증대될 수 없는 입장이었다.

이리하여 19세기 유럽 열강을 비롯한 강대국들의 대외 정책으로 볼 때 대원군의 쇄국정책은 일시적 유지는 가능할 수 있었지만 조선의 문호개방을 가로막을 수는 없었던 것이다.

요컨대 대원군의 쇄국정책은 조선의 근대화를 지연시켰고, 서양문물을 먼저 수용한 일본을 서양 세력과 동일하게 배척하여 정한론(征韓論)이 나타나는 구실을 주었던 것이다. 그리고 대원군이 1873년 10년간의 권좌에서 물러나면서 문호가 개방되었던 것이다.

14. 세계를 향해 문호를 활짝 연 강화도조약

1) 운요오호 사건과 강화도조약

1875년 9월 강화도에서는 조・일 양국군 사이의 포격전이 벌어졌다. 일본 군함 운요오호가 담수를 구한다는 구실로 연안을 정탐하면서 강화도 초지진(草芝鎭) 포대로 접근하자 포대에서 포격을 가한 것이 빌미가 되어 발생한 '운요오호(雲揚號) 사건'이다. 불과 몇 해 전에 병인양요(丙寅洋擾)・신미양요(辛未洋擾)를 잇달아 겪은 터라 아무런 예고도 없이 불법적으로 침입해온 괴선박에 대해 포격을 가한 것은 당연한 조치였다. 교전의 결과 일본군이 2명의 경상자를 냈던 반면, 조선군은 35명의 전사자와 16명의 포로를 낳고 대포 35문을 비롯해서 많은 무기를 약탈당하는 등 참담하게 패배하고 말았다. 일본군이 보유한 함포가 조선의 대포보다 월등히 뛰어난 성능을 지녔기 때문에 빚어진 결과였다.

운요오호 사건을 도발한 일본정부는 오히려 자국민에게 식수를 구하려던 자국 함선이 갑작스런 포격을 당해 어쩔 수 없이 응전한 것이라 역선전하여 반한감정을 부추기는 한편, 이 사건의 책임을 묻는다는 구실로 전권대신(全權大臣) 일행을 조선에 파견하여 수호조약 체결을 압박하기로 결정하였다. 이에 일본정부는 구로다 기요타카(黑田淸隆)를 특명전권대신으로, 이노우에 가오루(井上馨)를 부대신으로 각각 임명하여 조선에 파견하였다. 일본의 전권대신 일행이 군함 2척・운송선 3척에 약 400명의 병력을 거느린 채 부산을 거쳐 강화도 앞 바다에 도착한 것은 1876년 2월의 일이었다. 수호조약을 체결하자면서 군함을 동원하여 대대적인 무력시위를 하는 수법은 1853년 미국의 페리(Mathew C. Perry) 제독이 일본을 개항한 방법을 모방한 것이었다.

일본이 전권대신 일행을 파견하였다는 소식이 전해지자, 조선정부에서는 신헌(申櫶)을 접견대관으로, 윤자승(尹滋承)을 부관으로 임명하여 강화도 현지로 보냈다. 2월 11일 첫 공식회담을 개최한 양국 대신들은 이후 몇 차례의 회담을 거쳐 2월 27일 12개 조관으로 된 조일수호조규(朝日修好條規 : 강화도조약)의 조인식을 거행하였다. 이로써 두 차례의 양요를 치르면서까지 프랑스와 미국의 개항 요구를 거절하였던 조선은 쇄국에서 벗어나 자본주의 세계시장에 문호를 활짝 열게 된 것이다.

2) 조약체결 반대여론 : '왜인(倭人)은 실은 양적(洋賊)'

강화도조약의 체결이 결코 순조롭게 이루어졌던 것은 아니다. 강화도에서 수교 교섭이 진행되고 있을 때 유생층을 중심으로 반대여론이 들끓고 있었던 것이다. 2월 17일에 최익현이 도끼를 들고 궁궐 앞에 엎드려 조약을 반대하는 상소를 올렸는가 하면, 2월 17일부터 19일 사이에는 유생 50인이 연명으로 조약 체결을 반대하는 상소운동을 벌였다. 이들이 조약 체결에 반대하는 근거는 일본인들이 옛날의 왜인이 아니고 사실은 금수(禽獸)나 다름없는 서양인과 한편이라는 왜양일체론(倭洋一體論)이었다. 특히 최익현은 다섯 가지 폐단을 들어·조약 체결에 반대하였는데, 그 중 일부를 잠시 음미해보자.

> 저들이 비록 왜인이라고 하나 실은 양적이옵니다. 강화(講和)가 한번 이루어지면 사학(천주교)의 서적과 천주의 초상화가 교역하는 속에 들어올 것입니다. 그렇게 되면 얼마 안 가서 선교사와 신자간에 포교를 거쳐 사학이 온 나라 안에 퍼지게 될 것입니다 …… 그래서 아들이 그 아비를 아비로 여기지 않고 신하가 그 임금을 임금으로 여기지 않게 되어 예의는 시궁창에 빠지고 인간들은 변하여 금수가 될 것입니다. 이것이 바로 강화가 난리와 멸망을 가져오는 셋째입니다 …… 저

외적들로 말하면, 한갓 재물과 여색만 알고 조금도 사람의 도리를 모르는 금수일 뿐입니다. 사람과 금수가 화친하여 같이 떼지어 있으면서 근심과 염려가 없기를 보장한다는 것은, 그 무슨 말인지 알 수 없사오니, 이는 강화가 난리와 멸망을 가져오게 되는 다섯째입니다.

최익현은 잘 알려져 있듯이 대표적인 척사위정론(斥邪衛正論)자다. 척사위정론은 서양세력 및 문물의 침투를 배척함으로써 유교적인 가치와 질서를 보존해야 한다는 논리였다. 서양인과 서양문물을 사악한 것으로, 유교적 가치와 질서를 선한 것으로 사고하는 철저히 이분법적 논리구조를 갖고 있는 셈이다. 이러한 논리 틀 속에서는 사악한 쪽에 속한 대상인 서양 혹은 그와 한편인 일본은 전쟁을 치러서라도 배척해야 할 대상일 뿐이지 타협할 수 있는 대상이 될 수 없었다.

연일 거듭된 조선정부내의 논의에서도 조약체결 여부에 대한 결론을 쉽게 내릴 수 없었다. 운현궁으로 물러나 있던 홍선대원군은 일본과의 협상 자체를 강력하게 비판하였고, 정부 내에서도 반대여론이 만만치 않았던 것이다. 대부분의 관료가 일본의 무력시위에 분개하면서도 조약체결에 대해서는 소극적인 자세를 보인 가운데 일부는 군대를 동원해서라도 일본을 물리칠 것을 주장하기도 하였다. 박규수(朴珪壽)를 비롯한 소수의 인물만이 일본과의 수교에 찬성하였을 뿐, 조야를 막론하고 수교에 반대하는 여론이 압도하는 분위기였던 것이다.

밖으로 전쟁 위협도 서슴지 않으며 조약을 강요하는 일본의 압박에, 안으로 관료와 유생들의 강력한 조약 반대여론에 부딪힌 조선정부의 처지는 그야말로 진퇴양난이었던 것이다. 안팎의 어려움 속에 조선정부는 전격적으로 수교를 결정하고 일본측과 조약문에 대한 협의를 거쳐 2월 27일 마침내 강화도조약을 체결하였다.

3) 수교 결정은 어떻게 이루어졌는가

강화도조약이 일본의 군사적 위협 속에 체결된 조선에 불리한 불평등조약이었음은 명백하고, 또 이를 계기로 조선이 일본의 식민지로 전락해갔다는 것도 사실이다. 이 때문에 강화도조약에 대해서는 부정적인 인식이 일반적이다. 무지·무능한 조선정부가 일본의 강압에 밀려 일본의 조선침략의 발판을 순순히 만들어줬다는 것이다. 하지만 이는 일본의 군사적 능력은 과대평가하고 조선 내부의 움직임은 평가절하하였다는 점에서 문제가 있다. 과연 조선정부가 아무런 준비도 없이 일본의 위협에 굴복하여 허둥지둥 수교 결정을 내린 것일까?

일본 전권대신 일행이 북상하고 있다는 소식을 접한 조선정부는 박규수의 추천을 받아 신헌을 접견대관으로 임명하고, 별도로 역관 오경석(吳慶錫)을 파견하여 일본 사신일행을 만나보도록 하였다. 신헌은 개인 수행원으로 강위를 대동하고 서둘러 강화도 현지로 출발하였다. 여기서 주목할 점은 조약 체결과정에 참여하고 있는 조선측 인사들의 면면이다.

박규수는 북학자인 연암 박지원의 손자로 1861년 중국 북경이 영불연합군에 의해 함락되자 위문사의 일원으로 열하(熱河)를 다녀오면서 개화사상을 형성한 인물이다. 박규수가 김옥균(金玉均)·박영효(朴泳孝)·김윤식(金允植) 등 개화파를 양성한 것은 잘 알려져 있는 사실이다. 또한 오경석은 역관인 신분적 특성상 중국을 수시로 드나들었는데, 아편전쟁 이후 서양열강에 의해 고통받는 중국의 실상을 직접 목격하면서 가장 이른 시기인 1850년대에 개화사상을 형성한 인물로 평가된다. 그는 또한 중국에서 많은 새로운 서적을 구입하여 친구인 의관 유홍기(劉鴻基)에게 권함으로써 그가 개화사상가로 바뀌는 데 결정적인 역할을 하였다. 한편 신헌은 추사 김정희의 제자로 중국을 방문한 경험은 없지만, 1866년 병인양요 직후에 위원(魏源)이 쓴 『해국도지(海國圖志)』를 보고 서양의 신무기 수뢰포를 모방하여 제작한 개혁 성향의 인물이다. 강위도 신헌과 마찬가지로 김정희의 제자로 1873년과 1874년 두 차례나 사신일행을 따라 중국 북경에 다녀오면서 국제정세에 눈을 뜨고 문호개방을 역설했던 인물이다.

조선내 소수의 개화론자들이 대일수교 교섭과정에서 전면에 배치되어 활약하였던 것이다. 박규수는 서울에서 정부의 대일수교 방침이 결정되도록 노력하였고, 나머지 인사들은 강화도 현지에서 일본의 의도를 탐지하고 그들과 협상하는 역할을 담당하였던 것이다. 이러한 인적배치를 우연적인 것으로 볼 수 있을까? 오히려 일본과의 조약체결을 염두에 둔 상태에서 행한 의도적인 것이었다고 보아야 하지 않을까?

강화도조약 체결 이전 조선은 1868년 메이지유신(明治維新)으로 수립된 일본의 명치정부와 지속적으로 마찰을 빚고 있었다. 일본정부가 자국의 왕정복고와 국정쇄신을 알리고 조선과 새로운 관계정립을 위해 1868년부터 보내온 서계(書契 : 외교문서)를 조선에서 문서형식의 문제를 들어 접수하기를 계속 거부하였기 때문이다. 그러나 1873년 강경한 대일정책을 주도했던 대원군 정권이 무너지고 고종의 친정체제가 구축되면서 대일정책도 유연해지기 시작했다. 문서 형식을 문제 삼지 말고 일단은 서계를 받아들이자는 주장이 정부 내에서도 나오기 시작했던 것이다. 이러한 주장을 앞장서서 주장했던 인물은 박규수였고 고종도 적극적인 서계접수 의지를 표명하였다. 하지만 고종의 의지 표명에도 불구하고 정부내의 여론이 대일강경론이 주류여서 서계접수는 끝내 실현될 수 없었다. 비록 하야는 하였지만 여전히 정부내에 대원군의 영향력이 강한 상황에서 왕의 의지가 관철될 수 없었던 것이다.

서계처리를 둘러싼 정부내 논의 과정을 보면, 고종도 일본과의 수교에 뜻이 있었음을 알 수 있다. 일본 전권대신 일행과 협상하는 조선측 대표에 개항론자들이 대거 포진된 것도 바로 고종의 의지가 표현된 것으로 이해된다. 운요오호 사건으로 조성된 일본과의 극한 긴장상태는 이미 대일수교를 결심하고 있었던 고종과 자주적 개항론자들에게는 반대파를 무마하고 조약을 체결할 하나의 기회였던 것이다. 개항론자들은 일본의 수교 요구를 거절하면 전쟁이 일어날 수 있고, 그 전쟁은 프랑스·미국 등이 가세하여 승리할 수 없으므로 일본의 수교 요청을 받아들여야 한다고 주장하였다. 아울러 일본과의 수교를 서양과의 수교와 등치시키는 척사론자들의 왜양일체론에 맞서서 '일본과 서양은 같지 않으며 일본과의 수교는 예전의 우호관계를 다시 잇는 것'이라는 논리를 내세웠다. 이러한 논리를 바탕으로 고종과 개항론자들은 대일수교를 반대하는 여론을 무마시키고 조약체결을 성공시킬 수 있었던 것이다. 이런 의미에서 본다면 강화도조약의 체결은 소수파인 개항론자들이 쇄국을 주장하는 다수에 대해서 거둔 정치적 승리였다고 할 수 있다.

운요오호 사건을 계기로 자칫 전쟁으로 치달을 수도 있었던 조일관계가 무사히 조약 체결로 매듭지어질 수 있었던 이면에는 자주적 개항론자들의 문호개방을 위한 노력과 이들의 주장을 받아들인 고종이 결단이 있었던 것이다. 강화도조약이 일본의 무력위협과 조선정부의 무지·무능의 산물이라는 견해는 일면 타당성이 있다. 하지만 역사의 흐름을 결정하는 다양한 변수 중에 일면을 과장하고 왜곡한 문제점을 안고 있는 것이다.

4) 강화도조약 때문에 일본의 식민지로 전락했는가

강화도조약은 조선이 외국과 체결한 최초의 근대적 조약이었고, 이를 통해 오랜 쇄국에서 벗어나 문호개방을 하게 되었다. 하지만 강화도조약은 뒤이어 체결된 조일수호조규부록(朝日修好條規附錄) 및 통상장정(通商章程)과 함께 조선에 불리한 불평등조약이었다. 조약의 결과 조선은 일본에 대해 부산을 비롯한 2개 항구를 무역항으로 개방하였고, 일본인이 저지른 범죄를 현지에 파견된 일본영사가 재판하는 치외법권을 인정하였다. 아울러 일본 선박이 조선 연안을 자유롭게 항해하면서 측량할 수 있는 권한을 인정하였고, 수출입 화물에 대해 무관세 무역을 허용함으로써 자국 산업에 대한 최소한의 보호장치도 마련하지 못하였다. 이점은 대일수교협상에 나서면서도 조약에 대한 불철저한 이해 때문에 독소조항을 그대로 용인하고만 개항론자들의 한계로 지적되어야 할 것이다.

강화도조약을 계기로 문호를 연 조선은 이후 역사 전개과정에서 일본의 식민지로 전락하고 만다. 일본의 조선침략이라는 관점에서 본다면 강화도조약은 일본이 조선을 식민지화하는 출발점이자 교두보 확보라는 의미가 있는 것이다. 그렇다면 조선이 식민지화된 것은 강화도조약 때문일까? 조약의 불평등성 때문에 조선이 식민지로 전락했다고 결론을 내리기는 너무 이르다. 이와 관련하여 '이중(二重)의 외압론(外壓論)'이라는 가설은 시사하는 바가 적지 않다.

19세기 서구제국주의 국가의 침략을 받을 당시 동아시아의 한중일 삼국은 비슷한 발전단계에 있었지만 이후 역사는 판이하게 전개되었다. 즉, 중국은 식민지화는 모면했으나 서양 열강의 각축장인 반식민지 상태에 빠졌고, 조선은 식민지로 전락한 반면에 일본은 제국주의국가로 변모해갔던 것이다. 이러한 차이가 발생한 것은 문호개방의 시점과 일정한 관련이 있다. 중국과 일본은 각각 1842년과 1854년에 각각 서구 열강에게 시장을 개방하지만, 조선은 1866년과 1871년에 프랑스・미국의 무력을 앞세운 시장개방 요구를 물리치고 쇄국을 지속하다 1876년 강화도조약으로 비로소 문호를 열었다. 하지만 본격적인 문호개방은 1882년 미국과 조미조약을 체결한 이후의 일인 것이다. 중국과 일본, 조선이 각각 12년의 시차를 두고 서구의 외압을 맞았던 것이다. 물론 3국의 개항 시기에 차이가 나타난 것은 우연에 의한 것이 아니라 제국주의 국가들의 이해관계에 따른 순번선택에 따른 것이었다. 가장 큰 시장이었던 중국이 가장 강한 외압을 받았고, 조선에 가해진 외압이 가장 강도가 약했기 때문에 조선의 개항이 가장 늦어졌다. 그 결과 조선의 문호개방을 압박하고 직접 외압을 가하게 된 주체는 다름 아닌 1~20년 먼저 개항한 이웃국가 일본과 청국이었다.

청국과 일본이 조선에 가한 외압은 자본주의 형성기의 외압으로 서구 제국주의국가들이 청국과 일본에 가한 외압이 경제적인 성격이었던 것과 달리 정치·군사적 성격이 강한 폭력적·약탈적인 성격을 띠었다. 다시 말해 조선에 가해진 외압은 제국주의 국가들의 외압을 당하던 청일 양국이 자신들이 안게 된 모순을 조선에 전가함과 함께 스스로의 자본주의 달성에 필요한 각종 부담을 전가하는 중첩된 형태의 것이었다. 그 결과 다른 역사적 조건에서 큰 차이가 없었으면서도 조선의 변혁운동은 청일양국의 적극적 간섭으로 인하여 번번이 좌절되었던 것이다.

'이중의 외압론'은 가설이기는 하지만 조선이 식민지화된 원인이 강화도조약 자체의 문제점이기보다는 문호개방 시점이 뒤늦은 데 원인이 있었을 가능성을 설명해 준다. 뒤늦은 문호개방으로 인하여 조선이 개혁을 달성해야 할 결정적인 시기에 강력한 외압이 들어와 개혁시도를 좌절시켰다는 설명인 것이다. 물론 역사의 성공과 실패는 외압의 강도에 의해서만 좌우되는 것이 아님은 자명하다. 내적인 역량이 축적되어 있다면 외압이 아무리 강하더라도 충분히 물리칠 수 있을 것이기 때문이다.

강화도조약은 조선이 제국주의 질서 속에 별다른 준비 없이 던져졌다는 측면에서 분명 커다란 위기라 할 수 있다. 하지만 강고한 쇄국의 분위기 속에서 소수파에 머물렀던 변혁세력이 강화도조약 체결이라는 정치적 승리를 통해 정국을 주도해 갔다는 점에서 본다면 하나의 기회였다고 볼 수 있다. 강화도조약은 조선에 위기와 기회라는 두 가지 가능성을 동시에 부여한 셈인 것이다. 이후의 역사전개는 조선에 가해지는 외압을 민족적 역량을 최대한 끌어 모아 극복할 수 있는 지 여부에 맡겨진 것이다.

참고문헌

이광린, 1981, 『한국사강좌(근대편)』, 일조각.
가지무라 히데키, 1983, 『동아시아 지역에 있어서 제국주의체제로의 이행』, 『한국근대경제사연구』, 사계절.
이광린 · 신용하 편, 1984, 『사료로 본 한국문화사(근대편)』, 일지사.
권오영, 1989, 『김평묵의 척사론과 연명유소』, 『한국학보』 55.
손형부, 1997, 『박규수의 개화사상연구』, 일조각.
한국근현대사연구회 편, 1997, 『한국근대사강의』, 한울 아카데미.
국사편찬위원회 편, 2000, 『서세동점과 문호개방』, 한국사 37.
이헌주, 2001, 『강위의 대일개국론과 그 성격』, 『한국근현대사연구』 19.
윤소영, 2003, 『조일수호조규의 역사적 위치』, 『한일관계사연구』 18.

15. 정권을 무너뜨린 도시 하층민의 저항, 임오군란

1) 도봉소 사건과 임오군란(壬午軍亂)

1882년 7월 19일 선혜청(宣惠廳) 창고인 도봉소(都捧所)에서 무위영(武衛營) 소속 군병들과 창고지기 사이에서 사소한 충돌이 벌어졌다. 이날 13개월만에 밀린 녹봉 수개월 분을 지급한다는 소식을 전해 들은 무위영 소속 군인들은 들뜬 마음으로 도봉소로 몰려들었다. 그러나 기쁨도 잠시, 녹봉을 받아든 군인들은 분노로 술렁이기 시작했다. 그들에게 지급된 쌀에는 겨와 모래가 섞여 있어 실제 받아야 할 녹봉미의 절반에도 못 미치는 양이었기 때문이다. 이에 격분한 김춘영·유복만·정의길·강명준 등이 녹봉의 수령을 거부하고 선혜청 창고지기와 다투다 체포되어 포도청 옥사에 감금되었다. 임오군란의 발단이 된 이른바 '도봉소 사건'이었다.

그러나 체포된 이들이 혹독한 고문을 당하고 있으며 2명이 곧 사형될 것이라는 소문이 퍼지면서 사태는 걷잡을 수 없이 확대되어갔다. 김춘영의 아버지 김장손과 유복만의 동생 유춘만이 투옥된 군졸들을 구출하고자 통문(通文)을 돌려 구 훈련도감(訓鍊都監) 군인들을 소집한 것이다. 이들은 우선 탄원을 통해 투옥된 이들의 석방을 시도하였으나 여의치 않자 석방운동은 점차 폭동화하여 선혜청 당상 민겸호(閔謙鎬)의 집이 파괴되었다. 더욱이 주동자인 김장손 등은 운현궁의 대원군을 만난 이후부터는 더욱 대담해졌다. 군인들은 3개의 부대로 나뉘어져 조직적으로 행동하기 시작하였다. 제 1대는 동별영(東別營) 무기고를 습격하여 무기를 탈취하고, 포도청에 난입하여 동료를 구출하는 한편 의금부를 습격하였다. 또한 민태호를 비롯한 민씨 정권의 핵심인물들과 개화파 관료들의 집도 이들의 표적이 되어 파괴되었다. 제

2대는 신식군대인 별기군(別技軍)이 훈련받는 하도감(下都監)을 습격하여 일본인 교관 호리모토 레이조(堀本禮造)를 살해하고 일본순사 등 일본인 13명을 살해하였다. 제 3대의 표적은 경기감영과 일본공사관이었다. 경기감영을 파괴한 뒤 일본공사관을 포위하자 하나부사 요시타다(花房義質) 공사 등은 공사관에 불을 지르고 탈출하여 인천으로 도피하였다.

이튿날은 더 많은 군인들과 왕십리·이태원 일대의 주민들이 합세하여 세력이 더욱 강해졌다. 이들은 영돈령부사(領敦寧府事) 이최응(李最應)과 호군(護軍) 민창식을 살해하고, 창덕궁 돈화문에 도달한 후 궐내로 난입하였다. 궐내 도처에 흩어져 수색하던 중 선혜청당상 민겸호와 경기도관찰사 김보현(金輔鉉)을 살해하고, 중전 민씨의 행방을 찾기 위해 노력하였다. 이러한 위급한 상황에서 궁녀의 옷으로 변장한 중전 민씨는 무예별감(武藝別監) 홍재희(洪在義)의 도움으로 충주 장호원의 충주목사 민응식(閔應植)의 집으로 피신하여 위기를 모면하였다.

정부에서는 난에 책임이 있는 관리를 파직하는 조치를 통해 군민들을 진정시키려 하였으나 여의치 않자 대원군에게 사태 수습을 일임하였다. '도봉소 사건'이라는 사소한 충돌에서 시작된 임오군란으로 민씨 정권이 붕괴되고 실각했던 대원군이 재차 정권을 장악하게 된 것이다. 권력을 장악한 대원군은 무위영(武衛營)·장어영(壯禦營)·별기군(別技軍)을 폐지하고 다시 예전의 5군영으로 군제를 되돌리는 한편 군민들의 불만의 표적이 되었던 중전 민씨의 국상을 선포함으로써 군란의 수습하려 하였다. 아울러 개화정책 추진기구인 통리기무아문(統理機務衙門)을 폐지하고, 삼군부(三軍府)를 다시 세워 보수적인 인사를 등용하였다. 대원군의 이러한 조치로 임오군란의 극심한 혼란은 끝이 났지만, 군인들은 서울 곳곳을 경비하면서 민씨나 개화파와 관련된 인물, 별기군에 소속된 인물들을 색출하여 처단하는 등 활동을 계속하였다.

하지만 임오군란의 파장은 국내적인 정권교체와 개화정책의 후퇴에만 머문 것 아니었다. 조선 정부의 요청을 받아 임오군란 진압을 위하여 청국이 4,000여 명의 병력을 파견하였는가 하면, 일본도 또한 자국의 이권 확보를 위하여 즉각적으로 군대를 파견하였던 것이다. 특히 청군은 대원군을 천진(天津)으로 납치해 가는 한편 저항하는 군민들과 전투를 벌이고, 심지어는 군란의 진원지라 할 수 있는 왕십리와 이태원 일대를 포위 공격함으로써 임오군란의 진압을 마무리하였다.

2) 임오군란은 왜 일어났을까

임오군란은 5군영을 2영으로 바꾸는 군제개혁과 신식군대인 별기군과 비해 현격한 차별대우로 인한 구식군인들의 불만이 '도봉소 사건'을 계기로 폭발한 사건으로 알려져 있다. 또한 구식군인들의 난동이 이와 같이 크게 확대된 데에는 대원군의 배후조종이 있었기 때문으로 설명된다. 하지만 과연 그것이 전부일까? 정부에서 구식군인에게 녹봉을 13개월이나 지불하지 못한 것은 어떤 이유 때문이며, 군인들의 폭동에 왕십리와 이태원 지역에 살던 백성들이 합세한 이유는 무엇 때문일까? 부패한 민씨 정권의 척신들이 공격 대상이 된 것은 쉽게 이해되지만, 개화파 관료들이 공격을 받은 것은 또 어떤 이유일까? 또한 왜 일본 공사관이 직접 공격을 받게 된 것일까?

먼저 임오군란의 공간적 배경이 되었던 서울이 어떤 곳인가에 대한 이해가 필요하다. 주지하듯이 서울은 조선 왕조의 수도로서 정치·군사·행정적 기능의 중심을 담당하였다. 하지만 급격한 사회적 변화를 겪었던 조선후기 사회에 접어들면서 서울의 기능도 점차 정치·행정적인 중심지에서 상공업 중심지로 바뀌어갔다. 상품화폐경제의 발달을 배경으로 주로 마포·용산·서강 등 한강 연안의 포구를 중심으로 상업이 크게 성장하였다. 한편 농업 생산력이 발달되면서 발생한 농촌의 잉여인구가 대표적인 도시인 서울로 몰려들면서 서울의 인구와 도시규모는 급격히 확대되었다. 하지만 서울의 성장이 새로 유입되는 인구를 안정적으로 수용할 수 있는 형편은 못되었다. 새롭게 농촌을 떠나 서울로 올라온 인구의 많은 부분은 4대문 밖의 서울 외곽에서 날품을 팔거나 행상을 해서 그날그날 생계를 이어가는 도시빈민으로 자리잡게 되었다. 이들은 농민들과는 달리 쌀을 비롯한 식량과 생활필수품을 시장에서 구입해서 생활하는 소비자였기 때문에 하루하루 근근히 연명하는 이들의 삶은 극심한 물가변동에 의해 크게 위협받을 수 있었다.

개항이 된 1876년 이후 임오군란이 일어나는 1882년 사이에 서울의 쌀값은 무려 3배 이상 급등함으로써 물가상승을 이끌었다. 서울의 쌀값이 이와 같이 폭등한 원인은 쌀이 일본으로 대량 유출되었기 때문이었다. 당시 조선보다 열 배 이상 비싼 일본의 쌀값 때문에 조선의 쌀이 일본으로 많이 빠져나가는 것은 어찌 보면 당연한 결과였다. 쌀의 대량유출로 인하여 가장 피해를 보는 것은 생활필수품을 주로 시장에서 구입하여 소비하는 도시민, 그 중에서도 하루하루 살아가는 빈민층이었다. 문호개방과 그 이후 추진되는 개화정책은 도시의 하층민들에게는 생계를 위협하는 심각한 것으로 받아들여졌다. 임오군란이 일어나면서 일본공사관과 개화파들이 난민들에게 직접 공격을 받게 된 이면에는 쌀의 대규모 일본유출이 있었던 것이다.

임오군란의 주역이었던 서울지역의 하급군인 집단들이 어떤 존재였는가를 살펴볼 필요가 있다. 19세기 서울지역의 하급군인 집단은 이미 전통적인 농민 번상군(番上軍)이 아니라 서울의 하층민 중에서 모집하여 고용된 직업군인이었다. 이들에 대한 대우는 매월 4말의 쌀을 급료로 받는 것이 고작이어서 생계를 유지하기 위해 상업 등 각종 부업을 하는 경우가 일반적이었지만 낮은 수준의 생활을 면하기 어려웠다. 19세기 후반이 되면서 국가의 재정이 계속 악화되면서 급료가 제대로 지급되지 않아 이들의 생활이 더욱 어려워진 데다가 민씨 정권이 개화 정책의 일환으로 추진한 군제개혁은 이들을 궁지로 몰아넣었다. 신식 군대인 별기군을 창설하고 기존의 5군영을 무위영·장어영 2군영으로 축소하였던 것이다. 별기군은 급료와 의복 등 여러 면에서 좋은 대우를 받았던 반면, 구식군인들은 많은 수가 실직 당하고도 급료마저 정상적으로 받지 못하는 차별을 받았다. 구식군인의 입장에서는 군제개혁에 대한 불만이 클 수밖에 없었던 것이다. 그런데 간과할 수 없는 것은 구식군인들에게 정상적인 급료지급이 되지 못하였던 이면에는 국가의 재정난도 한 원인이었지만, 도봉소 사건에서 볼 수 있듯이 쌀의 일본 수출에 편승하여 이익을 챙기려는 부패한 권력층에도 원인이 있었다는 점이다. 또 하나 짚고 넘어가야 할 부분은 임오군란의 주동자들이 통문을 돌린 지역이 왕십리와 이태원 지역이었다는 점이다. 이 지역은 서울 교외의 도시하층민들이 살던 곳으로 훈련도감 하급군인들이 많이 살고 있었다. 군란 초기부터 이들 지역주민들이 봉기에 적극 가담한 것은 하급군인들과 하나의 공동체를 이루고 있는 지역적 조건 때문이었다 할 수 있다.

요컨대 임오군란이 도봉소 사건이라는 지극히 우발적인 충돌에서 발생하였지만, 그 이면에는 당시 서울의 도시적 특성과 도시빈민들의 문제, 문호개방으로 이루어진 일본과의 무역에 따른 물가 폭등 등 여러 요인들이 자리하고 있었던 것이다.

3) 임오군란은 무엇을 남겼나

임오군란으로 구식군인들은 민씨 척족정권을 무너뜨리고 7월 22일 대원군 정권은 수립하는 데 성공하였다. 하지만 군대를 동원한 청국의 개입으로 33일 만인 8월 26일에 대원군이 청국으로 납치되고 봉기했던 군민들도 청국군에 의해 무자비하게 진압되고 말았다. 하지만 임오군란이 청일 양국의 조선에 대한 간섭의 빌미를 제공하였다는 점에서 우리 근대사에 끼친 영향은 대단히 크다.

임오군란의 발발은 조선이 일본과 강화도조약을 체결함으로써 점차 조선에 대한 영향력을 잃어가고 있었던 청국에게 이를 만회할 좋은 기회를 제공하였다. 조선의 요청에 의해 군대를 파견하여 군란을 진압함으로서 자연스럽게 조선의 내정에 개입할 수 있게 된 셈인 것이다. 원래 청나라와 조선의 관계는 전통적으로 종주국(宗主國)과 속국(屬國)의 관계였지만, 이는 어디까지나 의례적이고 명목적인 것일 뿐이었다. 조선의 왕은 내치와 외교를 청국에 간섭받지 않고 스스로 알아서 하였던 것이다. 하지만 임오군란 진압을 계기로 청국은 종래의 의례적이고 명목적인 종속관계를 실질적인 지배예속관계로 전환시키려고 시도하였다. 이는 조선을 자국의 세력권 안에 있는 국가로 파악하던 청국이 일본이 조선에서 점차 세력을 확대해 가는 모습을 보며 느꼈던 위기감의 반영이기도 하였다.

청국은 조선에 대한 경제적 영향력을 확대하기 위해서 근대적인 통상조약인 '조청상민수륙무역장정(朝淸商民水陸貿易章程)을 체결하였다. 이 장정에서 특히 눈길을 끄는 것은 청국이 조선의 종주국임을 조약상에 명시한 점과 청국상인이 통행증 발급만으로 개항장 이외의 지역을 자유롭게 다니면서 행상할 수 있도록 허가한 점이다. 청국의 조선에 대한 적극적인 간섭정책과 조청장정 체결의 결과 청국상인의 조선진출도 급격히 증가하게 된다.

청국은 다른 한편으로 청국인 마건상(馬建常)과 독일인 묄렌도르프를 고문으로 파견하여 조선의 내정을 적극적으로 간섭하였다. 이들이 조선에 고문으로 부임하면서 관제개혁이 이루어졌다. 임오군란 직후에는 통리기무아문(統理機務衙門) 대신 기무처(機務處)가 만들어져 국정을 처리하고 있었다. 마건상과 묄렌도르프의 자문에 따라 기무처가 외교통상 관련사무를 담당하는 통리교섭통사사무아문(統理交涉通商事務衙門)과 군국의 기무와 내정 일체를 담당하는 통리군국사무아문(統理軍國事務衙門)으로 나뉘게 되었다. 한편 군란 뒤에 서울에 진주한 오장경(吳長慶)의 주도로 군제개편이 이루어졌다. 청군의 지도로 만들어진 신식군대인 친군영(親軍營)이 그것이다. 처음에는 친군 좌영과 우영 2영만이 만들어졌다가, 뒤에 전영과 후영이 증설되어 4영체제를 갖추게 되었다. 또한 묄렌도르프는 스스로 책임자인 총세무사(總稅務司)가 되어 조선의 해관(海關 : 세관)을 설립하는 일을 추진하였다. 1883년 6월 인천해관이, 10월에는 원산과 부산해관이 각각 만들어져 관세를 징수하는 업무를 시작하였다. 하지만 조선해관은 독립적인 체제를 갖추지 못하고 청국해관의 영향 아래 만들어진 것이었다.

임오군란으로 시작된 청국의 적극적인 내정간섭은 1894년 청일전쟁이 일어날 때까지 약 12년간 지속되었다. 그 결과 청국의 조선에 대한 정치 · 경제 · 군사 · 외교적인 영향력이 급속하게 증대되면서 조선의 개혁에 커다란 걸림돌로 작용하였다.

한편 임오군란 때 조선의 군민들에게 공격을 당하였던 일본은 조선에 대한 강경한 대응을 하기로 결정하였다. 하나부사 공사로 하여금 군함 4척과 보병 1개 대대를 이끌고 조선에 건너가 조선을 압박하게 하였던 것이다. 일본정부는 조선측으로부터 군란과 관련하여 사죄와 배상을 받아내는 이외에 임오군란을 일본의 정치 · 경제적 영향력을 확대하는 기회로 삼으려 하였다. 결국 조선은 일본의 강경한 태도에 못이겨 1882년 8월 30일 일본과 제물포조약(濟物浦條約)을 체결하게 되었다. 제물포조약의 주된 내용은 조선정부가 군란의 주모자를 엄벌할 것, 일본인 피해자의 유족과 부상자에게 위로금을 지불할 것, 일본정부에 배상금 50만원을 지불할 것, 일본공사관에 경비병을 주둔시키는 것, 조선의 대신이 일본을 방문하여 사죄할 것 등이었다. 결과적으로 임오군란은 대외적으로는 청국과 일본이 조선에 대해 영향력을 확대함으로써 조선의 자주성이 크게 훼손되는 결과를 가져왔고, 이를 극복하려는 시도에서 2년 뒤인 1884년에 갑신정변이 일어나게 되었던 것이다.

참고문헌

이광린, 1981, 『한국사강좌(근대편)』, 일조각.

박은숙, 1993, 『개항기 한성부 하층민의 저항운동과 그 성격』, 『한국사연구』 105.

조성윤, 1994, 『임오군란』, 『한국사』 12, 한길사.

조성윤, 1995, 『임오군란 연구의 현황과 과제』, 『韓國史論』 25, 국사편찬위원회.

구선희, 1996, 『개화기 조선의 대청정책 연구』, 고려대학교 사학과 박사학위논문.

한국역사연구회, 1996, 『한국역사입문③』, 풀빛.

박은숙, 1997, 『개항기 군사정책 변동과 하급군인의 존재양태』, 『한국사학보』 2.

한국근현대사연구회 편, 1997, 『한국근대사강의』, 한울 아카데미.

16. 실패한 개혁의 꿈, 갑신정변(甲申政變)

1) 우정국 낙성식 축하연의 화재

1884년 12월 4일 저녁 우정국 낙성식을 기념하는 축하연이 거행되었다. 축하연에는 미국공사 푸트(Lucius H. Foote), 영국총영사 애스턴(William G. Aston), 청국영사 진수당(陳樹棠), 일본공사관 서기관 시마무라(島村久) 등 외교사절들이 참석하였고, 내국인으로는 홍영식, 김옥균, 박영효, 김홍집, 민영익, 한규직, 윤치호 등이 참석하여 근대 우편제도 시행을 축하하였다. 축하연이 벌어지던 중 갑자기 '불이야, 불이야'하는 소리와 함께 우정국과 인접한 거리에서 불꽃이 하늘로 솟구쳐 올랐다. 이윽고 불이 났다는 소리를 듣고 재빨리 대문 밖으로 빠져나갔던 민영익이 칼에 맞아 온몸이 피투성이가 된 채 들어와 연회장은 순식간에 아수라장이 되고 말았다.

우정국 낙성식 축하연장의 사건은 한국근대사상 최초의 '위로부터의 변혁운동'으로 평가되는 갑신정변의 서막을 알리는 신호탄이었다. 이날의 정변을 주도한 인물들은 김옥균・박영효・홍영식・서광범 등 개화당 인사들이었다. 이들은 민씨 정권의 핵심인물들을 차례로 제거하고 개혁적 인사들과 왕실 인물들을 중심으로 새로운 정부를 구성하였다. 12월 6일 오전에는 개화당의 개혁구상이 담긴 정령(政令)이 국왕 고종의 전교 형식으로 공포되고, 오후에는 고종도 이 정령의 실시를 선언하고 개혁정치를 천명하는 조서를 내렸다. 그러나 정변을 일으킨 지 3일째 되던 12월 6일 오후 청나라 군대의 개입으로 개혁의 꿈을 펴보지도 못한 채 개화당 정부의 집권은 '3일 천하'로 끝나고 말았다.

2) 갑신정변은 왜 일어났을까

갑신정변은 개화당이라 불리는 소수의 젊은 개혁관료들이 정권 획득을 통해 봉건적인 조선왕조를 급속히 근대국가로 바꾸려 했던 정변이었다. 개화당 인사들은 왜 자신은 물론 가족과 가문의 명예와 목숨을 희생시키면서까지 정변을 도모했던 것일까?

19세기는 서양 열강들이 동아시아 국가들에 대한 제국주의적 침략을 가속화하던 시기였다. 중국은 1840년 아편전쟁을 계기로 서양 제국주의 국가들에게 문호를 개방하였고, 일본도 1853년 미국의 해군제독 페리(Mathew C. Perry)의 포함외교에 굴복하여 개항하였다. 급박하게 전해지는 청일 양국의 소식을 접하면서 극도의 위기감 속에 조선내의 여론은 두 갈래로 나뉘었다. 하나는 서양세력과 그들의 문물이 침투하는 것을 배척함으로써 유교적인 질서를 굳게 지킬 것을 주장한 척사위정론(斥邪衛正論)이었다. 보수적 유생층이 중심이 되어 주창된 척사위정론은 대외정책에서는 강경한 쇄국정책(鎖國政策)으로 표출되었다. 다른 하나는 서구문물의 우수성을 인정하고 받아들임으로써 근대국가로 전환하는 것만이 민족적 위기를 극복할 수 있는 방법이라고 보았던 개화론(開化論)이었다. 서구문물의 도입을 위해서는 대외적인 문호개방이 전제되어야 했으므로 개화론자들은 문호개방정책(門戶開放政策)을 지향하였다. 그러나 개화론 보다 척사위정론이 여론상 우세였던 조선의 상황에서 문호개방정책이 실현되기는 어려웠다.

1876년 2월 체결된 강화도조약을 계기로 조선은 일본을 비롯한 서구열강에게 차례로 문호를 열게 되었다. 강화도조약이 비록 일본의 군사적 위협 속에서 체결된 것이기는 하지만, 조약체결 과정을 박규수·오경석·강위 등 개화론자들이 주도함으로써 조약체결 이후 개화정책이 가속화될 수 있었다. 조선정부는 1876년에는 김기수 일행을, 1880년에는 김홍집 일행을 수신사(修信使)로 일본에 파견하여 일본의 근대화 정책을 살펴보게 하는 한편, 청나라의 총리아문을 모방하여 개화정책 추진을 위한 관청인 통리기무아문(統理機務衙門)을 설치하였다. 또한 1881년 1월에는 일본의 근대문물을 배우기 위해 박정양 등 62명으로 구성된 조사시찰단(朝士視察團 : 신사유람단)을 일본에 파견하였고, 9월에는 김윤식을 영선사(領選使)로 삼아 유학생 69명을 이끌고 청나라 천진에 가서 무기제조 기술을 익히게 하였다. 수신사 · 조사시찰단 · 영선사 등의 파견과 각종 개화정책 추진과정에서 실무를 담당한 개화론자들은 점차 하나의 정치세력으로 성장해갔으며 '자주독립'과 '부국강병'의 필요성을 절감하게 되었다.

1882년 일어난 임오군란은 의욕적으로 추진되던 개화정책에 큰 걸림돌이 되었다. 민씨 정권의 요청을 받고 청나라가 군대를 보내어 임오군란을 진압한 후 조선의 내치와 외교에 적극 간섭하기 시작한 것이다. 청국의 간섭으로 조선은 자주성에 큰 손상을 입었을 뿐 아니라 내정개혁에도 제약을 받게 되었다. 한편 개화세력 내에서도 분열이 나타나 유교문화의 틀을 그대로 유지하면서 서양의 기술문물만을 수입하고자 했던 시무개화파(時務開化派 : 온건개화파)와 일본의 명치유신을 모델로 삼아 정치체제의 개혁까지 포함한 광범위한 개혁을 추구했던 변법개화파(變法開化派 : 급진개화파)로 나뉘었다. 또한 청국의 구원으로 위기를 모면한 민씨 정권은 조선의 자주성을 크게 훼손시키는 청국의 정책에 순응하는 한편 개화당이 추진하던 개화정책도 위험시하여 제동을 거는 등 정권유지에만 급급하였다.

이러한 상황 전개는 '자주독립'과 '부국강병'을 통해 프랑스와 같은 강대국이 되어야 한다고 믿고 있었던 김옥균 등에게는 커다란 위기감으로 다가왔다. 청국의 간섭에서 벗어나지 않고서는 국가의 자주독립을 유지할 수 없을 뿐 아니라 내정개혁도 추진할 수 없다고 인식하였던 것이다. 또한 개화정책의 효율적인 추진을 위해서는 청국에 의지해 수구적인 행태를 일삼던 민씨 정권도 당연히 타도대상이 될 수밖에 없었다.

3) 무엇을 개혁하려 했나

개화당이 갑신정변을 통해 무엇을 이루고자 했는지 명확히 알 수는 없다. 정변이 3일만에 실패로 끝났기 때문에 그들의 개혁구상이 실현되지 못했기 때문이다. 하지만 정변 마지막 날인 12월 6일 고종의 재가를 얻어 공포된 80여 조항에 달하는 정령(政令) 중 14개 조항이 김옥균이 쓴 『갑신일록(甲申日錄)』에 담겨 있어 대체적인 내용을 알 수 있다.

갑신정령 14개조

1) 대원군을 가까운 시일 내에 돌려보내고, 조공하는 허례를 폐지할 것
2) 문벌을 폐지하여 인민평등권을 제정하고, 사람의 능력으로써 관직을 택하고 관직으로써 사람을 택하지 않을 것
3) 전국의 지조법(地租法)을 개혁하여 간사한 관리들을 근절하고 백성의 곤란을 구하며 겸하여 국가재정을 유족하게 할 것
4) 내시부를 폐지하고 그 중에 재능있는 자가 있으면 등용할 것
5) 그 동안 국가에 해독을 끼친 탐관오리 중에서 심한 자는 처벌할 것
6) 각도의 환자(還上)는 영구히 폐지할 것
7) 규장각을 폐지할 것
8) 순사제도를 시급히 실시하여 도적을 방지할 것
9) 혜상공국(惠商公局)을 폐지할 것
10) 그 동안 유배·금고된 사람들을 다시 조사하여 석방할 것
11) 4영을 합해 1영으로 만들고, 영 중의 장정을 선발하여 근위대를 시급히 설치할 것
12) 모든 국가재정은 호조가 관할하게 하며 그 밖의 일체의 재무관청은 폐지할 것
13) 대신과 참찬은 합문(閤門) 안의 의정소에서 매일 회의를 하여 정사를 결정한 후에 왕에게 아뢴 다음 정령을 공포해서 집행할 것
14) 정부는 6조 외에 불필요한 관청은 모두 폐지하고 대신과 참찬으로 하여금 토의하여 처리하게 할 것

개화당은 조선을 청나라로부터 완전히 독립한 자주국가로 탈바꿈시키려 하였다. 임오군란 때 청나라로 끌려간 대원군을 돌아오게 할 것과 조공하는 허례를 폐지할 것을 정령의 제 1조에 천명한 것은 조선이 자주독립국임을 대내외에 선언하는 의미를 지니는 것이다.

또한 개화당은 문벌 폐지와 인민평등권의 제정을 통해 신분에 따른 관리선발이 아니라 능력에 따라 인재를 등용하려 하였다. 당시 조선사회가 양반을 중심의 신분제 사회였던 점을 고려하면, 신분보다 능력에 따른 인재등용을, 신분제 폐지로 연결되는 인민평등권 제정을 주장하였던 개화당의 구상은 가히 혁명적인 것이라 할 수 있다.

의정부와 6조를 근대적 기구로 재탄생시켜 국가의 최고권력기구로 삼아 국가의 모든 중대사를 협의하여 결정하려 하였다. 특히 정부의 주도세력이 '의정소(議政所)' 회의를 통해서 국가의 중대사를 결정하도록 한 것은 입헌군주제(立憲君主制)로 나아가는 과도기적인 단계로 이해된다.

군사제도 · 경찰제도를 근대적인 것으로 개혁하고, 정부의 재정을 호조에서만 담당하게 함으로써 서구식 예산제도를 도입하여 근대적 재정체제를 마련하고자 하였다. 아울러 토지세 제도를 개혁하여 백성들에게 피해를 구제하고, 특권상업집단이었던 보부상 단체인 혜상공국을 없앰으로써 자유상업체제를 만들려고 하였다. 이러한 각종 제도개혁을 통해서 개화당은 근대 국민국가체제를 수립하려고 시도하였던 것이다.

물론 개화당이 공포한 정령의 이면에는 국왕의 전제와 민씨 척족의 전횡을 배제하면서 자신들의 입지를 강화하고, 기존 체제하에서 소외된 계층의 지지를 얻어내려는 정략적 의도가 담겨져 있었음을 부인할 수 없다. 그렇지만 그들이 제시했던 정령은 대체로 근대국민국가로 나아가는 과정에서 해결하지 않으면 안되었던 과제였다고 할 수 있다.

4) 정변은 왜 실패했을까

갑신정변은 3일간의 짧은 시간에 300여 명의 희생자를 낸 채 실패로 끝나고 말았다. 정변에 가담한 사람들은 체포되어 처형되거나 일본으로의 망명길에 오르게 되었다. 개화당 인사들이 목숨을 걸고 추진한 정변은 왜 실패하고 말았을까? 갑신정변의 실패원인으로는 청군의 군사적 개입, 군사력의 열세, 일본군의 배신, 개화정책을 지지할 시민층의 미성숙, 민중들의 지지 결여 등을 들 수 있다.

먼저 갑신정변이 실패로 끝난 가장 직접적인 원인은 청나라 군대의 군사적 공격이었다. 개화당 인사들이 정변을 결심한 것은 월남문제를 둘러싸고 1884년 초부터 대립하던 청나라와 프랑스가 8월에 전쟁을 시작한 데에도 원인이 있었다. 청불전쟁의 조짐이 짙어지자 청국은 1884년 5월 서울에 주둔한 3,000명의 병력 중에서 1,500명을 월남으로 이동시키고 1,500명만 잔류시켰다. 청국의 간섭에서 벗어나려고 했던 개화당 인사들은 청불전쟁이 정변을 일으킬 호기라고 판단하였던 것이다. 청불전쟁으로 인하여 청군이 군사적 개입을 꺼릴 것이라는 개화당 인사들의 예상과는 달리 청군의 적극적 공격이 정변을 좌절시킨 것이었다.

또한 청군에 비해 열세였던 군사력도 정변 실패의 원인이 되었다. 개화당 인사들이 정변을 계획하면서 자체적으로 동원한 병력은 200명 정도였고, 여기에 150명 정도의 일본군을 포함하면 약 350명의 병력이 동원된 셈이다. 청군의 병력수 1,500명에 비해 현격하게 열세였던 것이다. 권력을 장악하고 3,000명에 달하는 4군영의 병력을 동원하여 청군의 공격에 대비하려는 의도였던 것으로 보이지만, 4군영 병력에 대한 확실한 장악에 실패함으로써 병력수의 열세를 극복할 수 없었다.

다음으로 청군의 공격을 막아줄 방패막이로 끌어들였던 일본군의 배신을 들 수 있다. 150명 남짓 되는 일본군이 그 열 배에 달하는 청군에 맞서 승리하기는 어렵겠지만, 일본군의 개입은 숫자 이상의 상징적인 의미가 있는 것이었다. 전투를 통하여 일본군에 많은 희생자가 날 경우 청일간의 전쟁으로 비화할 가능성이 있어 청군이 적극적으로 공격을 못할 것이기 때문이다. 하지만 청군의 공격이 시작되자 소극적으로 대응하던 일본군은 개화파의 기대를 저버리고 철병을 결정하였다.

시민층의 미성숙과 민중들의 반감도 정변 실패의 주요한 요인이었다. 서구사회의 예에서 볼 수 있듯이 근대시민혁명의 성공을 위해서는 그를 지지하는 시민층의 성장이 전제되어야 하지만, 갑신정변은 지지해줄 시민층의 성장이 없었기에 한계가 있을 수밖에 없었다. 또한 민중들의 반응도 개화당에게 호의적이지 못했다. 문호개방 이후 외국산 자본제 상품이 수입되고 조선의 쌀이 대규모로 유출됨으로써 민중들은 그 직접적인 피해를 입고 있었다. 따라서 민중들에게 개화는 결코 좋은 것으로 인식되지 않았다. 더군다나 개화당이 일본군을 끌어들인 사실은 일본에 대해 적대감을 갖고 있었던 민중들이 개화당을 타도대상으로 여기게 만들었던 것이다.

5) 갑신정변은 무엇을 남겼나

갑신정변은 비록 실패하였지만 한국근대사상 최초의 '위로부터의 변혁운동'으로 평가되고 있다. 그래서 대중적 요구를 제대로 수용하지 못했으며, 외세를 끌어들여 군사력을 동원하여 쿠데타를 일으켰다는 한계를 지닌다. 그럼에도 불구하고 갑신정변이 우리 역사상의 수많은 군사변란 중 유일하게 변혁운동으로 규정되는 사건이다. 그 이유는 김옥균 등이 단순히 권력을 장악하려 했던 것이 아니라, 당시의 시대적 과제였던 반봉건・반외세 운동을 전개했기 때문이다.

청국의 개입에 대처하기 위해 일본군의 원조를 요청한 사실은 일시적・전략적 차원에서 이루어진 것이라 할지라도 외세를 막기 위해 또 다른 외세를 끌어들였다는 점에서 비판받아 마땅하다. 그러나 이 점을 지나치게 강조한 나머지 갑신정변이 일본의 사주 혹은 책동에 의해 단행되었다고 매도해서는 안될 것이다. 더구나 당시 조선을 억압하여 자주성을 침해하던 외세는 일본이 아닌 청국이었던 사실도 간과해서는 안될 것이다.

갑신정변의 실패로 조선에는 친청정권이 수립되고 청국의 간섭도 한층 노골화하였다. 또한 개화운동에 대한 부정적인 인식도 확산되어 '개화'라는 말을 입에 담는 것도 꺼릴 정도의 역효과가 빚어지기도 하였다. 또한 정변의 결과 일본은 청나라와 체결한 천진조약에서 조선에 대한 파병권을 얻게 된다. 10년 뒤 동학농민전쟁이 일어나자 조선정부가 청나라에 진압군을 요청하여 청군이 출병하였는데, 일본도 천진조약에서 얻은 파병권을 근거로 군대를 보내어 청일전쟁을 벌이게 된다. 비록 실패하기는 했지만 갑신정변은 향후 갑오개혁·독립협회운동·애국계몽운동 등으로 이어지는 변혁운동의 토대가 되었다는 점에서 중요한 의의를 지닌다. 이들 운동은 갑신정변을 계승하여 그것을 비판하고 반성한 위에서 발전한 것이었다.

참고문헌

이광린, 1973, 『개화당연구』, 일조각.

이광린, 1981, 『한국사강좌(근대편)』, 일조각.

『갑신정변 100주년기념 심포지움 발표 및 토론문』, 『사상과 정책』 1984년 가을호.

한국역사연구회, 1996, 『한국역사입문③』, 풀빛.

한국근현대사회연구회, 1998, 『한국근대 개화사상과 개화운동』, 신서원.

신용하, 2000, 『초기 개화사상과 갑신정변연구』, 지식산업사.

박은숙, 2003, 『갑신정변연구』, 고려대학교 사학과 박사학위논문.

17. 동학농민운동

1) 동학의 창도와 농민전쟁으로의 발전

1876년 강화도조약 아래 조선사회는 구각을 벗지 못하는 유교적 지배체제에 대한 불신이 조야에서 크게 일고 있었다. 특히 임오군란(1882) 이후 조선을 둘러싸고 전개된 일본·청·러시아와 미국·프랑스·영국·독일 등 정치적·경제적·군사적 침략은 가열되었다. 이러한 위기의식이 팽배해지는 상황임에도 불구하고 조선의 위정자들은 갑신정변·거문도사건·방곡령사건 등에서 보듯이 외세의 침략에 적절한 대책을 수립하지도 못한 채 타협과 굴복을 일삼음으로써 정권의 무능함을 드러내고 있었다. 특히 지배층의 농민에 대한 압제와 탐관오리들의 착취는 농민 생활을 파탄으로 몰아넣었고, 또한 일본·청나라·영국 등의 경제적 진출은 농민들의 분노를 자아냈다. 예컨대 일본인들은 조선 농민의 가난한 형편을 이용하여 입도선매(立稻先賣)나 고리대의 방법으로 곡물을 사들여 폭리를 취함으로써 농촌경제를 파탄으로 몰아 넣어 농민들의 불안과 불만이 더욱 고조되었다.

이러한 전환기에 몰락한 양반출신 최제우(崔濟愚)는 동학을 창시(1860)하였다. 동학은 사회에 대한 지도능력을 상실한 유교사상(성리학)의 각종 폐단과 불교의 타락, 서세동점에 따라 유입된 서학(西學)에 대한 반발, 특권 계급의 부패, 제국주의 열강들의 침투에 따른 사회 불안이 고조되는 위기 속에서 창시되었다. 동학의 기본 사상은 경천사상(敬天思想)을 바탕으로 인심이 곧 천심이고 사람이 곧 하늘이라는 인내천(人乃天)이었다. 인내천 사상은 사회적 신분이나 계급을 초월한 인간의 존엄성과 누구나 평등하다는 인도주의를 지향하고 민중적이고 민족적 사상을 지닌 의식이 깔려 있었다.

한편 동학은 신앙운동만으로만 머무르지 않고 농민들이 당면한 어려운 문제들을 해결해 주고자 제세안민(濟世安民)·제폭구민(除暴求民)을 구호로 내세우는 등 민중의 갱생을 위한 성격을 띠고 있었다.

이와 같이 동학사상은 농민들이 안고 있는 당면 과제들을 개혁·해결해 준다는 성격을 띠면서 전파되자 새로운 사회로의 변화를 갈망하던 농민들은 동학을 따르는 신도가 날로 번성해 갔다.

이때 동학은 교세확장을 위하여 1862(철종 13) 도회소(都會所)·장(帳)·접(接)·포(包)의 교단 조직을 두어 농민세력 규합에 힘을 써 삼남지방의 농촌 사회에 널리 보급되었다. 이렇듯 동학 교세가 날로 확장되자 종래에 각지에서 산발적으로 발생했던 민란 형태의 농민운동은 조직적인 농민전쟁의 형태로 변화되어 갔다. 이에 당황한 정부는 동학이 세상을 어지럽히고 백성을 현혹한다는 이유로 탄압령을 내리고 교조 최제우를 체포(1863)하여 그 이듬해 대구에서 처형했다. 이후 2대 교주가 된 최시형(崔時亨 : 1829～1898)은 『동경대전(東經大典)』을 저술하여 교리를 체계화하고 교단조직을 강화하여 교세를 확대시키는 한편 교도들에게 부정부패 타도, 계급타파, 배외사상을 고취시켜 동학의 위세가 삼남일대에 크게 떨쳤다.

동학의 교세가 확장되자 최시형·서인주·손병희 등은 교도들을 인솔하고 1892년 전라도 삼례에서 교조신원운동을 위하여 제1차로 교도들과 농민들이 참가하는 대규모의 대중집회(삼례도회소집회)를 개최하였다. 당시 이들은 충청·전라도 관찰사에게 교조의 신원과 교도들의 탄압을 금할 것을 요구했으나, 지방관의 권한 밖이라 하여 실패하자 국왕에게 호소할 것을 결의했다.

1893년 4월 손병희 박광호 등 교도 40여 명은 제2차로 서울 경복궁 앞에 모여 복합상소를 올려 교조 신원과 그들의 목적을 달성하려고 하였다. 위정자들은 이를 또한 거절하자 해산한 뒤 다시 동년 5월 제3차로 충청도 보은에 2만여 명의 교도들이 모여 탐관오리숙청(除暴求民)

과 일본과 서양세력 축출(斥倭斥洋)을 요구하는 강력한 구호를 내걸고 봉건 세력의 억압에 항거하고 외세 침입에 대한 배외운동을 전개했다. 이렇듯 보은집회는 마침내 동학 중심의 단순한 종교를 농민 중심의 정치운동으로 전환시켜 동학운동이 조직적인 농민 전쟁의 형태로 발전하는 계기가 되었다. 이때 정부는 보은집회 역시 위압으로 해산시켰던 것이다. 보은집회 이후 동학 교도들의 주도권은 남접파로 불리는 전봉준 · 손화중 · 김개남 등으로 넘어가게 되고 동학농민운동은 대체로 4단계로 전개되었다.

2) 농민전쟁의 전개와 영향

제1기는 1894년 2월 발생한 고부 민란의 기간이다. 동학농민운동은 이 민란을 계기로 본격화되었다. 민란의 원인은 고부 군수에 부임한 조병갑(趙秉甲)이 면세해 줄 것을 약속하고 개간한 황무지에 세금을 징수했고, 만석보(萬石洑) 수축 때 농민을 동원하고, 수세를 착복하는 등 횡포가 극심하여 전봉준 · 정익서 등이 1천여 명의 농민군을 이끌고 관아를 습격하여 군수를 내쫓고 아전들을 징벌한 후 곡식을 풀어 농민에게 주고 10여 일만에 해산하였다.

제2기는 고부민란 후 봉기 가담자를 색출, 심하게 탄압하자 전봉준은 손화중 · 김개남과 제휴하여 다시 봉기하여 보국안민과 제폭구민의 기치를 내걸고 고부와 태인에서 봉기하여 황토현 싸움에서 정부군을 크게 물리치고 정읍 · 고창 · 영광 · 함평을 차례로 공략한 후 장성에서 정부의 원군을 격파한 후 전주를 점령(1894. 4)하였다. 이에 당황한 정부는 동학농민군을 무력으로 진압할 능력이 없었으므로 청나라에 파병을 청하여 5월에 엽지초(葉志超)가 이끈 청군이 아산만에 도착했고, 일본군도 천진조약을 구실로 인천에 상륙하여 국제적인 문제로 확대되었다. 동학농민군이 전주를 점령할 즈음 청 · 일 양국 군이 출동하여 조·

청·일 3국간의 정세가 험악해지자, 정부는 하루 빨리 동학농민군을 회유하여 해산시킬 필요를 느껴 전주부사 홍계훈의 효유문을 통하여 휴전을 제의했다. 이에 전봉준은 그들이 제시한 폐정개혁 12개 조항의 개혁을 조건으로 전주화약을 맺었다.

> **홍계훈(洪啓薰)의 효유문**
>
> 1. 탐관오리를 징벌한다.
> 2. 채권을 포기한다.
> 3. 천인의 대우를 개선한다.
> 4. 토지를 분작케 한다.
> 5. 동학을 승인하고 동학 교도의 자유를 보장한다.

제3기는 화약 성립 후 남원에 은거한 전봉준이 신임 전라감사 김학진의 협력을 얻어 화약에 따라 그들의 정치적 이상을 실천하기 위하여 전라도 53개 군에 농민적 자치기관의 성격을 갖는 집강소(執綱所)를 설치하고 타락한 향호·군졸·서리 등을 규찰하는 등 폐정개혁안을 실천에 옮기려고 힘쓰고 있었다. 그러나 정부는 동학농민군의 개혁 요구를 제대로 실천하지 못하였다. 이러한 상황에서 마침내 청일전쟁이 일어나게 되었다(1894. 7).

제4기는 청일전쟁에서 승리한 일본이 그 여세를 몰아 조선의 내정을 간섭하고 국권마저 노리자, 동학농민군은 척왜를 주장하는 구국항일투쟁으로 대규모의 동학농민군이 다시 일어난 시기이다.

이때 전봉준은 항일투쟁을 결심하고 10월 동학농민군은 전주에 집결하여 다시 봉기하였다. 당시 전봉준은 남접의 호남군을 이끌고, 손병희가 이끈 북접의 호서군과 연합하여 공주 우금치(牛金峙)에서 일본군과 박제순이 이끈 관군과 격전을 6, 7일간 벌렸으나 실패, 전봉준은 1894년 12월 순창에서 체포되어 서울로 압송되었다. 이로써 전라도 지방의 동학농민군의 항전은 끝나고, 삼남일대에서 경기·황해·강원·

평안도까지 파급되어 끈질긴 투쟁을 전개했다. 그러나 동학농민군은 근대무기로 무장한 일본군에 패하여 큰 희생을 치르고 말았다. 이렇듯 실패한 동학농민운동은 근대사회를 건설하기 위한 구체적 방안을 제시하지는 못했던 것이다. 동학농민운동은 안으로는 노비문서 소각, 토지의 평균분작 등 반봉건적 민중운동의 성격과, 밖으로는 외국의 침략에 정면으로 대결한 반침략적 국권수호를 위한 민족운동의 성격을 띠고 있었기 때문에 집권세력과 일본 침략 세력의 탄압을 함께 받아 끝내 실패하고 말았다. 그러나 동학농민운동이 우리 역사에 미친 영향은 자못 컸다. 대외적으로는 농민전쟁을 빌미로 벌어진 청일전쟁이 일본의 승리로 끝나면서 일본의 조선침략이 노골화되었다. 일본은 조선에 갑오개혁을 강요함으로써 정치적 간섭을 강화하였고, 전근대적 전통질서의 붕괴를 촉진시켰다.

한편 대내적으로는 외세에 항거하는 민족적 자주의식과 주권의식을 고취시켜 독립협회의 활동, 을미·을사의병, 3·1운동 등 구국무장투쟁을 활성화시켰다.

폐정개혁 12조

1. 동학도는 정부와의 원한을 씻고 서정에 협력한다.
2. 탐관 오리는 그 죄상을 조사하여 엄징한다.
3. 횡포한 부호를 엄징한다.
4. 불량한 유림과 양반의 무리를 징벌한다.
5. 노비 문서를 소각한다.
6. 7종의 천인 차별을 개선하고, 백정이 쓰는 평량갓은 없앤다.
7. 청상 과부의 개가를 허용한다.
8. 무명의 잡세는 일체 폐지한다.
9. 관리 채용에는 지벌을 타파하고 인재를 등용한다.
10. 왜와 통하는 자는 엄징한다.
11. 공사채를 물론하고 기왕의 것을 무효로 한다.
12. 토지는 평균하여 분작한다.

<오지영의 『동학사』에서>

18. 독립협회 활동과 대한제국

1) 독립협회의 창립

1895년 명성황후의 시해사건인 을미사변과 친러파들이 고종을 러시아 공사관으로 피신시킨 아관파천(1896. 2～1897. 2)을 계기로 국왕이 러시아 공사관에 머무르고 있는 동안, 조선은 러시아를 비롯한 열강의 이권쟁탈장으로 되었고, 정치는 일본과 러시아의 세력에 의해 좌우되어 독립국가로서의 체모를 잃게 되었다.

당시 부패한 정부 관리들은 국민과 국가의 이익보다는 사리사욕을 위한 외세의존적 이기주의에 팽배해 있었다. 이러한 때 갑신정변의 주동자로 미국에 망명해 있던 서재필(徐載弼)이 귀국하였다. 그는 서구의 자유민주주의적 개혁사상과 새로운 지식을 민중에 보급하여 국민의 힘으로 완전한 자주독립국가를 수립하고자 1896년 독립신문을 창간하고 독립협회를 창립하였다.

독립협회에 참여한 처음에 지도부 인사는 유길준 등 건양협회, 윤치호·이상재 등 정동구락부, 그리고 남궁억 등의 실무관료들이었다. 그리고 회원은 열강의 침략과 보수적 지배층의 압제에 불만을 가진 도시 시민층이 주요 구성원이 되고, 회원 가입을 완전히 개방하여 학생·노동자·여성·천민 등 각계 각층의 지지와 호응을 받아 공주·평양·수원·전주·대구 등지로 조직을 확대시켰으며, 4천여 명의 회원을 갖게된 민중의 대표단체로 급성장하였다.

2) 독립협회의 활동과 대한제국의 성립

독립협회의 활동 목적은 갑신정변 등의 개혁운동이 민중의 기반이 없어 실패한 사실을 거울삼아 먼저 민중을 일깨우기 위한 운동에 노력했다. 이들의 활동은 대체로 세 가지 방향으로 추진되었다. 그 첫째는 자주독립 옹호운동이었다. 즉 외국의 내정간섭을 배격하고 외국의 이권침탈과 토지조차 요청 등에 대항하며, 열강의 세력균형 속에 중립적 자주외교를 펼 것을 주장하였다. 다시 말해서 밖으로 자립하여 국권의 상실을 막고, 관민의 협력으로 국권의 자주를 기하자는 것이었다.

둘째는 국민참정과 국정개혁을 위한 자유민권운동이었다. 이를테면 국민의 신체자유, 재산의 자유권, 언론・출판・집회・결사의 자유, 국민주권론, 만민평등권, 중추원(中樞院)을 개편한 의회의 설립 등을 제의했다.

셋째는 국가의 자강운동을 전개하자는 것이었다. 그 방안으로는 신교육의 실시, 산업의 개발, 근대적 국방력 증강을 주장했다. 이제 독립협회의 대표적 활동 사항을 요약해 보자.

그 첫 번째 사업은 국민의 성금을 모아 영은문(迎恩門) 자리에 자주독립정신의 상징인 독립문(獨立門)을 세우고 모화관(慕華館)을 독립회관(獨立會館)으로 개수하는 등 국민의 독립의식을 고취시켰다.

둘째는 독립신문을 영문과 국문판으로 발행하여 자유・평등・민권사상과 독립정신을 고취시켰으며, 외세 의존적 정부의 태도를 공격하고, 개화 혁신을 위한 시국선언의 필요성을 주장하였다. 각종 강연회와 토론회를 개최하여 신문과 잡지 등을 통해서 근대적 지식과 국권과 민권사상을 국민에 고취시켰다.

셋째로는 우리나라 최초의 근대적 민중대회의 성격을 지닌 만민공동회의 개최를 들 수 있다. 당시 독립협회 회원들은 러시아・미국・프랑스・독일・일본・영국 등이 국내의 이권침탈에 더욱 열을 올리자, 민족의 각성과 국민의 총화에 의한 자주・자립・자강과 개화혁신을 추진하기 위하여 만민공동회를 종로광장에서 개최(1898. 3)하여 정부의 외세 의존적인 정책을 규탄하고 만민공동회에 정부의 대신을 합석

시켜 관민공동회를 열기까지 했다. 이때 국권수호와 민권보장·정치개혁을 내용으로 하는 6개 항목의 결의안(관민공동회의 헌의 6조)을 채택하여 이를 정부에 건의하여 국왕의 재가를 받아내기도 하였다. 그러나 이러한 주장들은 실시되지 않았다. 이후 독립협회는 수시로 만민공동회를 개최하고 외국의 내정간섭과 이권침탈 등에 대항하여 국권과 국익을 지키려는 여러 운동을 전개하였다.

관민 공동회의 헌의 6조

1. 외국인에게 의지하지 말 것
2. 외국과의 이권에 관한 계약과 조약은 각 대신과 중추원 의장이 합동 날인하여 시행할 것
3. 국가 재정은 탁지부에서 전관하고, 예산과 결산을 국민에게 공포할 것
4. 중대 범죄를 공판하되, 피고의 인권을 존중 할 것
5. 칙임관을 임명할 때에는 정부에 그 뜻을 물어서 중의에 따를 것
6. 정해진 규정을 실천할 것

요컨대 독립협회 활동의 영향은 고종의 환궁, 보수내각을 퇴진시키고 박정양이 진보적 내각을 수립하게 한 일, 중추원 관제를 반포하게 하여 우리의 역사상 최초로 국회가 설립될 단계에까지 이르게 한 것, 특히 대한제국의 성립과 개혁정치에 커다란 힘이 되었다. 그러나 독립협회는 보수적 집권층과 일제의 압력, 이기동·홍종우 등이 이끈 어용단체인 황국협회(皇國協會)의 방해로 해산되고 말았다.

이때 보수세력은 고종에게 독립협회가 왕정을 폐지하고 입헌 공화정을 실시하려고 한다고 모함하여 박정양 내각을 무너뜨리고 1899년 1월 고종은 협회의 해산을 명령했다.

어쨌든 독립협회의 활동에 자극을 받은 고종은 러시아 공사관으로 파천한 지 375일 만인 1897년 2월 20일 러시아·영국·미국 등의 외

국공사관으로 둘러싸인 경운궁(현 덕수궁)으로 돌아왔다. 고종은 국민의 국가의식 고취와 개화혁신 등 자주적 국가로서의 면모를 일신해야 한다는 국민의 여망에 힘입어 1897년 8월 연호를 광무(光武)로 고치고 10월 12일 황제 즉위식을 거행하여 국호를 대한제국(大韓帝國)으로 하고 자주국가임을 내외에 선포하였다. 대한제국의 집권층은 국민의 자주독립의식의 고조에 힘입어 갑오・을미개혁의 급진성을 비판하고 점진적인 개혁을 추구하였다. 광무정권의 시정방향은 구제도를 근본으로 하고 새로운 제도를 참작한다는 구본신참(舊本新參)에 있었다. 이 같은 노선은 분명 복고주의적 성격을 띤 것이며 전제왕권을 강화시키려는 것이었다. 때문에 광무정권은 독립협회가 주장하는 입헌군주제와 의회설립 등의 주장을 수용치 않고 그들의 개혁운동을 탄압했던 것이다.

광무정권의 정책노선은 1899년에 광무정권이 제정한 일종의 헌법 성격을 갖는 <대한국 국제(大韓國 國制)>에 분명히 드러나고 있다. 즉 대한제국은 전제정치 국가이며, 황제는 통수권・입법・사법・외교・행정권을 모두 갖고 있어 그의 권한이 무한한 전제군주체제였던 것이다.

대한국 국제(요약)

제 1 조 대한국은 세계 만국이 공인한 자주 독립제국이다.
제 2 조 대한국의 정치는 만세 불변의 전제정치이다.
제 3 조 대한국 대황제는 무한한 군 권을 누린다.
제 5 조 대한국 대황제는 육・해군을 통솔한다.
제 6 조 대한국 대황제는 법률을 제하여 그 반포와 집행을 명하고, 대사, 특사, 감형, 복권 등을 명한다.
제 7 조 대한국 대황제는 행정 각 부의관제를 정하고, 행정상 필요한 칙령을 발한다.
제 9 조 대한국 대황제는 각 조약 체결국가에 사신을 파견하고, 선전, 강화 및 제반 조약을 체결한다.

3) 광무개혁의 성과와 한계

끝으로 광무정권이 추진한 개혁정책에 대하여 살펴보자.

첫째, 국가재정을 확보하기 위하여 전정을 개혁 민생을 안정시킴과 동시에 양전사업을 통해 지계(地契)를 발급하여 근대적 토지소유권 제도를 이룩하였다. 둘째, 철도·운수·광업·섬유·금융분야의 상공업 진흥에 힘써 근대적 공장과 회사들이 설립되었다. 즉 식산흥업정책(殖産興業政策)에 힘을 쏟아 근대적 경제체제를 확립하려 하였다. 이에 따라 실업교육과 기술교육기관을 설립하였다. 셋째, 국어와 역사교육을 강화하여 민족문화를 수립코자 하였으며, 근대산업기술을 습득하고 근대교육의 보급을 위하여 국외에 유학생을 파견했다. 이때 기예학교·상공학교·광무학교·의학교·외국어학교 등이 설립되었다. 넷째, 철도·전차 등의 교통과 통신·전기·의료 등 각 분야에도 근대적 시설을 확충하였다.

앞에서 본 광무정권의 개혁은 갑신개혁, 동학운동, 갑오·을미개혁과는 달리 자주적인 입장에서 근대적인 개혁을 추진하였다는데 의의가 있다고 보겠다. 그러나 광무개혁 역시 집권층의 전제왕권 수립을 위한 보수적 성향과 열강의 간섭으로 큰 성과를 얻지 못하였다.

제 2 편

역사와 이웃

1. 임나일본부설 무엇이 문제인가

1) 『일본서기(日本書紀)』에 임나일본부는 어떻게 기록되었나

『일본서기』에 의해서 왜의 야마토정권(大和政權)이 4세기에서 6세기에 걸쳐 한반도의 남부를 지배했다는 소위 '임나일본부설'은 고대한일관계사에서 항상 핵심 논제로 다루어져 왔다. 이 임나일본부설은 중국이나 우리측 사료에는 그 어느 곳에도 기록된 바 없으며, 일본측 사료에서도 오직 『일본서기』에만 기록되어 있다.

『일본서기』에 의하면 왜의 진구황후(神功皇后) 49년(AD 249년, 또는 369년)에 왜가 한반도의 남부에 출병하여 백제 신라 가야를 복속시켰는데, 특히 가야지역에는 임나일본부라는 직할기관을 설치하여, 신라와 백제로부터 조공을 받으면서 임나일본부가 신라의 진흥왕에 의해 멸망되는 562년까지 한반도에서의 활동을 계속하였다는 것이다. 현재에 이르기까지 『일본서기』는 그 사료의 신빙성 문제가 항상 논의되어 왔으며, 그 중에서도 게이타이기(繼體紀) 이전 즉 6세기 이전의 사료는 이미 신빙할 수 없는 것으로 판정되었다.

그러나 일본에서는 에도시대(江戶時代 : 1603-1867, 德川幕府)의 국학자들 이래 『일본서기』와 『고사기』에 근거하여 일본고대사를 연구하는 과정에서 『일본서기』에 기록된 한국관계기사도 연구의 대상이 될 수밖에 없었다. 그런데 이들 한국관계기사는 진구황후의 삼한정벌(三韓征伐)이래 소위 임나일본부를 통하여 약 200년간에 걸쳐 한반도를 지배한 것처럼 되어 있다. 그러므로 당시 위 두 사서를 비판 없이 신봉했던 일본 국학자들에게는 한반도의 남부는 고대에 한동안 왜가 지배했던 고토(故土)로서 인식하게 되었다. 이러한 역사인식은 메이지시대(明治時代 : 1868-1911)에 이르면 정한론(征韓論)의 이론적 근거가 되었다. 19세기말의 정한론은 결국 1910년의 한일합방이라는 명목하에 한국강점으로 종결되었다.

실제로 당대 일본 역사학자들은 임나일본부설에 근거하여 이 1910년의 강점을 가리켜 '1910년의 합방은 잃어버린 고토의 회복이고, 이는 역사의 필연이며 당위'로 규정지었다. 이처럼 일본의 한반도 강점을 당연하고 정당한 것으로 오신한 것은 물론 『일본서기』에 기초한 그들의 고대한일관계사에 대한 그릇된 인식이 일조하였음은 물론이다. 이는 물론 한반도는 항상 외세에 의해 지배되어왔다는 타율성 이론의 한 근거가 되어, 정체성이론과 더불어 한국이 일본의 식민통치를 받아드릴 수밖에 없다는 식민사관의 논리를 받쳐주는 기둥으로 간주되었다. 현대 일본인이 갖고 있는 한국에 대한 우월의식의 근원도 그들 정신세계에 내재되어 있는 임나일본부에 근거한 왜곡된 고대한일관계사의 인식에 상당부분 그 책임을 돌릴 수 있을 것이다.

『일본서기』는 720년에 쓰여졌으며 신의 시대(神代)로부터 지토우천황(持統 : 690-697)까지의 역사를 기록한 일본의 현존하는 사서 중에서 가장 중시되는 것이다. 1945년 종전 이전까지 『일본서기』는 천황가의 연원이 기록된 책으로 신성시되어 학문적 접근에 의한 비판은 불허되었다. 그러나 쯔다(津田左右吉)의 비판 이래 『일본서기』를 사실 그대로 신뢰하는 정상적인 일본학자는 없다고 해도 과언이 아니다. 그는 '6세기 전후 야마토정권(大和政權)의 관인(官人)에 의해 천황(天皇)의 일본통치를 정당화하려는 정치적 목적 하에 만들어진 것으로 보고 있다'고 하였다.

한편 전후에 있어서 『일본서기』 연구에 상당한 업적을 남긴 사까모도(坂本太郎)는 『일본서기』의 기사는 엄밀한 역사 사실로 인정할 수 없다고 보아, 엄밀한 본문 비판의 결과를 기다려 사실로 인정하지 않으면 안 된다고 주장하고 있다. 특히 그는 『일본서기』가 인용하고 있는 백제(百濟)측 3종의 사서(史書)도 백제에서 쓰여진 원래대로의 기록이 아니라고 보고, 이는 일본서기 편찬시에 편찬자에 의하여 윤색되었거나, 백제 멸망 후 일본으로 망명한 백제인이 자신들이 지니고 온 기록을 적당히 편집하여 제출한 것으로 보고 있다. 그 이유로 이 백제 3사서가 해당 시기에 사용되었을 것 같지 않은 용어 및 일본을 부자연스럽게 존중하려는 필법이 보이는 것을 들고 있다.

예를 들면, 일본에서 천황이라는 칭호가 확정된 것은 스이꼬 시대(推古朝)인데 그 이전에 쓰여진 백제의 원기록에 있었던 것으로 생각되지 않으며, 일본이라는 국호도 다이까개신(大和改新 : 645년)이후에 정해진 것이기 때문에, 그 이전의 백제기록에 나올 수 없다는 점과, 『백제기(百濟紀)』에서 일본을 귀국(貴國)이라고 칭하는 것도 백제 멸망 후 일본에 망명한 백제인들이 일본조정의 의사에 영합하고자 윤색하여 제출한 것으로 보고 있다. 따라서 한·중·일 사서 가운데 유일하게 임나일본부설을 기록하고 있는 『일본서기』 자체는 물론 특히 신공황후의 삼한정벌이 등장하는 이시기의 기사는 신빙할 수 없다. 결국 『일본서기』에 근거를 두고 있는 임나일본부설은 이와 같이 『일본서기』 자체의 신빙성이 문제가 됨으로서 일본서기 이외의 신뢰할 만한 근거자료를 필요로 하게 되었다.

2) 일본학계는 임나일본부설을 입증하기 위해 『일본서기』 이외에 어떤 자료를 이용하고 있는가

가. 고고학적으로 이용하고 있는 임나일본부설은 설득력이 있는가

'임나일본부'의 실재를 한반도 지역에서 고고학적으로 증명하려는 시도는 제국주의 일본이 한반도에 진출하면서 있어왔다. 그러나 오늘날 고고학적으로 한반도에서 임나일본부의 실재를 증명할 수 있다고 믿는 연구자는 일본학계에서도 그 수가 점차 줄어들고 있다. 그것은 한반도에서 유적의 조사가 활발해져 고고학 자료가 축적되면 될수록 오히려 당시 한반도 문화가 일본열도에 강력한 영향을 미치고 있었다는 사실을 밝혀주고 있기 때문이다. 그러나 지금도 일본의 고고학 연구자 가운데에는 '임나일본부'에 대한 미련이나 임나사관적인 관점을 버리지 못한 사람도 적지 않다. 한반도에서 출토되는 일본계 유물을 '임나일본부'와 관련시켜 해석한다든지, 일본에서는 출토 예가 많고 한반도에서는 아직 발견된 예가 적은 같은 계통의 한반도 유적 유물을 일본계라고 주장하는 견해 등이다.

일본은 앞서 설명한 바와 같이 『일본서기』가 신뢰할 수 없는 사서이므로 7세기 이전의 고대사회는 보통 고고학에 기준하여 시대를 구분하고 있다. 3세기말부터 7세기에 걸친 이 시기를 고분시대라고 하는데, 이시기는 이견이 없지 않으나 보통 전기(3세기말-4세기말), 중기(4세기말-5세기말), 후기(5세기말-7세기)로 구분하고있다. 특히 일본 고분시대의 특징은 거대한 전방후원분(前方後圓墳)의 출현을 들 수 있는데, 4세기말에서 5세기대의 것으로 보고있는 오진천황(応神)과 닌독구천황(仁德)의 왕릉은 각각 그 지름이 562cm, 582cm에 달한다. 이와 같이 거대한 고분을 축조할 수 있었던 당시의 지배세력은 한반도를 지배할 수 있는 힘을 가지고 있었다고 보아 왔다. 그러나 전방후원분의 원형이 경상도와 전라도를 중심으로 한 한반도 지역에서 상당량이 발견되고, 여러 고분에 부장된 부장품을 통하여 일본열도의 고분에서 출토된 대부분의 유물은 한반도에 그 원형을 두고서, 직접 건너갔거나 영향을 받고 만들어진 것임이 입증되고 있다.

일본의 고분시대 중기에 오면 전기부터 내려오는 하지끼(土師器)와는 다른 스에끼(須惠器)라고 하는 새로운 토기가 생산되기 시작하여 이후 일본토기의 주류로 되어 갔다. 이 스에끼는 한반도 남부지방의 회청색경질토기와 같은 계통의 토기로, 그 원류가 한반도 남부지방 가운데서도 낙동강 이서 지역의 가야지역과 그 서쪽의 토기를 모델로 한 것이 명확해 지고 있다. 스에끼의 고향이 낙동강 서안의 가야라는 사실은 가야지역으로부터 일본열도로 인적 물적 자원의 이동을 말해준다고 볼 수 있다.

일본의 고분시대 중기에 대량으로 부장된 철제품 가운데 특히 주목되는 것은 갑옷이다. 이 갑옷 가운데에 상반신을 보호하기 위하여 여러 모양의 철판을 가죽끈이나 쇠못으로 이어 만든 것을 판갑(板甲)이라고 하는데 일본에서는 단갑(短甲)이라고 한다. 한반도에서는 그 동안 판갑의 출토 예가 일본에 비하여 소수에 지나지 않아 일본학계에서는 한반도에서 출토되는 판갑을 일본에서 건너온 것이라거나, 나아가서 임나일본부와 관련되는 유물로 해석하기도 하였다. 일본에 비하여 한반도에서의 판갑이 수적 열세인 것은 틀림없으나, 최근에 이르러 한반도에서 다수의 판갑이 출토되고 있고, 그 출토량은 계속 늘어날 것이다.

한반도 남부지방에서 판갑은 묘제상으로 토광목곽묘가 축조되고 있을 때부터 사용되기 시작한 토광목곽묘적 전통을 갖고있었던 갑옷으로, 토광목곽묘와 그 계승 묘제인 수혈식석곽분에만 부장되고 있다. 같은 수혈식 석곽분이지만 토광목곽묘적인 전통에서 벗어난 경주일대와 낙동강 동안의 수혈식석곽분에서는 판갑이 존재하지 않고, 토광묘적 전통이 보다 더 오래 계승되었던 낙동강 서안인 옛 가야지역의 수혈식석곽분에서만 3세기말에서 5세기까지 판갑이 출토되고 있다.

반면 일본에서는 4세기의 고분부터 판갑이 소수 출토되고 있다. 그러나 4세기 후반부터 판갑은 일정한 모양으로 정형화되어 5세기 고분에서는 정형화된 판갑이 대량으로 출토된다. 일본의 판갑은 낙동강 서안의 가야지역에 그 원류를 두고 있는 것으로 보인다. 또한 김해 대성동의 토광목곽묘에서 기마민족계의 청동솥이 출토된 것은 일본 기마문화의 원류를 짐작하게 하는 단서가 아닌가한다.

대체적으로 일본 고분시대의 전기는 농경문화적이며 주술적인 가야계 유물이 주류를 이루고, 중기는 전투적이며 기마문화적인 가야계 유물이, 후기는 백제계 유물이 주류를 이루고 있음은 주지의 사실이다. 고고학적인 유물로 보면 일본의 야요이 시대(彌生時代)부터 고분시대에 이르기까지 문화를 수반한 인적 물적 이동이 일방적이었음이 확연히 드러난다. 그런데 거꾸로 당시 일본이 한반도 남부를 지배하였다는 '임나일본부설'은 성립될 수 없음은 물론이다.

나. 과연 광개토왕비문은 임나일본부설을 입증하는 자료인가

이 밖에 일본역사학계에서 '임나일본부설'을 증명하는 근거로 가장 널리 이용되는 것이 광개토왕비문이다. 광개토왕비는 그 아들 장수왕이 부왕의 업적을 기리기 위하여 고구려의 두 번째 수도인 현재 중국의 길림성 집안현 통구의 국내성에 세운 것이다. 그 동안 『일본서기』에 기록된 고대일본의 남한 지배를 상징하는 「임나일본부」에 관한 사료의 신빙성 문제는 이 광개토왕비문의 해석으로 말미암아 증명될 수 있는 것으로 치부되었다. 이러한 해석은 당시 5세기의 일본열도가 야마또정권(大和政權)에 의해 통일되었다는 견해를 제시해 주는 근거로 채용되기도 하였다. 뿐만 아니라 이는 근대 일본의 한국침략과 일본에 의한 식민지 지배를 역사적으로 정당화하는 구실을 제공하는 이론적 바탕이 되었다. 이 광개토왕비에 보이는 왜의 활동은 478년에 송(宋)에 보낸 왜왕(倭王) 무(武)의 상표문(上表文)과 합치된다고 보았기 때문에, 야마또정권의 한반도 진출은 더욱 확고 부동한 사실로 인식되었다.

비문이 일본에 소개된 것은 1884년 만주 지역에 파견되었던 참모본부요원인 사가와(酒匂景信) 대위에 의해서이다. 1800여자의 비문 가운데 특히 문제가 되는 신묘년조의 기사는 다음과 같다.

a. 百殘新羅舊是屬民由來朝貢
b. 而倭以辛卯年來
c. 渡海破百殘□□□羅以爲臣民
d. 以六年丙申王躬率水軍討伐(利)殘國

위의 구절 가운데에 문제가 되는 것은 b, c로서 a, b, c는 광개토왕비문의 제1면의 8행에서 9행에 걸쳐있다. 19세기말 이후 대체적으로 임나일본부와 연계시키고자 했던 일본학계의 해설은 결자부분 3자에 任那新을 넣어 '백제와 신라는 옛부터 고구려의 속민이었으므로, 고구려에 조공을 바쳐 왔다. 그런데 왜가 신묘년에 바다를 건너와서 백제·임나·신라를 깨뜨리고 신민(臣民)으로 삼았다'는 것이다. 이후 일본학계는 차이는 있으나 대체로 이와 같은 관점으로 일관하고 있다.

이에 대하여 우리학계에서는 해방이후 정인보의 해석이 시도된 이후 여러 학자들의 견해가 나타나게 되었다. 이 가운데 재일 한국인인 이진희(李進熙)에 의해서 비문은 일본 참모본부의 음모에 의해 변조되었음이 주장되었다. 이는 한 ·중·일 삼국에서 광개토왕비문의 논쟁을 불러일으키는 계기가 되었다. 그는 비면에 바른 석회가 떨어져

나가면서 글자가 다른 자획으로 바뀐다는 사실을 주장하였으며, 이는 비문을 발견한 사가와 대위의 소행으로 간주하였다.

이진희의 비문 변조설은 일본 역사학계에 호태왕비에 대한 찬반 논쟁을 불러 일으켜, 광개토왕비문에 대한 관심이 고조되었다. 그러나 일본 사학계의 대부분은 이진희의 비문 변조설에 대해 비문의 변조 여부에만 국한하여 무시하는 경향을 보이고 있다.

여러 학자들의 해석이 시도되었으나 명확한 사실은 신묘년조의 기사는 d문장인 6년 병신조의 백제정벌 기사의 도론적(導論的) 의미여야 한다는 관점에서 보아야 한다고 생각된다. 광개토왕비문의 다른 정토작전과 마찬가지로 왕이 6년에 백제를 정벌할 수밖에 없는 이유를 b, c인 신묘년조에 기록한 것으로 보아야 한다. 이 6년 병신조의 백제정벌은 왕이 직접 친정하여 58성, 7백 촌 그리고 왕의 동생, 대신, 노비 등 1천명을 비롯하여 수많은 인적 물적 자원을 획득하고, 백제왕(아신왕)으로부터 '영원히 노객이 되겠다'는 서약을 받고있다. 그러므로 신묘년조 기사에는 백제를 정벌하지 않을 수 없는 이유가 그 내용이 되어야 함은 물론이다. 그런데 일본학계의 견해를 좇아 왜가 백제 · 신라 · 임나를 쳐서 신민으로 삼았다고 본다면 6년조에 고구려는 자신들의 속국인 백제 · 임나 · 신라를 쳐서 신민으로 삼은 왜를 공격해야 하나, 고구려는 백제를 공격하고 있다. 다시 말하면 a에서 백제 신라가 옛부터 고구려의 속민이었던 질서가 b, c에서 백제에 의해 깨어지게 되므로 6년에 고구려가 백제를 공격하게 되는 구조이어야 한다는 것이다.

다. 칠지도 명문

고대 일본에 관한 신빙할 만한 기록은 『삼국지』가 1~3세기의 사실을 전하고 있고 『송서(宋書)』등이 5세기의 사실을 전하고 있는데 반하여, 4세기대의 사실을 알 수 있는 사료가 전무한 실정이다. 이 칠지도

명문(七支刀銘文)은 『일본서기』의 칠지도 기록과 연결하여 4세기대의 사실을 증거 할 수 있는 『일본서기』와 『고사기』 이외의 유일한 사료로서 주목하여 왔다. 이 칠지도명문 역시 주로 일인들에 의해 연구되어 왔음은 주지의 사실이다. 그러나 지금까지의 수많은 연구 성과에도 불구하고 아직 칠지도 명문은 논쟁의 대상이 되고 있다.

칠지도 연구의 문제점은 우선 첫째 칠지도의 제작연대문제, 둘째 인명의 해석문제, 셋째 칠지도 명문의 내용 문제로 압축된다.

문제의 칠지도는 나라현(奈良縣) 덴리시(天理市) 이소가미 신궁(石上神宮)에 보존되어 오던 것으로 단철로 만든 양날 칼인데 도신(刀身)의 좌우에 서로 엇갈리게 3개의 작은 가지가 붙어있고 길이는 74.9cm이다. 후꾸야마(福山敏男) 등에 의해 현재까지 확인된 판독을 통하여 그 대체적인 윤곽을 잡으면 다음과 같다.

(前 面) 泰□四年□月十六日丙午正陽 造百練鋼七支刀 □避百兵宜共供侯(倭)王□□□作

(後 面) 先世以來 未有此刀 百濟王世子 奇生聖音 故爲倭王旨造傳示後世

일본서기에는 진구황후 52년(252, 2周甲인상하면 372년)조에 백제의 사신인 구저 등이 칠지도와 칠자경(七子鏡) 및 여러 가지 보물을 바쳤다는 기록이 있다. 일본학계는 이소가미 신궁(石上神宮)에서 발견된 칠지도가 비록 3년의 시차가 있으나 이 『일본서기』의 칠지도와 같은 것으로 보기 위해 많은 노력을 기울여왔다.

일본의 여러 학자 가운데 후꾸야마는 전면의 태□4년(泰□四年)을 동진의 연호인 태화(太和) 4년(369년)으로 보아 칠지도가 백제에서 369년에 만들어져서 『일본서기』의 진구 52년(252), 즉 2周甲 인상하여 372년에 전해진 것으로 보았다. 그러므로, 『일본서기』의 기록을 금석문인 칠지도가 증거하는 것으로 그 귀결점을 찾고 있다. 즉, 『일본서기』 369년(진구 49)조에 왜가 신라를 치고 7국(낙동강 중류 이남 지역)을 평정하고 침미다례를 백제에 주었다는 기록에 의거하여 백제왕이 영원한 복속을 서약하는 증거로서 칠지도를 헌상하였다고 보고 있다.

대체적으로 일본학계의 전면 해석은 '태화 4년(동진의 연호로 369년)□월□일 병오정양에 백번 달굼질한 강철로 칠지도를 만드니 무릇 백병을 물리칠 수 있는 바, 마땅히 왜왕에게 바치고자 합니다'로 보고 있다. 후면은 '일찍이 이와 같은 칼이 없었습니다. 백제의 왕(근초고왕)과 세자(근구수)가 성음(聖音 : 불교적 용어로 천황폐하를 의미한다고 봄, 백제의 불교수용은 이보다 5년 뒤인 384년))에 삶을 의지하여 살고 있으므로 짐짓 왜왕의 뜻을 받들어 만들게 되었으니 후세에 전하여 주십시오'라고 해석하여 백제가 왜의 하위국(下位國)이었음을 논하고 있다. 이로서 369년 현재 백제는 왜에 복속되어 있었으므로 임나일본부설은 사실이라는 주장이다.

그런 까닭에 『일본서기』의 신공기(神功紀) 기사가 기년(紀年)에 있어 문제가 있다 하더라도, 신공기에 보이는 야마토정권의 한반도 출병과 임나지배는 부동의 사실로 인식되었다. 이 후꾸야마의 동진태화설(東晋太和說)은 4세기대의 한일고대사연구에 새로운 이정표를 제시한 것으로 주목되어, 그 후 일본학계는 대부분 이 학설을 수용하였다.

이에 반하여 국내에서는 칠지도명문의 연호를 중국의 연호가 아니라 백제의 연호로 보는 견해가 나타났으니, 먼저 김석형(金錫亨)이 「삼한(三韓), 삼국(三國)의 일본열도내분국설(日本列島內分國說)」에서 간단히 언급한 바 있다. 그에 의하면 칠지도는 본국왕인 백제왕이 그에 신속하고 있던 기나이(畿內, 교또・나라일대)의 원주민 소국왕에게 하사한 것으로 보고 있다. 즉 태화(泰和)는 백제의 연호이고 칠지도 전면의 후왕(侯王)은 후면의 왜왕(倭王)과 동일인이므로, 칠지도는 대왕의 위치에 있던 백제왕이 후왕(侯王)의 위치에 있던 왜왕에게 하사한 것으로 본 것이다.

이병도(李丙燾) 역시 백제 연호설을 주장하였다. 그는 확인되지 않는 부분을 화(和) 자로 보아 설령 태화(泰和)라 하더라도 중국 연호라고 단정할 이유가 없음을 피력하고, 삼국시대의 금석문에서 중국의 연호를 사용한 예가 없다는 점을 예로 들면서, 태(泰)자 아래 글자가 무엇이던 간에 그 것이 중국 연호가 아닌 것만은 분명하다고 보았다. 그러나 그가 백제의 연호로서의 태화(泰和)라고 판독하면서도 동진(東晋)의 태화(太和)와 동일시하는 것은『일본서기』「신공기」의 기사를 의식하고 이와 연결시키고자 하였기 때문인데 이는 그 한계성으로 지적된다.

한편 김석형, 이병도와 더불어 백제 연호설을 주장하고 있는 손영종(孫永鍾)은 408년(전지왕 4년) 백제에서 후왕인 북구주의 왜왕에게 하사한 것으로 보고있다. 칠지도 명문에 관한 여러 견해가 있으나, 칠지도 명문의 문맥은 상위자가 하위자에게 하사하는 내용이라는 사실은 의심의 여지가 없는 것으로 보인다. 일본학계에서 천황의 상징적 호칭으로 보고있는 성음(聖音)을 불교적 용어로 보기 위해서는 백제의 불교수용이 369년 이전이 되어야 하나, 백제의 불교수용은 384년(침류왕 원년)이다. 따라서 이 견해는 백제 불교수용의 연대문제를 해결할 수 있을 때에 그 설득력을 가질 수 있을 것이다.

3) 임나일본부설을 보는 대표적 관점은 무엇인가

명치시대 이후 근대역사학의 기운이 일기 시작하면서 출발한 일본고대사연구는 한일고대사연구와 더불어 시작되었다고 해도 과언이 아닐 것이다.

특히 임나일본부설이 일본서기에만 기록되어 있는 한계를 극복하기 위하여 일본역사학계는 고분시대의 유적 및 19세기말에 발견된 광개토왕비문과 칠지도 명문의 연구성과를 연결하여 그 사실성을 입증하기 위한 다대한 노력을 기울여 왔다. 그러나 이러한 수많은 연구업적에 비해 객관성에 기초한 양질의 연구성과는 미미한 단계에 머물렀다.

대체적으로 임나일본부설을 바탕으로 하여 고대일본의 한반도 지배를 체계적으로 정리한 것은 스에마쯔(末松保和)의 『임나흥망사』이다. 그는 이미 한반도에 존재한 임나의 역사는 상대일본의 대외관계사의 일부분이므로 한국의 역사는 당연히 이 문제를 받아들여야 한다고 주장하고 있다. 이 『임나흥망사』는 임나의 기원에서 종말에 이르기까지 정치 문화 대외관계 등 여러 분야에 대한 연구를 체계화한 것으로 이후 임나사 연구에 빼놓을 수 없는 고전적 위치를 점하게 되었다.

1945년 세계 2차대전의 종식은 천황 이데올로기의 제약으로부터 해방을 가져와 일본역사학계에 새로운 활력을 불어넣었다. 이러한 사회적 변화 속에서, 에가미 나미오(江上波夫)는 종전 직후인 1948年 당시로서는 획기적인 '기마민족설(騎馬民族說)'을 발표하여, 당시 일본역사학계는 물론 일본사회 전반에 엄청난 충격을 던져 주었다. 만세일계(萬世一系)로 신성시되어 온 천황족의 유래를 부여, 고구려, 선비계통의 북방기마민족이 한반도를 경유 남하하여 한때 가야지역에 머무르다가 다시 기나이(畿內)지역으로 들어가 야마또조정(大和朝廷)을 열었다고 보았기 때문이다. 기마민족설은 한일 역사학계에 파문을 3불러 일으켜 이 분야의 연구에 새로운 활력을 불어넣었다.

1960년대에 들어와 북한 사학계에서 먼저 이 분야에 대한 본격적인 연구가 이루어지게 되었다. 북한 사학계가 내놓은 최초의 본격적인 연구는 1963년에 김석형에 의해 발표된 「삼한 삼국의 일본열도내 분국에 대하여」를 들 수 있다. 이 논문은 이후 『초기조일관계사연구』로 간행되어 고대한·일관계사 연구의 방향과 골격을 제시하였다. 이 글의 요지는 삼한·삼국계의 주민이 B.C 3세기 야요이시대(彌生時代)이래 일본열도로 집단 이주하여 삼한 삼국계의 분국을 형성하였으며, 일본서기의 임나관계 기사를 비롯한 상당부분의 한반도 관계기록은 본국인 삼국이 아니라 일본열도내의 분국으로, 야마토왜와 분국과의 관계로 파악하고 있다. 또한, 일본의 고대국가와 민족의 형성은 이 한반도계에 의해 이루어졌음을 논하고 있다. 이 『초기조일관계사연구』는 결론을 만들어 놓고 이를 입증하는데 급급했던 기존일본 역사학계에 고정관념의 틀에서 벗어나는 신선한 계기가 되었다.

김석형의 연구는 한국인으로서는 이 분야에 관한 최초의 종합적 연구였음은 물론이다. 그리하여 종래 이 분야에 완전침묵으로 일관하던 남한학계에도 자극을 주게 되었다. 1970년대에 천관우(千寬宇)는 『일본서기』의 한반도 관계기사는 많은 경우 그 주체를 백제 또는 신라로 변경하여 보면 풀리지 않는 고대한일관계가 풀릴 수 있음을 골자로 하여 임나일본부란 백제가 가야지역에 진출하여 세운 백제군 주둔사령부와 같은 것이라는 결론을 도출하였다.

중국측 사서의 책봉에서 드러나는 순위에서 보거나 고고학적 유물의 관계성에서 또 금석문의 경우에서 보더라도, 임나일본부 문제가 논의되는 4~6세기의 국제정세는 대륙에서 한반도로, 한반도에서 일본열도로 힘과 문화의 이동 방향이 일방적임은 분명한 사실로 사료된다. 따라서 일본학계에서도 6세기이전의 사실을 믿을 수 없는 기록으로 판명난 『일본서기』에만 기록되어 있는 임나일본부설은 이 이외의 어떤 사료에서도 객관적 입증이 불가능하므로 성립될 수 없음은 물론이다.

그러나 고대한일관계사는 사료의 한계로 인해 정설이 없는 가운데

백가쟁명의 연속선상에 있다고 해도 과언이 아니다. 한일간에 100년이 넘도록 논쟁이 되어온 임나일본부설에 대하여는 이제 양식있는 일본학자들은 대부분 일본서기가 만들어낸 허구임을 인정하고 있는 것으로 보여진다. 그러나 아직 금석문이나 고고학적인 면에서 『송서(宋書)』에 보이는 왜의 5왕 정권과 연계하여 4세기말에서 6세기에 걸쳐 왜가 백제 신라 가야를 압도하는 세력적 위상을 갖고 있었던 것으로 인식하는 견해는 아직 상당부분 존재하는 것으로 보인다.

참고문헌

『日本書紀』, 『古事記』, 『三國史記』, 『三國遺事』, 『宋書』.
『廣開土王碑文』, 『七支刀銘文』.
『韓國史 市民講座』 11집, 일조각, 1992.
김석형, 1966, 『초기 조일관계사 연구』, 평양 : 사회과학연구원 출판사.
천관우, 『復元 伽倻史』.
강인구, 1977, 『百濟 古墳 研究』, 서울 : 일지사.
이형구・박노희, 1986, 『廣開土王碑 研究』, 서울 : 同和出版社.
이진희, 1983, 『廣開土王碑と七支刀』, 東京 : 學生社.
金鉉求, 1985, 『大和政權の對外關係 研究』, 東京:吉川弘文館.
江上波夫, 1967, 『騎馬民族國家』, 東京 : 中央公論社.
鬼頭清明, 1976, 『日本古代國家の成立と東アジア』, 東京 : 校倉書房.
末松保和, 1948, 『任那興亡史』, 東京 : 吉川弘文館.
경상북도, 1995, 『加耶史 研究』, 한국 고대사 연구회.
李丙燾, 1981, 『韓國 古代史 研究』, 서울 : 박영사.
朴時亨, 1966, 『廣開土王陵碑』, 평양 : 사회과학원 출판사.

2. '고구려사는 중국사'라는 중국의 논리는 무엇인가

1) '동북공정'이란

2001년 5월 북한은 평양 인근에 있는 고구려 고분 63기(벽화고분 16기 포함)를 세계유산위원회 세계문화유산으로 등재를 신청했다. 당초 낙관적으로 전망됐던 북한 고구려 고분이 중국학자의 현지 실사 결과가 좋지 않게 나와 2003년 7월 세계유산위원회 총회에서 등재 보류 판정을 받아, 2004년 개최되는 제28차 총회에서 재심사를 받게 되었다. 만약 북한의 고구려 고분이 세계문화유산으로 등재되면 고구려사가 중국사라고 주장해온 중국으로서는 난처한 입장에 처하게 된다. 중국은 급히 문화부 차관을 북한에 보내 고구려 고분을 공동으로 등재하자고 권유했으나 거절당했다. 한편 중국은 2003년 1월 동북 3성에 있는 고구려 유적을 세계문화유산으로 등재 신청하고 천문학적 예산을 들여 철저하게 정비하여 2003년 9월 현지 실사에서 좋은 평가를 받았다. 세계유산위원회는 2004년 6월에 중국 쑤조우에서 제28차 총회를 열어 북한과 중국이 신청한 고구려 유적에 대한 최종 결정을 한다고 한다. 북한이 신청한 고구려 유적이 유네스코 세계유산에 등록되는 것을 중국이 적극적으로 막는 것은 그 결과가 '고구려 문화는 한국의 문화'라는 것을 세계에 알리는 계기가 되기 때문이다. 반대로 중국이 신청한 고구려 유적이 세계문화유산으로 등록될 경우 온 세계가 '고구려는 중국의 역사' 라고 알게 되는 중대한 계기가 될 것이다.

중국 학계는 1980년대부터 고구려사가 중국사라고 꾸준히 제기하여 왔다. 이들은 발해사의 경우 당연히 중국사이고, 고구려사도 평양 천도 이전까지는 중국의 역사라고 주장해 왔지만 2002년 2월부터 시작된 '동북공정'에서는 평양천도 이후의 고구려사까지 중국사라고 주장하고 있다. 중국은 북한이 고구려 고분군을 유네스코 세계문화유산으로 등록 신청하자 그 대응 전략으로 동북공정을 시행했다.

동북공정이란 중국동북지역의 역사와 현황에 관한 대형 학술과제로 '동북변강역사여현상계열연구공정(東北邊疆歷史與現狀系列硏究工程)'의 줄임 말이다. 우리말로 '동북 변강(국경지역)의 역사와 그에 따라 파생되는 현상에 대한 체계적인 연구 프로젝트'이다. 동북공정은 중국정부의 승인을 받아 중국사회과학원과 랴오닝(遼寧)·지린(吉林)·헤이룽장(黑龍江) 등 동북 3성이 연합해 추진하는 국책사업으로 2002년 2월 28일 시작됐고, 5년간 약 200억 위안(약 3조원)이 투입될 예정이라고 한다.

동북공정의 취지문에는 다음과 같은 정치적 의도가 드러난다.

'중국 동북의 변강지구는 동북아의 중심에 위치하여 극히 중요한 전략 지위를 가지고 있다. 이런 형세 아래 일부 국가의 연구 기구와 학자들이 역사 관계 연구에서 의도적으로 사실을 왜곡하고 있고 … 동북 변강의 역사와 현상에 대한 연구 분야 건설 및 발전을 더욱 촉진시키고 이 지역의 안정을 더욱 강화하기 위해…. 구체적 연구 과제는 동북 지방사 연구, 중조(中朝)관계사 연구, 한반도 정세 변화 및 그에 따른 중국 동북 변강 안정에 대한 연구 등으로 그 중심에 한국이 놓여 있다.'

1979년 북한이 『조선전사』를 발행한 것이 계기가 되어, 중국은 1980년대 초부터 고구려사를 중국역사의 일부로 편입하기 위한 연구를 시작했다. 북한은 주체사상 확립을 위해 『조선전사』에서 고구려와 발해의 역사를 강조하였고, 이에 대한 반발로 중국의 동북지방 역사학자들에 의해 시작된 연구는 1890년대와 90년대를 거치면서 1,000편이 넘는 논문이 발표되었다.

2) 고구려사를 중국의 역사로 주장하는 논리

2003년 10월 22일부터 24일까지 서울 세종문화회관에서 '고구려 국제 학술대회'가 열리고, 11월 15일에는 충주 후렌드리 호텔에서 '고구려 국제학술대회' 다시 열였다. 중국이 고구려사를 중국의 역사로 주장하는 논리를 '고구려 국제 학술대회'에서 발표된 중국학자의 논문을 통해 그들의 주장을 알아보고자 한다.

「중화 천하질서 중의 고구려 — 중국문헌의 유관 기재를 중심으로 —」란 논문에서 연변대학 유자민(劉子敏)은 '고구려는 중국고대 동북 변강 지구의 소수민족 지방 할거 정권으로써 중국고대 동북 지방사 및 중한 고대관계사에서 중요한 자리를 차지한다' 하여 고구려를 중국 동북 지역 역사에 출현했던 소수민족이 세웠던 중국의 역사로 규정하는 대 전제조건하에서, 관련된 중국 문헌의 관계 사료를 인용하여 이를 논증하려고 하였다. 이는 최근 세간의 주목을 받고 있는 고구려사를 중국사로 편입하기 위한 작업인 '동북공정' 프로젝트와 궤를 같이 하는 것으로 논자 개인의 견해이기보다는 중국 당국의 견해가 아닐까 생각되며, 그 동안 우리 학계의 연구성과와는 전면적으로 배치된다. 고구려사를 중국의 역사로 편입하기 위한 그의 주장을 요약해보았다.

가. 중국 고대 사람들의 중국관 · 천하관 · 영토관 및 통치방식

중국 고대 사람들의 '중국'관은 좁은 의미로는 만국의 중심 · 천하의 중심의 뜻이며, 먼 옛날부터 중국의 통치자들은 늘 자신이 차지하고 있는 지역을 천하의 중심으로 간주하였다.

또한 넓은 의미로는 첫째, 상고시대부터 황하유역에 거주하면서 황하일대를 천하의 중신으로 간주하여 중국이라 칭하고, 주변의 기타지역을 사방으로 칭하였다. 즉, 중원지구의 주 · 위 · 제 · 노 · 진 · 송 · 정 등은 중국으로 간주하고, 중원 이외의 진 · 초 · 오 · 월 등의 나라는 이적으로 간주하였다. 둘째, 진나라가 통일하고, 한나라가 세워진 후 진 · 한은 모두 중국이라 불렀고, 한민족이 세운 진 · 수 · 당 · 송 · 명 등은 모두 중국이라 하였다. 셋째, 소수민족 정권, 혹은 소수민족이 중원일대에 입주한 후 세운 왕조 역시 중국이라 하였다. 이를테면 갈족이 세운 후조, 그 후 전진·요·금·원·청을 모두 중국이라 하였다.

협의적 의미에서의 중국이던, 광의적 의미에서의 중국이던 중국은 천하의 중심이란 뜻이고, 중국 이외에 사방이라는 것이 있다. 중국 고대 천자로서의 역대의 통치자들은 모두 중국을 자기의 영토로 간주하였을 뿐만 아니라 사방의 지역도 자기의 영토로 간주하였다. 중국 고대 제왕들은 일월이 비칠 수 있고 배와 차가 갈 수 있는 곳은 자기의 영토로 간주하였고, 그 주민들은 자신의 신민으로 인정하였다. 동북지역은 상 나라 말기에 중원 천자의 판도 속에 귀속되어 주 문왕이 상을 멸한 후 숙신·연·호는 나의 북쪽 영토라고 선포하였다. 여기에서 연은 연산 남북지역을 말하고, 호는 동북 맥인의 분포지역 즉 요동일대를 말하며, 숙신의 분포지역은 바로 오늘날의 장백산 동북의 광활한 지역을 말한다.

중국 고대 제왕들이 천하를 관할하는 방식에는 왕기지역은 직접 관할하고, 제후지국은 간접적으로 관할하였으며, 제후국 이외의 먼 지역 또는 민족은 기미(굴레)식의 관할, 즉 주변의 소수민족지구는 늘 책봉의 형식을 취하였다. 책봉제란 실제상 군현제 실시후의 분봉제의 일종으로 남아 있는 것이기도 하다,

나. 중화천하질서 중의 고구려

동북아의 허다한 옛 종족들은 모두 중원 천자를 향하여 신하라 칭하고 공물을 받친 적이 있다. 『일주서』 왕회편의 기록에 의거하여 예인은 부여의 선인으로 보고, 고이와 발(맥)인은 고구려의 조상, 낭이(낙랑이)는 고조선 선인의 한 갈래로 보고 이들 민족은 모두 주나라 천자의 북쪽 영토 경내에 생활하였다.

고구려족은 대체로 서한 초기에 지금의 훈강 지류 부이강 유역의 고이 부락에서 생겨난 민족공동체로 이곳은 중원천자의 북쪽 영토였으며 전국시대에는 요동군의 관할지역에 속해있었다. 주몽이 건국한 고구려는 비록 국중지국(國中之國 : 나라 안의 나라)이지만 한나라 군현의 지배하에 있었고, 또 한천자의 책봉을 받았으며 신하라 칭하였다. 고구려는 중국의 군현에서 갈라져 나간 할거정권으로, 한나라 위나라 양진 및 16국 시대에 고구려 문제를 둘러싸고 할거와 반할거, 분열과 반분열 투쟁이 거의 끊이지 않았다.

중국의 남북조 시대에 고구려는 비록 상대적인 독립된 발전 단계에 있었지만 남북조와의 신속관계는 유지하였고, 백제와 신라에 비하여 고구려의 신속의식은 훨씬 강하였다. 왜냐하면 고구려는 남북조 모두에 신하로 일컬어 양조에서 책봉을 받는 정치적 대우를 향수할 수 있었으나, 백제와 신라는 단지 남조에만 신하라 일컬었을 뿐이다.

진나라 이후 주변의 소수 민족지구에 한하여서는 책봉의 방법으로 간접관할을 실시하였다. 그러나 역사의 발전과 더불어 번복지국(蕃服之國 :오랑케의 나라로 중국에 복속된 나라)에 대한 책봉제도에서 내번과 외번으로 구분되었다. 내번이란 중국 고유 영토에서 갈라져 나간 소수 민족 정권을 말하고 외번이란 중국 고유 영토 이외에 속국을 말한다. 동북아 지구에서 볼 때 고구려는 응당 내번에 속하는 것이고, 신라와 백제는 외번에 속하는 것이다.

다. 수・당 군신들의 고구려관

수와 당은 중국을 통일한 왕조로 통일대업을 이루는 과정에서 고구려에 특별한 관심을 보였다. 고구려, 백제, 신라 삼국이 한반도에서 치열한 각축전은 직접적으로 동북아 지역의 안정에 영향을 주었고, 수나라와 당나라 천자들이 영위해온 천하질서를 파괴하였다. 고구려의 존재는 수・당의 변강지구에 뚜렷한 위협으로 떠올라 직접적으로 수당의 통일대업에 영향을 미쳤다. 때문에 수나라 군신들에게 있어서 고구려 문제 해결은 결코 소홀히 할 수 없는 중요한 문제였다. 수나라의 군신들은 고구려를 중국 영토에서 갈려져 나간 할거정권으로 보고 중국을 통일한 후 계속해서 과거의 중국 경계의 땅을 오랑캐의 땅으로 둘 수 없다고 강조하였다. 이 같은 인식을 바탕으로 수양제의 고구려정벌이 진행되었던 것이다.

수・당 군신들은 고구려에 대하여서는 중국의 영토로 간주하여 고구려의 분열, 할거상태를 조속히 결속지어 중화의 판도 속에 귀환시켜야 한다는 의식이 강렬하게 비쳐있는 반면, 백제와 신라에 대해서는 다만 천하공주의 신분으로 그들과 신속 지위를 유지하였을 뿐이다. 수당 군신들은 동북아 문제를 처리함에 있어서 고구려 할거문제를 해결하는 것은 중국 고유 영토의 통일완수에 관계되는 문제이고, 백제와 신라와의 모순문제를 해결하는 것은 동북아의 질서문제에 귀결되는 것으로 천하공주로서의 중국 천자의 책임과 권위와 연관되는 문제였다.

3) 「중화 천하질서 중의 고구려」에서 주장한 여러 가지 문제점

고구려 국제 학술대회에서 발표된 유자민의 「중화 천하질서 중의 고구려」 논문의 문제점을 이 논문의 토론요지와 동아일보 지상에 발표된 기사를 중심으로 알아보고자 한다.

상기 논문은 전반적으로 화이관의 입장에서 분석・서술한 중국의 일방적인 자료에 의존하고 있으며, 관련 사료를 자의적으로 해석한 부분이 많고, 이를 뒷받침할 만한 충분한 논거를 제시하지 못하고 있다.

첫째 : 동북지역은 상나라 말기에 중원 천자의 판도 속에 귀속되어 주나라 문왕이 상을 멸한 후 숙신・연・호는 나의 북쪽 영토라고 선

포하였다. 여기에서 연은 연산 남북 지역을 말하고, 호는 동북 맥인의 분포지역, 즉 요동일대를 말하며, 숙신의 분포지역은 바로 오늘날의 백두산 동북의 광활한 지역을 말한다. 중국의 중심지역은 황제가 직접 지배하고 그 변방은 제후국으로서 조공을 함으로써 책봉체제를 유지한다는 것이다. 중국 황제는 중국과 사방을 지배하는 공주로서 통치의 정당성과 권위를 갖고 있다는 논리이다.

이러한 중국적 견해는 근대국가관이나 영토개념을 외면하고 영역과 영토를 구분하지 못한데서 비롯됐다. 고대 사회나 지금이나 영토는 지속적으로 정치(행정적 지배), 군사(징용), 경제(조세 징수)의 강제 규범이 적용되는 배타적 공간을 의미한다. 그러한데도 중국이 동북지역을 상나라·주나라 때부터 지배한 것으로 볼 수 있겠는가.

둘째 : 1990년대 전반기 중국학계는 고구려의 족원(族源)을 예맥족으로 보고 중국 동북의 소수민족이라고 주장했다. 그러나 최근에는 주나라 역사서인 『일주서』 왕회편에 나오는 고이(高夷)를 고구려의 조상으로 설정해 고구려가 서주의 신하국가로 조공을 바쳤다고 주장했다. 최근에는 고이를 중국 전설상의 인물인 고양씨(高陽氏)의 후예로 본다.

그러나 『일주서』는 신뢰할 만한 사료가 아니고, 고양씨는 기원전 3000년에 등장하는 전설상의 인물일 뿐이다. 고구려 건국세력은 압록강 중류일대에서 농경생활을 하던 예맥계 주민집단이다. 고구려는 중국을 위해 세금을 낸 일이 없고, 중국이 외국을 정벌하는 데 군대의 동원을 강요받은 일도 없다, 고구려가 중국의 속국이 되었다는 기록은 어디에도 없다.

셋째 : 중국은 고구려의 왕들이 한나라 이래로 중원왕조의 책봉을 받는 대신 중국 황제에게 조공을 바치며 중국의 지방정권을 자처했다고 주장했다.

이는 책봉과 조공제도를 중앙정부와 지방관아 사이의 내부적 정치질서로 오해한 데서 비롯된 것이다. 한나라 때 생긴 이 제도는 한나라가 팽창해 감에 따라 나라 밖으로 확대돼 나라간에도 조공과 책봉 형태가 나타났다. 중국이 종속관계로 설명하는 조공도 실을 중국과 주변국가가 공존하는 외교수단에 불과했던 것이다. 중국 역사서는 실제로 대등한 외교관계의 나라에 대해서도 '조공'이란 표현을 써서 상대를 낮추고 자신의 위상을 높여 기술하는 것이 일반화돼 있다. 고구려가 북위를 비롯해 연·남제·진 등과 동시에 조공관계를 맺었다는 사실도 조공이 특정 중심국에 대한 신속관계(臣屬關係)가 아님을 보여주는 실례다. 고구려가 특정 국가에 사신을 보냈다고 해서, 즉 중국식 표현으로 입조했다고 해서 다른 나라가 질책한 일이 없었다. 사신을 보내는 것은 어디까지나 의례적인 외교수단이었을 뿐 고구려는 자주권과 정체성을 결코 잃지 않았다. 중국의 논리대로라면 중국에 조공을 바친 신라·백제·일본의 역사도 중국사가 된다.

넷째 : 1990년대 이후 중국 학계는 수나라 문제나 양제의 조서, 당나라 태종의 조서를 근거로 고구려에 대한 수·당의 정벌은 국가 사이의 전쟁이 아니라고 주장해 왔다. 이는 중원 통일정권이 변강 소수민족 할거세력을 통제하던 과정으로 결코 침략이 아니며 중국의 고유 영토를 회복해 통일하기 위한 것이었다는 주장이다.

그러나 고구려 대 수·당의 70년 전쟁(598~668)은 동북아 일대에서의 독자적 생존권 보전 및 패권을 추구하던 고구려의 대륙 정책과 동아시아를 중국 중심의 일원적 질서로 재편하려던 수·당제국의 세계정책이 정면 충돌한 국제전쟁이었다. 『삼국사기』는 고구려가 중국에 맞섰던 당당한 나라임을 분명히 기술하고 있다. 시조인 고주몽은 하느님의 자손(天子)이었고, 1~3세기의 고구려왕들은 중국 황제처럼 지방을 고루 순행하며 백성을 어루만지곤 했다. 또 고구려는 중국의 위협에 맞서 고조선 옛 땅을 수복해 대제국을 이룩했다. 1~2세기에는 신의 왕망과 후한의 세력을 물리쳤고, 3~4세기에는 위와 전연의 도전을 뿌리치면서 중국 동방진출의 거점인 요동을 공략해 확보했다. 이에 대한 보복으로 침공해온 수와 당의 대군을 물리쳤다. 고구려는 국동대혈(國東大穴 : 집안시 소재)에서 하늘에 제사를 지냈다. 당시 동아시아에서 천자의 나라만 하늘에 제사를 지낼 수 있었기 때문에 이는 곧 고구려가 중국과 대등했다는 의미로 해석된다.

다섯째 : 고구려사도 평양 천도 이전까지는 중국의 역사라고 주장해 왔지만 2002년 2월부터 시작된 '동북공정'에서는 평양천도 이후의 고구려사까지 중국사라고 주장하고 있다. 중국 학자들은 통일적 다민족 국가론에 따라 중국을 구성하는 56개 민족의 역사, 현재의 중국 영토 안에서 이루어진 역사는 모두 중국사의 범주로 간주한다. 이 논리를 따를 경우 북한 영토 내에 있는 평양 천도 이후의 고구려사는 한국사가 된다. 그러나 중국은 동북공정에서 논리를 바꾸어서 과거 중국의 영토 내에 존재했던 나라의 역사도 중국사라는 주장을 하고 있다. 평양이 한나라의 낙랑군 경내에 존재했으므로 평양천도 이후의 고구려사까지 중국사라는 주장이다. 이는 현재 영토를 기준으로 하는 통일적 다민족 국가론을 스스로 폐기하는 모순을 일으키는 것이다.

여섯째 : 『구당서』와 『신당서』에 의하면 고구려 멸망 후 총 69만 7,000호 가운데 중국으로 들어간 고구려 유민은 2만 8,000호였다. 중국 북송 때 사마광이 편찬한 『자치통감』에는 3만 8,000호로 나와있다. 이들 중 다수가 왕족이나 귀족이었는데 중국은 이를 근거로 고구려 유민들이 대거 중국으로 이주해 한족과 융화됐으므로 고구려사가 중국사라고 주장한다.

그러나 고구려 유민들은 자진해서 간 것이 아니라 당나라에 의해 강제 이주 당한 것이다. 이들 외에 다수의 고구려 유민들은 신라로 갔거나 발해 건국에 참여하여 발해의 구성원이 되었으며 발해가 멸망한 후 고려로 유입되기도 한다.

일곱째 : 중국은 고구려가 한국사인 고려와 아무런 상관이 없다는 점을 강조한다. 이의 논리로 고구려의 멸망과 고려의 건국 시기가 차

이가 있음을 근거로 두 나라가 아무런 상관이 없다고 주장한다.

그러나 고려는 나라 이름을 고구려에서 따와 고구려를 계승한 국가임을 분명히 했고, 북으로 밀고 올라가 고구려의 옛 영토를 회복하겠다는 북진정책을 수행했다. 이를 추진하기 위해 고구려의 수도였던 평양을 서경으로 명명하고 북진의 기지로 삼아 황해도의 민호를 옮겨 채우고 성곽을 수축하고 학교와 관부를 설치하여 수도인 개경에 버금가는 도시로 시설과 면목을 갖추었다.

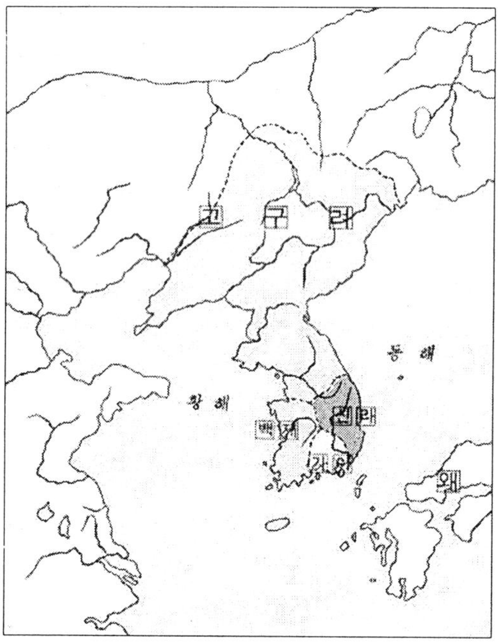

<고구려 전성기의 강역>

참고문헌

『월간중앙』 2003년 12월호 특별 부록 『歷史탐험』

『고구려 국제학술대회』 발표요지. 충주문화원 · 백산학회 주최, 2003년 11월 15일.

중앙일보. 2003년 7월 15일자.

동아일보. 2003년 11월 8일자, 28일자, 12월 2일자. 3일자. 10일자. 2004년 1월 14일자 등.

한국교육신문. 2003년 12월 15일자.

3. 발해사 연구의 쟁점은 무엇인가

발해는 전성기에 동쪽으로 연해주, 서쪽으로 요동지방, 북쪽으로 송화강, 남쪽으로 대동강과 용흥강을 잇는 선을 경계로 신라와 남북으로 이웃하고 약 200여 년간 만주와 한반도 북부에 위치하고 있었던 나라였다. 발해가 차지하고 있던 지역인 한반도 북부는 우리나라가, 만주 일대는 중국이, 연해주는 러시아가 차지하고 있다. 따라서 발해의 역사는 한국에서 뿐 아니라 중국과 러시아에서도 활발히 연구되고 있을 뿐 아니라 발해가 빈번하게 사신을 파견하였던 일본에서도 많은 연구가 이루어지고 있다. 이런 의미에서 발해사는 단순히 한국사의 한 부분에 그치지 않고, 국제적 관심과 연구의 대상이 되어왔다.

특히 중국은 1980년대 초부터 고구려사를 중국 역사의 일부로 편입하기 위한 적극적인 연구를 시작하였으며, 2001년 북한이 고구려 고분벽화를 유네스코 세계문화유산으로 등재 신청하면서 고구려사는 국제간에 큰 이슈로 등장했다. 우리의 역사 중 한반도와 만주 지역을 활동무대로 하였던 고조선·부여·고구려·발해의 역사는 고구려의 경우와 같이 국제간에 쟁점이 될 수도 있을 것이다. 발해는 다 아는바와 같이 고구려를 계승한 우리 역사 중의 한 나라였다. 그러므로 발해의 역사와 더불어 국제적으로 발해를 어떻게 인식하고 있는가 하는 문제는 대단히 중요하다.

발해를 인식하는 데 있어 가장 중요한 것은 두말할 것 없이 그에 대한 사료일 것이다. 그러나 불행하게도 발해인 스스로의 손에서 이룩된 그들의 역사나 기타의 기록이 전혀 남아있지 않고, 다만 발해가 존속하고 있을 당시 발해 주위에 있었던 신라·당·일본에서 발해에 대한 기록을 남기고 있으니, 즉『삼국사기』에 발해와 교섭 내용이 단편적으로 기록되고,『삼국유사』에 인용된『신라고기』의 기록,『삼국사기』와『동문선』에 인용된 최치원의 글,『신당서』와『구당서』의 발해전 및 발해말갈전, 『속일본기』와 『유취국사(類聚國史)』에 기록된 발해 관계 사료를 통해 연구해 볼 수밖에 없다.

1) 발해인의 민족의식

발해인이 남긴 역사적 자료가 거의 없어 발해인들은 그들이 어떤 민족으로 생각하고 있었는지에 대하여는 명확하게 알 수 없으나 다음과 같은 기록을 통하여 그들의 민족의식을 짐작할 수 있다.

첫째, 727년 일본에 처음으로 사신을 파견하면서 보낸 국서에서 발해왕 대무예(大武藝 : 무왕)가 일본에 보낸 국서에 '…무예는 열국의 반열에 끼어 외람되게 여러 번국들을 총람하여 고구려의 옛 땅을 되찾고 부여의 남은 풍속을 소유하게 되었습니다' 라는 내용과 이듬해 일본측에서 발해에 보낸 국서에서는 발해가 '옛 땅을 회복하고 지난날의 우호적 관계를 이으려고 하는 것을 알게되어 기쁘다'고 하였다.

둘째, 759년 일본에 조문사를 보내면서 발해왕인 문왕이 스스로 '고려국왕 대흠무(大欽茂)…'라 자칭한 데 대하여 같은 해 일본이 발해에서 발해에 보낸 국서에서 발해왕을 '고려국왕'이라 하였다.

셋째, 『속일본기』에 '발해국은 옛적의 고려국이다' 하였고, 발해사를 고려사로 발해국을 고려국으로 표시한 예는 여러 군데 보이고, 763년에 쓰여진 동대사의 고문서에서 발해인을 고려인으로 기술하였다.

넷째, 발해의 건국자 대조영을 『구당서』 발해말갈전에는 '고려별종'이라 기록하였고, 『신당서』 발해전의 기록은 '속말말갈족으로 고구려에 복속했던 자'라 하였다. 『구당서』 기록은 속말수 유역에 거주하던 고구려계 변경민으로, 『신당서』의 기록은 고구려화한 말갈계 주민으로 보는 견해가 있으나, 대조영은 변경의 고구려인이었을 가능성이 더 크다고 볼 수 있다. 『삼국유사』에 인용된 『신라고기』에 '고구려의 잔여 무리를 모아 북으로 태백산 밑에 웅거하여 나라를 발해라 하였다' 고 기록하였다.

다섯째, 발해가 일본에 파견한 사신 85명 중 26명이 고구려의 왕의 성인 고씨이고 나머지도 거의 한식의 이름을 가졌고, 만주식 이름은 6명 뿐 이었다. 발해는 상류층의 고구려계 유민과 이들의 지배 아래 있는 말갈계는 실무와 말단행정을 담당하는 수령(首領)급의 특수계층의 말갈민과 자유신분의 말갈민, 부곡민 · 노비 등이 있었다. 이로 보아 발해는 지배층인 고구려계와 피지배층인 말갈계가 연합하여 구성된 복합국가적 성격을 가졌던 것으로 보인다.

발해의 이러한 사회구성은 이미 고구려에서도 보인다. 고구려는 말갈 7부족 중에서 흑수부 · 속말부 · 백산부의 3부족을 지배하였던 것이다. 발해는 사회 구성 면에서도 고구려와 유사한 성격을 가졌다고 보여진다.

이상에서 살펴본 바와 같이 발해인들은 그들 스스로 고구려를 계승한 국가라는 인식을 가지고 있었고, 고구려를 부흥했다는 자부심을 가졌던 것으로 볼 수도 있다.

2) 신라의 발해 인식

같은 시대에 대동강과 용흥강을 경계로 한반도의 북쪽과 만주 일대에는 발해가, 한반도의 남쪽은 신라가 차지하고 있었다. 두 나라가 남북으로 국경을 맞대고 있었지만 사료에 두 나라간의 교섭관계 기록은 거의 찾아보기 힘들다. 다만 『삼국사기』 성덕왕 32년(733)조에 '당의 현종이 발해말갈이 바다를 건너 등주에 입구함으로 대복원외경(大僕員外卿) 김사란(金思蘭)을 귀국하게 하여 왕에게 개부의삼사 영해군사(開府儀三司 寧海軍使)의 직을 더해주고 군사를 내어 말갈의 남변을 치게 하였다. 그 때 마침 큰 눈이 일장 이상이나 와 쌓이고 산길은 험하여 사졸이 죽은 자가 반 이상에 달해 공 없이 돌아왔다'는 기록과 790년(원성왕 6), 812년(헌덕왕 4)에 사신을 파견했다는 기록만 있을 뿐으로 신라는 발해와 우호관계에 있었다고 보기는 어렵다. 또한 발해도 고구려 문화권에서 풍토의 제약을 많이 받는 변경지역 만을 영유하면서 미개한 말갈족과 연합하여 성립되어 고대국가의 전통을 유지하면서 발전하는 신라보다 뒤떨어져 그 문화적 압력을 받는데다가 전날의 구원관계의 작용도 있어 문화교류를 보지 못하고 남북대립관계만 계속되었다. 그렇다면 신라는 발해를 어떻게 인식하였을까.

첫째, 839년 당에 가서 불법을 구하려고 순례를 하였던 일본 승려 원인(圓仁)의 일기에 의하면, 당의 등주지역 적산포에 거주하던 신라인들이 사원에 모여 추석 명절을 즐기고 있었는데 원인이 추석의 내력을 묻자, 신라인 승려가 옛적에 신라가 발해를 격파한 날을 기념한 것이라 하며 그 때 신라에 격파된 '발해'의 잔여 무리가 북으로 가 고토에 의거해 건국한 것이 오늘날 발해라 불리는 나라라고 하였다.

둘째, 『삼국유사』에 인용된 『신라고기』에 '고구려의 구장 조영(祚榮)의 성은 대씨니 남은 병사를 모아 나라를 태백산 남쪽에 세우고 국호를 발해'라 하였다.

셋째, 최치원은 『삼국사기』와 『동문선』에 인용된 '신라왕여당강서고대부상장(新羅王與唐江西高大夫湘狀)'에서 발해를 '지난날의 고구려가 오늘날의 발해이다' 하였고, '상태시중장(上太侍中狀)'에서 '고구려의 유민들은 무리를 모아 가지고 북으로 태백산 기슭에 의거하여 나라를 세워 발해라 하였다'라 하였다. 또한 '사불허북국거상표(謝不許北國居上表)'에서는 '발해의 원류는 구려가 망하기 전에 본시 사마귀 만한 부락이었고 말갈의 족속이 번영해지자 그 무리 중에 속말이란 소번이 있어 항상 구려를 쫓아 이사하더니 그 두령 걸사비우(乞四比羽) 및 대조영 등이 …… 비로소 진국(震國)을 일으켰다'고 기록했다.

이상의 기록을 통하여 볼 때 신라 사람들은 비록 발해와 우호관계에 있지 않았던 탓인지 말갈계 국가로 보는 경우도 있었지만 발해가 고구려를 계승한 국가임을 인정하고 있다고 하겠다.

3) 고려시대의 발해 인식

후삼국 통일을 기반으로 성립된 고려는 기본적으로 신라 계승의식이 주축을 이루고 있었으나, 왕건은 진정한 의미에서 고구려의 계승자였다. 왕건은 고려란 국호를 다시 채택하고 장차 국도를 평양으로 삼고자 당시 폐허가 되어 있던 평양을 개척하였다. 또한 북진정책을 통하여 고구려의 옛 땅을 회복하고 동족인 발해 유민을 받아 들여 후대하는 정책을 통해 고구려의 부흥과 재현을 이루려고 하였다. 926년(태조 9) 발해가 거란에게 멸망하자 왕족과 관료 등 고구려 계통의 지배계급은 대부분 남하하여 동족 국가인 고려로 귀순하여 왔다. 926년 발해의 장군 신덕(申德) 등 500인이 오고, 같은 달 발해의 예부경 대화균(大和鈞) · 균노(均老), 사정 원대균(大元鈞), 공부경 대복모(大福謨), 좌우위장군 대심리(大審理) 등이 백성 100호를 거느리고 온 것을 비롯하여, 같은 해 12월 좌수위소장 모두간(冒豆干), 검교개국남 박어(朴漁) 등이 백성 100호를 거느리고 왔으며, 11년 3월에는 김신(金神) 등 60호가, 7월에는 대유범(大儒範) 등이, 9월에는 은계종(隱繼宗) 등이, 12년 6월에는 홍현(洪見) 등이, 9월에는 정근(正近) 등 300여 인이 왔다.

934년(태조 17) 7월에는 발해의 세자 대광현(大光顯)이 수만 명의 백성을 거느리고 오자, 태조는 그에게 '왕계(王繼)'란 성명을 내리고 종적(宗籍)에 올리는 동시에 특별히 원보(元甫)의 관품을 주어 배주(白州)를 지키며 조상의 제사를 받들게 하였으며, 이로부터 고려는 발해를 '혼인한 나라' 또는 '친척의 나라' 라고 부르는 동질의식을 가지게 되었다.

그후에도 진림(陳林) 등 160여 인이, 태조 21년에는 박승(朴昇) 등 3,000호가 오는 등 발해인이 귀순해 오는 대로 받아들여 후대하였다.

그러나 고려는 발해를 멸망시킨 거란에 대하여는 적대적이었다. 936년(태조 19) 후삼국을 통일한 왕건은 서역 승려를 후진에 보내어 거란을 함께 쳐서 사로잡혀 있던 발해왕을 구출하자고 제의하였고, 태조 25년(942)에는 거란이 사신을 보내어 낙타 50필을 선물하였으나, 사신은 섬으로 귀양보내고 낙타는 만부교 아래 매어 두어 굶어 죽게 하였다. 이러한 발해 유민에 대한 태조의 정책은 고구려의 계승이념으로 볼 수도 있지만, 발해가 고구려를 계승한 같은 민족이라는 동족의식에서 바라볼 수도 있을 것이다.

고구려의 후계자라는 논거 위에서 북방민족의 계속된 압력에 대항하며 북진책을 꾸준히 실현하던 고려는 중기에 이르러 묘청의 난을 진압한 후 김부식에 의한 『삼국사기』를 편찬하면서 북벌정금론의 정치사상적 근거라 할 고구려계승의식과 북방영토의식을 약화시켰다. 이와 관련된 듯 『삼국사기』에서는 여・제 멸망 이후의 민족사를 신라 단독의 역사로 보고 고구려를 계승했다는 발해사를 한국사의 범주에서 제외시켰다.

고려 후기에 들어서면서 충열왕 때 승려 일연이 지은 『삼국유사』, 고종 때 승려 각훈이 왕명에 따라 편찬한 『해동고승전』, 이규보의 『동명왕편』, 이승휴의 『제왕운기』, 원부 등이 편찬한 『고금록』, 정가신의 『천추금경록』, 민지의 『본조편년강목』, 이제현의 『사략』 등의 역사서가 편찬되었다. 이들 사서에는 역사전통에 대한 강렬한 자부의식이 나타났고, 특히 『삼국유사』와 『제왕운기』에서는 발해 인식이 새로이 환기되었다. 『삼국유사』는 왕력편에는 발해가 배려되어 있지 않지만 본문에는 발해에 대한 기록에 중국측 자료를 인용해 발해를 말갈계 국가로 보고, 『신라고기』 등 한국측 자료를 통해서는 고구려의 구장인 대조영이 발해를 건국했다고 엇갈린 주장을 내세웠으나, 『제왕운기』에는 고구려의 구장 대조영이 개국하였다고 밝혀 발해사가 분명히 한국사의 한 줄기로 파악되어 있다.

4) 조선시대의 발해 인식

조선초기에는 발해사가 우리 역사에서 배제되어 주변국가의 역사로 전락하였다. 조선초기에는 많은 역사서가 편찬되지만 1484년(성종 15)에 간행된『동국통감』에서는 발해사를 한국사의 일부로 인정하지 않고 단지 신라에 이웃하였던 역사로 파악하였다. 15·16 세기에 편찬된『동국사략』·『동사찬요』·『동사보유』·『동국통감제강』·『동국역대총목』·『신증동국여지승람』·『역대기년』·『동사회강』·『동문광고』등의 사서들도『동국통감』과 같은 역사인식의 계열에 속한다.

17세기에 한백겸의『동국지리지』에는 발해는 고구려 영토를 계승한 나라로 인식하였다. 한백겸이 이 책을 저술한 동기 중의 하나가 조선이 왜 약한 나라가 되어 끊임없이 외적의 침입을 받게 되었는가 하는 역사적 원인을 찾는 데 있었다. 이에 따라 그는 그 원인을 고구려 영토 상실에서 찾게 되었고, 이러한 관심 속에서 발해가 고구려 영토를 계승한 나라임을 발견하게 되었다. 그 결과 발해가 신라에 부속된 역사가 아니라 고구려에 부속된 역사로 파악되어 발해사가 처음으로 고구려 역사 뒤에 붙어져서 설명되었다. 이러한 인식은『동사』·『성호사설』·『동사강목』등으로 계승되었다.

신경준의『강계고』에서는 발해가 고구려 영토를 계승하였을 뿐만 아니라 그 건국자도 고구려 유민이었다는 인식이 등장하면서 적극적으로 한국사의 일부로 다루게 되었다. 이러한 발해사 인식은 이만운의『기년아람』, 이덕무의『청장관전서』, 이긍익의『연려실기술』, 홍경모의『대동장고』등으로 이어졌다.

18세기 후반 이종휘의 『동사』에는 발해사를 고구려 속국으로 인식하던 단계에서 독립된 나라의 역사로 서술하였고, 우리나라가 약한 나라로 전락한 것이 발해의 땅을 잃어버렸기 때문이라고 주장하였다. 이러한 발해사 인식은 홍석주의 『동사세가』, 한치윤의 『해동역사』, 한진서의 『해동역사속』, 정약용의 『강역고』 등에도 나타난다. 1784년 편찬된 유득공의 『발해고』에서는 발해와 신라를 동등하게 다루어 남북국사로 설정해야 한다고 했다. 이러한 의식은 김정호의 『대동지지』로 이어졌다. 비단 국내 학자뿐 아니라 송나라 서긍(徐兢)의 『고려도경』을 비롯하여 마테오리치의 만국지도 도해에서도 발해왕국을 조선왕국의 옛 나라로 분류하고 있는 것으로 보아 발해국사는 한국사의 체계에 넣는 것이 마땅하다고 할 수도 있을 것이다.

5) 중국과 일본의 발해사 연구

중국에서의 발해에 대한 기록은 『구당서』 발해말갈전과 『신당서』 발해전이 있으며, 『당회요(唐會要)』·『책부원귀(冊府元龜)』·『오대회요(五代會要)』·『자치통감(資治通鑑)』·『옥해(玉海)』·『문헌통고(文獻通考)』·『금사(金史)』 등이 있다.

당나라 때 장건장(張建章)의 『발해국기』 이후로 발해에 대한 연구가 거의 없다가 만주에서 흥기한 청나라 때에 만주의 종족·강역·산천·풍속 등을 수록한 관찬서인 『만주원류고』와 『길림통지』와 왕계준(王世澄)의 『영안현지』 등이 발간되었는데, 이중에서 발해사에 대한 상당한 연구가 수록되어 있다. 1919년 당안(唐晏)의 『발해국지』, 1931년 황유한(黃維翰)의 『발해국기』 등은 본격적으로 발해사를 연구한 것이다. 이러한 연구를 이어 1935년 김육불(金毓黻)의 『발해국지장편』, 1982년 왕승례(王承禮)의 『발해간사』가 간행되었다.

발해사 연구는 1970년대 정혜공주무덤, 하남둔무덤이 조사되고, 1980년대 이후 정효공주무덤, 삼릉둔 2호무덤, 북대고분군, 동청고분군, 상경성 등의 유적이 조사되었다. 발해사 연구는 주로 발해사 귀속문제·대외관계·지리고증 등이고, 성터·절터·고분·요지 등이 조사되었다. 1980년대 이후 발표된 글이 616편에 달하여 중국에서의 발해사 연구가 어느 정도인가를 짐작케 한다.

일본의 발해사 연구는 노일전쟁 직후부터 만주지방에 대한 관심을 가지면서 우찌후지(內藤虎次郞)·마쓰이(松井等)·이케우찌 히로시(池內宏)·쯔다(津田左右吉) 등이 연구를 시작하여 1915년 도리야마(鳥山喜一)의 『발해사고』가 간행되었다. 1930년대 일본 군벌의 만주 점령 이후 일·만관계사의 일환으로 발해사 연구가 다시 부흥되어 누마다(沼田賴輔)·시로도리(白鳥庫吉) 등의 문헌적 연구와 동아고고학회, 사이또(齊藤優), 도리야마(鳥山喜一) 등이 발해유적을 발굴 조사하였다. 이를 바탕으로 일본인 동양학자들은 만선사관을 만들어 만주에서 일어난 역대의 여러 나라가 한반도사에 적지 않은 영향을 미쳤다는 의미에서 타율성론을 강조하는 동시에, 만주에서 일어난 여러 나라 특히 고구려와 발해를 한국사의 체계에 넣을 수 없다는 소위 분할통치 이론을 여기에 적용하려 했던 것이다.

러시아의 발해사 연구는 20세기 전반에 연해주의 발해유적을 조사하였고, 1970년대부터 블라디보스톡에 있는 '러시아과학원 원동민족역사학·고고학·민족학연구소'에 소속된 학자들에 의하여 발해유적에 대한 연구가 활발해져 성터와 주거지 등이 다수 발견되어 고고학적으로 다양한 접근이 이루어지고 있다.

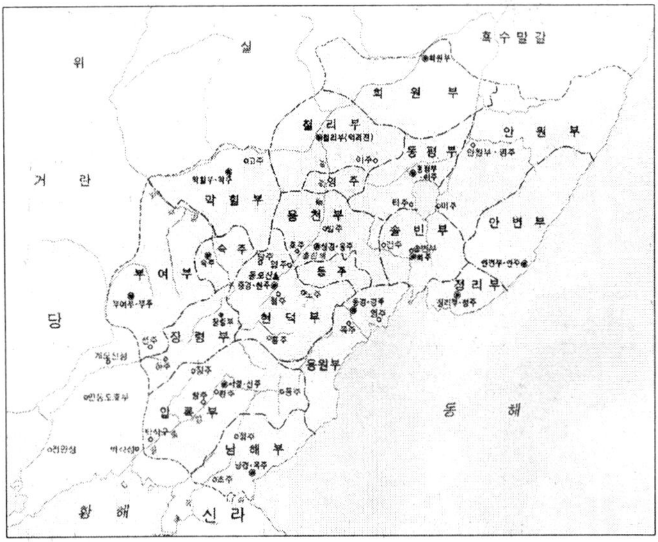

<발해 강역도>

참고문헌

『삼국사기』,『삼국유사』,『동문선』,『고려사』,『고려사절요』.

송기호, 1996,『발해의 문화와 발해사 인식의 변천』,『한국사』 10, 국사편찬위원회, 1996.

이만열, 1981,『발해』,『한국사연구입문』, 지식산업사.

노태돈, 1996,『발해의 성립과 발전』,『한국사』 10, 국사편찬위원회.

박한설, 1993,『고려의 건국과 호족』,『한국사』 12, 국사편찬위원회.

이용범, 1969,『渤海王國』,『한국사연구입문』, 한국사연구회.

4. 우리나라 영문국호는 Korea인가? Corea인가?

2002년 한일 월드컵 기간 '오! 필승! 꼬레아(Corea)'의 함성 속에 네티즌과 붉은 악마들을 중심으로 영문 국호를 'Korea'에서 'Corea'로 변경하자는 운동이 전개되었다. 원래 'Corea'였던 국호 영문표기가 알파벳 순서에 따라 국호를 배열하는 국제관례상 'Japan'보다 앞에 놓이게 되는 것을 꺼린 일본에 의해서 강제로 'Korea'로 바뀌었다는 것이다. 이렇게 시작된 Corea 되찾기 운동은 온라인 상에 수많은 인터넷 까페와 커뮤니티 결성으로 이어져 공감대를 더욱 확산해가고 있는 추세다.

2003년 2월 5일에 역사학 및 언어학을 전공하는 남북대학생 200명이 금강산에서 토론회를 연 것을 시작으로 영문국호 문제는 남북 대학생과 학자들의 교류를 매개하는 중요한 화두가 되었다. 같은 해 3월 서울에서 열린 '평화와 통일을 위한 3·1 민족대회' 행사의 하나였던 남북공동 학술토론회에서도 영문국호 문제가 주요 주제로 다루어졌으며, 8월 21일에는 평양 김일성종합대학에서 '국호 영문표기를 바로잡기 위한 남북토론회'가 열리기도 하였다. 이전에 일부 학자에 의해 지적되기도 했으나 큰 주목을 받지 못했던 국호 영문표기 문제가 2002년 한일 월드컵을 계기로 남북한을 오가며 토론회를 벌일 만큼 7천만 민족의 공통 관심사로 떠오르게 된 것이다.

분명한 것은 원래 'Corea'가 주를 이루었고 'Korea'가 간혹 등장하던 국호 영문표기가 일제 침략기를 거치면서 'Korea'로 바뀌었다는 사실이다. 논란이 되고 있는 점은 이 과정에 일제가 조직적으로 개입했는가 아니면 영어가 국제어로 자리잡아 가는 과정에서 자연스럽게 바뀐 것인가 하는 문제이다. 설령 일제의 개입에 의해 국호가 바뀌었다 할 지라도 이를 입증하기 쉽지 않을뿐더러 현재의 초보적 연구 수준으로는 명확한 답을 제시하기는 어려울 것이다. 여기에서는 지금까지 밝혀진 사실들을 개략적으로 소개함으로써 국호 영문표기 문제에 대한 이해를 돕고자 한다.

1) 근대 이전의 외국문헌에 나오는 국호

현재 우리나라를 외국어로 표기하는 방식은 언어에 따라 코리아(Corea, Korea : 영어), 꼬레(Corée : 불어), 코레아(Korea : 독일어), 코레야(Корея : 러시아어) 등으로 다양하다. 코리아 표기의 확실한 유래는 밝혀져 있지 않고, 다만 고려의 중국음인 '까우리'가 유럽에 전해진 것에서 나온 것이 아닌가 짐작될 뿐이다.

우리나라가 한자문화권에 속하는 국가 이외의 서방세계와 교류하기 시작한 것은 신라시대 때부터의 일이다. 신라의 승려 혜초는 천축국의 불교성지를 순례하고 페르시아, 대식국(아라비아), 동로마제국 등을 여행하고 『왕오천축국전(往五天竺國傳)』(727년)을 남기기도 하였다. 또한 활발한 무역활동을 펼쳤던 아라비아 상인들은 중국뿐 아니라 신라에까지 교역을 위해 왕래했던 것으로 알려져 있다. 그 결과 우리나라에 대해 가장 먼저 기술한 서방인은 아랍인들이었고, 이 때 사용된 국호는 신라(Shila)였다. 지리학자 이븐 후르다드베의 『제도로와 왕국총람』(846～847)은 우리나라에 대해 기술된 가장 오래된 저서로서, '중국 저쪽에 산이 많은 Shila라는 나라가 있는데 금이 풍부하고 기후환경이 좋아 한번 간 무슬림들은 그곳에 정착해서 돌아오지 않는다'고 적고 있다.

아랍인들이 우리나라를 Shila로 표기하는 관행은 고려시대에도 그대로 이어졌다. 아라비아 상인들이 예성강 포구 벽란도를 빈번하게 드나들며 교역하였고, 『고려사』에 따르면 현종 15년(1024년)과 16년, 정종 6년(1040년) 대식국 상인이 왕에게 토산물을 바치기도 하였다. 아랍인의 저서에서 고려를 어원으로 하는 'Kaoli'가 최초로 등장하는 것은 일한국의 의사이며 역사가였던 라쉬드 알딘의 역사서 『종합사』(1310년)

에서였고, 이후 1516년 오스만 투르크의 학자 알리 아크바르의 중국여행기 『키타이 서』에서 'Kaoli는 상업이 발달하고 풍요로우며 상인들이 아랍인에게 우대해서 상품을 판다'는 기록이 나타나기도 한다. 하지만 이들 기록은 드문 사례로서 아랍인의 저서에는 'Kaoli'보다는 'Shila'가 관행적으로 더 널리 쓰였다.

유럽인들이 간접적으로나마 우리나라를 알게 된 것은 징기스칸의 서방원정 이후의 일이다. 최초의 기록은 로마교황 인노첸시오 4세와 프랑스 루이 9세의 특사로 몽골에 파견된 프랑스 수도사 기욤 뤼브뤼키의 여행기(1255년)인데, '중국 저편에 섬나라 'Caule'가 있다'고 기록되었다. 두 번째 기록은 이탈리아 베니스의 상인 마르코 폴로(Polo Marco)가 남긴 『동방견문록』(1295년)으로 "중국 동쪽에 있는 나라 'Cauli"로 기술되었다. 『동방견문록』은 이후 여러 언어로 번역 출간되었는데, 각국의 언어 특성에 따라 'Cauli'가 Cauly, Kaoli, Kauli등으로 표기되었다.

마르코 폴로의 『동방견문록』 이후 약 250여 년간 우리나라에 대한 유럽인의 기록은 보이지 않는다. 1500년대에 들어 이른바 '지리상의 발견'이 이루어지면서 유럽인들이 교역을 위해 중국, 일본 등에 이르면서 우리나라가 다시 기록에 등장하였다. 1548년경부터 유럽인들의 항해일지에 Corai, Couray, Corei, Core, Corée 등이 나타나기 시작했던 것이다. 재미있는 것은 조선이 유럽인들에게 일본 북서쪽에 위치한 섬나라로 인식되었다는 점이다. 이는 마르코 폴로가 『동방견문록』에 '고려는 물 건너에 있다'고 소개한 것을 섬나라로 받아들인 데서 빚어진 일로 보인다. 또 하나 주목할 점은 건국된 지 150년 이상 되었지만 유럽인들이 조선을 여전히 고려로 표현하였다는 것이다. 심지어 1653년 제주도에 표류하였다가 탈출하여 조선을 서양세계에 널리 알린 『스페러호의 불운한 항해표류기』(1668년)를 지은 네덜란드 선원 헨드릭 하멜(Hamel Hendrik)도 조선을 Corée로 썼던 것이다. 하멜의 표류기는 이후 각국 언어로 번역 출간되었는데 독일어판에서 Corea와 Korea가 혼용한 것을 제외하고 영국, 프랑스, 미국 등에서는 모두 C로 시작되는 이름을 사용하였다.

2) 서양 고지도에 표기된 국호

우리나라가 외국 지도에 나타나는 것은 1154년에 알 이드리시가 제작한 세계지도가 최초이다. 이 지도에서 우리나라는 섬으로 그려지고 'Sils'라 표기되었는데, 너무 간략하여 실체가 명확히 확인되지는 않는다. 우리나라의 모습이 비교적 명확히 표시된 지도는 1595년 포르투갈 선교사 떼이세라(Teisera)이 제작한 지도와 같은 해 랑그렌(Langeren)이 제작한 해도였다. 두 지도는 우리나라의 국호를 'Corea'로 표기한 점에서 공통적이다. 'Korea' 표기가 지도에 처음 등장하는 것은 1743년 영국의 토머스 키친의 'Asia' 지도로 'Corea' 보다 시기적으로 148년이나 뒤진다.

초기 지도에서 'Corea'로 표기되었던 우리의 국호는 이후 17～18세기까지 'Corea'가 압도적으로 많이 쓰였으며, 19세기에도 여전히 'Corea'가 주류였지만 점차 'Korea'로 표기되는 경우가 늘어났고, 20세기 들어서는 거의 'Korea'로 단일화되어 갔다. 물론 지도상에 나타나된 우리 국호는 'Corea'나 'Korea' 외에도 다양한 이름으로 표현되고 있다. 이중 'Corea'류에 속하는 것으로는 'Caolik', 'Corai', 'Corei', 'Corey', 'Coria', 'Corée', 'Corea'가 있고 다수를 차지하는 것이 'Corée'와 'Corea'다. 'Korea'류에는 'Koali'와 'Korea'가 있지만 'Korea' 표기가 주를 이룬다.

지도 제작연대와 한국 국호표기

	Corea류				Korea류			합계
	Corea	Corée	기타	소계	Korea	기타	소계	
17세기	13	2	6	21	·	·	·	21
18세기	55	46	2	103	23	1	24	127
19세기	38	17	·	55	3	·	3	58
20세기	·	·	·	·	2	·	2	2
합계	106	65	8	179	28	1	29	208
비율(%)	51.0	31.2	3.8	86	13.5	0.5	14	100

출전 : 『역사비평』(2003년 겨울호)의 표를 재구성함.

210여 종의 고지도에 나타난 우리 국호 표기를 분석한 최근의 연구에 따르면 'Corea'에서 'Korea'로 바뀌어 가는 과정에 몇 가지 특징이 발견된다.

첫째, 고지도의 제작연대와 국호 표기가 긴밀한 상관관계를 갖는다는 점이다. 즉, 주류를 이루던 'Corea'류의 국호표기가 일제 침략기를 거치면서 점차 사라지고 'Korea' 표기로 정착된 것이다. 17세기 고지도 21종 중에서 13종이 'Corea'로 표기되었고, 나머지도 8종도 'Corée', 'Corey', 'Coria', 'Corai', 'Corei' 등 'C'로 시작되는 'Corea'류의 지도였다. 18세기 고지도 127종은 'Corea' 55종, 'Corée' 46종 등 'Corea'류의 지도가 103종으로 'K'로 시작되는 'Korea'류가 24종인 데 비해 압도적으로 많았다. 19세기 지도 58종 중에서 'Korea'로 표기된 3종의 지도를 제외한 나머지 55종이 모두 'Corea' 혹은 'Corée'로 나타난다. 20세기 초반의 지도는 분석대상 고지도의 숫자가 적어서 한계가 있기는 하지만 2종의 지도 모두 'Korea'로 표기하고 있음이 확인된다.

둘째, 지도 제작에 사용한 언어와 국호 표기 사이에는 별다른 연관성을 발견하기 어렵다는 점이다. 일반적으로 영어권에서는 'Korea'류의 국호를 사용하고, 유럽 쪽에서는 'Corea'류의 국호를 사용하는 것으로 알려져 있다. 하지만 영국에서 제작된 지도 87종 중에서 'C'로 표기된 지도가 67종으로, 'K'로 표기된 20종 보다 월등히 많다. 이러한 양상은 미국에서도 마찬가지여서 총 23종의 지도 중에서 'Corea'류가 18종이었고 'Korea'류는 5종에 불과했다. 결국 영어권에서도 Korea보다 Corea가 더 일반적으로 사용된 것이니 기존의 통념이 오류임이 확인된 셈이다. 프랑스어로 제작된 지도 59종은 모두 'Corea'류로 표기되었으며 그 중 55종이 'Corée'였다. 그 이외의 언어로 제작된 지도도 'Corea'류와 'Korea'류가 함께 나타나지만 대체로 'Corea'류가 더 일반적으로 사용되었다. 결국 우리 국호 표기를 'C' 또는 'K'로 하는 것은 지도 제작국의 언어적 특성보다는 지도 제작시기와 관련됨이 확인된다.

셋째, 우리의 국호 표기와 일본 국호 표기가 상당한 연관성을 갖는다는 점이다. 우리나라의 국호가 'Corea'류와 'Korea'류로 나뉘는 것처럼 서양 고지도에 나타나는 일본 국호 표기도 'Niphon'류와 'Japan'류로 구분된다. 주목되는 것은 우리나라 국호가 'Corea'류로 표기될 경우 일본 국호는 대체로 'N'으로 시작되는 'Niphon'류로, 'Korea'류인 때는 'J'로 시작되는 'Japan'류로 기록되었다는 점이다. 20세기에 접근하면서 'Corea'보다 'Korea'가 증가하는 추세였던 것과 마찬가지로 더 일반적으로 쓰였던 'Niphon' 대신에 'Japan'으로 표기하는 경우가 늘어남을 알 수 있다.

3) 근대 이후 외국문헌의 국호표기

우리나라가 서방 세계와 공식적인 외교관계를 수립하게 된 것은 19세기 후반이었다. 1882년 3월 미국과 수교한 것을 시작으로 영국·독일·러시아·프랑스 등 서구 열강과 잇달아 외교관계를 수립한 것이다.

조선 정부가 서양 여러 나라와 수교하면서 스스로 사용한 영문 국호 표기는 무엇이었을까? 조선 정부가 외교문서에 표기한 영문 국호는 스스로를 대외적으로 천명하는 공식적인 성격을 띠는 것이기 때문에 의미가 각별할 수밖에 없다. 조선 정부가 서양이나 일본 등과 조약을 체결하면서 사용한 영문 국호는 'Corea'와 'Chosun' 두 가지였다. 조선 정부는 엄연히 조선이라는 정식 국호를 갖고 있었음에도 불구하고 서양인에게 잘 알려진 'Corea'를 함께 인정하면서 오히려 'Chosun' 보다도 더 많이 사용하였다. 1897년 대한제국이 선포되면서 조선이라는 국호가 대한제국으로 바뀌었지만, 우리 정부가 사용한 영문국호는 변함없이 'Corea'였다.

서양 각국에서 나온 간행물에서는 어떠한 영문국호를 사용하고 있었을까? 국가에 따라, 또 정부 간행물이냐 개인저술이냐에 따라 복잡한 양상을 띠기 때문에 일률적으로 말하기 어렵지만 대략 다음과 같다.

외교문서를 포함한 각국 정부 간행물은 'Corea'로 표기된 경우가 압도적이다. 특히 외교문서의 경우 우리의 동의를 얻어야 했으므로 우리 정부가 사용하는 'Corea'를 쓰는 것이 너무도 당연한 일이다. 조선이 미국을 비롯한 서양 각국과 수교할 때 체결한 조약문의 영문본에는 거의 'Corea'로 표기되었다. 예외적으로 조약문 영문제목에 'Korea'를 쓴 사례가 1892년 6월에 체결된 오스트리아와의 조약이다. 이는 'C'를 잘 사용하지 않는 독일어의 특성에서 빚어진 현상으로 보이는데, 이 조약의 본문에서는 'Corea'가 사용되고 있다. 1900년대에 들어서 淸, 러시아 등의 나라와 체결한 조약의 영문본에 'Korea' 표기되는 사례도 나타나지만 외교상 국제적으로 공인된 우리의 호칭은 여전히 'Corea' 혹은 'Corée'였다. 이는 일본이 1905년의 을사조약과 1907년 한일신협약을 강제로 체결하고 이 사실을 각국 정부에 통보하면서 두 번 모두 'Corea'를 쓴 것에서도 알 수 있다.

조약문을 제외한 다른 정부 문서에서 주목되는 것은 영국과 미국 두 나라다. 영국 정부가 공식적으로 사용한 우리의 국호는 'Corea'로, 우리나라가 일본에 강점되는 1910년 이후까지도 'Corea'를 사용하였다. 반면 미국 정부의 경우는 공식적인 외교문서에서는 'Corea'를 사용했지만, 내부문서에서는 1880년대까지는 'Corea'와 'Korea'가 혼용되다가 1890년대부터는 관용적으로 'Korea'를 사용한 것으로 보인다. 영국 정부가 지속적으로 'Corea' 표기를 고집한 반면, 미국 정부는 'Corea'에서 'Korea'로 바뀌어 가는 과정을 선도한 것이다.

양국 정부의 이러한 모습은 민간 저술에서도 그대로 반영되고 있다. 영국의 경우 일부 지도에서 Korea로 표기한 사례가 보이지만 대부분의 저술에서는 'Corea'로 표기하고 있다. 특히 영국 교회와 관련된 출판물에서는 영국 정부와 마찬가지로 1910년대까지도 한결같이 'Corea'로 표기하고 있음이 주목된다. 반면 미국의 개인 저술에서는 1890년대 이후가 되면 'Corea'보다 'Korea' 표기가 더 두드러지게 나타나고 있다.

외국 문헌 중에서도 우리 국호표기와 관련해 지명사전·백과사전 등에 특히 주목할 필요가 있다. 왜냐하면 사전은 지식전달의 매개물이면서 동시에 외국 명칭을 자국어로 표현하는 기준이 되어 해당 사회의 언어생활에 큰 영향을 끼치기 때문이다. 1827년과 1834년에 나온 영국의 『런던지명사전』은 'Corea'의 항목으로 우리나라를 간략히 소개하였고, 1870년 중국 상해에서 미국 선교단체가 출간한 지명사전과 1873년 영국에서 나온 『제국지명사전』에서도 'Corea'를 표제어로 삼고 있다. 지명사전에서 우리나라가 'Korea'로 표기되는 것은 20세기의 일로 보인다. 한편 백과사전의 경우 영국 런던에서 출간된 것이라도 1905년의 『현대백과사전』에서는 'Corea'를, 1920년의 『새시대 백과사전』에서는 'Korea'를 각각 표제어로 삼음으로써 'Korea'로 바뀌어 가는 추세를 그대로 반영하고 있다.

4) 'Korea' 표기의 일반화를 주도한 것은 누구인가

지금까지 일반적으로 쓰이던 'Corea'류의 국호 영문표기가 19세기 후반을 전환점으로 'Korea'로 바뀌어 갔고, 이 과정에서 앞장서서 'Korea'

표기를 사용한 국가가 미국이었음도 알 수 있었다. 20세기가 되면 점차 국제사회의 흐름을 미국이 주도하게 되었음을 고려하면 미국식 표기방식이 국제사회의 표준이 되어간 것도 자연스러워 보인다. 그런데 여기서 한 가지 짚고 넘어가야 할 문제는 언어학적으로 'C'가 'K'로 바뀌는 과정이 자연스러운 현상인가 하는 점이다.

사실 영어의 언어적 특성을 고려하면 'Corea'가 'Korea'로 바뀌는 것은 대단히 예외적이고 부자연스러운 현상이다. 영한사전을 살펴보더라도 'K'로 시작되는 단어는 대단히 드물고 'C'로 시작되는 단어가 일반적이다. 'K'로 시작되는 몇 안 되는 단어조차도 대부분 독일어나 러시아어 관련 단어이거나 Korea와 관련된 단어이다. 영어에서 K로 시작되는 단어는 그만큼 희귀한 사례에 해당되는 것이다.

한국 최초의 영문잡지로 선교사들이 만들고 외국인 사이에 널리 읽혔던『한국의 보고(The Korean Repository)』1897년 12월호에는 윌리엄 그리피스(Griffis)가 쓴『은자의 나라 코리아』에 대한 서평이 실려있다. 미국인 선교사 아펜젤러(Appenzeller)가 쓴 것으로 추정되는 이 서평은 그리피스가 한국을 Corea로 쓴 것을 비판하면서 한글 'ㄱ'을 표현하는 영문이 'C' 또는 'K'이지만 'C'는 'ㅅ'으로도 번역될 수도 있으니 혼동을 피하기 위해 'Korea'로 쓰는 것이 옳다고 주장하였다. 영문국호가 'Corea'에서 'Korea'로 바뀌는 과정이 자연스러운 과정이 아니라 선교사 등 특정인에 의해 적극적으로 유도된 것이 아닌가 하는 의혹이 있는 것이다.

우리 국호의 영문표기와 관련하여 일본의 동향은 시사하는 바가 적지 않다. 1870년대와 80년대까지 일본의 간행물에서 'Korea'가 일부 보이기는 하지만 역시 주류는 'Corea'와 'Chosen'이었다. 그러나 1890년대에 들어서면서 'Korea'가 'Corea'보다 많아지고 있다. 1890년대 이후 간행된 서적 가운데 특히 주목해야 할 것은 1893년에 출간된『일본제국사』와 1903년에 나온『로마자조선지명자휘』이다.

『일본제국사』는 시카고 만국박람회에 참가하는 일본제국 위원단의 요청에 따라 일본관을 방문하는 방문객들에게 배포할 목적으로 만든 일본역사 소개서다. 이 책은 박람회에 참가한 세계 각국 관람객들에게 배포됨으로써 우리의 국호를 'Korea'로 알리는 한편 한일 양국의 역사적 관계를 왜곡해서 전파하는 데 커다란 역할을 한 책으로 주목된다.

『로마자조선지명자휘』는 일본 동경제국대학 교수 고토(小藤文次郞)와 가나자와(金澤庄三郞)이 펴낸 우리나라 지명 색인집이다. 이 책의 출간 시점은 일본이 다른 제국주의 국가들로부터 한반도의 지배권을 승인받기 위해 열을 올리던 러일전쟁 직전인 1903년이었다. 이후 외국인들이 우리의 지명과 국명을 영어로 표기할 때 가장 먼저 참고하는 문헌이 된 이 책이 우리의 국호가 'Korea'로 바뀌는 과정에 끼친 영향은 결정적이라 할 수 있을 것이다.

5) 다시 'Corea'로

'Corea' 국호표기는 국권상실의 아픔을 겪었던 우리 근대사의 흐름과 함께 자취를 감추고 'Korea'가 우리의 의사와는 관계없이 우리를 대표하는 영문 이름으로 자리잡았다. 일제시대에는 일본에 의해 통치기관인 조선총독부가 세워지면서 우리나라를 지칭하는 영문호칭도 'Chosen'으로 바꾸어 사용하였다. 해방을 맞으면서 우리는 코리아라는 국호를 되찾게 되지만 남북한 모두 영문표기를 'Corea'가 아니라 국제 관행상 널리 사용되던 'Korea'를 사용하면서 오늘에까지 이르게 되었다. 즉, 대한민국의 영문표기는 'Republic of Korea'로, 조선민주주의인민공화국인 북한의 영문표기는 'Democratic People's Republic of Korea'인 것이다.

앞서 살폈듯이 국호 영문표기에 확연한 변화가 나타난 시기는 19세기말에서 20세기로 넘어가는 때였고, 변화를 주도했던 것이 일본이었음도 분명해 보인다. 그것이 일제의 조직적 공작에 의해 이루어진 것이라고 단정하기는 현재로서는 어렵지만, 조선총독부의 일본인 관리가 1912년에 '그들이 국호표기를 C로 고집함으로써 독립된 국가임을 주장'하려 한다는 기록을 남긴 것으로 볼 때 일제의 조직적 관여의 가능성이 높아 보인다. 일본 당국의 문서자료까지도 분석대상에 포함하여 더욱 체계적인 연구가 필요한 실정이다. 아울러 영어의 언어적 특성에서 볼 때도 대단히 예외적인 현상인 'Corea'에서 'Korea'로 변하는 과정에 미국 선교사들이 앞장선 까닭도 함께 밝혀져야 할 것이다.

우리의 의사와 무관하게 바뀌었다면 국민의 총의를 모아 옛 영문국호 'Corea'를 되찾는 것은 지극히 당연한 일로 보인다. 하지만 설령 체계적인 연구를 통해 우리의 국호 변경과정의 전모가 밝혀진다 해도 'Corea'로 국호 표기를 환원하는 것이 그리 쉬운 문제는 아니다. 현실적으로 'C'로 쓰던 'K'로 쓰던 무슨 상관이냐는 여론도 있고, 또 국호를 'Corea'로 환원할 경우 발생할 엄청난 재정비용을 우려하는 목소리도 있기 때문이다. 영문국호 'Corea'를 되찾는 문제는 충분한 논의를 통해 국민적 공감대가 형성되었을 경우 비로소 가능한 일일 것이다.

한 가지 고무적인 사실은 국호 영문표기 문제를 매개로 남북한 학자들이 서울과 평양을 오가며 토론회를 갖고 일제의 침략과정에 사라진 옛 국호 'Corea'를 다시 복원하는 데 공동의 노력을 기울이기로 합의했다는 것이다. 2002년 월드컵을 계기로 촉발된 'Corea' 되찾기 운동'이 분단의 장벽을 넘어 남북한 학자들의 학문적 교류로 이어지고, 또 옛 영문국호 'Corea'의 복원에 대한 공감대를 형성하는 성과까지 거둔 것이다. 현실적인 문제들로 인해 당장 우리의 영문 국호표기가 'Corea'로 바뀌기는 어려울 것으로 보이지만, 'Corea' 국호 복원에 대한 남북학자들의 합의는 의미가 적지 않다. 분단의 장벽을 넘어서서 통일을 이루게 될 그때 통일한국이 세계에 알릴 영문국호에 대한 초보적인 수준의 합의를 이룬 것으로 이해할 수 있기 때문이다.

참고문헌

『국호 영문표기에 관한 남북 토론회 발표문』, 『역사비평』 2003년 겨울호.

이상태, 『서양 고지도에 표기된 우리나라 국호』.

정용욱, 『19세기말 20세기초 외국문헌에 나타난 우리나라 국호 영문표기』.

오인동, 『통일 국호는 'Corea'로』.

남북토론회 관련 언론보도문.

인터넷 사이트 : Corea되찾기모임(www.icorea.org.)
유뉴스(www.unews.co.kr).

5. 독도 영유권 문제를 어떻게 볼 것인가?

2004년 신년 벽두부터 고이즈미 준이치로(小泉純一郞) 일본 총리가 군국주의 일본의 상징인 야스쿠니 신사를 참배하여 우리 국민들의 분노를 불러일으킨 바 있다. 또한 1월 9일에는 우리 정부의 독도우표 발행계획에 대해 '다케시마(竹島 : 독도의 일본명)는 일본 영토'라는 일본 총리의 망언이 터져 나왔고, 감정이 격앙된 양국 네티즌들이 서로 상대편 사이트를 공격하는 이른바 '사이버 갑신왜란'으로까지 번졌다.

일본이 독도를 제 땅이라고 주장한 것은 어제오늘의 일이 아니다. 오죽했으면 1980년대에 '독도는 우리 땅'이라는 가요까지 만들어졌을까? 독도가 역사적으로 우리의 영토였고, 현재도 우리가 실효적으로 지배하고 있는 우리의 소중한 국토임을 의심하는 대한민국 사람은 없을 것이다. 우리의 땅이 분명한 독도를 일본은 1952년 1월 28일 최초로 자신의 땅이라고 한 이후 반세기가 지난 현재까지도 그 주장을 굽히지 않고 있다. 이쯤 되면 '독도가 우리 땅이 맞기는 맞나?' 하는 의구심이 들 법도 하다.

도대체 일본은 어떤 근거로 끊임없이 독도를 제 땅이라고 주장하는 것일까? 또 실제로 일본영토로 믿고 있기는 한 것일까? 만약 일본 땅이 아니라는 것을 알면서도 억지 주장을 펴는 것이라면 그 의도는 무엇일까? 일본이 독도를 영유권 분쟁지역으로 만들어 국제사법재판소로 끌고 가려는 의도에서 제 땅이라는 주장을 지속하는 것이라면? 또 국제적으로 분쟁지역임이 인정되어 국제사법재판소의 판결에 맡겨질 경우 우리의 승산은 얼마나 있는 것일까?

한일 양국의 독도 영유권 주장은 모두 역사적으로나 국제법상으로나 자국의 고유 영토이며 실효적인 지배를 해왔다는 데에 근거한다. 따라서 일본의 터무니없는 주장을 막아내려면 이 세 가지 측면을 명확히 하는 것이 필요하다. 최악의 경우지만 독도문제가 국제사법재판소의 판결에 의지해야 할 경우에도 최종적인 판결의 기준은 역사적으로, 국제법적으로 어느 나라의 영토이며, 또 누가 실효적 지배를 해왔는가 하는 면이 될 것이므로 각 부문의 자료를 축적해 가는 노력이 필요하다.

1) 독도를 아시나요

독도는 우리나라 최동단에 있는 화산섬으로 행정구역상으로는 경상북도 울릉군 울릉읍 독도리 산1～37번지에 속한다. 2000년 4월 1일 '경상북도 울릉군 울릉읍 도동리 산 42～76번지'였던 옛 명칭을 버리고 비로소 독도라는 이름이 들어간 행정구역 명칭을 얻게 된 것이다. 독도의 면적은 동도(19,605평)와 서도(27,800평)를 중심으로 주변의 가제바위, 지네바위, 구멍바위, 미륵바위 등 모양에 따라 이름이 붙여진 36개의 암초를 포함하여 총 56,416평이다. 독도의 위치는 울릉도에서 동남쪽으로 89.493km 떨어진 곳에, 한반도에서 가장 가까운 경북 울진군 죽변면에서는 220.354km 떨어진 곳에 위치하고 있다. 반면 일본에서 제일 가까운 곳은 약 160km 떨어진 시마네현(島根縣) 오끼섬(隱岐島)으로, 울릉도에서의 거리보다 약 70Km 정도 멀리 떨어져 있다.

독도의 가치를 가로, 세로 각 400m 정도의 전체 면적을 갖는 하찮은 돌섬 정도로 여겨서는 곤란하다. 한류와 난류가 교차하는 독도 주변수역은 플랑크톤이 풍부하여 회유성 어족이 풍부한 황금어장을 이루고 있어 경제적 가치가 뛰어나다. 1998년 9월 체결된 '신한일어업협정'에서 독도가 한일 양국의 공동관리수역에 포함됨으로써 현재로서는 실현 가능성이 없어졌지만, 우리가 독도에 대한 완전한 영토주권을 행사하게 된다면 유엔해양법협약에 보장된 배타적 경제수역(EEZ : Exclusive Economic Zone)의 기점으로 삼을 수도 있을 것이다. 또한 독도 인근지역에는 풍부하고 질 좋은 천연가스층이 존재하고 석유의 매장 가능성도 높다는 사실이 최근 언론을 통해 알려지기도 했다. 에너지원의 대부분을 해외 수입에 의존하고 있는 우리의 입장에서 독도는 해양석유자원 확보라는 측면에서도 대단히 중요한 의미를 갖는다 할 것이다. 군사 전략적 측면에서도 독도의 중요성은 남다르다. 러일전쟁 기간이던 1905년 독도의 전략적 가치에 주목한 일본이 망루를 설치하여 큰 효과를 본 전례도 있다. 현재 우리 정부에서도 독도에 고성능 방공레이더 기지를 운영함으로써 러시아의 태평양함대와 일본 및 북한 해·공군의 이동상황을 쉽게 파악하고 있다고 한다.

독도는 삼봉도(三峰島)·우산도(于山島)·자산도(子山島)·가지도(可支島) 등 다양한 이름으로 불리다가 1880년대에 들어서부터 비로소 독도(獨島)라는 이름으로 얻게 된 것으로 보인다. 독도라는 이름은 흔히 알고 있는 '홀로 떨어진 외로운 섬'이기 때문이 아니라 '돌섬'에서 유래하였다. 1880년대에 일본인들이 울릉도에 들어와 어로와 벌목 등을 하자 조선정부는 이에 대응하기 위해 본토인들의 울릉도 이주를 허용했는데, 이때 울릉도로 이주한 주민들의 80% 이상이 전라도 출신 어민들이었다. 전라도 사투리로는 '돌'을 '독'이라고 '돌섬'을 '독섬'이라고 하는 것이다. '독도'라는 이름은 돌섬을 뜻하는 '독섬'의 음을 따서 한자로 표기한 경우에 해당된다. 1900년 대한제국 정부 칙령 제 41호에는 독도를 석도(石島)라고 표기하고 있는데, 이는 '돌섬'의 뜻을 따서 한자로 표기한 것이다.

일본에서는 원래 울릉도를 다께시마(竹島)로, 독도를 마쓰시마(松島)로 불렀다. 1905년 2월 독도를 불법적으로 일본 영토로 편입하면서부터 과거 울릉도를 부르던 명칭인 다케시마라고 부르게 되었다. 한편 독도는 한일 양국에서 붙여준 이름 이외에서 서양인들이 붙인 이름이 몇 가지 더 있다. 독도가 널리 알려지기 전인 1850년을 전후해서 독도를 발견한 서양 선박 등의 이름을 따서 프랑스에서는 '리앙꾸르(Liancourt)', 러시아에서는 '마나라이 오리브차(Manalai and Olivutsa), 영국에서는 '호넷(Hornet)' 등으로 각각 명명한 것이다. 하지만 서양에서 가장 일반적으로 통용되는 이름은 프랑스 선박 리앙꾸르호의 이름을 딴 '리앙꾸르암'이었다.

2) 이래서 '다께시마는 일본 영토다'

일본이 독도의 영유권을 처음 주장한 것은 50여 년 전의 일이다. 1952년 1월 18일 우리 정부가 '인접해양의 주권에 대한 대통령 선언'을 발표하면서 이른바 '평화선(일명 이승만 라인)' 안에 독도를 포함시키자, 열흘 뒤인 1월28일 일본정부가 독도는 일본 영토라고 주장하면서 한국의 주장을 인정할 수 없다는 서한을 보내왔다. 이를 계기로 독도 문제는 반세기 이상 지속되는 한일 양국간의 외교적인 쟁점으로 떠오르게 된 것이다. 도대체 일본이 독도를 제 땅이라고 주장하는 것은 어디에 근거한 것일까? 우리의 소중한 국토인 독도를 지키기 위해서는 일본측 주장을 정확히 파악하고 그 잘못된 점을 조목조목 반박할 수 있어야 한다. 먼저 일본이 독도 영유권을 주장하는 근거를 개략적이나마 살펴보자.

현재 한국이 실질적으로 독도를 점유하고 있는 상황이기에 '다께시마가 일본 땅'이라는 주장이 성립하기 위해서는 일본이 독도를 영토로 편입했던 역사적 사실이 있어야 한다. 물론 1910년 우리의 주권을 일본이 통째로 강탈했던 불법적인 한일합방조약은 제외되어야 한다. 일본은 1905년 2월 22일 시마네현(島根縣) 고시 제 40호를 영토편입의 증거로 들고 있다. 시마네현 고시 제 40호에는 "오끼섬(隱岐島)로부터 서북 85해리에 있는 도서를 다께시마(竹島)라 칭하고, 이제부터 본현 소속인 오끼섬 관리의 소관으로 정한다"라고 밝히고 있다. 이러한 시마네현 고시가 나오게 된 것은 약 6개월 전인 1904년 9월 일본 어민 나까이(中井養三郞)가 일본 정부에 '리앙쿠르 섬의 영토편입 및 貸下

願' 신청한 데서 비롯된다. 나까이는 독도에서의 어업권 획득을 위해 일본 정부에 영토편입을 통한 어업권 허가를 요청했던 것이다. 이에 대해 일본 정부는 1905년 1월 28일 내각결정을 통해 '본 무인도는 타국에 의하여 점령되었다고 인정할 흔적이 없다'며, 시마네현에 영토편입 사실을 고시하도록 지시하였다. 독도가 일본 영토로 편입된 근거는 국제법상의 영토취득방식인 '무주지 선점(주인 없는 땅을 먼저 차지함)'에 따른 것이라는 주장이다.

물론 일본의 주장이 1905년 2월 시마네현의 고시가 이루어지면서 처음으로 일본이 독도에 대한 권리를 갖게 되었다는 주장은 아니다. 역사적으로도 일본이 17세기경부터 독도와 그 인근 수역에서 어업을 하면서 독도를 실효적으로 지배해온 오랜 경험이 있다는 것이다. 일본이 독도를 오랜 기간 실효적으로 지배해왔다는 가장 큰 근거는 『백기민담기(伯耆民談記)』에 나오는 기록이다. 이 내용에 따르면 1618년 米子에 사는 오오타니(大谷)와 무라가와(村川) 두 사람이 도쿠가와 막부로부터 다께시마(竹島 : 울릉도)로 건너갈 수 있는 도해면허(渡海免許)인 주인(朱印)을 얻어 조선어부 안용복(安龍福) 등과 마찰을 빚기 전까지 약 80년간 이 지역의 이익을 독점하였다는 것이다. 이 기록에 독도에 대한 언급은 전혀 없고 울릉도에 대한 이야기만 나오지만, 울릉도 지역을 오가는 길목에 독도가 위치하므로 당연히 독도에서도 경제적 이익을 얻고 있었다는 논리이다. 이 과정에서 일본이 독도 영유에 대한 원시적인 권원(original title)을 얻게 되었고, 1905년의 영토편입 조치는 이러한 권리를 확정지은 것에 불과하다고 보는 것이다.

울릉도 연안에까지 나아가 고기를 잡았던 일본 어민들의 활동 때문인지 17세기 후반부터 일본측 기록에 독도가 나타나기 시작한다. 1667년에 독도를 기록한 최초의 보고서인 『은주시청합기(隱州視聽合記)』가 나온 이후에, 18～19세기에도 『죽도도설(竹島圖說)』·『장생죽도기(長生竹島記)』·『은기고기집(隱岐古記集)』·『죽도고(竹嶋考)』등이 이어지고 있는 것이다. 이중 18세기 중반에 나온 『죽도도설』에는 '오끼국 마쓰시마(隱岐國 松島)'라는 표현이 나와 독도를 일본 영토로 인식하는 사례도 있었음을 보여주고 있다. 이들 기록을 통해서 보면 늦어도 17세기 중반부터는 일본인들이 울릉도와 독도 일대를 자주 왕래하여 울릉도·독도에 대해 상당한 지리적인 인식을 갖고 있었음을 알 수 있다.

일본이 독도 영유권을 주장하는 또 다른 근거는 1951년 9월 4일부터 8일 사이에 이루어진 샌프란시스코 강화회의(San Francisco Peace Conference)의 결과 체결된 대일강화조약(Peace Treaty with Japan)이다. 대일강화조약 제 2조 1항에서는 일본으로부터 분리되는 한국의 영토를 '일본은 한국의 독립을 승인하고, 제주도·거문도 및 울릉도를 포함하는 한국에 대한 모든 권리·권원 및 청구권을 포기한다'고 규정하고 있다. 이 조항을 일본은 일본으로부터 분리되는 지역에 독도가 명기되지 않았으므로 울릉도까지만 일본으로부터 분리되었고, 독도는 일본 영토로 잔류되었다고 주장한다. 즉 울릉도가 한국 영토의 동쪽 경계를 이룬다고 보는 것이다. 이러한 주장은 대일강화조약 제 2조 1항에 독도를 명기해 달라는 한국의 요구가 연합국에 의해서 거부되었다는 사실에 의해서도 논리적으로 보완된다. 연합국이 한국의 요구를 거부한 이유가 독도를 일본 영토로 간주했기 때문이라는 것이다.

3) 일본 기록에서도 독도는 한국 땅이다

독도는 언제부터 우리나라의 고유영토가 되었을까? 『三國史記』 『신라본기(新羅本紀)』 지증왕 13년조와 『열전(列傳)』 이사부(異斯夫)조를 보면 서기 512년에 우산국이 신라에 복속되었음이 기록되어 있다. 물론 우산국은 독도가 아닌 울릉도를 말하는 것이므로 『삼국사기』의 기록을 곧 독도의 영토 편입이라고 단정하기는 어렵다. 하지만 울릉도에서 청명한 날에는 육안으로도 독도가 쉽게 보인다는 점을 고려하면,

일찍부터 우산국의 영역에 포함되었을 것으로 생각된다. 1808년에 편찬된 『만기요람(萬機要覽)』 군정편에는 '여지지(輿地志)에 이르기를 울릉도와 우산도(독도)는 모두 우산국의 땅이며, 우산도는 왜인들이 말하는 송도(松島)이다'라고 하고 있다. 즉, 우산국의 땅에 울릉도뿐 아니라 독도까지 포함된다는 것이다. 일본이 '무주지 선점'으로 영토에 편입하였다는 1905년 이전에 독도는 '임자 있는' 땅임을 보여주는 국내 기록은 무수히 많다. 『고려사지리지』, 『세종실록지리지』, 『신증동국여지승람』과 그 부속지도, 『성종실록』, 『숙종실록』, 『만기요람』과 『동국지도』, 『해좌전도』, 『조선전도』등 수많은 지도가 독도가 우리 영토임을 일관되고도 분명하게 밝히고 있는 것이다.

그렇다면 일본측 자료에는 독도가 일본 땅이라고 기록되어 있을까? 유감스럽게도(?) 일본은 자국인이 남긴 기록을 통해서도 독도가 일본 땅이라는 사실을 증명하기가 어렵다. 1905년 이전의 자료를 살펴보면 독도가 한국 땅이라고 되어있는 기록이 더 많기 때문이다. 일본인이 독도를 언급한 최초의 기록인 『은주시청합기』(1667년)에서조차 울릉도와 독도의 위치를 말하면서 일본의 영토가 오끼섬(隱岐島)까지라고 하였던 것이다.

또한 1785년 일본의 저명한 지도학자 하야시(林子平)가 저술한 『삼국통람도설(三國通覽圖說)』에 수록된 『삼국접양도(三國接壤圖)』는 18세기 후반 일본인들이 울릉도와 독도를 조선땅으로 인식하고 있었음을 분명히 보여준다. 하야시는 국경과 영토를 구분하기 위해 지도상에 조선은 황색으로, 일본은 녹색으로 채색을 하였다. 이 지도에 울릉도와 독도는 정확한 위치에 조선의 영역을 뜻하는 황색으로 표시되어 있을 뿐 아니라 섬 옆에 '모두 조선의 것'이라고 명확히 밝히고 있다. 역시 18세기 후반의 지도인 『총회도(總繪圖)』도 『삼국접양도』와 같은 방식으로 울릉도와 독도가 조선 영토임을 분명히 밝히고 있다. 또한 개인이 만든 지도에서 뿐 아니라 명치시기 일본 정부에서 간행한 지도에서도 독도는 한국의 영토로 표시되고 있었다. 1875년 일본 육군성 참모국이 제작한 『조선전도』와 1876년 일본 해군성 수로국에서 제작한 『조선동해안도』가 그것이다. 특히 일본 해군성의 『조선동해안도』는 1887년 재판을 낸 것을 비롯해서 지속적으로 판형을 바꿔가며 지도를 간행하였는데, 1905년이 될 때까지 독도를 조선 영토로 인정하여 『조선동해안도』에 포함시켰다. 한편 일본에서 만든 고지도에서 주목되는 경향 중 하나는 일본 지도에 독도가 누락되어 나타난다는 점이다. 1800년대 중반에 제작된 『대일본연해여지전도(大日本沿海輿地全圖)』와 1877년 일본 문부성에서 만든 『일본전도』가 그러하다. 독도가 일본의 영토라면 일본전도에 독도가 포함되는 것이 당연하겠지만 번번이 누락시키고 있는 것이다. 일본의 고지도 70여장을 검토한 한 연구에 의하면, 60% 이상의 지도에서 독도가 일본영토임을 부정하거나 인정할 수 없게 나타남으로써 일본의 고유영토라는 주장과 심각하게 모순을 빚고 있다.

17세기말 울릉도·독도를 탈취하려던 일본측의 시도가 울산의 어부 안용복(安龍福)의 활약으로 저지된 것은 잘 알려진 사실이다. 1699년 일본 도쿠가와 막부가 조선에 외교문서를 보내 울릉도·독도가 조선의 영토임을 확인한 이후 도쿠가와 막부 시대의 일본 문헌에는 독도를 일본 영토라는 주장이 전혀 나타나지 않는다. 1868년 명치유신 이후 수립된 일본 신정부도 울릉도와 독도가 조선 영토임을 알고 있었음을 보여주는 기록들도 있다. 1869년 12월 일본 외무성을 조선의 사정을 탐지하기 위해 외무성 관리를 조선에 파견하였는데, 이들이 돌아와 제출한 보고서에 '죽도(울릉도)와 송도(독도)는 조선의 부속도서이다'라고 명확히 밝힌 부분이 있다. 또한 1876년에는 일본 내무성이 전국지도 제작을 위해 각 현에 조사를 지시하자, 시마네현에서 울릉도와 독도를 포함시켜 조사할지 빼고 조사할지를 내무성에 문의하였다. 이에 대해 내무성은 5개월 가량 관련문제를 검토한 후 울릉도와 독도는 일본과 관계없는 조선 영토라고 결론지었고, 총리대신도 울릉도와 독도를 시마네현의 조사범위에 포함시키지 말라는 지령문을 1877년 4월 9일자로 시마네현에 송달하였다.

4) 국제법 측면에서의 일본 주장 비판

일본이 독도영유권을 주장하는 법적인 근거는 앞서 살폈듯이 크게 두 가지로 나누어 볼 수 있다. 첫째는 시마네현 고시 제 40호에 의해 '무주지 선점' 원칙에 따라 독도를 영토로 편입한 행위가 적법하다는 것이다. 둘째는 1951년 9월 체결된 대일강화조약 2조 1항의 내용을 독도가 일본으로부터 분리되지 않고 여전히 일본 영토에 포함되는 것으로 보아야 한다는 것이다. 이제 국제법적으로 독도가 일본 영토인 증거로 제시된 두 가지 근거를 차례로 비판해 보자.

일본이 영토편입의 증거로 제시한 시마네현 고시 제 40호가 국제법상의 근거로 인정받기 어려운 심각한 문제점들을 안고 있음이 지적되어야 할 것이다.

먼저 일본이 독도의 영토편입 이유를 분명 '무주지(無主地)'이기 때문이라고 하였음을 상기해보자. 만약 일본의 주장과 달리 독도가 '유주지(有主地)'라고 한다면, 일본의 영토편입 행위는 국제법상 용인된 영토획득이 아니라 불법적인 영토 강탈이 되는 것이다. 독도가 '무주지'가 아니라 우리의 고유영토였음을 입증하는 기록은 너무나 풍부하다. 가깝게는 시마네현 고시가 나오기 불과 5년 전인 1900년에도 대한제국은 칙령 제 41호 '울릉도를 울도로 개칭하고 도감을 군수로 개정하는 건'을 통해 울릉도를 행정구역상 군으로 바꾸는 조치를 하고 있다. 이 칙령 제 41호의 제 2조에는 울릉군수가 '울릉전도와 죽도・석도를 관할할 것'이라고 하고 있는데, 앞서 언급했듯이 석도는 돌섬을 뜻하는 '독섬'의 뜻을 따서 쓴 명칭이다. 따라서 독도는 울릉군수가 관할하는 대한제국의 영토로서 일본의 주장과 같은 '무주지'가 될 수 없는 것이다.

또한 국제법상 선점을 통한 영토 획득의 경우 그 사실을 대외적으로 알리는 행위가 반드시 요구된다. 그런데 일본의 독도 영토편입은 대외적인 공표가 전혀 없었다는 점에서 정당성을 인정받기 어렵다. 시마네현 고시 40호는 우리나라의 도청에 해당하는 현청의 게시판 벽보를 붙여 영토편입 사실을 알린 것으로 대외적인 공표라고 할 수 없는 것이다. 새로운 영토편입이라는 국가적인 중대사를 중앙정부가 공표하지 않고, 지방관청의 고시로 발표한 일본의 행위는 오히려 영토편입 사실을 대외적으로 알리기보다는 감추려 한 것이 아닌가 하는 의구심을 불러일으킨다.

대한제국 정부가 독도가 일본영토에 편입된 사실을 알게 된 것은 시마네현 고시 제 40호가 나온 지 1년 2개월 후인 1906년 4월 8일이다. 울릉도에 들른 시마네현의 사무관에게서 '독도가 일본 영토에 편입되었음'을 전해들은 울릉군수 심흥택이 '본군소속 독도를 일본이 편입하였다고 주장한다'고 중앙정부에 다급하게 보고했던 것이다. 여기서 주목되는 것은 일본이 독도를 영토로 편입해 놓고도 1년 2개월이나 기다렸다가 우리에게 알렸다는 점이다. 1905년 11월 17일에는 일본이 대한제국의 외교권을 강탈하는 을사보호조약이 체결된다. 결국 이는 국제사회의 비판을 두려워하여 영토편입 사실을 숨겨오던 일본이 대한제국의 외교권을 빼앗은 이후 보란 듯이 알린 것으로 이해할 수밖에 없다. 이때는 이미 대한제국 정부의 외교권이 박탈당한 상황이라 우리로서는 어떠한 형태의 국제법적 조치나 일본에 대한 항의도 불가능하였다. 사정이 이러한데도 일본은 오히려 독도를 영토로 편입한 이후 주변국에서 어떠한 이의제기도 없었다며 영토편입이 정당함을 강조하고 있다. 이러한 일본의 주장과는 달리 외교적 경로를 통한 항의는 불가능하였지만, 당시의 신문인 『대한매일신보』·『황성신문』 등에서는 일본의 독도 강탈 사실을 보도하면서 여러 차례 항의를 한 바 있다.

1951년 9월 샌프란시스코 강화회의의 결과 체결된 대일강화조약은 제 2차 세계대전을 국제법적으로 최종적인 마무리를 하는 성격을 지니는 것으로 큰 의미를 지닌다. 앞서 밝혔듯이 대일강화조약 2조 1항에서는 일본으로부터 분리되는 한국의 영토를 '제주도 · 거문도 및 울릉도를 포함하는 한국'이라고 규정하고 있다. 논란의 초점은 일본에서 분리되는 한국의 영토에 독도가 포함된 것으로 보느냐, 아니냐는 것이다. 일본은 독도가 명시적으로 언급되지 않았으므로 일본에서 분리되지 않은 것으로 보아야 하고, 조약문의 내용은 울릉도가 한국 영토의 동쪽 한계를 표현한 것으로 보아야 한다는 것이다. 반면 우리는 조약문에 나타난 섬들은 우리나라의 대표적인 섬을 열거한 것에 지나지 않는다고 보고 있다. 한국 영토의 남쪽 한계인 마라도가 사람이 사는 섬임에도 언급되지 않았으므로, 그보다 크기도 작고 무인도인 독도가 직접 언급되지 않았다고 해도 큰 의미를 둘 필요는 없다는 것이다. 대일강화조약의 조문에 독도가 일본으로부터 분리되는 한국영토로 명확히 기록되었더라면 오늘날 일본이 자신의 땅이라고 주장하는 일이 없었을 텐데 하는 아쉬움이 남는다. 하지만 대일강화조약의 성격이 연합국들의 전후처리 구상이 최종적으로 관철된 것이라는 점을 고려하면 독도영유권에 대한 답을 찾는 것이 어려운 일은 아니다.

1945년 8월 일본이 무조건 항복을 한 이후 연합군은 패전국 일본에 대해 군정을 실시한다. 이때 연합군 최고사령부가 일본에 대한 점령정책, 그 중에서도 영토문제를 살피는 것은 독도영유권 문제를 이해하는데 대단히 중요하다. 연합군 최고 사령부는 일본의 영토범위를 어떻게 이해하고 있었을까? 미군이 일본 상륙이 완료된 직후인 1945년 9월 28일자 포고령에서는 일본어민의 어로활동이 독도 동쪽 12해리 수역까지만 가능하다고 하였다. 독도가 일본의 영역에 포함되지 않는다고 보았던 미군의 인식이 반영된 결과인 것이다. 1946년 1월 29일에는 보다 구체적으로 일본의 영토를 밝힌 '연합군 최고사령부 훈령(SCAPIN) 제 677

號'가 발표되었다. 이에 따르면 일본의 영토는 4개의 主島와 약 1,000개의 인접 小島를 포함하는 것으로 규정된다. 주목할 점은 일본에 속하는 인접 소도에서 '울릉도, 독도 및 제주도'가 제외된다는 것을 명시적으로 밝히고 있다는 점이다. 연합군 최고사령부에서 독도가 일본 영토가 아닌 한국의 영토임을 확인해 준 것이다. 'SCAPIN 제 677호'에 독도가 한국 영토라는 명확한 규정이 있었던 반면 대일강화조약에는 독도에 대한 아무런 언급도 없으므로 독도를 일본 영토로 이해할 어떠한 근거도 없는 셈이다. 또한 대일강화조약은 항복문서의 시행조치인 'SCAPIN 제 677호'를 조약을 통해 승인한 것으로 이해하는 것이 논리적이다.

최근에 나온 대일강화조약 체결에 대한 연구는 독도문제가 조약문에 애매하게 처리된 이유를 설명해 주고 있다. 대일강화조약의 문안은 여러 차례 수정을 거쳤는데, 미국은 원래 1차에서 5차에 이르는 초안에서 독도를 한국영토에 포함시키고 일본영토에서 제외하는 문안을 작성하였다. 그러나 미국인 고문관 시볼드(W. J. Sebald)를 내세운 일본의 적극적인 로비의 결과 6차 초안에서는 오히려 독도가 일본의 영토로 표기되기에 이르렀다. 미국 국무부에 미국의 국익차원에서 독도에 기상과 레이더 기지를 설치하는 것이 고려할 것과 일본땅으로 명시할 것을 건의한 시볼드의 설득이 주효했던 것이다. 그러나 연합국인 영국·오스트레일리아·뉴질랜드 등이 6차 초안에 반대하고 獨島를 韓國領土에 넣을 것을 주장하자, 결국은 강화조약 최종안에서는 獨島 명칭을 아예 빼서 다루지 않게 된 것이었다. 결국 대일강화조약에서 독도의 귀속문제가 애매하게 처리된 것은 일본의 치밀한 계획과 미국의 국익차원의 고려가 맞물린 합작품이었던 셈이다. 비록 대일강화조약에는 불분명하게 처리되었지만 독도의 한국귀속을 언급한 'SCAPIN 제 677호'의 명시적 규정이 있으므로, 독도가 일본으로부터 분리되지 않았다는 일본의 주장은 성립될 수 없는 것이다.

5) 일본의 생떼에 어찌 대처해야 할까

일본의 주장처럼 독도가 일본 땅이 되기 위해서는 일본은 다음 두 가지 중 하나는 증명해야 할 것이다. 하나는 1905년 이전에도 일본이 독도를 배타적으로 영유하였으며 한국의 영토가 아니었다는 역사적 사실을 입증하는 방법이다. 다른 하나는 한국의 영토였던 독도에 대한 영유권이 국제법상 합법적으로 일본에 이전·변경되었음을 증명하는 방법이다. 그러나 지금까지 살펴보았듯이 역사적으로나 국제법적으로 한국의 고유영토임이 분명한 독도를 일본이 자신의 영토임을 증명할 가능성은 희박해 보인다. 일본의 독도 영유권 주장은 거의 생떼에 가깝다고 여겨져 일면 측은하기까지 하다. 하지만 반세기 이상 지속적으로 독도 영유권 주장을 하는 일본의 모습을 결코 예사롭게만 볼 수 없다.

일본의 독도 영유권 확보를 위한 노력은 우리의 예상보다 치밀하게 진행되고 있다. 1905년 2월 22일 시마네현 고시 제 40호에 의해서 영토로 편입하면서 일본은 곧바로 다께시마(독도)를 토지대장에 등재하고 5,721,604엔(￥)의 공시지가를 책정한 바 있다. 이는 우리가 1968년에 '경상북도 울릉군 남면 도동리 1번지'로 독도를 토지대장에 편입한 것에 비해 시기적으로 훨씬 앞서 있다. 더군다나 우리의 경우 2000년 4월이 되어서야 '독도'라는 명칭이 토지대장에 명기되었고, 2000년 6월 30일에야 비로소 공시지가 262,921,116원을 책정되고 있는 것이다. 뿐만 아니라 일본 시마네현은 1954년 2월 26일 도쿄에 사는 쓰지 도미조에게 독도지역의 광업권을 허가하고 세금을 징수한 기록도 갖고 있다. 또한 1959년 쓰지는 '독도가 한국측의 불법점거로 인해 사실상 채굴이 불가능하므로 광구세를 징수한다는 것은 부당하다'며 국가와 시마네현을 상대로 손해배상 소송을 제기했고, 1961년 11월 동경지방재판소가 이를 기각하여 독도가 일본영토란 사실을 판례로 남기기까지 하였다. 1999년 11월에는 독도로 호적을 옮긴 일본인이 6가구 7명(1997년 12월 현재)이라는 사실이 알려지면서 국내에 독도로 호적을 옮기자는 운동이 벌어져 157세대 550명(2001년 3월 12일 현재) 독도로 호적을 옮긴 바 있다. 독도에 대한 실효적 지배를 입증하는 많은 기록에서 오히려 한국이 일본보다 우위에 있다고 장담할 수 없는 처지인 것이다.

하루가 멀다 하고 일본이 독도영유권 관련 망언을 쏟아내고 있는 가운데서도 우리 정부는 대응을 철저히 자제하고 있다. 한국정부의 입장은 우리가 실효적으로 점유하고 있는 독도에 대한 일본정부의 억지 주장에 일일이 대응해서 득이 될 게 없다는 것이다. 우리 정부가 적극 대응할 경우 자칫 독도가 분쟁지역으로 인식될 우려도 있으므로 대응하지 않는 게 상책이라는 판단인 것이다. 이러한 한국정부의 대응방식은 최선책은 아닐 지라도 상당히 설득력이 있는 것은 사실이다. 만약 독도가 영유권 분쟁지역으로 인식되어 국제사법재판소의 판단에 맡겨질 경우 우리에게 유리한 판결이 내려질 것이라는 보장은 없는 것이다. 일부에서는 일본이 국제사회에서 갖는 정치·경제적 영향력 때문에 오히려 일본 영토로 판정될 가능성이 있다는 관측을 하기도 한다. 엄연한 우리 영토인 독도가 섣부른 대응으로 인해 일본에게 넘어갈 수도 있다면 귀머거리인 체 하는 것도 좋은 방법일 수 있다. 하지만 우리 정부의 수세적인 대응방식으로는 독도문제를 근본적으로 해결할 수 없다는 문제점이 있다.

일본 장관이나 수상이 독도 영유권을 주장한 것은 어제오늘의 일이 아니고, 1990년대 중반 이후 발언의 빈도가 한층 잦아졌다. 문제는 일본 각료의 잇따른 망언이 일회적으로 터져 나온 돌출적인 것이 아니고, 장기적인 시나리오 속에 벌이는 것이 아닌가 하는 의구심이 든다는 점이다. 별다른 대응을 하지 않는 한국 정부에 대해 일본 정부의 책임있는 각료가 영유권 주장을 끊임없이 제기하는 이유는 언젠가 이루어질지 모르는 국제사법재판소의 판결에 유효한 증거를 축적하는 의미도 있는 것이다. 현재 일본은 국제사법재판소에 독도를 영유권분쟁

대상으로 제소해놓은 상태이지만, 재판부에서 분쟁요인 불충분을 이유로 제소를 유보해 놓은 상태라고 한다. 하지만 일본의 행동으로 보면 결국 독도문제는 우리 정부의 회피노력에도 불구하고 국제사법재판소의 판결로 이어질 가능성이 커 보인다.

그렇다면 독도영유권을 지켜내기 위해서 우리는 무엇을 해야 할까?

해답은 의외로 간단하다. 독도가 한국의 고유영토라면 한국이 독도를 점유함으로써 누릴 수 있는 모든 권리를 제한없이 행사해야 함은 너무도 상식적인 이야기다. 유감스럽게도 현재 우리 국민은 일본을 자극할 우려가 있다는 이유 때문에 독도에 대한 완전한 주권을 행사하지 못하고 있다. 우리 영토임이 분명한 독도를 방문하는 것도 절차상 적지 않은 어려움 때문에 쉽지 않고, 지난 1999년 국회의원 다수의 발의로 제출된 독도개발과 관련된 법안들이 아직까지도 본회의에 상정조차 못되고 있는 것이 현실인 것이다. 우리 스스로 일본을 의식해서 독도에 대해 행사할 수 있는 권리를 포기하고 있는 형국인 것이다. 우리 정부의 의도와 달리 독도문제가 국제사법재판소의 판결을 기다리는 상황에 이르게 된다면 우리 스스로 행한 권리행사 제한은 판결에도 불리한 증거로 작용할 것이다. 이제는 정부의 정책방향도 괜히 긁어 부스럼 만들지 말자는 소극적인 데서 벗어나 독도 영유권을 확보하기 위한 적극적인 권리행사로 전환해야 할 때가 된 것으로 보인다.

참고문헌

한국정신문화연구원, 『독도연구』, 1996.

독도학회, 『독도총서』 5～10, 독도연구보존협회.

강만길, 『독도는 왜 일본 땅이 아닌가』, 『내일을 여는 역사』 2000년 겨울호.

인터넷 사이트 : 독도학회(www.dokdoinkorea.com)
독도수호대(www.tokdo.co.kr).

제 3 편

중원의 역사

1. 선사시대의 중원

1) 구석기시대 유적

지구상에는 약 300만년 전부터 최초의 인류라고 칭하는 오스트랄로피테쿠스가 출현하였으며, 인류의 구석기문화가 시작되는 것은 약 200만년 전의 호모 하빌리스 및 호모 에렉투스(곧선 사람)가 출현, 불을 사용하고 사냥과 채집을 하면서부터이다. 즉, 아시아의 베이징인이 이에 속하는 것이다. 그러나, 진정한 의미의 현생인류는 약 4만년 전부터 출현한 호모 사피엔스 사피엔스(슬기슬기사람)로 이들은 체질상의 특징이 오늘날의 인류와 거의 같으며, 현생인류에 속하는 여러 인종들의 직계 조상으로 추정하고 있다.

우리나라에 구석기인들이 살기 시작한 것은 약 70만 년 전부터이다. 구석기 시대는 석기를 다듬은 수법에 따라 전기(70만년～10만년 전), 중기(10만년 전～4 · 5만년), 후기(4 · 5만년 전～1만2천년 전후)의 세

시기로 구분된다.

전기 구석기 시대는 한 개의 큰 석기를 가지고 여러 용도로 썼으며, 중기에는 용도에 따라 석기를 제작하여 하나 하나의 쓰임새를 가지게 되었고, 후기에는 쐐기 등을 대고 동일한 모양의 여러 개의 돌날 격지를 제작하는 데까지 발달하였다.

우리나라에서 구석기 시대의 유적이 발굴 조사된 곳은 전국적으로 약 40개 지역이다. 이중에 남한강 상류에 위치한 충주, 제천, 단양 등 중원지방에서 10곳이 넘는 유적이 발굴 조사되었다. 이들 지역에서 확인된 선사유적은 구석기, 신석기, 청동기, 철기시대에 속하는 것으로 우리나라 전국의 어느 지역보다도 선사문화가 발달한 고장임을 체계적으로 살필 수 있는 곳이다.

그 대표적인 발굴 유적지를 보면, 첫째, 동굴유적으로는 금굴유적(단양군 매포읍 도담리), 상시바위그늘 유적(단양군 매포읍 상시리), 구낭굴(단양군 가곡면 애곡리), 점말동굴(제천시 송학면 포전리)등이 있고, 둘째, 한데 유적으로는 창내유적(제천시 한수면 사기리), 명오리 큰길가유적(제천시 한수면), 수양개유적(단양군 적성면 애곡리), 충주 용탄동유적, 충주 금능동유적, 그리고 요사이 지표유적(유물 출토지)으로 확인되는 충주시 팽고리산 지역 등을 들 수 있다.

이들 유적은 석기들과 함께 사람과 동물의 뼈 화석, 동물 뼈로 만든 각종 도구 등이 출토되어 이들 지역의 구석기 시대의 생활상을 체계적으로 살필 수 있다.

그 유적지의 실상을 살펴보면, 단양 금굴유적은 우리나라에서는 처음으로 전기 구석기시대부터 약 3천년 전의 청동기시대까지의 선사시대 전시기에 걸친 유물층이 발굴되었다. 즉 금굴의 12개 자연지층은 다시 7개 문화층으로 나누어지는데, 이 유적에서는 구석기시대 전기의 곧선사람, 중기의 슬기사람, 후기의 슬기슬기사람의 진화와 석기의 발달과 시기별 자연 환경 자료를 계통적으로 알 수 있는데, 이는 우리나라 선사문화 연구의 표준유적으로 보고 있다.

단양 상시바위그늘 유적은 3개의 바위그늘에서 구석기시대, 신석기에서 청동기시대까지의 문화양상을 밝혀주는 유물이 출토된 것이 특징이다. 즉 유적의 각 층에서 꽃사슴 등의 짐승화석과 뼈연모 특히 슬기슬기사람과는 완전히 다른 사람 뼈가 출토된 것이 주목된다. 이 뼈들은 네안데르탈사람과 흡사한 슬기사람과의 특징을 보이고 있어 이를 <상시슬기사람>으로 부르고 있는데 <상시슬기사람>은 남한에서 처음으로 보고된 슬기사람으로 이는 당시 인류진화과장을 밝혀주는 중요한 자료로 평가된다.

단양 구낭굴은 석회암 동굴로 이 유적에서도 손가락·발가락·발목뼈 등 사람의 뼈와 짐승의 뼈 화석, 뼈연모, 석기 등이 발굴되었다.

제천 점말동굴은 석회암지대에 형성된 동굴로서 용굴을 중심으로 근처에 6개의 가지 굴이 있으며 입구가 동남향으로 있어 햇빛을 잘 받고, 서·북쪽은 높은 바위가 병풍처럼 둘려 쌓여 동굴 주거지로서 최적의 조건을 갖추고 있다. 이 굴에서는 동굴곰, 짧은꼬리원숭이 등뼈짐승인 20여 종의 동물상과 꽃가루, 나무열매, 씨앗, 상록성 침엽수 등의 실물상을 밝혀주는 유물이 출토되어 구석기 문화 연구에 과학적 연구의 틀을 제시한 중요한 유적이다.

그리고 한데유적은 충주댐 수몰지구조사의 일환으로 밝혀진 곳이다. 그중 창내유적은 해발 약 88m 지점의 동쪽에는 남한강 본류와 제천천(창내)으로 칭하는 지류가 합류하는 지점에 형성되어 생활하기에 편리한 조건을 갖춘 곳이다.

이 유적에서는 약10m2 정도의 집터에서 3~4명이 생활하였던 공간이 확인되는 후기구석기문화의 성격을 뚜렷하게 밝혀주고 있으며 신석기·청동기 등의 문화층도 확인되는 것이 특징이다.

명오리 큰길가유적은 해발 92m에 위치한 밭에서 확인된 곳으로 주먹도끼·주먹괭이·자르개·긁개 등이 출토되었는데 그 시기는 중기

구석기시대 후기(약 4~5만년 B.P.)로 보고있다.

한편 남한강변에 위치한 단양 수양개유적(사적 398호)은 우리나라에서 발굴 조사된 유적으로는 가장 넓고 (1.250m2) 가장 많은 유물이 발굴되었다. 그 유적은 중기구석기 문화층으로부터 청동기 문화층이 층위로 있음이 확인되었다. 출토 유물은 다양한 형식의 주먹도끼와 찍개·돌망치 등이며, 특히 석기제작소가 약 50군데나 발굴되어 석기제작행위의 복원에 결정적 자료를 제공하고 있다.

지금까지 살펴본 중원지역의 구석기 유적은 우리나라에서 발굴된 유적 중 1/4에 가까운 유적이다. 요컨대 중원문화권 지역에 유독 구석기 문화유적이 집중되어 있다는 것은 이 고장의 자연환경이 선사인들의 생활에 가장 적절한 터전이었다는 사실을 실증해 주는 것이다.

그리고 한반도 중앙에 속하는 중원지방의 구석기문화는 우리나라 구석기 문화의 시원·이동·전파와 그 문화의 국제적 성격을 밝히는데 큰 자료로 이용되고 있다는 점이 문화적 의의를 갖는다고 보겠다.

2) 신석기시대 유적

신석기시대는 구석기시대의 채집 생활과는 달리 농경과 목축의 시작, 간석기와 토기의 사용, 정착생활과 촌락공동체의 형성을 특징으로 발전한 시대이다.

우리나라의 신석기시대는 B.C. 8000년경부터 시작되었다고 보는데 서해안, 동북해안, 남해안 등 지역별로 독특한 문화양상을 갖으며, 시대별로의 차이점을 보이고 있다. 당시의 사람들은 돌을 갈아서 만든 돌괭이, 돌삽, 돌보습, 돌낫 등이 있고 토기는 빗살무늬토기가 대표적이었다.

그리고 생활도구로는 원시적인 수공업생산도 이루어져 가락바퀴·

뼈바늘 · 뼈낚시 · 그물과 작살 등을 이용하였다.

주거지는 대개 4～5명 정도가 살 수 있는 움집으로 문은 남쪽으로 내고 화덕이나 출입문 옆에는 식량 등을 저장하는 구덩을 만들어 사용하였다. 신석기인들은 자연물에도 정령이 있다고 믿고, 태양 · 영혼 · 조상 등에 대한 숭배가 나타났으며, 주술을 믿는 샤머니즘과 특정 동식물을 숭배하는 토테미즘이 있었고, 조개껍데기가면, 조가비나 짐승의 뼈 등으로 만든 치레걸이 · 장신구 등도 갖고 있었다.

우리나라 신석기시대의 유적은 현재 밝혀진 곳이 200군데가 넘는다. 남한강 상류에 위치한 중원지역에서 1982년부터 수몰지역의 발굴과정에서 확인된 유적을 보면, 남한강 유역에 위치한 청풍면의 양평리 · 진목리 · 계산리 · 광의리 · 방흥리 · 황석리, 한수면 사기리(창내) · 명서리 · 도화리 · 함암리 일대와 충주시 동량면의 지동리 · 하천리 · 조동리, 산척면의 명서리, 상시3바위그늘, 단양 금굴, 단양수양개 등이다.

이들 유적 중 주목을 끄는 곳은 충주시 동량면 조동리 유적이다. 이 유적은 1990년 9월 중부지방에 내린 집중호우로 처음 알려져 3차(1996 · 1997 · 2000년)에 걸쳐 발굴, 대규모의 신석기～청동기 문화층이 확인되었다.

신석기 문화층에서는 빗살무늬토기 조각이 다량으로 출토되었는데 그 연대는 방사성탄소연대측정 결과 5.295±545 B.P.의 연대로 나타났다.

유적에서 출토된 유물은 화살촉 · 돌보습 · 돌도끼 · 그물추 · 찍개 · 빗살무늬토기 조각 등 어로와 농경 등의 생활활동과 관련된 유물이 다량으로 출토되었다. 그중 빗살무늬토기 조각의 문양은 서울의 암사동 계열과 유사성이 많은 것으로 보고 있다.

그리고 쌀 · 보리 · 조 · 밀 · 수수 · 도토리 등 낟알 등이 출토되어 신석기시대이래 청동기시대에 걸쳐 이곳은 대구모의 취락을 형성, 활발한 생산활동이 있었음을 알 수 있다.

요컨대 충주시 동량면 한강변에 위치한 조동리유적은 중원지방의 신석기 및 청동기시대의 기원과 성격은 물론 우리나라 선사문화의 교류와 전파, 발달과정 및 산업경제 등을 규명하는데 중요한 기준이 되는 유적으로 평가되고 있다.

그리고 청풍면 황석리(서낭지구) 유적에 출토된 빗살무늬토기에는 누르기나 긋기 방법으로 정연하게 무늬를 베풀었고, 입술과 몸체 부분의 무늬가 확연히 구분되는 것이 많은데 이 토기의 구성은 암사동양식과 비교되며, 시기도 앞선 편인 것으로 보고 있다.

그러나 앞에서 본 유적지들은 현재 경작활동으로 유구의 훼손이 우려되고 있어 관계당국은 선사문화의 이해와 교육의 장으로 활용될 수 있는 보존 관리의 대책이 절실하게 요망되고 있다.

3) 청동기시대 유적

한반도에서의 청동기시대는 B, C. 10세기경에, 만주지방에서는 이보다 앞서서 시작되었다. 이 시대는 농경위주의 생활에 목축·어로 등 생산경제가 더욱 발달되고, 분업이 이루어지면서 계급과 사유재산제도가 나타나는 등 사회 전반에 걸쳐 큰 변화가 나타났다.

이를테면 우리나라 최초의 국가인 고조선사회도 청동기 문화를 배경으로 성장 발전된 것이다. 청동기시대의 전형적인 유물로는 반달돌칼, 돌칼, 바퀴날도끼 등의 석기와 청동으로 제작된 청동도끼, 비파형동검, 거친무늬거울, 화살촉 등의 제품이 있으며, 토기로는 밑바닥이 좁은 팽이형과 밑바닥이 판판한 원통모양의 화분형 등과 같이 지역에 따라 각기 특징이 있는 민무늬토기 등이 출토된다. 이와 같은 유물들은 고인돌, 돌무지무덤, 돌널무덤 등에서 출토되고 있는 것이 일반적 현상이다.

충주와 그 인근지역 남한강 강변의 충적지대에서 확인된 청동기시대의 유적을 보면, 충주시 동량면 지동리·조동리, 금가면의 월상리·

오석리 · 용교리, 가금면의 장천리 등지에서 확인되고 있다. 그리고 남한강변에 위치한 제천시 청풍면의 황석리 · 진목리 · 양평리 · 계산리 · 광의리 · 방흥리 등 광범한 지역에서 발견되고 있다.

앞에서 본 청동기시대 유적은 그 규모가 지금까지 알려진 한반도 무문토기유적 중 가장 큰 규모이며, 그 중 주목을 끄는 유적은 양평리 B지구에서 발굴된 집자리터와 충주시 동량면 조동리 유적이다.

먼저 양평리유적의 경우를 보면, 집자리터에서 빗살무늬토기, 무문토기, 김해식토기 와 역사시대의 자기 조각 등이 나타난다. 그런데 빗살무늬토기는 한강변에서 보이는 전형적인 토기와는 달리 무문토기와 같은 태토질의 빗살무늬토기로서 이 토기의 제작 시기는 빗살무늬토기의 가장 말기에 해당되는 것으로 보고 있다. 즉 양평리유적은 시기적으로 빗살무늬토기에서 무문토기로 넘어가는 과도기와 비슷한 시대의 것으로 보고 있으며, 이와 비슷한 유적으로는 파주 교하리 · 왕석리와 여주 흔암리 등의 지역을 들 수 있다.

한편 주거지(동서장축 6m, 남북장축 4m)는 장타원형으로 이는 전남 광주 송암동이나 송국리에서 발견된 형태와 유사하며, 출토유물은 흔암리주거지 출토유물과 같다. 이 유적의 시기는 주거지의 노지에서 채집한 목탄 등을 방사성탄소년대 측정 결과 2785±165 B.P.로서 서기전 6~7세기에 해당되는 것으로 볼 수 있다.

조동리유적을 보면, 이 유적은 3차(1996 · 1997 · 2000)에 걸쳐 발굴, 신석기와 청동기문화층이 확인되었는데 청동기층에서는 네모꼴의 집터, 52개의 불땐자리, 움, 돌무지유구 등 82개의 생활유구를 찾아냈고, 출토된 유물은 가지무늬토기 · 구멍무늬토기 · 굽잔붉은간토기 · 민무늬토기 · 붉은간토기 · 팽이형토기 · 골아가리토기 등 다양한 토기문화를 확인했다. 그리고 돌보습 · 화살촉 · 돌도끼 · 발화석 · 그물추 등의 뗀석기가 발달된 특징을 보여주고 있고, 집터 · 움 · 불땐자리 등에서 쌀 · 보리 · 밀 · 귀리 · 수수 등의 많은 양의 불탄 낟알을 찾아냈다.

앞에서 본 조동리 청동기문화층의 연대는 2,700±165 B.P.(청동기시대 1호 집터)·2,995±135 B.P.(1호 불땐자리)로 나타나고 있다.

요컨대 청동기시대의 조동리유적은 충주지방에서 조사된 유적 중 가장 큰 규모의 생활취락지로서 선사시대 이 지역을 중심으로 한 남북지방문화의 연계성과 생업경제 등에 대한 연구에 기준을 제시하여 준다고 보고있다.

한편 청동기시대 충주를 중심한 남한강 상류지대에서 관심을 끄는 또 하나의 유적은 고인돌 유적이다. 고인돌은 계급분화의 영향으로 청동기·초기철기시대에 걸쳐 정치권력을 가진 지배층의 무덤으로 만들어진 거석기념물이다. 이 고인들은 고조선의 영역이었던 중국 동북삼성지역으로부터 한반도의 전역에 걸쳐서 발견되고 있다. 이들 고인돌의 형태는 묘실이 지상에 나와있는 탁자식, 묘실이 완전히 지하로 들어가고 굄돌이 없이 그 위에 판석을 올려놓은 개석식, 5~6개의 굄돌 또는 돌무지로 하부 돌방부분을 만들고 그 위에 뚜껑돌을 올려놓아 받침돌이 지상에 낮게 나와있는 기반식으로 구분된다.

충주를 중심한 남한강 상류지역 고인돌의 분포지역을 보면, 충주시 가금면 탑평리, 동량면 조동리·지동리·하천리, 이류면 만정리, 신이면 화석리, 제천시 청풍면 방홍리·계산리·광의리·양평리·진목리·황석리, 한수면 성암리·호운리·함암리·송계리, 봉양면 확산리·명오리 유적 등이 있다. 이들 유적 중 주목을 끄는 것은 황석리 고인돌이다.

황석리 고인돌은 총 46기가 확인되었는데 1962년 국립중앙박물관팀이 2차에 걸쳐 18기의 고인돌을 발굴했다. 그 중 13호 고인돌에서는 30대 초반의 남자(키 174cm)의 완전한 뼈가 출토되었고, 연대를 측정한 결과 2360 B.P.라는 연대가 나왔다. 그리고 1982~83년 충주댐 수몰지역조사의 일환으로 충북대학교팀에 의해 8기의 고인돌이 추가 조사되어 남한강 상류지역에 발달한 청동기문화의 성격 규명에 기준을 제공하였다.

그리고, 1996년 한국사학회에서 주관으로 필자가 최초로 확인한 벌들 마을 앞의 집석유구와 덕주사 입구 김교덕 묘역내에 위치한 무너진 고인돌을 실측 조사하여 보고했다. 이에 주목을 끄는 것은 벌들 마을 앞 지석묘군의 고인돌이 있는 평석 아래서 수습된 돌가래는 충주시 동량면 조동리 청동기 유적에서 나오는 농경구인 돌가래와 유사한 것으로 밝혀졌다.

지금까지 밝혀진 선사유적으로 보아 충주를 중심한 남한강 상류지방은 구석기시대로부터 청동기시대에 이르기까지 한결같이 다른 지역에 비교할 수 없을 정도의 선사인의 취락이 형성, 선사문화가 발달되었다는 사실을 알 수 있다. 이와 같은 결과는 이 지역 문화형성에 젖줄이 되어온 한강과 이에 따른 수륙교통의 편리성, 강변의 충적평야와 철・동 등 물적 인적 자원의 충분한 지리적 환경에 따른 것으로 볼 수 있다.

그리고 충주를 중심으로 남한강 상류에서 발달한 선사문화는 남부와 북부의 중간 지점에 위치하여 선사문화의 전파와 이동에 다리 역할을 하였다고 볼 수 있다.

2. 삼국발전기의 중원

1) 삼국의 성립과 충주

만주와 한반도에서 성립한 고구려(B.C. 37) · 백제(B.C. 18) · 신라(B.C. 57)의 삼국은 연맹왕국의 단계를 거쳐 중앙집권 국가로 발전한 것이다.

이들 국가의 성장 과정에서 본 특징은 첫째, 왕권의 강화와 중앙집권적인 정치체제의 성립을 지표로 한 점이다. 즉 중앙의 왕권이 세습에 의하여 확립되고 각 지방의 족장세력이 왕권에 복속되어 그들의 독립성이 상실된 것이다.

둘째는 강력한 왕권과 중앙집권적인 정치력을 바탕으로 정복과 통합을 위한 끊임없는 정복전쟁을 전개, 영토를 확장하여 국력을 신장시키는데 역점을 두고 있었다는 것이다.

셋째는 정복에 의해 확대된 영토를 통치하기 위하여 율령을 제정 반포하는 등 정비된 체제의 통치조직을 마련하였다는 것이다.

넷째는 고대국가로 발전되던 시기에 전래된 불교는 왕실을 통하여 수용되고, 왕권의 권위와 호국의 도구로 중앙집권화의 진전을 사상적으로 뒷받침하기 위하여 장려된 점이다. 예컨대, 삼국에서 호국사상을 대표하는 인왕경이 널리 읽혀졌고, 인왕회라는 백좌강회를 널리 개최하여 국가의 평안을 기원한 것 등이 그것이다. 그리고 백제 무왕이 건축한 왕홍사와 신라 진흥왕이 건축한 황룡사와 황룡사9층목탑을 만든 것도 호국적 동기에서 이룩된 것이다. 이렇듯 고대 삼국이 고대국가로 발전하는 과정에서 본 성격의 특징은 서로 같다고 보겠으나 삼국의 사회가 성장발전하여 가는 과정은 삼국이 처했던 지역적 조건에 따라 차이가 있었다. 충주와 관련되는 사실을 보면, 당시 삼국은 철 생산의 고장이며, 남북 왕래에 있어 계립령로와 죽령로의 거점으로 수륙교통의 요지인 충주를 누가 먼저 차지하느냐에 따라 판세와 국력이 달라진다고 각기 판단하고 있었다. 그 사실은 남한강 상류에 위치한 충주·단양·제천 지역의 주인이 백제→고구려→신라로 바뀌었다는 점과 고구려와 신라가 충주를 부도(副都)의 성격을 갖는 국원경과 중원소경으로 택한 사실이나 중원고구려비와 단양적성비에서 족히 실감할 수 있다. 이제 삼국의 성장 과정을 보자.

2) 백제와 충주

백제는 한강 유역에 위치한 마한 중의 한 소국 토착민과 고조선 멸망과 더불어 북방에서 나려온 유민집단이 결합하여 출발했다. 즉 고구려 주몽의 아들 온조가 남하하여 오늘의 서울 지역인 하남위례성에 도읍을 정하고 건국했다.

백제는 삼국 중 가장 늦게 출발하였지만 인적 물적 자원이 풍부한 한강유역과 경기·충청남도 해안의 서해를 끼고 있어 고대국가의 발전에 유리한 조건을 갖고 있었다. 이렇듯 지리적 조건에 힘입은 백제는 2세기 후엽인 후한의 한제(桓帝 : 146-167) 영제(靈帝 : 167-189) 때 한강유역으로 뻗어오는 한군현 세력을 막아내는 강력한 세력으로 등장하였다. 그리하여 고이왕(234-286) 때에 이르러 대외적으로 낙랑군과 대방군을 공격(246)하여 대방태수를 전사시키는 등 정복사업을 활발히 전개하고, 260년(고이왕 27) 대내적으로 관제를 정하여 6좌평과 16관등을 설치하고 관리의 복색을 제정하였으며, 법령을 제정 반포하는 등 고대국가의 체제를 완비, 왕권이 강화되고 중앙집권체제가 진전되었다. 백제의 비약적인 발전은 근초고왕(346-375)때였다. 즉 근초고왕은 정복사업을 전개, 남으로 마한의 나머지 영역을 정복하여 전라도 남해안에 이르렀으며, 낙동강 유역의 가야제국에 대해서도 지배권을 행사하였고 고구려를 공격 고국원왕을 전사케 하였다. 이리하여 백제는 지금의 경기, 충청, 전라도와 낙동강 중류지역, 강원, 황해도 지방의 일부를 포함하는 광대한 영토를 확보하였다. 한편 372년(근초고왕 27) 동진과 외교관계를 맺는 한편 수군을 증강하여 중국의 랴오시지방과 산둥지방, 그리고 일본의 규슈 지방까지 진출, 연결하는 등 활발한 대외 활동을 펼쳤다.

그리고 안으로는 부자상속에 의한 왕위계승이 이룩되었고 정복군주의 권위로서 황색깃발의 사용과 특히 고흥으로 하여금 유교통치 이념의 방편인 국사 책 『서기(書記)』를 편찬(375)하는 등 왕권 강화에 박차를 가했다. 이와 같은 백제의 발전은 근구수왕(375-384)때 이르러 더욱 촉진되고, 384년(침류왕 원년) 불교를 공인하여 고대국가의 사상적 기반을 이룩하였다. 이후 전지왕(405-420)은 귀족세력의 억압책으로 상좌평을 두어 왕권을 강화시켰다. 그리고 비유왕(427-455)은 고구려의 남하정책을 견제하기 위하여 신라 눌지왕과 나제동맹(433-553)을 맺는 한편 중국의 송, 왜와의 교섭을 강화하면서 국가의 위상을 높였다. 그러나 백제는 5세기말에 이르러 광개토대왕(391-413)의 한강유역 진출과 장수왕(413-491)의 남진정책에 의해 475년 한강유역을 상실하고 개로왕까지 살해되는 타격으로 도읍을 한성에서 웅진(공주)으로 옮겼다(475). 이후 백제는 왕권이 약화되고 지배세력이 바뀌면서 점차 국력이 쇠퇴하게 되었다.

3) 고구려와 충주

고구려는 부여에서 남하한 유이민과 압록강 유역의 토착민 집단과 결합하여 주몽에 의해 건국되었다. 고구려는 지리적으로 농경지가 적은 험한 산악지대에 자리잡고, 북방의 유목집단 등 대륙의 세력과 접하고 있기 때문에 국민기상이 상무적이고 대륙적 호전적인 나라가 되어 일찍부터 결속력을 강화하면서 정복국가체제로 발전하였다.

이를테면 B.C. 75년 현도군을 만주의 홍경·노성방면으로 쫓아낸 점, 서기전 6년(유리왕 14) 부여왕 대소(帶素)가 고구려에 사신을 보내 질자를 요구했으나 이를 거절했으며, 13년(유리왕 32) 부여인이 침입하자 이를 전멸시켰다. 그리고 대무신왕 때 부여를 공격하여 다음해 부여왕을 살해하고 돌아왔다. 특히 태조왕(53~146)은 주변지역에 대한 통합을 보다 활발하게 전개하였다. 함경도 지방의 옥저를 복속시켰고, 요동지방을 공격하여 만주지방으로 세력을 확대시켰다.

이와 같은 태조왕의 대외적 발전책은 왕권의 성장과 국가체제 정비가 마련되기 시작하였다. 이때 계루부 고씨에 의한 왕위의 계승이 확립되어 왕권이 더욱 강화되고 집권적 관료조직이 갖추어졌다.

이후 국가체제의 정비는 2세기 후반인 고국천왕(179~197)때 이르러 시행되었다. 종래의 족제적인 계루부 등의 5부가 행정적인 5부(내부·북부·동부·남부·서부)로 개편되고 왕위계승이 종래의 형제상속에서 부자상속으로 바뀌었으며, 옛 부족장세력이 아닌 을파소(乙巴素)를 국상으로 기용하였고, 진대법을 실시했다. 이 같은 사실은 곧 중앙집권화와 왕권이 강화된 사실을 알 수 있는 예다.

3세기 중반인 동천왕(227~248) 때는 오나라와 친교를 맺고, 중국과 낙랑을 연결하는 서안평을 공격하였다가 위나라 관구검의 침입을 받아 수도가 함락된 사실도 있지만 미천왕(300~331)때 서안평을 점령하고 이어 낙랑을 공격하여 중국세력을 고구려 영토 내에서 완전히 몰아냈다.

그러나 고국원왕(331~371) 때는 북으로부터 전연과 남으로는 백제의 침입을 받아 고국원왕이 전사하는 등 국가적 위기를 겪기도 하였다. 이 같은 위기를 극복한 것은 소수림왕(371~384)이었다. 이는 불교를 수용하고 태학을 설립하였으며, 율령을 반포하는 등 중앙집권적 고대국가로서의 체제를 마련하였던 것이다.

이후 소수림왕의 체제개혁을 바탕으로 즉위한 광개토왕은 활발한 정복사업을 전개하여 서로는 후연을 격파하여 요동 진출을 이룩했고, 동북으로는 숙신을 복속시켜 만주 땅을 차지하였으며, 남으로는 백제를 정벌하여 임진강과 한강상류까지 진출하였고, 왜의 침입을 받은 신라를 돕기 위하여 5만의 군사를 보내 왜구를 격퇴시키기도 하였다. 이 같은 사실은 광개토왕릉비에서 알 수 있다.

이후 광개토왕의 위업을 계승한 장수왕(413～491)은 수도를 국내성에서 평양성으로 천도한 이후 북위(439～534)와의 친선관계를 유지하면서 국력신장의 새로운 전기를 마련하였다. 요컨대 평양천도는 대동강유역의 풍요한 인적 물적 자원과 고조선의 문화유산을 토대로 정치·경제·문화면에 새로운 전기를 마련하였다.

이렇듯 고구려의 남진정책에 자극과 위협을 받은 신라와 백제는 고구려에 대항하기 위하여 나제공수동맹을 체결하였다. 당시 백제와 신라를 압박하던 장수왕은 백제의 서울 한성을 함락시키자 백제는 수도를 웅진으로 옮기게 되었다. 이리하여 고구려의 남침은 더욱 확대되어 남양만으로부터 조령·죽령을 넘어 평해·영덕으로 이어지는 선까지 영토를 확대하였다. 이후 충주지방은 고구려의 영토가 되어 70여 년간의 지배를 받게 되었다. 그 사실은 중원고구려비에서도 시사해 주고있다. 그리고 장수왕의 뒤를 이은 문자왕(491～519)은 부여를 병합하여 만주까지 차지한 일대제국을 형성하였다.

4) 신라의 북진과 충주

신라는 지리적으로 한반도 동남쪽 모퉁이에 치우쳐 있어서 삼국 중에서 발전이 가장 늦어 1세기 후반에 이르러 국가 형태를 갖추었다. 즉 사로국으로부터 발전한 신라는 박혁거세에 의해 건국되었다. 초기사회는 박·석·김씨의 세 부족이 연맹하여 왕을 선출, 6부족 연맹체로 발전하였다.

신라는 삼국사기의 기록에 의하면 32년(유리왕 9) 6부의 이름을 고치고, 17관등을 설치했다고 한다. 이로서 행정구역이 개편되고 중앙관제가 만들어졌음을 알 수 있다.

그리고 국왕의 정복정책은 이미 탈해왕(57~80)과 파사왕(80~112) 때 주변 소국들을 정복하고 항복을 받는 등 영토를 크게 확장시켰다. 그러나 중앙집권국가로 발전, 고대국가체제를 갖춘 것은 내물왕(356~402) 때였다. 이는 영토를 낙동강 유역까지 확보하였고, 왕위계승권은 김씨가 확보하였다. 당시 왕의 칭호를 이사금 대신에 대 수장이라는 의미를 가지는 마립간으로 바뀐 것도 곧 왕권의 신장을 뜻하는 것이다.

또한 신라는 382년(내물왕 27) 고구려를 통하여 위두를 전진에 사신으로 파견하였다. 이것은 신라의 국력이 신장되었음을 반영하는 것이다. 그러나 신라가 초기 고대국가로 발전하는 과정에는 고구려의 정치·군사·외교적 도움이 커다란 변수로 작용했다.

요컨대 신라의 자주적 발전의 시발은 눌지왕 때 나제동맹(433)이 체결되면서부터 보다 적극적이었다. 예컨대 왕위의 부자상속제가 확립된 것과 자비왕 때 수도의 방리 이름을 정하고, 소지왕(479~500) 때 우역을 설치하고 서울에 시장을 개설하여 사물을 교역하게 한 시책은 중앙집권화를 촉진하여 국력 강화에 기여했다.

어쨌던 신라가 중앙집권국가로 비약적 발전을 이룩한 것은 6세기 초부터였다. 즉 지증왕(500~514)때 국호를 신라로, 왕호를 왕으로 개칭한 점, 주·군·현 제도를 채택하고, 2소경 설치 등, 이러한 정책의 시행은 왕실이 지방의 지배 세력을 확실하게 장악하였다는 사실을 알 수 있다.

그리고 법흥왕(514~540)의 시책에서 율령반포, 불교공인, 건원이란 연호의 사용, 17관등 및 공복의 제정, 상대등과 병부의 설치 등에서 중앙집권체제가 완비되었다는 사실을 알 수 있다. 특히 법흥왕의 독자적 연호 사용은 신라가 중국과 대등한 국가임을 과시한 것이다.

이와 같은 기반 위에 즉위한 진흥왕은 대내적으로 화랑도의 공인, 황룡사와 흥륜사의 건립, 역사책인 『국사(國史)』의 편찬(545) 등 고대 국가의 사상적인 통일을 이룩하는데 기여했다.

한편 대외적 시책을 보면, 고구려에 빼겼던 한강유역을 완전히 확보하여 나제동맹을 결연시켰다. 이때 충주를 중심한 남한강 유역일대는 신라의 지배를 받게 되었다. 그리고 대가야를 병합(562)하여 낙동강까지 전출하였고, 북으로 진출하여 원산만 일대까지 영토를 확장시켰다. 그 사실은 진흥왕의 순수비와 단양적성비에서 알 수 있다. 요컨대 진흥왕 때 충주를 중심으로 한 한강상류를 장악하는 등의 업적은 후일 삼국통일과 전제왕권확립의 기반이 되었던 것이다.

3. 삼국 항쟁기의 중원

1) 백제와 고구려가 다툰 땅 충주

충주지역은 삼국 중 어느 나라가 먼저 장악하느냐에 따라 삼국의 흥망성쇠와 깊은 관련을 갖는 군사, 정치, 문화의 중심지로 중시되었다. 때문에 삼국들은 이 지역의 쟁탈을 위한 각축전이 치열하게 진행되었다. 그 결과 충주지역은 지배의 주인이 백제→고구려→신라의 순으로 바뀌었다. 이렇듯 삼국 역사의 중심지가 된 충주 지방은 삼국 중 백제에 제일 먼저 흡수된 곳이나 그 시기는 알 수가 없다. 다만『삼국사기』백제 다루왕 36년 조에 보면, '10월에 왕이 낭자곡성까지 국토를 넓히었다' 는 내용과『대동지지』에 충주는 '본래 임나국이었다. 뒤에 백제가 소유하고 낭자곡성(일운 낭자성, 일운 미을성)이라 칭하였다' 고 한 기록이 보인다. 당시의 낭자곡성을 충주와 청주로 비정하는 두 견해가 있다. 만약 낭자곡성을 충주로 봄이 옳다면 A.D. 63년에 백제가 충주지역을 소유하고, 지배한 시기는 5세기 중반까지 약 400년간이었음을 알 수 있다.

어쨌든 백제는 왕권이 강화되고 중앙집권 체제가 진전되면서 이웃의 소국들을 병합한 뒤 소백산맥을 사이에 두고 신라와 대립되는 처지였다. 이때 신라는 156년(아달라왕 3) 계립령의 길을 열었으며, 158년(동왕 5)에는 죽령로를 개척하여 남북간의 통로로 이용하면서 남한강 상류지역으로의 진출을 모색해 나갔다.

이제 충주지방과 백제와의 관련성을 살펴보자. 충주지역의 고대 유적인 산성과 고분 등에서 출토되는 유물을 보면 삼국의 것이 공통적으로 출토되고 있다. 예컨대 대림산성이나 장미산성 등지에서 보면 삼국에서 공통적으로 출토되는 경질토기편이 많이 나타나고 있다. 그 중 백제와 관련되는 유물을 보면, 장미산성에서 청주 신봉동의 백제고분과 영산강유역에서 출토되는 조족문이 횡주하는 무늬가 찍힌 토기편이 출토되고 있다. 조족문 문양이 나타난 시기는 대략 4-5세기이며, 따라서 조족문 문양이 나타난 유적은 4-5세기의 유적으로 알려지고 있다. 이에 근거하면, 충주는 5세기 후반 고구려가 장악하기 이전은 백제의 영역으로 남쪽 신라 세력을 견제하는 군사적 전진기지의 역할을 했던 곳으로 볼 수 있다.

그러나 백제는 광개토왕의 뒤를 이은 장수왕이 수도를 평양으로 천도(427)하면서부터 매우 불안을 느꼈다. 그 사실은 비유왕이 중국의 남조인 송과 통교를 확대하면서 신라 눌지왕에게 사신을 보내어 고구려의 압력을 공수하기 위한 나제동맹을 체결한데서 잘 알 수 있다. 이후 백제 개로왕은 고구려의 압력이 가중되자 이를 저지하기 위하여 472년(개로왕 18) 북위에 사신을 보내어 구원병을 청하기도 하였다. 이 같은 결과는 고구려의 비위를 거슬리는 요인이 되어 백제 침략의 도화선이 되었다.

475년(장수왕 63) 9월 왕이 군사 3만을 이끌고 백제의 서울 한성을 함락, 개로왕을 살해하고 남녀 8천인을 사로잡아 돌아갔다. 이후 장수왕의 남진정책은 계속되어 당시 남으로의 국경선은 아산만으로부터 조령, 죽령을 넘어 평해, 영덕을 잇는 선으로 영토가 확장되었다. 이로서 백제의 땅이었던 충주지역은 고구려의 땅으로 편입되었다. 그 사실은 충주시 가금면 용전리에 세워진 중원고구려비가 실증해 주고있다. 이때 백제 개로왕의 뒤를 이은 문주왕은 지금의 공주(웅주)로 수도를 옮기었다.

현재까지 충주지방에서 전하는 전설에 의하면, 안림동에는 어림이라는 마을이 있다. 이곳을 이궁지라고 하는데 개로왕이 수도 한성의 위기를 의식하고 안림동으로 도읍을 옮기려고 궁궐을 창건하였으나 미쳐 천도를 하지 못하고 왕이 죽게되자 아들 문주가 잠시 와서 있다가 웅진으로 갔다고 한데서 유래한다고 한다.

2) 중원고구려비와 충주

고구려는 396년(광개토왕 6) 수군을 거느리고 백제를 정벌하여 한강변 등지의 58개성을 탈취하는 등 남진정책과 그 뒤를 이은 장수왕은 수도를 평양으로 천도한 후 적극적인 남하정책을 강력히 추진하여 백제로부터 한강의 전 유역을 탈취하고 나아가 지금의 아산만으로부터 조령・죽령・울진・평해・영덕으로 이어지는 선에서 백제와 신라와의 경계를 이루었다. 당시 고구려의 정치적 영향력은 신라정부는 물론 낙동강 하류의 가야제국에 까지 미쳤다.

이렇듯 세력을 확대한 고구려는 충주를 장악한 뒤 신라왕을 매금(寐錦)으로 칭하는 등 대 신라의 우위권을 과시하는 한편 삼국통합을 위한 남방 경략의 전진기지로 삼았던 것이다. 그 사실은 충주를 장악한 후 부도의 성격을 갖는 국원성을 설치한 점이나 가금면 용전리에 세운 중원고구려비를 통해 알 수 있으며 또한 배산임수의 자연조건을 이용, 계단식 축성방식을 이용하여 쌓은 장미산성 등의 실상에서도 실감 할 수 있다. 충주를 부도로 지정한 배경은 이 지역이 구석기시대부터 사람이 살기 좋은 문화의 중심지이며, 특히 삼국시대 이래 남북왕래의 중심 교통로인 계립령과 죽령로가 연결되고 또한 남한강을 끼고있어 수륙교통이 편리한 조건과 농업생산력을 증대시킬 수 있는 비옥한 충적평야를 끼고 있는 점, 특히 이 고장에서 양질의 철과 동의 생산이 활발했다는 점 등이 고려되었다고 보겠다.

이제 고구려가 충주지역을 점령한 시기를 알아보자. 고구려가 충주를 장악한 시기는 고구려가 백제의 수도 한성을 함락하던 475년(장수왕 63)부터 문자왕이 즉위하던 491년 사이로 간주된다. 그리고 고구려가 충주지역을 신라에 빼았긴 때는 고구려가 백제의 독산성을 공격하자 신라가 백제를 구원하던 548년(진흥왕 9)부터 신라군이 죽령이북 고현 이남의 10개 군을 빼앗은 551년(진흥왕 12) 사이의 시기로 볼 수 있다. 이로서 본다면 고구려가 충주를 지배한 시기는 60-70여 년 정도에 불과하다.

고구려가 충주를 차지하고 있던 그들이 남긴 문화유산을 보면, 그 첫째가 가금면 용전리에 위치한 중원고구려비(국보 제205호)이다. 이 비는 충주를 점령한 뒤 건립한 것으로 국원성의 지역적 중요성을 암시하는 증거물이다. 이 비의 건립 년대는 아직까지도 이견이 많다. 즉 481년(장수왕 69)설, 496년(문자왕 5)설, 506년(문자왕 15)이후의 설 등으로 비문연구의 기초가 되는 건립연대 마저 명쾌하게 규명하지 못한 실정이다.

그러나 확인되는 비문의 내용을 요약하면, 신라와 형제같이 지내기를 바라는 양국관계를 언급하고 있다. 즉 비의 건립 목적은 신라왕 등에 의복을 하사하는 등의 친선적 배려를 고려하면, 고구려와 대립관계인 백제를 의식, 후일 신라의 반 고구려적 의식을 우려, 이를 사전에 잠재우기 위한 뜻이 담긴 기념비로 볼 수도 있다.

이 비를 고구려의 중요한 성이던 장미산성 남쪽 산기슭에 건립했다는 것은 곧 장미산성을 거점으로 한 일대가 남진 경영을 총괄하던 고구려의 치소였을 가능성을 시사한다고 보겠다. 이 같은 판단을 뒷받침할 수 있는 사례를 찾아보면 장미산성 주변 지대에서 엿볼 수 있다. 예컨대, 가금면 봉황리 햇골산에 위치한 마애불상군과 노은면에서 출토되었다고 전하는 국립중앙박물관 소장의 건흥5년명금동불입상, 중앙탑이 위치한 부근에서 수습된 고구려의 연화문 수막새기와, 장미산성과 자매산성으로 간주되는 노은면 연하리 소재의 보련산성(천룡산성), 가금면 하구암리와 루암리 고분에서 확인되는 고구려식 방형석실분 등은 고구려의 장인의 유품이거나 그들의 영향에 의해 남겨진 문화유산인 것이다.

이처럼 장미산성 인근지역에서 고구려적 요소가 짙은 문화유산이 유독 집중적으로 흩어져 있는 것은 충주지역에서도 이 지역만이 갖는 특색이다. 요컨대 이들 문화유산은 고구려가 장미산성을 남방진출의 전진기지로 삼고, 70여 년간 충주를 지배하던 기간에 이룩된 유산인 것이다. 이렇듯 고구려는 충주지역을 70여 년간 지배했지만, 신라가 551년(진흥왕 12) 죽령 이북 고현 이남의 한강 상류 10군을 탈취하면서 충주는 또다시 신라의 영토로 편입되었다.

충주 지방을 상실한 고구려는 이 지역 탈환을 위한 의욕이 대단했다. 영양왕(590~618)때 온달이 '계립현과 죽령 이북의 땅을 우리의 것으로 회복되지 않으면 돌아오지 않겠다'는 각오로 출전한 적도 있었다. 그리고 642년(선덕여왕 11) 김춘추가 백제를 치기 위하여 고구려에 입국, 구원병을 요청했을 때 고구려 보장왕(642~668)은 '네가 만일 죽령 서북의 땅을 돌려준다면 원병을 보내겠다'는 조건을 제시한 점을 보더라도 이를 알 수 있다.

끝으로 중원 고구려비에 보이는 고모루성과 우벌성의 위치에 대한 견해를 보면, 고모루성은 광개토왕릉비에 전하는 고모루성과 동일한 성이다. 이성의 위치는 여러 견해가 있으나 필자는 경기도 포천군 소흘면 고모리(古毛里) 고모산(해발 : 380m) 정상부에 위치한 고모리산성으로 비정한 바 있다. 성의 둘레는 822m, 면적은 36.418m2 달하는 토석성이다. 이성은 백제 초기의 대성으로 성이 있는 위치로 보아 한성시대 아차산성과 백제의 수도를 방어하는 전초기지였다고 불 수 있다. 고구려는 이 성을 장악한 뒤 임진강과 한강유역지대의 여러 성을 막후에서 조정했던 성이 아닌가 싶다.

우벌성의 경우, 중원고구려비가 발견된 이래 그 위치를 중원지방 또는 중원고구려비가 위치하고 있는 지역이나 그 근방으로 보는 견해가 있으나 그 구체적 위치가 언급된 적은 없었다. 필자는 그 위치를 장미산성(중원 고구려비)으로부터 직선거리 5.4km 지점인 노은면 연하리에 위치한 보련산성 일대로 봄이 옳다고 보겠다.

그 이유를 들면 첫째, 현재 노은면 문성리에는 우성(于城)이라 칭하는 자연마을이 있으며, 연하리와 문성리 사이에 <별평>이라 칭하는 <대보들>이 있다. 그리고 이곳에서 주덕읍 현덕리로 넘어가는 고개를 <우리재>라고 부르고 있다.

앞서 본 벌(伐)은 들판을 뜻하는 것이며, <별평>이나 <대보들>도 곧 넓은 들판을 의미하는 것이다. 이를 종합해 볼 때 연하리와 문성리 일대를 우벌성이란 명칭으로 호칭되었을 것으로 생각된다.

둘째, 1914년 일제시대 행정구역을 통폐합하기 이전 노은현면은 우성리, 하남리, 보련리 등 24개의 동리로 구성되었다. 그런데 1914년 행정구역 개편시 우성리는 현재 보련산성이 위치한 연하리로 그 일부가 편입되고, 편입되지 못한 우성리 일부는 문성리로 병합되었다. 이 같은 지명은 중원구고려비가 있는 인근이나 충주지역의 다른 곳에서는 찾아볼 수 없다. 이로서 보면 우성을 우벌성으로 간주해도 무리가 아니라 보겠다.

셋째, 우성(于城)이란 지명은 1910년(경자년) 4월 우성리에 거주하는 김하석(金夏錫)이 충주군수에게 보낸 고문서 <노은면우성거민(老隱面于城居民) 김하석(金夏錫) 단자(單子)>에 <우성(于城)>이란 지명을 쓴 사실에서 짐작이 된다고 보겠다.

넷째, 옛 우성리(현 연하리와 문성리)는 주변 일대가 넓은 평야지대이다. 그리고 인근에 옛부터 야철지와 태창·대방·돈산 금광이 있었다는 사실은 경제적으로 부유한 고장이었다고 볼 수 있다. 특히 연하리 천룡산(天龍山)에 축성된 보련산성을 언제부터 천룡산성·봉황산성(鳳凰山城)으로 칭하였는지는 알 수 없으나, 성의 명칭에 성스러운 천룡과 봉황의 이름이 붙어 있다는 것은 양국의 국왕이 회동할 수 있는 신성한 지역으로의 지역적 분위기가 조성된 고장이었다고 생각된다는 점이 그것이다.

다섯째, 우성리 주변에 위치한 보련산성은 장미산성과는 직선거리 5.4㎞로 이웃하며 서로 연계성을 갖는 차단성의 형태를 갖추고 있다는 점이 역시 뒷받침되는 근거라 하겠다.

그러나 우벌성이 지금의 노은면 연하리와 문성리 일대로 단정함에 있어서는 먼저 보련상성 일대의 종합적인 지표조사와 발굴이 우선되어야 할 것으로 판단된다.

3) 신라와 통일신라의 부도로서 충주

신라는 5세기 중엽에 접어들면서 동맹국인 백제에 대해서도 적대행위를 서슴지 않는 방향으로 진로를 바꾸는 입장이었다. 먼저 그 사실을 보면, 548년(진흥왕 9) 고구려가 백제의 독산성을 칠 때 신라는 백제의 구원요청을 받아들여 장군 주령(朱玲)이 강병 3천을 이끌고 공동작전을 폈다. 2년 뒤인 550년(진흥왕 11) 백제가 고구려의 도살성을 빼앗자 고구려는 백제의 금현성을 함락했다. 이때 신라는 양국군사의 피로한 틈을 이용하여 도살성과 금현성을 모두 빼앗고 성을 증축하여 무사 1천을 주둔시킨 예가 그것이다. 이 같은 정책의 변화는 한강유역을 장악하기 위한 전초전이라고 볼 수 있다.

드디어 신라 진흥왕은 551년(진흥왕 12 : 백제 성왕 29) 3월에 낭성(娘城)을 돌아보고, 12월에는 장군 거칠부 등에 명하여 한강 상류지역으로 진공, 죽령 이북 고현 이남의 10개 군을 탈취하였다. 백제군은 이보다 앞서 지금의 서울 부근을 공격하여 한강 하류 6개 군을 장악하였다. 이렇듯 진흥왕과 성왕이 연합하여 백제의 옛 땅인 한강유역을 되찾은 것은 개로왕이 전사한 이후 76년만에 이룩한 것이다.

그러나 백제가 회복한 한강하류의 6군 마저 신라 진흥왕이 탈취함으로써 120년간 유지되어 오던 나제동맹 관계는 깨지고 말았다(553). 이렇듯 진흥왕으로부터의 배신과 전쟁에서 패배를 당한 성왕은 554년 가야와 동맹하여 신라의 관산성을 공격하다가 오히려 전사하고 말았다. 이로써 신라에 대한 백제인의 복수심은 일층 격화되었다. 그리고 진흥왕의 계속되는 북진은 백제와 고구려가 친선관계를 가질 수 있는 계기를 마련해주었고, 신라로서는 고립을 자초한 셈이 되었다. 그러나 신라 진흥왕은 인적 물적 자원이 풍부한 한강 전역을 확보함으로써 이후 신라의 국력은 백제·고구려를 능가하는 국면으로 비약 발전을 이룩했다.

이렇듯 신라가 영토 확장과 국력이 신장되는 과정에서 볼 때 신라 역시 남한강 상류지대의 중원지역을 북진의 거점으로 삼았던 것이다. 그 사실은 남한강 상류지대의 군사적 요새지에 축성된 충주의 남산성·한훤령산성, 단양의 적성·온달산성에서 충분히 알 수 있다. 특히 신라가 충주를 중시한 것은 557년(진흥왕 18) 소경을 설치한 점, 558년(동왕 19) 귀족의 자제와 6부의 부호들을 충주로 이주시킨 점, 673년(문무왕 13) 국원성을 축성하고 742년(경덕왕 1) 경덕왕은 국원경을 중원경으로 개칭한 사실 등에서 충분히 알 수 있다.

이 같은 시책에 따라 신라시대의 충주는 정치·경제·군사·문화 등 지방문화발전의 중심지로서 성장할 수 있었던 것이다. 이제 그 구체적인 사실을 살펴보자.

첫째, 신라시대의 충주는 예술과 문화의 도시로 발전했다는 것이 주목을 끈다. 충주시청으로부터 3km지점에 탄금대가 있다. 이곳은 가야국의 악사인 우륵이 가야금을 타던 곳이라는 데서 유래된 것이다. 우륵은 본래 가야인으로 진흥왕 때에 신라에 귀화해서 살았다.

진흥왕은 551년(왕12) 순수차 낭성에 이르러 우륵과 그 제자 이문(尼文)이 음악을 잘한다는 말을 듣고, 하림궁에서 그들의 음악을 들었다. 왕은 그들의 재능을 놀랍게 여기고 그 이듬해(552) 계고·법지·만덕 세 사람으로 하여금 우륵에게 음악을 배우게 하였다. 우륵은 그들의 재능에 따라 계고에게는 가야금, 법지에게는 노래를, 만덕에게는 춤을 각기 가르쳐 명성을 떨치게 하였다.

이렇듯 진흥왕의 장려로 우륵의 예술은 충주를 중심으로 발전하였다. 오늘날 가야금을 국악으로 발전 계승되어 온 것이나 특히 매년 충주에서 우륵 문화재를 개최하는 것도 신라시대부터 계승되어온 역사적 배경에서 기원된 것이다.

그리고, 신라 무열・문무・신문왕 3대에 걸쳐 문신으로 활약한 유학자요 대외문서에 능한 문장가 강수(强首) 역시 충주 출신이다. 그는 삼국통일과정에서 중국 당나라에 보내는 병력요청에 대한 외교문서 등의 작성에 공헌이 컸다. 당시 문무왕은 고구려와 백제를 통합함에 있어 그의 문장으로도 공이 컸다고 하여 그에게 사찬(8관등)의 벼슬을 주고, 녹봉을 더하여 매년 조 2백 석을 주었다고 한다. 그는 신문왕 때 국학이 설립되자 설총과 함께 국학생들에게 효경을 가르치는 등 인재양성과 유학발전에 공이 컸다. 이 역시 충주를 빛낸 분으로 그의 명성을 기리기 위하여 매년 개최되는 우륵문화재 때 강수백일장을 열고있다.

그리고 해동 필가의 조종으로 그의 글씨를 중국 진나라 왕희지의 글씨로 착각할 정도의 명필가 김생(金生 : 711～791) 역시 이 고장이 낳은 분으로 충주의 위상을 높인 분이다. 충주에 <김생연구회>가 설립되어 매년 <김생연구회전>이 개최되는 것도 김생서풍의 맥을 이어가자는 뜻이다.

둘째, 부도로서의 소경은 정치・군사・문화의 중심지다. 충주에 소경(국원소경)을 설치한 것은 557년(진흥왕 18)으로 5소경 중 가장 먼저 설치되었다. 국원소경은 그 기능을 강화하기 위하여 중앙으로부터 558년(진흥왕 19) 귀족의 자제와 호족을 이주시켰다. 당시 5소경 설치의 목적은 수도인 경주가 동쪽의 한 모퉁이에 치우쳐 있어 지역적으로 통치상의 불편을 보충하기 위한 시책이었다. 그러나 5소경(충주 : 557, 원주: 678, 김해: 680, 청주: 685, 남원: 685) 설치는 같은 해에 설치된 것이 아니다. 때문에 소경지역이 갖는 지역적 조건에 따라 그 설치의 목적이 각기 다른 일면이 있다고 보겠다. 예컨대 정복국가의 귀족들을 강제로 이주시켜 통제하고, 중앙의 문화를 보급하고자 한 것이 그것이다.

충주의 경우는 지리적으로 군사·정치·문화적 요새로서의 중요성이 일찍부터 부각된 곳으로 진흥왕의 영토확장에 따른 북진정책의 거점지로서의 의미와 문화의 보급은 물론 가야 등지로부터 충주로 옮겨진 지배층을 회유 감독하기 위한 복합적 요인이 작용된 조치였다고 보겠다.

어쨌든 소경으로 승격된 충주는 문화·정치·군사적 부도로 발전, 지방문화의 산실이 되어 지역 주민의 의식과 삶의 질을 높여 주었다고 보겠다. 그 사실을 앞에서도 언급했지만 우륵·계고·법지·만덕, 강수 ,김생 등은 충주를 예술과 문화의 도시로 발전시킴에 공이 컸다.

그리고 충주시 가금면 누암리의 고분군을 보면, 경주에서나 볼 수 있는 동산만 한 고분이 많다. 이들 고분에서는 금귀고리 등의 금붙이와 특히 단각고배는 6세기 중엽에 유행한 대표적 유물이다. 이 같은 유산은 소경설치 후 신라 중앙의 귀족과 6부의 호민을 옮겨 살게 한 결과의 산물이라고 보아야 할 것이다.

군사 정치적으로는 진흥왕 때 남한강 상류를 완전히 장악한 뒤 충주를 영토확장과 삼국통합을 수행하기 위한 전진기지로 발전, 각광을 받은 것으로 통일 후 지방문화 발전의 중심지가 되었다.

4. 신라하대 중원지방의 호족

1) 호족의 등장

신라 말 반 신라적 기치를 든 지방의 호족세력들이 등장한 시기는 진성여왕대(887~897)를 기점으로 후삼국이 통일(936)되는 시기까지 약 50여 년간에 해당된다.

이해의 편의상 8세기말 9세기 전반기의 사회상을 보면, 혜공왕이 난병에 의하여 피살(780)된 이후 진골 귀족들 간의 대립과 분열이 격화되어 군사적 무력에 의한 왕위의 쟁탈전이 빈번하게 나타났다.

예컨대 왕위의 서열을 무시하고 김주원(金周元) 제거한 뒤 즉위한 김경신(38대 원성왕 ; 785~798), 애장왕(800~809)의 피살, 웅천주 도독 김헌창의 난(822), 희강왕(836~838)·민애왕(838~839)이 반역군에 의해 희생된 사건 등이 그것이다. 이들 사건의 영향은 왕권은 물론 중앙의 권력이 약화되어 정치체제 전반에 걸친 이완현상이 나타나 마침내 지방 각지에서 중앙정부에 도전하는 반 신라적 호족세력이 등장하였다.

이렇듯 9세기 전반기는 왕권약화 등 국가적 불안을 해소하기 위한 대안이 그 어느 때보다도 절실하게 요구되던 때였다. 그러나 이반되는 민심을 바로잡기는 어려운 처지였다. 당시 호족세력의 움직임을 보면, 889년(진성여왕 3) 상주에서 원종과 애노 등이 중앙정부에 최초로 반기를 든 이후부터 전국적으로 확대되었다. 당시 호족들의 성격은 농민반란과 강력한 반 신라적 세력등장에 위기의식을 느껴 지역에 따라 다르나 자기 고장의 주민과 재산 및 신변보호 등 생존권을 위한 구실 등이 일반적 현상이었다.

2) 중원 지방의 호족

중원지방의 2대 축인 충주의 호족은 유긍달(劉兢達)과 유권열(劉權說) 등이 유명했다. 청주의 경우는 청길·신훤·진의·견금 등의 세력이 컸다. 보은의 경우 후백제 견훤의 심복이 되어 두 아들(직달, 금서)과 딸을 백제에 볼모로 두었던 공직(龔直)이 유명했고, 진천은 명필·임희 등을 들 수 있다.

이때 중원지방을 장악하기 위하여 특별히 눈독을 들인 대표적 인물은 북원경(원주)에서 등장한 양길과 그 휘하에서 이탈한 궁예(901 ; 후고구려 건국), 그리고 고려를 건국하기 전 궁예의 휘하에서 외정활동에 활약한 왕건(918 ; 고려 건국) 등이었다.

충주지방에서 호족들간의 세력다툼은 궁예가 양길의 휘하에서 이탈하면서 본격화되었다. 9세기 말 궁예는 북원경(원주)에서 옛 고구려 땅으로 북진, 철원과 개성지방을 무대로 세력기반을 확대, 그 여세를 몰아 중원지방으로 진출했다. 이때 양길은 899년(효공왕 3) 중원 등 10여 성주와 연합하여 궁예를 치려다 실패했다. 궁예는 그 다음해 그의 부장이었던 왕건을 시켜 지금의 충주·청주·괴산 등지를 공격, 청길·신훤 등의 세력을 평정시킴으로써 중원지방의 2대 축으로 발전한 충주와 청주는 초기 궁예의 세력권으로 들어갔다.

이때 주목되는 것은 충주지방의 최대 호족인 유긍달이 왕건과 제휴, 인연을 갖게된 점이다. 후일 왕건은 유긍달의 딸을 부인(제3비 ; 신명순성왕태후)으로 맞이했다. 이렇듯 유긍달의 딸을 부인으로 맞이한 이유는 그의 세력기반이 중원지방에서 차지하는 비중이 컸기 때문이었을 것이다. 나말여초 유긍달과 유권열의 세력이 중원지방에서 막강한 호족이었다 함은 <정토사법경대사자등탑비>의 음기를 보면 알 수 있다. 이를테면, 그들은 육전체제를 모방한 중원부(中原府)의 독자적 지방관아의 조직(집사랑중·병부경·언서경 등)을 갖고 있었다는 사실이 그것이다. 그리고 유긍달이 왕건과 제휴한데는 당시 호족들간의 처지를 볼 때 대세의 귀추가 왕건에게 유리했기 때문이었을 것이다. 어쨌든 유긍달의 세력기반은 신라가 멸망(935)되기 이전에 이미 새 왕조 고려 등장의 기치를 들어주는 거점이 되었다.

청주지방의 경우를 보면, 청주는 900년(효공왕 4) 궁예에게 귀속되었다. 당시 청주는 땅이 기름지고, 호걸들이 많아 그들의 향배가 견훤(900 ; 후백제 건국) 궁예 등 어느 세력과 제휴하느냐에 대한 관심이 유독 컸던 곳이다.

그 사실을 보면, 904년(효공왕 8) 궁예는 청주의 민가 1천을 강제로 철원으로 옮겼다. 그 이유는 청주지방에서 예상되는 반 궁예적 세력을 사전에 봉쇄하고 아울러 견훤의 세력과 제휴가 예상되는 세력을 청산할 수 있다는 생각이 작용되었다고 볼 수 있다. 한편 청주의 호걸들을 신도(철원)건설의 인적기반으로 삼기 위한 점도 작용되었다고 볼 수 있다.

그리고, 고려 건국 후 태조 왕건이 청주에 관심을 둔 예를 보면, 첫째, '청주사람이 변사(變詐)가 많음으로써 일찍 대비하지 않으면 반드시 후회가 있을 것이라 하여 그 고을 사람 능달·문식·명길 등을 보내 탐지하게 하였다'는 사실.

둘째, 도안군(괴산군 도안면)에서 아뢰기를 '청주에서 비밀리 후백제와 서로 화호(和好)를 통하여 장차 반역하려 합니다'하니 왕건은 장군 능식을 보내어 군사를 거느리고 진무하게 하니 반역하지 못하였다는 점.

셋째, '청주가 순역을 분명히 하지 못하고 와언이 자주 일어나기에 친히 행차하여 위무하고 그곳에 성을 쌓게 하였다'고 한 사실 등을 볼 수 있다.

이렇듯 궁예와 왕건이 청주지역에 대한 관심이 컸던 것은 이 고장 호걸들의 세력이 자신들의 정치안정과 국력 신장에 변수가 된다고 판단되었기 때문이었다. 그 사실은 궁예와 왕건의 휘하에서 활동한 아지

태 · 총일 · 능달 · 문식 · 명길 등이 청주지방 출신이라는 점에서도 알 수 있다. 그리고 청주사람 원보(元甫) 김긍율은 두 딸(청주원 부인, 청주남 부인)을 혜종과 정종에게 각기 시집 보낸 세력가였다.

한편 진천의 경우를 보면, 호족인 대광(大匡) 명필은 딸을 왕건의 10째 부인(숙목부인)으로 바쳤으며, 진천의 호족으로 진천 임씨의 시조로 일컫는 임희 역시 일찍이 왕건과 제휴하여 건국 후 병부령에 임명되었으며, 딸(의화왕후)을 혜종(2대 ; 943~945)에게 시집을 보낸 세력가였다.

3) 태조와 중원의 호족

특히 주목을 끄는 것은 보은지방의 호족 공직(?~939)이었다. 이는 매곡성의 장군으로 일찍이 견훤의 심복이 되어 앞서 보았듯이 두 아들과 한 딸을 백제에 인질로 보냈었다. 그러나 공직은 견훤이 점차 교만하고 무도함에 빠져 나라를 유지할 수 없다고 판단되자 832년(태조 15) 아들 영서와 함께 왕건에게로 귀순하였다. 태조 왕건은 그를 맞아들여 대상(大相)으로 임명하고 백성군(白城郡 : 안성)을 녹읍으로 주었다. 당시 공직이 왕건에게로 귀순한 이유는 왕건의 '문(文)이 족히 백성을 안정시킬 만 하고 무(武)는 능히 난폭한 자들을 금제(禁制)할 수 있다'고 보는 자신의 판단과 '사방에서 그의 위엄을 무서워하지 않는 자가 없으며, 그의 덕을 따르지 않는 자가 없다'는 여론에 따른 것이 아닌가 싶다.

어쨌든 공직의 귀순은 왕건으로 하여금 후삼국 통일의 기선을 잡게 하는 전기를 마련해 주었다. 공직은 왕건에게 귀순한 후 고려군이 일모산성(청원군 문의면)을 함락하는데 활약이 컸다. 이로써 고려는 보은 · 괴산 · 청주를 잇는 중원지역의 전세가 확고해지자 이들 인근 지역의 호족들은 자연스럽게 고려로 기울게 되었다. 특히 934년(태조 17) 9월 운주(충남 홍성) 지방이 고려군에게 정복되자 웅진(공주) 이북 30여 성이 자진하여 고려에 항복하여, 견훤으로서는 치명적 타격이 되었다.

이렇듯 중원지역의 호족들이 왕건과 제휴하게된 결과는 후삼국을 통일할 수 있는 동력으로 작용하였다. 한편 중원지역의 막강한 세력이 왕건에게로 쏠리게 된 배경은 그의 인간 됨이 민생안정을 우선하는 인후하고 근검한 정신과 덤비지 않고 인내하며 택한 폭넓은 호족연합정책이 작용했다고 볼 수 있다. 중원지역 호족들이 대거 왕건에게로 귀순한 것은 대세의 추이에 대한 올바른 판단력이었다. 요컨대 중원지역 호족들이 왕건과 제휴한 결단은 그로 하여금 후삼국 통일을 앞당겨 이룩하게 한 커다란 원동력이 되었다.

5. 고려시대의 충주

1) 고려시대 충주의 지명과 설치된 관부

고려가 후삼국을 재통일하고 940년(태조 23) 지방에 대한 통제력을 강화하기 위하여 처음으로 실시한 것이 주·부·군·현의 이름을 바꾸는 것이었다. 이렇게 함으로서 고려로서는 지방에 대한 새로운 기풍을 진작시키려 했던 것이다. 이러한 정책수행과정에서 통일신라시대의 중원경을 940년 충주로 그 명칭을 바꾸었다. 이 이후 충주는 지금까지 이 지역의 공식명칭이 되었다.

중원경이 충주로 바뀌었지만 옛 이름인 중원(中原)이 쓰이기도 하였다. 예컨데 943년(태조 23)에 건립한 <법경대사자등탑비>와, 1017년(현종 8) 세운 <홍법국사실상탑비> 등에 중원부의 명칭이 보이고, 『고려사』에 1001년(목종 4) 왕이 중원부에 행차했다는 기록에서 중원부의 명칭이 나타난다.

고려시대 행정구역 개편에 따라 변화된 충주의 명칭과 별호, 충주에 설치된 관부를 보면 아래 〈표 1〉·〈표 2〉와 같다.

<표 1> 고려시대 충주의 명칭과 별호

년대	지명	비고
940년(태조 23)이후 현재까지 928년(태조 11) - 1230년(고종 17) 943년(태조 26) - 1022년(현종 13) 1254년(고종 41) - ? 성종 이후	충주 중원부 중주 국원경 대원 예성	고려이래 공식명칭 공식명칭외 쓰임 주로 지방에서 쓰임 얼마간 공식명칭으로 쓰임 별호, 성종때 일시 지역명칭 별호

(고려사 지리지에 의하여 작성함)

<표 2> 고려시대 충주에 설치된 관부

년 대	관 부	비 고
983년(성종 2)	충 주 목	전국 12목 중 하나
995년(성종 14)	절 도 사	중 원 도(충원도)
현종 초	안 무 사	전국 75 안무사 중 하나
1018년(현종 9)	충 주 목	전국 8목 중 하나
1106년(예종 원년)	충 주 목	양광충청주도
1171년(명종 원년)	충 주 목	충 청 도
1254년(고종 41)	국 원 경	충 청 도
1314년(충숙왕 원년)	충 주 목	양 광 도
1356년(공민왕 5)	충 주 목	충 청 도

(고려사 지리지에 의하여 작성함)

충주라는 명칭이 갖는 의미는 중심주 또는 중주로 고려초에 있어서 국토의 중앙임을 뜻하는 것으로 이는 통일신라의 중원경의 뜻과 서로 상통한다고 하겠다. 또한 충성스러운 고을이란 뜻도 내포되었다고 하겠으니 이는 충주 유문이 왕건에 대한 충성과 지속적인 후원에 대한 보답에서 연유된 것이 아닌가 싶다.

충주는 앞에서 본 충주의 명칭과 충주에 설치된 관부를 보면 고려말에 더욱 중요시된 지역이었음을 알 수 있다. 1369년(공민왕 18) 왕이 홍국·법왕 두 절에 가서 교서를 내리기를 '옛날 우리 태조는 축·진·미·술년을 당할 때마다 삼소(三蘇)를 순회하여 머물렀었다. 나는 장차 평양에 가서 금강산을 돌아서 충주에 머물고자 한다' 한 사실이나, 고려말 왜구가 출몰하자 신돈이 수도를 충주로 천도하려고 했던 점, 또 1377년(우왕 3) 이인임 역시 충주로 천도할 것을 주장한 사실에서 알 수 있다. 이 같은 주장은 내륙에 위치한 지역적 조건을 고려한 것으로 보지만 천도는 실행되지 못했다.

2) 충주의 호족 충주유씨

다음은 나말여초 충주 등 중원지역과 관련 있는 세력가들에 대하여 살펴보자 충주·괴산·청주 일대는 900년 왕건이 궁예의 명을 받고 출정하여 점령한 지역으로 궁예가 이들 지역을 차지함으로써 대 후백제 전투에서 유리한 고지를 점하게 되었다. 충주는 후백제의 세력을 견제하기 위해서는 반드시 먼저 점령해야할 전략적 지점이었다. 궁예정권이 충주를 먼저 차지함으로써 조령을 넘어 경북의 문경·상주일대로 진입할 수 있었었던 것이다.

충주의 대표적 호족은 충주유씨 유긍달이다. 그의 딸은 왕건의 셋째비인 신명순성왕태후가 되었다. 충주 유씨는 서(徐), 석(石), 최(崔), 강(康), 양(梁), 진(秦), 안(安), 박(朴)씨와 더불어 충주의 토성이다. 이들 성씨의 수장은 후삼국시대에는 성주, 장군, 촌주 등의 직함을 지니면서 지방세력을 대표하던 이른바 호족이었던 것이며, 고려의 개국과 통일에 적극 참여함으로써 각 출신지 또는 거주지 별로 군·현 토성이 되어갔다. 충주의 토성으로 충주에서 가장 일찍이 대두한 토성은 충주유씨였다.

충주유씨 출신 인사들은 왕자 요(堯)와 소(昭)를 내세워 청주, 광주, 제주, 우곡군 등 뒷날 양광도 내륙세력을 형성한 인사들과 명주 세력까지 끌어들여 강력한 정치세력을 구축하였다. 결국 충주유씨는 양광도 내륙세력의 핵심이 되었고, 그 세력을 이끈 인물은 유긍달이었으며, 그는 태사내사령에 증직되었다. 이후 충주의 위상은 높아졌으니, 태조왕건이 법경대사를 위해 그의 주처를 마련할 때 충주(개천사)를 택한 것에서도 알 수 있다.

신명순성왕태후는 태자 태(泰), 정종, 광종, 문원대왕(文元大王), 정증통국사(貞證通國師)와 낙랑·홍방 두 공주를 낳았으며 정종과 광종이 왕위에 나아가는 데도 외가인 충주 유씨 세력이 뒷받침이 되었을 것이다. 신명순성왕태후를 비롯하여 덕종비 유씨도 충주사람으로 소감(小監) 유총거(劉寵居)의 딸이며, 목종도 왕위에서 물러나 모후 헌애왕태후와 같이 충주로 갔다고 하니 목종도 충주의 세력인 충주 유씨와 특별한 관계가 있었다고 보여진다.

한편 충주 유씨로 중앙관인으로 진출하여 활약한 인물을 보면, 태조 때 시랑 유권열과 권신(權愼)은 태조가 개국하는데 공을 세워 견권(堅權), 능식(能寔), 염상(廉湘), 김낙(金樂), 연주(連珠), 마원(麻煖)과 함께 2등 공신이 되었다. 대상 권신(權信)은 황산군을 격파한 공로로 중아찬의 품계를 받았다. 대상(大相) 견서(堅書)는 태조 때 나주지방 40여군을 안무하기 위하여 인일(仁壹)과 함께 파견되었다. 유길권(劉吉權)은 궁예정권시 내봉사를 지냈으며 개국초기에 병권을 장악하여 중요성이 제고되었을 순군랑중에 발탁되었다. 아마도 그 이면에는 충주 유씨와 특수관계가 크게 작용했지 않나 싶다.

염상(廉相, 廉湘)은 개국 2등 공신으로 개국공신 계열로서는 유일하게 태조가 가장 믿고 중히 여기는 신하가 되어 왕규(王規). 박수문(朴守文) 등과 함께 태자 무(武)를 도와 국정을 담당했었다. 권직(權直)은 시중으로 정종 때 서경에 궁궐을 경영하였다. 대상(大相) 준홍(俊弘)은 광종 때 내봉성령(內奉省令)을 역임하였다. 태사 광위공(匡衛公) 유신성(劉新城)은 광종의 체협공신으로 서희와 함께 광종묘에 배향되었다. 유은(劉隱)은 송의 황제가 내린 검교상서금부랑중의 벼슬을 받았다. 유진(劉瑨)은 1009년(목종 12) 이부상서참지정사, 1011년(현종 2) 내사시랑평장사, 1014년(현종 5) 검교태사수문하시중, 1018년(현종 9) 문하시중이 되었다.

유징필(劉徵弼)은 1012년(현종 3) 예부시랑, 덕종 때는 상서좌복사, 정종 때는 참지정사겸서경유수사로, 내사시랑동내사문하평장사로, 다시 내사시랑동내사문하평장사겸 서경유수사가 되고, 그후 내사시랑평장사가 되었다. 유희(劉羲)는 1152년(의종 6)장원급제하고, 한림원에 재직되었다가 무신난에 무신들에게 해를 당하였다. 유충기(劉沖基)는 1223(고종 10) 좌간의대부, 국자감대사성을 역임했다.

이렇듯 후삼국시대부터 충주의 막강한 호족세력이었던 충주유씨는 유긍달이 신명순성왕태후의 비부(妃父)가 되면서 중앙으로 진출하여 정종 때 유징필이 죽을 때까지 약 150년간은 왕실의 외척 가문으로 크게 융성하였다. 그 후 문종대 유숙(劉肅), 숙종대 유의(劉誼), 인종대 유방우(劉邦遇), 의종대 유방지(劉邦支), 유희(劉羲), 고종대 유충기(劉沖基) 등이 중앙관계에 활약했으나 정종 이전시기에 비하여 그 활약상이 점차 미약해 졌고 유충기를 마지막으로 충주유시는 사서에서 찾아보기 어렵게 되었다.

고려 제4대 광종은 신명순성왕태후 충주유씨의 소생이다. 광종은 아버지 태조를 위하여 개경에 대봉은사를 세우고, 어머니를 위하여 불일사를 세웠다. 954년(광종 5)에는 외향인 충주에 어머니의 명복을 빌기 위해 숭선사(崇善寺)를 세웠으니 그 절터는 지금 충주시 신니면 문숭리 숭선 마을에 있다.

3) 충주민의 대몽항쟁

충주민의 대몽항쟁에 대하여 알아보자, 고려가 몽고와의 관계는 거란족 토벌을 구실로 요구되는 공물 강요 등에 대한 고려의 반몽정책이 진행되던 중, 1225년(고종 12) 몽고 사신 저고여(著古與)의 피살사건을 계기로 국교가 단절되었다. 이 후 몽고의 세계 정복정책은 1231년(고종 18) 조공의 거절 및 저고여 피살에 대한 보복으로 제1차 침입을 시작하여 아래의 표에서 보듯이 빈번하게 침입, 한반도 전역을 유린, 농촌 생활이 비참해졌음은 물론, 고려 자신의 지배 체제가 무너져 한때나마 자주성의 시련기를 맞게 되었다. 몽고의 제1차 침입부터 충주와 관련되는 사항을 종합하면 <표 3>과 같다.

<표 3> 충주민의 대몽항쟁

명 칭	시 기	군사의 성격	지 휘 자	전투내용	전투결과
충주성 전투	1231년 12월 (고종 18년)	충주의 노비 와 잡류	지광수 (노군도령)	관리와 양반은 도주	몽고군 격퇴
금당협 전투	1253년 9월 (고종 40)	충주민	최 수 (충주창정)	몽고군을 기습	15급베고, 포로 2백 여명 탈환
충주산성 전투	1253년.10.-12월(고종 40)	충주관민 노비	김윤후 (방호별감)	야굴군의 포위 공격을 70일 방어	몽군의 경상도 진출 봉쇄
다인철소 전투	1254년.9월경 (고종 41)	다인철소민		철제품 확보를 위한 몽군 공격	몽고군 격퇴
충주산성 전투	1254년. 9월 (고종 41)	충주민		차라대군의 포위 공격	몽고군 격퇴
대원령 전투	1255년. 10월 (고종 42)	충주민		이동 중의 몽고군 기습	몽군 1천여 사살
충주성 전투	1256년. 4월 (고종 43년)	충주민		몽고군의 포위 공격	충주성 함락, 주민 도륙당함
덕주산성 전투	1256년.4월 (고종 43년)	충주 관민		몽고군의 공격	몽고군 격퇴
박달현 전투	1258년. 10월 (고종 45)	충주 별초군		철수 중의 몽병 기습	포로와 우마, 무기 등 탈환

윤용혁,「충주민의 대몽항전과 몇가지 관련문제」『예성문화』 16 · 17, p. 45에서 전제

충주가 이처럼 고려의 대몽항쟁에서 가장 치열한 전투지역으로 등장하게 된 특징은

첫째, 충주민의 투철한 항쟁정신이다. 이러한 항쟁정신이 어디에 연유하는가는 차후 연구의 과제가 될 것이다.

둘째, 충주가 갖는 전략적 중요성 곧 교통의 중심지이기 때문이다. 충주는 서울과 지방을 연결하는 수륙양면의 내륙교통의 요지이고 특히 경상도로 가는 동맥 상에 위치한다.

셋째, 충주가 갖는 군수상의 관련이다. 즉 충주는 당시 고려의 대표적 철 생산지였으며, 이것은 생활도구 이외에 각종 무기류 제작에 있어서 극히 중요한 재료가 되기 때문이다.

넷째, 항쟁의 주체 세력이 백정과 노군 잡류, 천민 등이 중심세력이었다는 점이다.

이와 같이 백정, 천민, 노비들이 주체가 되어 국가의 위난을 극복하기 위해 외적과 용감히 싸운 이유를 어떻게 해석해야 하는가, 신분해방과도 관련지어 생각할 수 있으나, 충주지역이 삼국시대 이래 그 어느 지역보다 시련이 많았던 점을 고려하면 충주 지역 민의 자생적 지역보위의 정신이 승화된 주인의식과 애국심의 발로로 보아야 옳을 것 같다.

4) 교통의 중심지 충주

끝으로 충주지역의 수운과 조창에 대하여 살펴보자 고려시대에는 지방의 조세를 수납하여 이를 중앙으로 수송하기 위하여 수운 시설을 마련하여 이를 조운이라 하였다. 그리고 수운을 이용하기 편리한 연해에 위치한 주·군과 강변에 창고를 설치하고 이를 조창이라 하였다. 고려초에 남도(지금의 충청, 전라, 경상)에 12개의 조창을 설치하고 개경 이북인 서해도의 장연현에 안란창을 두어 전국에 13개소의 조창을 설치하였다. 이 12조창 중 하나가 충주에 설치된 덕흥창이다.

충주는 남한강의 상류에 위치하여 당시로서는 국토의 중앙에 해당되어 물산이 집중되는 교통의 요지이며 경상도로 통하는 교통의 거점도시이다. 뿐만 아니라 충주의 호족은 어느 지역 호족보다도 태조와 협조적인 관계에 있어 조세 수납에 적극적이었을 것이다. 그러므로 고려 초의 덕흥창은 다른 조창에 비하여 대단히 중요한 역할을 담당하였을 것으로 생각된다.

덕흥창에는 판관을 두고 충주 부근의 조세를 수납하여 경창으로 수송하는 임무를 맡게 했으며, 수송에 필요한 초공(稍工), 수수(水手) 및 잡인(雜人) 등 직원과 정종(1034～1046) 때는 200석을 실어 나를 수 있는 평저선 20척을 두고 임무를 수행하게 하였다. 이러한 덕흥창의 업무는 국초부터 1350년(충정왕 2)까지는 별다른 변화가 없이 계속 되었다. 고려는 1233년(고종 10)부터 1392년(공양왕 4)에 이르기까지 159년간 왜구의 침입을 받아왔고, 왜구가 침입하는 목적 중 하나는 양곡의 약탈이므로 조운선이 약탈당하는 등 조운은 막대한 지장을 받았다. 특히 고려말의 약 40년간은 왜구가 창궐하여 전국의 조창은 그 피해가 컸을 뿐 아니라 바다를 통한 조운선의 운행은 거의 불가능하였다. 하지만 내륙에 위치한 충주의 덕흥창은 내륙을 관류하는 한강의 수운을 통하여 경상도 및 충청도 지방의 세곡을 경창으로 수송하여 국가재정의 중추적 역할을 수행하였다.

6. 조선시대의 충주

1) 충주의 연혁

조선이 개국하면서 태조는 문무관직의 제도는 대체로 고려의 제도를 이어 받아 그대로 사용한 것이었다. 따라서 개국초기 지방제도도 고려의 제도를 그대로 따랐다. 조선의 제도문물이 점차 정비되면서 1395년(태조 4) 6월에 한양부를 한성부로 고쳐 새 도읍의 명칭을 쇄신하고, 양광도를 충청도, 서해도를 풍해도로, 강릉·교주도를 합하여 강원도로 고쳤다.

충청도에는 관찰사를 두고 감영은 충주에 두게 되었다. 이로써 충주는 조선초에 충청도의 수부가 되었다. 1399년(정종 원년) 충청도에 속해 있던 영월군이 강원도로 편입되고 강원도의 영춘현이 충청도로 편입되었다. 그 후 1413년(태종 13) 여흥, 안성, 양성, 양지는 경기도로 넘겨주고, 경상도의 옥천, 황간, 영동, 청산, 보은이 충청도로 편입되어 충청도의 동은 단양 죽령에서, 서는 태안의 오근이포까지, 남은 은진의 작지에서, 북은 직산 아주제까지 동서 447리, 남북 244리의 경계가 정해졌으며, 목은 4, 군 11, 현령 1, 현감 39로 현재의 충청남북도와 거의 동일한 지역이 확정되었다. 충청도의 감영이 충주로 당시에 있어 충주는 모름지기 충청도의 정치, 경제, 사회, 문화, 교통의 중심도시가 되었다. 당시 충주에 있는 관찰사가 관할하던 지역은 다음 <표 1>과 같다.

충주는 충청도의 감영이면서 충주목으로 목사 1인, 판관 1인, 유학교수관 1인 등의 관리가 있었으며, 별호는 고려 때와 같이 대원, 예성이라 하였고, 익안(翼安)을 속현으로 하고 동은 청풍까지 30리, 서는 죽산까지 90리, 남은 음성까지 50리, 북은 원주까지 40리로 동서 120리, 남북 90리에 이르는 큰 지역이었다.

<표 1> 충청도 목 · 군 · 현 일람표

관찰사영	목	군	현
충주	충주목	단양, 청풍, 괴산 3군	음성, 연풍, 제천, 영춘(4현)
	청주목	천안, 옥천 2군	문의(령), 목천 , 죽산, 청안, 전의, 연기, 직산, 평택, 온수, 신창, 아산, 영동, 황간, 회인, 보은, 청산, 진천 (현령 1, 현감 16)
	공주목	임천, 한산, 서천 3군	회덕, 진잠, 연산, 은진, 니산, 석성, 부여, 홍산, 비인, 남포, 정산 (11현)
	홍주목	태안, 서산, 면천 3군	해미, 당진, 덕산, 예산, 청양, 결성, 보령, 대흥 (8현)
총	4목	11군	40현(현령1, 현감 39)

(세종실록지리지에 의거하여 작성함)

관내의 호수는 1,871호이며 인구는 7,452명에 이르고 시위군 440명, 선군 465명이 있는 큰 읍이었다. 또 충주목은 <표 1>에서 보는 바와 같이 단양, 청풍, 괴산 등 3개 군과 영춘, 제천, 음성, 연풍의 4개 현을 그 소령으로 하였다.

1449년(세종 31) 관찰사로 하여금 목사를 겸하게 하여 충청도 관찰사가 충주목사를 겸하였다.

1539년(중종 34) 겨울에 유석(劉石)이 그 아버지를 죽이려한 사건이 발생하여 충주목을 예성부(芮城府 : 蘂城)로 강등되었다. 이로서 충주는 삼국시대 이래 고려시대를 거쳐 조선 초기까지 이어오던 명예를 손상하게 되었다. 충주가 예성부로 강등되고 충청도가 청공도로 개칭됨이 알려지자 충주민은 이를 좌시하지 않고 이의 철회를 강력하게 열망하게 되었다. 충주에 사는 유학 허초(許礎)는 임금에게 호소하는 글을 올렸다. 그 요지를 살펴보면

① 유석은 충주사람이 아니다. 유석은 원주에 살았고 유석이죄를 짓고 원주관아에 구금되고 원주에서 그 사건이 처리되었음은 원주인이라는 근거다.
② 충주는 한 도의 우두머리 관리가 있고 도명이 충청도이며 이는 오래 전부터 내려온 것이다.
③ 도명을 바꾸면 감사 병사 수사의 인신과 병부를 개조해야 한다.
④ 본주와 관련되지 않은 일로 강호(降號)되니 많은 읍인이 분노하고 있다.
⑤ 본주는 선왕의 실록을 봉안하는 곳이며 왕후 4전의 외향이다.
⑥ 남방의 왜인이 왕래할 때 경유하는 곳이므로 강호의 이유가 다른 나라에 퍼져 평온하지 못하다.

등의 이유를 들어 강호를 철회하고 충주로 복구하기를 호소하였다.

1549년(명종 4) 이홍윤의 옥사가 일어났다. 1545년(명종 즉위년) 명종의 외척인 소윤파 윤원형 등이 실권을 잡고 인종의 외척인 윤임 일파 즉 대윤파를 반역죄로 몰아 숙청한 을사사화가 일어났다. 그후 1547년(명종 2) 전라도 양재역에서 간신들이 권력을 휘두르니 나라가 망하리라는 내용의 벽서사건이 일어나자 이를 계기로 을사사화 때의 남은 당원으로 지목된 이약빙(李若氷) 등을 사사하고, 이약빙의 아들 이홍남(李洪男)도 연루되었다 하여 영월로 귀양보낸 사건이 있었다. 1549년(명종 4) 이홍남이 귀양지에서 풀려나기 위하여 자기의 친동생 이홍윤이 역적모의를 했다고 고변함으로서 이홍윤 사건은 발생하였다.

이 사건으로 충주는 4~50명이 체포되어 죽거나 유배를 갔으며 이리하여 충주는 텅빈 도시가 되었고 충주를 강호하고 충주를 유신현(維新縣)으로 강등하였다. 1567년(선조 즉위년) 충주로 복구되면서 이홍윤의 옥사로 연루되어 죄를 입은 충주인 200여 명을 석방시켰다. 충주는 유석사건과 이홍윤 사건으로 각각 예성부와 유신현으로 강등되었으나 이는 당시 관리들이 일을 잘못 처리한 결과이며 충주 사람이 잘 못한 것은 아니었다. 이 사건은 조선시대에 충주가 발전하는데 결정적인 저해 요인의 하나였다고 볼 수 있겠다. 이러한 사건에도 불구하고 1602년(선조 35) 충청도 감영이 충주에서 공주로 옮겨갈 때까지는 충주는 충청도의 수부로서 충청도의 중심지였다.

1395년(태조 4)에 충청도의 감영을 충주에 둔 이래 충주의 명칭은 여러 차례 변화가 있었지만 감영은 207년 동안 계속 충주에 있다가 1602년(선조 35)에 공주로 옮기게 되었다. 조선의 지방 조직은 전국을 8도로 나누고 각도에 관찰사를 두고 그 관할 밑에 부・대도호부・목・도호부・군・현이 있었다. 8도에는 그 중심 읍에 감영을 설치하였다. 감영은 그 도의 정치・경제・문화・군사・교통의 중심지일 수밖에 없다. 그러므로 감영의 이동은 중요하다고 하겠으나 이에 대한 기록은 의외로『신증동국여지승람』밖에 나타나지 않고 있으며,『조선왕조실록』과 기타의 문헌에도 나타나지 않을 뿐만 아니라, 옮긴 월, 일이나 옮기게 된 동기나 이유, 중앙정부로부터의 허락 등에 대한 기록이 전혀 보이지 않고 있다. 충청도 감영을 옮긴 원인을 굳이 찾아본다면,

첫째, 1598년(선조 31) 11월에 울산・사천・순천 등지에 있던 일본군이 총퇴각함으로써 임진왜란은 끝이 났지만 전쟁의 피해는 곧 복구된 것은 아니었다. 특히 충주는 1592년 신립장군이 탄금대에서 배수진으로 왜군과 싸웠으나 패배하였고, 이 때 충주는 이미 초토화되었다. 충주 사람들은 대군이 온 것을 믿고 모두 피난하지 않았으므로 다른 고을보다 심하게 죽음을 당하였다. 공주는 임진왜란 때는 보존되었던 곳이고 정유재란 때 과도직무군(鍋島直茂軍)이 공주를 함락하였으나 충주보다는 피해가 적었던 것 같다.

둘째, 충주는 사실상 충청도의 동북부에 치우쳐 있었으므로 충청도 면적의 20%에도 못 미치는 남한강 유역의 중심지에 불과하였다. 반면에 새로 감영이 설치된 공주는 충청도의 50% 이상을 차지하는 금강 유역의 중심 도시로서, 금강 수로는 물론 충청도 각지의 교통로가 수

렴되는 요지에 자리잡고 있었다. 이러한 이유로 관찰사 류근(柳根)이 공주로 감영을 옮겼다고 보여진다.

1613년(광해군 5) 목사 서익(徐益)의 서자 서양갑(徐良甲), 감사 심전(沈銓)의 서자 심우영(沈友英), 정승 박순(朴淳)의 서자 박응서(朴應犀) 등이 조령 길목에서 행상인을 죽이고 은자 수 백 냥을 탈취한 사건이 일어났다. 이로써 무옥이 일어났고 이를 계기로 김제남(金悌男)을 죽이고 영창대군을 강화에 유폐하였으며. 이어 영창대군을 밀실에 가두어 증살하였다. 이 사건에 연루된 사람 중 류인발(柳仁發)은 그때 충주에 살았기 때문에 충주는 충원현으로 강등되었다.

1628년(인조 6) 류효립옥사, 1644년(인조 22) 심기원(沈器遠)의 옥사, 1680년(숙종 6) 충주에서 사노 준익(俊益)이 그 아버지를 죽이는 사건 등으로 충주목이 충원현으로 강등되었다.

1728년(영조 4) 이인좌난이 일어났다. 영조의 등극으로 정권에서 소외된 소론과 남인의 박필익(朴弼顯), 이유익(李有翼) 등이 상주의 한세홍(韓世弘), 청주의 이인좌(李麟佐), 이웅좌(李熊佐), 이기좌(李驥佐), 순흥의 정포량(鄭布亮), 공주의 이지시(李之時), 직산의 권서린(權瑞麟) 등과 모의하여 밀풍군(密豊君) 탄(坦)을 추대하려 한 것이다. 이인좌의 난에 가담한 민원해(閔元楷) 등이 충주에 살았기 때문에 충원현으로 강등됐다.

1738년(영조 14) 장덕(長德)이 남편을 죽인죄로, 1755년(영조 31) 심정연 옥사에 류수원(柳壽垣)이 연류되고 류수원이 충주 태생이란 이유로, 1817년(순조 17) 채수영사건과 관련되어 다시 충주는 충원현으로 강등되었다.

1894년(고종 31) 갑오개혁을 실시하여 신분제와 과거제를 폐지하고 궁정과 정부를 분리하는 등 중앙관제가 전면 개혁되었다. 이로써 1413년(태종 13)의 8도제는 482년만에 폐지되고 소지역주의를 채택하여 전국을 23부로 나누고 336개 군으로 하였다. 23부는 한성부, 인천부, 충주부, 홍주부, 공주부, 전주부, 남원부, 나주부, 제주부, 진주부, 동래부, 대구부, 안동부, 강릉부, 춘천부, 개성부, 해주부, 평양부, 의주부, 강계부, 함흥부, 갑산부, 경성부였다. 읍의 명칭은 군으로 하고 읍의 장관의 관명을 군수로 하였다.

충주부의 부청의 위치는 충주이며, 관할구역은 충주군, 음성군, 연풍군, 괴산군, 제천군, 청풍군, 영춘군, 단양군, 진천군, 청안군, 여주군, 용인군, 죽산군, 음죽군, 이천군, 양지군, 원주군, 정선군, 평창군, 영월군 등 20개 군으로 지금의 강원도 남부, 경기도 동남부와 충청북도의 북부를 관할하는 지역이었다.

1896년(고종 33) 8월 4일 갑오개혁이 실패하자, 전국23부를 13도로 개정하고 수부위치를 경기도 수원, 충청북도 충주, 충청남도 공주, 전라북도 전주, 전라남도 광주, 경상북도 대구, 경상남도 진주, 황해도 해주, 평안남도 평양, 평안북도 정주, 강원도 춘천, 함경남도 함흥, 함경북도 경성에 두고, 각도에는 관찰사 1인 주사 6인 총순 2인을 두었다. 13도제는 종래 8도제를 바탕을 두고 경기도 황해도 강원도 3도는 그대로 두고 충청 · 전라 · 경상 · 평안 · 함경 등 5도는 남북도로 분할하여 모두 13도로 개편하고 수도인 한성부는 정부직할로 하였다. 13도는 다시 7부 1목 331군으로 세분하였다. 이때부터 충청북도라는 도의 공식명칭이 생겼고, 충주에 관찰부를 설치했다. 군 밑에서 면, 사 및 방을 두고 그 아래 동 또는 읍, 촌을 두었다.

1908(융희 2) 5월 25일에 충청북도 관찰도의 위치가 바뀐다. 즉 충청북도의 관찰도가 청주로 개정되었다. 6월 5일에 관찰도를 청주로 옮기고 충주에는 군수만 남게 되었다.

1910년 한입합방 당시 충청북도는 17개 군이었으며 도청은 청주에 있고 도명은 충청북도였다. 1910년 9월 30일 조선총독부 지방관제를 공포하여 관찰사를 도장관으로 개칭하고 1913년 군과 면을 폐합하여 충주는 충주군 읍내면이 되었다. 1914년 3월 1일 부명 제111호로 부 ·

군 · 면을 통합하여 충청북도는 10군 114면으로 되었다. 1919년 8월 19일에 지방관제를 개정 도장관을 도지사로 개칭하였다. 1931년 4월 1일 제령 12호로 충청북도는 10군 2읍 104면이 되었고, 충주는 이때 충주읍이 되었다.

1945년 8월 15일 해방이 되고 1956년 7월 8일 법률 제 389호로 충주읍이 충주시로 승격되었고 충주군은 중원군으로 명칭이 변경되었다. 1995년 1월 1일 충주시와 중원군이 통합하여 충주시가 되었다.

<그림 1> 충주부 관할지역도

2) 충주의 방리

충주목이 직접 관할하는 크기는 동서 · 남북이 각각 100여 리가 넘는 지역이었다. 이 넓은 지역을 어떻게 분할하여 다스렸는가를 알아보

자. 처음으로 지리지에 방리가 나타나기는 1760년(영조 36)에 편찬된 『여지도서』에 처음으로 나타난다. 이를 살펴보면 다음 <표 2>와 같다.

<표 2> 『여지도서』에 나타난 충주목의 면·이수

면 명	방위	리수	면 명	방위	리수	면 명	방위	리수
덕 산	동	12	소 탄	서	3	앙 암	서북	4
사 을 미	동	9	대 조 곡	서	6	성 태 양	서북	6
감물내미	동남	5	사 다 산	서	5	엄 정	북	6
율 지 동	남	6	천 기 음	서	4	산 척	북	3
불 정	남	7	지 내	서	6	금 생	북	3
소 파	남	5	법 왕	서	3	가 차 산	북	3
사 이 포	서남	5	두 의 곡	서	2	농 양 동	북	8
주 유 등	서	4	성 동	서	7	유 등 곡	남	3
신 석	서	5	감 미 곡	서	3	이 안	서	5
신 이 곡	서	4	거 곡	서	5	금 천	서	2
덕	서	5	복 성 동	서	3	남 변	남	8
김 목 동	서	10	노 은 현	서	8	북 변	북	7
맹 동	서	17	가 홍	서	2	38면		209

충주목은 38개면 209리로 나누었다. 1780년(정조 4)을 기준하여 작성된 『충청도읍지』를 보면 면수는 변동이 없으나 면의 명칭에서 사을미면이 살미면으로 덕면이 덕면면으로 바뀌고 있다. 리수는 209개 리에서 226 리로 17리가 늘어나고 있다.

1871년 편찬된 『호서읍지』를 보면 면·리수는 변동이 없다. 다만 면의 명칭이 다소 변하고 있다. 즉, 주류등면이 주류면으로, 성동면이 생동면으로, 노은현면이 노은면으로 바뀌었다. 1872년(고종 9) 조정의 명에 의하여 작성 보고된 충주목지도에 의한 면과 리를 보면 다음 <표 3>과 같다.

<표 3> 1872년에 제작된 충주목지도에 나타난 면 · 리 수

면 명	방위	리수	면 명	방위	리수	면 명	방위	리수
덕 산	동	11	소 탄	서	4	앙 암	서북	5
살 미	동	9	대 조	서	9	소 태	서북	6
감 물	동남	5	사 다	서	7	엄 정	북	6
율 지	남	5	천 기	서	5	산 척	북	5
불 정	남	7	지 내	서	9	금 생	북	3
소 파	남	5	법 왕	서	5	가 차	북	4
사 이	서남	8	두 의	서	4	동 양	북	8
주 유	서	4	생 동	서	7	유 등	남	4
신 석	서	6	감 미	서	5	이 안	서	8
신 이	서	5	거 곡	서	7	금 천	서	3
덕 면	서	7	복 성	서	6	남 변	남	10
김 목	서	12	노 은	서	9	북 변	북	7
맹 동	서	17	가 흥	서	4	38면		251

충주목지도에 나타난 면의 명칭을 보면 2자로 통일되었다는 사실이다. 이러한 면과 리로 구성된 충주목은 1894년(고종 31) 갑오개혁이 이루어지고, 고종 32년(1895) 전국을 23부제로, 1896년(고종 33) 13도제로 개정한 변화에도 불구하고 충주의 관할구역은 변함이 없었다. 그러나 1906년 관할구역의 변화가 일어났다. 이 때 충주에 속했던 김목면, 생동면, 맹동면, 소탄면, 법왕면, 지내면, 대조면, 두의면, 사다면, 천기면, 감미면, 거곡면 등 12개면은 음성군으로 편입되고, 불정면이 괴산

군에 편입됨으로 충주는 나머지 25개면 만 관할하게 되었다. 이어 1914년 4월 1일 군 · 면 이동 행정구역 통폐합에 의거 소파면과 사이면이 음성군에 편입되고, 감물면이 괴산군에 편입되고, 덕산면이 제천군에 편입됨에 따라 충주군은 21개 면만 남게 되었다.

충주군에 소속되어 남은 21개 면을 정리해 보면 살미면, 율지면, 주류면, 신석면, 신니면, 덕면면, 복성면, 노은면, 가흥면, 앙성면, 소태면, 엄정면, 산척면, 금생면, 가차면, 동량면, 유등면, 이안면, 김천면, 남변면, 북변면 이다. 1914년 4월 1일 군 · 면 · 리 · 동 행정 구역 통폐합에 의하여 읍내면<북변면과 남변면이 합하여>, 살미면, 이류면<이안면과 유등면이 합하여>, 주덕면<덕면면과 주류면이 합하여>, 신니면<신석면과 신니면이 합하여>, 노은면, 앙성면<앙암면과 복성면이 합하여>, 가금면<가흥면과 금천면이 합하여>, 금가면<금생면과 가차면이 합하여>, 동량면, 산척면, 엄정면, 소태면 등 14개면으로 개편되었다. 1931년 4월 1일 읍내면이 충주읍이 되고, 1956년 7월 8일 충주읍이 시로 승격되었으며, 1963년 1월 1일 괴산군 상모면이 당시 중원군에 편입되었고, 1995년 1월 1일 충주시와 중원군이 통합하여 오늘에 이르고 있다.

3) 문화의 도시 충주

조선시대에도 조운은 대단히 중요시되어 새 도읍을 정하는데 조운의 편리와 불편, 노정의 험난과 성과을 축조할 지세와 더불어 살피게 하였다. 고려 때의 덕흥창이 있던 충주 금천에 1404년(태종 4) 경원창을 더 설치하여 경상도의 세곡을 관장하게 되었다. 이렇게 경상도 전지역의 세곡을 낙동강 수로와 조령을 경유하여 납부함으로써 이 길은 많은 사람이 왕래하게 되었다. 더욱이 낙동강 수로와 조령로는 세곡수송에만 사용된 길은 아니고 왜객인도 이 길을 이용하였다. 1465년(세조 11) 경원창이 화재로 인하여 가흥으로 조창을 옮기고 가흥창이라 하였다. 충주 가흥창은 충청도와 경상도 전세를 수납 받았다. 1475년(성종 6)경상도 전세와 충청도 18개 고을의 전세가 가흥창에 납부되었다. 1520년(중종 15) 가흥에 창고를 짓고 경상도 세곡을 받아들였다. 비록 임진왜란 후 전세를 면포나 돈으로 환산하여 받고 경상도의 3조창이 설치되어 가흥창의 전세 수납 범위는 좁아지고 정조 이후는 호서 6읍의 전세만 수납하였지만, 남한강을 이용하는 수운은 1909년 당시만 하여도 827척의 선박이 활발하게 운행되었다.

충주사고는 1227년(고종 14) 궁내 사관 외에 별도로 외사고를 해인사에 설치하면서 연유한다. 몽고군이 경상도까지 침입하자 해인사 외사고는 창선도(경남 남해)로 옮겨지고, 그후 왜구의 침입에 대비하여 진도→ 해인사→득익사(경북 선산)→보문사(경북 예천)→개천사(충북 충주)→칠장사(경기 안성)로 옮겼다가 1390년(공양왕 2) 다시 충주 개천사로 옮겨진 고려의 외사고는 조선초까지 그대로 보관되어 충주사고라 하였다. 고려시대에 충주사고에 보관되었던 전적은 고려역대실록과 음악서, 의서, 병서, 역사서, 문학서, 불교서적 등이며 고려역대실록은 『고려사』를 편찬하는데 기본자료가 되었고, 『비보사사창립문적』은 『신찬팔도지리지』 편찬에 참고하였으며, 각종 의서는 『향약집성방』·『의방류취』 등 의서를 편찬할 때 참고서가 되었을 것이다. 조선시대 보관된 서책으로는 『태조실록』부터 『명종실록』까지 역대실록, 시정기, 외교문서, 비문, 묘지, 옥책, 역서, 병서, 역사서, 문학서 등이 보관되었다. 그러나 조선시대 충주사고에 보관되었던 각종 서적들은 안타깝게도 임진왜란으로 불타고 말았다.

제 4 편

충주의 유적과 인물

1. 고구려의 남진과 장미산성

장미산성은 충주시 가금면 장천리와 하구암리 경계의 장미산(해발 337.5m)에 있다. 장미산성은 서북쪽으로 옛 남북 왕래의 길목(520번 지방도)에 위치한 을궁산(해발 394. 3m)을 가운데 두고 보련산성(해발 764.2m ; 보련산)을 서로 마주보고 있는데 보련산의 산줄기가 장미산에서 끊기어 장미산성은 남한강 변에 접해 있다.

<장미산성 위치>

동남쪽은 산성 아래에 604번의 지방도를 사이에 두고 남한강이 장미산성의 남·동·북 삼면을 감싸고 흘러 천연의 해자 구실을 하고 있다. 이 같은 지세는 고구려 산성의 특징에서 보이는 배산임수의 자연 조건을 충분히 활용한 것이다. 이를테면, 고구려 환도산성의 앞을 감싸고 흐르는 통구하(태자하)와 같은 지세를 연상케 한다.

한편 산성의 정상에서 동남쪽을 바라보면, 충주 시내가 한눈에 보이고, 탄금대토성, 충주산성(남산성), 대림산성과 서로 마주하며 각기 짝을 이루고 있는 형국이다.

<장미산성 성벽>

산성 주변의 교통로를 보면, 중원 고구려비가 있는 용전리에서 현 서울 방향을 택하여 왕래한 옛 통로는

① 용전리→520번 지방도→노은면 연하리→안락리→법동리→솔고개→음성군 감곡면 원당리→3번국도(충주↔서울)→장호원→이천,

② 용전리→남동북으로 흐르는 남한강변을 끼고 도는 604번 지방도를 따라 가흥리→38번 국도(장호원↔원주, 제천)→앙성→장호원→이천,

③ 용전리→잣고개→가금면 봉황리→38번 국도→앙성→장호원→이천,

④ 용전리→노은면 연하리→하남현(하남재)→앙성→38번 국도→장호원→이천→광주→서울 천호동→광진 나루터를 거쳐 왕래하는 길이다.

이 4개의 통로 가운데 가장 빠른 지름길은 ①에 해당된다고 본다. 왜냐하면 큰 고개가 없는 가장 평탄한 길이며 고구려 남진 당시 관련이 있는 설성산성(이천군 음죽면)→샘째토성(장호원)→보련산성(노은면 연하리)→장미산성 등이 분포된 양상을 보아도 알 수 있기 때문이다.

요컨대 장미산성은 육로와 수로의 경우 남북왕래의 길목에 위치하여 북으로는 원주, 동으로는 제천, 남으로는 충주, 남서쪽으로는 음성과 이천을 통하는 사방을 통제하기에 가장 유력한 지형적 조건을 갖춘 곳이다. 이를 좀더 살피면, 신라가 북진하여 단양, 제천 방면의 남한강 연안을 확보하고 다시 충주 지역으로 진입, 북상하려면 일차적으로 충주산성과 대림산성을 먼저 격파하고 다시 돌파해야할 관문이 곧 장미산성과 노은면 연하리에 위치한 보련산성이다.

즉 5, 6세기에 있어서 고구려와 신라가 영토확장을 위한 세력다툼에서 가장 격돌한 지역은 남한강 상류에 위치한 충주와 단양 등지가 그 중심지였다. 이러한 사실은 『중원고구려비』와 『단양신라적성비』가 실증해 주고 있다.

다음은 성의 규모와 구조를 보기로 하자. 장미산성은 해발 330m의 높이에서 성벽을 축성하기 시작하여 최하 지점이 115m에 이르는 포곡식 석축산성이다. 성의 총 둘레는 2,940m이며, 성벽은 사면 대부분이 외축내탁이나, 정상에 이르러서는 성벽 윗면에 약간의 내축을 이루고 있다. 동서의 폭은 좁고(최소 약 270m), 남북의 길이가 길어(최대 길이 약 950m) 장방형의 형태를 이룬 듯하다.

먼저 성내로 들어가는 길을 보면, 첫째, 장천리에서 산성내의 봉학사로 진입하는 길인데 이 길은 장미산성 내에서 보면 북동쪽 계곡 통로에 해당한다. 둘째, 서쪽인 하구암리, 잣고개에서 성의 서문쪽으로 진입하는 길인데, 이 길은 장미산성의 서남쪽 계곡 통로이다. 셋째는 장미산마을 안 길을 따라 남쪽 계곡의 통로를 택하여 오르는 길이다.

이 외에도 동북쪽의 산등성이를 따라 오를 수도 있으나 앞서 본 3코스 중 도로가 개설되기 전에는 잣고개를 택하는 길이 비교적 완만하나 세 번째 길이 가장 편하게 성내로 진입할 수 있다. 그러나 근래에 이르러 첫 번째 길은 차편으로 봉학사 경내까지 진입할 수 있다. 위 네 번째의 길은 예로부터 성의 주된 통로로 이용했을 것이나 남문이 주된 통로였다고 보겠다.

성내의 시설은 천연의 지형지물을 최대로 활용하여 건물지가 11, 곡성형의 시설물 8개소, 망루 2, 수원과 식수를 해결하기 위하여 만든 인공연못 2개 등을 설치했던 흔적이 나타난다. 성문은 4개가 있었을 것으로 보이나 2개의 문지 만이 확인되었다.

성벽의 높이는 구간에 따라 다소 다르나 외측 면 지표에서 최하 1.5m 정도의 낮은 곳과 최고 7～8m 정도의 높은 곳이 있으나 약 4.5～5m 정도이며, 바깥쪽은 대부분 급경사를 이루고 있고 지역에 따라 곡성과 내외 환도가 시설되어 있다. 곡성 중에는 총 길이 약 50m를 3단으로 시설한 곳도 있는 등 매우 복잡한 구조로 되어 있다.

성의 위치와 구조적 특징을 요약하면, 첫째, 남문은 남한강 쪽을 바라보고 있어 외적의 방어와 수원확보에 유리한 곳이다. 둘째, 남한강 서안에 위치한 장미산성은 그 동남쪽으로 충주산성, 대림산성, 문주리산성, 용관동산성이 서로 연하여 있어, 장미산성에서 보면 마치 아성(牙城)에 해당하는 형국이다. 셋째, 성벽축조의 방법은 석재를 사용한 상하의 돌의 크기가 차이가 없다는 점이며, 대부분 체성(體城)에 기단을 두지 않고 지면을 다듬은 후 성벽을 쌓되 다만 하단부는 다듬은 석재를 약간씩 들어 쌓은 점이다. 이러한 점은 온달산성, 적성산성, 충주산성, 삼년산성 등의 축성법에 보이는 신라계의 방법과는 차이가 있다는 것이다. 그 중 삼년산성의 성벽과 비교하여 보면, 삼년산성의 성벽이 장미산성보다 정치한 모습을 보이고 있다.

넷째, 성벽 위에 어린이 머리만 한 것과 어른 주먹만한 것 등의 다양한 강돌이 놓여 있다는 것이다. 이 돌들은 적성산성, 온달산성, 공문산성, 가은암산성 등에서도 볼 수 있는 것으로 전시에 사용되던 투척용 석환(石丸)인 것이다.

다섯째, 성벽의 구조는 성벽이 위치한 가장 높은 해발 330m 지점과 가장 낮은 해발 115m 지점을 비교하면 차이가 무려 215m나 되는 심한 차이를 보이고 있다. 이러한 예는 앞서 대림산성의 경우에서 본 바 있지만 그 구조적 형태는 중부 이남지역의 고대 산성에 속하는 유적에서 보기 드문 현상이다.

여섯째, 이 산성은 배산임수의 자연조건을 최대한으로 이용하였고, 일부 현존하는 계단식 축성방식은 고구려에서 많이 사용하는 형식이다.

끝으로 이 산성의 축성시기와 성의 활용도에 대해 살펴보기로 한다. 이 산성 역시 축성시기는 문헌에 보이지 않는다. 따라서 출토유물, 구조적 형태, 중원고구려비 등과 같은 성 주변의 유적·유물 등을 종합 검토하여 추리해 볼 수밖에 없는 형편이다.

성내에서 출토되는 유물은 삼국시대의 특성을 나타내는 것이 많다. 예를 들면 삼국에서 공통적으로 출토되는 회청색 경질토기편이 가장 많이 나타난다. 그리고 청주 신봉동의 백제 고분과 영산강 유역에서 출토되는 조족문(鳥足文)이 횡주(橫走)하는 무늬가 찍힌 토기편이 출토되고 있다. 장미산성에서는 6세기 중엽 이후 신라 영토 내에서 유행한 단각고배를 동반하는 유물이 적게 나타나는 것이 특징이다.

앞의 사실을 놓고 보면 조족문 문양이 나타난 시기는 대략 4~5세기에 걸친 유적으로 알려져 있다. 이에 근거하면, 장미산성은 백제의 한성이 고구려에 함락(475, 장수왕 63)되기 전인 5세기 전반에 백제가 최초로 축성했을 가능성이 있다고 생각할 수 있겠다. 그러나 문제는 고구려가 충주 일원을 최초로 점거한 시기가 언제가 하는 것이다.

중원고구려비를 보면, 비의 좌측면 3행에 <신유년(辛酉年) 十 대왕국토(大王國土)>라는 간지가 보이며, 비문의 말미에 또 하나의 간지가 보이나 아래와 같이 판독상의 이견이 있는 실정이다.

① 城丙子授古牟婁城守事下部大兄躬乎(이병도 판독)

② 伐城丙于□古牟婁城守事下部大兄耶乎(정영호·황수영·허흥식 판독)

③ 伐城丙子授古牟婁城守事下部大兄躬乎(손영종 판독)

④ □□□子□古牟婁城□事下部□□□□(田中俊明 판독)

위에서 본 간지에 대하여 이미 언급된 견해는 '신유년'은 고구려 장수왕 69년(481)으로 이 해에 고구려가 충주 일원을 점령했다는 것이다. 그리고 <병자>년의 경우 판독 상에 있어 아직까지도 아주 다른 견해가 있으나 간지를 뜻하는 두 글자를 병자년으로 볼 경우, 이 해는 고구려 문자왕 5년(496)으로 이 때 중원 고구려비를 건립했다는 것이다. 문자왕은 장수왕의 뒤를 이어 부여를 복속하는 등 고구려 최대의 영토를 확보하였다는 점을 상기하면 <병자>년으로 판독한 것은 합리적인 견해가 아닌가 싶다. 그러나 국사편찬위원회에서 간행한『한국고대금석문자료집성』I 을 보면, 비문 판독 상 분분한 이견을 고려하여 그 시대를 장수왕 혹은 문자왕대로 추정해 놓았다.

그러나 어쨌든 장미산성의 최초 축성연대는 5세기 전반에 백제가 세운 것으로 봄이 옳다고 보겠고, 장수왕 때의 남방진출이 아산만 조령, 죽령, 영해, 영덕 등지로 이어졌다는 것으로 보아 충주지역 점령은 장수왕 때로 그 당시 이 성을 증개축한 것으로 보아야 할 것이다. 이에 중요한 사실은 삼국 중 어느 나라가 장미산성을 가장 중요시하여 중요한 성으로 활용했는가 하는 점이다. 장미산성을 가장 중요시한 나라는 고구려였다고 판단된다.

끝으로 고구려가 이 산성을 중요한 성으로 활용, 중시하였다고 볼 수 있는 사례를 주변 지역에서 살펴보자. 장미산을 거점으로 가금면과 노은면 일원을 살피면, 먼저 봉황리 햇골산에 위치한 마애불상군과 노은면에서 출토되었다고 전하는 현재 국립박물관 소장의 <건흥오년명금동불광배>가 주목을 끈다. 이들 불상은 근자 고구려가 이 지역을 오랫동안 지배하면서 만든 고구려 장인의 솜씨이거나 그 영향에 의해 남겨진 문화유산이라는 견해가 있다.

그리고 가금면 중앙탑이 위치한 부근에서 수집한 연화문 수막새기와 역시 고구려 계통의 것으로 같은 성격의 유산인 것이다. 이와 아울러 가금면 하구암리나 누암리 고분에서 확인된 방형석실분 역시 고구려의 기법을 이어 받은 것이다.

또한 장미산성 남쪽 산맥 아래 위치한 용전리에 <중원고구려비>를 세운 사실은 그 일대가 남진 경영을 총괄하던 당시 고구려의 치소(治所)였을 가능성을 시사한다고 보겠다. 이처럼 장미산성 일원에서 고구려적 요소가 짙은 문화유산이 집중적으로 흩어져 있는 것은 충주지역에서도 이 지역만이 갖는 특색이다. 그 요인은 고구려가 장미산성을 남방진출의 전진기지로 삼고 70여 년간 고구려의 군사, 행정, 문화의 중심지로 발전한 결과의 산물이라 하겠다. 그러나 장미산성 역시 지배의 주인공이 바뀔 때마다 수리, 개축, 증축되어 본래의 모습을 찾기는 어려운 형편이며, 신라 말 호족세력과 고려, 조선시대까지 입보처로 이용된 성이다.

2. 중앙탑(중원 탑평리 7층석탑)과 중원

1) 역사 지리적 배경

충주지방(중원경)은 옛 고구려의 한산군(漢山郡)과 신라의 한주(漢州)에 소속된 곳이었다. 위도 상으로 북위 36° 18′ ~ 37° 16′ 간에 위치하고, 경도 상으로는 대개 동경 127° 45′ ~ 128° 1′ 간을 차지하여 우리나라 동서간의 중간지대에 해당된다. 지리적으로는 남한강 유역의 중부에 위치하고, 소백산맥이 죽령과 계립령(雞立嶺)으로 연결되는 중앙의 북부에 위치하여 수로나 육로로 북진과 남진의 거점이 되는 중심통로로서 군사적 요충지이다.

<중앙탑>

이러한 지역적 요건은 그 중요성이 삼국간에 일찍이 부각되어 삼국 초기부터 중원지방에 대한 관심과 그 지역 확보를 위한 삼국간의 투쟁

이 격렬하게 진행되었다. 신라의 경우, 아달라왕은 충주로 이어지는 계립령로(156년)와 죽령로(158년)를 개통하여 삼국초기부터 문화·외교·군사적 통로로 이용했다.

한편 고구려는 396년(광개토왕 6) 수군을 거느리고 백제를 정벌하여 한강변 등지의 58개 성을 탈취하였고, 장수왕(413～491)은 수도를 평양으로 천도(427)한 후 남진정책을 강력히 추진하여 백제로부터 한강 유역을 탈취하였다. 이즈음 고구려는 중원에 <중원고구려비>를 건립, 대 신라의 우위권을 과시하는 한편 중원지방을 남방진출의 전초기지로 삼아 신라를 압박하여 세력확장을 기도했다. 이로써 고구려의 영토는 한 때 아산만으로부터 조령, 죽령, 영해, 영덕으로 이어지는 지방까지 진출하였다.

이에 맞선 신라는 진흥왕 때 한강 유역을 완전히 장악한 뒤 557년(진흥왕 18) 국원(國原 :충주)을 소경으로 승격시켰다. 그리고 그 다음해는 신라 귀족의 자제와 육부의 부호를 이주시켰다. 이후 중원지역에 대한 고구려의 관심을 보면, 중원지방을 되찾기 위한 의지가 강렬했다. 예컨대 영양왕(590～618) 때 다시 남진책을 추진하여 출전에 참여한 온달은 '계립현과 죽령 이북의 땅을 우리에게 귀속시키지 않으면 돌아오지 않겠다'는 각오로 임했다는 사실과, 신라의 김춘추가 백제를 치기 위하여 고구려에 가서(선덕왕 11년 : 642) 병마의 구원을 요청할 때 보장왕이 말하기를 '죽령은 본시 우리의 지역이니 네가 만일 죽령 서북의 땅을 돌려주면 원병을 보내겠다'는 사실 등에서 충분히 알 수 있다.

이렇듯 고대 중원지방은 삼국간의 패권 장악을 둘러싼 각축장이 되어 이곳 주민은 삼국의 통치를 일정기간 두루 경험했고, 특히 삼국간의 전쟁으로 인하여 다른 어느 지역보다 많은 고통과 피해를 겪은 곳이다. 이와 같은 과정에서 이곳 주민은 자생적으로 나타나는 배타성과 지역보호에 대한 남다른 집념이 그들 내심에 자연스럽게 작용했다고 보겠다.

또 다른 지역적 특성을 든다면, 진흥왕이 국원을 소경으로 승격(557) 시킨 이후 충주는 정치적 부도로서의 위상이 높아지면서 예술·문화의 도시로 발전되어 지역 주민의 의식수준이 일찍이 높아진 곳이다. 가야인으로 신라에 귀화한 가야금의 대가 우륵은 충주에 살면서 제자인 이문(尼文)과 함께 진흥왕이 보낸 계고(階古)·법지(法知)·만덕(萬德)에게 가야금·노래·춤을 각각 전수시키는 등 이들의 활약은 충주를 가야금의 고장으로 만들었다.

그리고 문무왕대의 대문장가 중원인 강수(强首)는 외교문서로 중국과 고구려, 백제 등과 우호를 맺는 데 기여했으며, 특히 당에 청병하여 고구려와 백제를 평정하는 데 그의 문장의 도움이 커 왕으로부터 사찬(沙湌 : 8位)의 관계(官階)를 받았다.

또한 성덕왕 때의 명필가 김생(711～791) 역시 충주와 관련을 갖는 인물로 그의 글씨는 중국 진나라 왕희지(王羲之)의 글씨로 착각할 정도의 대가였다. 이렇듯 충주지방은 일찍부터 예술과 유교 분야의 독특한 문화적 기반을 구축한 도시이며, 백제·고구려·신라·가야의 문화가 모인 특수한 고장이다.

이와 같은 요인은 중원지방이 갖는 삼국간의 지리적 중요성과 관련되어 나타난 것으로 볼 수 있다. 중원지방은 부도인 소경으로 승격되면서 문화·정치·군사적으로 그 우위성을 갖는 특수한 성격을 지닌 고장으로 이해된다.

끝으로 왕권쟁탈전으로 사회가 혼란했던 신라 하대 중원지방의 사회상을 보자. 당시 중원지방에 영향을 끼친 사건을 보면, 웅천주(공주) 도독 김헌창의 반란이 주목된다. 그는 헌덕왕 14년(822) 아버지인 김주원(金周元)이 왕위에 오르지 못한 것을 이유로 반란을 일으켜 국호를 장안국(長安國), 연호(年號)를 경운(慶雲)이라 칭했다. 그가 칭한 국호 등을 미루어 보면 그의 역모는 단순한 정권쟁탈의 성격은 아닌 것으로 보인다. 그는 웅천주 도독으로 부임한 지 1년도 채 안 되는 시기(821년

4월~822년 3월)에 반란을 일으킨 것이고, 그의 세력은 신라의 땅 4주(무진주·완산주·청주·사벌주)와 중원·서원·금관 등 3소경이 그의 수중에 장악되었다.

그의 반란에서 주목되는 것은 백제의 옛 수도를 거점으로 단시일 내에 4주 3소경을 일시나마 장악한 점과 그의 종족(宗族)과 도당 239명이 살해된 것이다. 이를 고려하면, 9세기 초 소경과 여러 군·현에 대한 중앙의 통제력이 약화되어 있었다는 사실과 공주 등 옛 백제권내 주민들의 내심에는 반 신라적 기운이 조성되어 있었다는 것을 추측할 수 있다. 요컨대 김헌창의 반란은 각지에서 나타나는 반 신라적 기운에 편승, 그들 주민의 호응을 얻을 수 있다는 나름대로의 판단에서 기병한 것으로 보아도 무리는 아닐성싶다.

그의 반란은 후일 지방세력의 등장과 사회분열에 커다란 자극을 주어 농민반란과 지방세력 등장 등 반 신라적 기운을 촉진시켰다. 이후 중원지방의 동정을 보면, 9세기 말 이 지역 장악에 대한 호족들간의 관심이 증대되어 쟁탈의 격전지가 되었다. 당시 중원지방의 대표적 호족은 충주유씨의 유긍달과 유권열 등이었고, 쟁탈에 뛰어든 호족으로는 양길, 궁예, 왕건 등이 유명했다.

이들 간의 세력다툼은 9세기 말 궁예가 북원경(원주)의 양길 휘하에서 이탈하면서 본격화되었다. 양길의 휘하에서 벗어난 궁예는 철원과 개성지방을 무대로 세력기반을 확대해 나갔다. 이를 두려워한 양길은 899년(효공왕 3) 중원 등 10여 성주와 연합하여 궁예를 치려다 오히려 실패했다.

900년(효공왕 4) 궁예의 부장이었던 왕건은 중원경, 서원경(청주), 괴산 등지를 공격하여 청길(淸吉)·신훤(莘萱) 등의 세력을 평정시켰다. 이로써 중원지방은 궁예의 세력권에 귀속되었다. 이즈음 왕건은 중원의 호족 유긍달의 딸을 부인(제3비 : 신명왕후)으로 맞이하였다. 이렇듯 왕건이 유긍달의 딸을 비로 맞이한 것은 충주 유씨의 세력기반을 염두에 둔 정략혼이라 볼 수 있다.

유긍달의 일족인 유권열 역시 충주를 거점으로 영월과 서원경 지방의 호족과도 깊은 관련을 갖는 세력가였다. 그 사실은 유권열이 주동이 되어 건립(고려 태조 26년 : 943)한 <정토사법경대사자등탑비>에서 이를 시사해 준다. 그 비의 음기에 보면, <중원부(中原府)>의 독자적인 관계(官階)와 관직이 보인다. 이와 같은 통치 기구의 양태는 새로운 지배층으로서 그들의 정치·사회적 지위를 대변해 주는 것이다.

지금까지 살펴본 중원지방의 역사와 지역적 특성을 요약하면, 삼국시대는 남북 왕래의 거점이 되는 통로로 일찍이 군사적 요충지로 부각되어 한때 고구려 남진책의 전초기지였다. 이에 따라 삼국간의 각축장이 되어 그 어느 지방보다 시련을 많이 겪은 곳이다.

그러나 국원(충주)을 신라가 장악한 후 부도인 소경으로 승격되면서 예술, 문화, 행정의 도시로 발전하여 지방문화의 중심지로 변모하였다. 이후 9세기말의 충주는 반 신라적 지방세력들의 무대가 되어 원주·청주지방과 함께 신라 멸망에 결정적 타격을 주었다. 그 단적인 예로 충주는 원주와 함께 궁예(태봉)→왕건(고려)의 기반으로 이어졌고, 유독 호걸들이 많았던 청주 역시 궁예→왕건의 세력기반이 되었던 것이다.

이와 같은 지역적 특수성을 갖는 충주에 건립된 중앙탑은 단순한 사찰 중심의 탑으로만 규정하기 어려운 점이 있다는 것이 일반적 견해이다. 중앙탑의 건립시기와 그 배경을 밝히고자 할 때 유의할 점은 탑의 구조와 양식에 근거하여 추정되는 시기를 반드시 그 당시의 정치·사회상과 그 지역적 환경 등을 비교하여 다각적으로 고찰해야 한다는 것이다.

2) 건탑 시기적 배경

중앙탑의 건립시기와 그 배경에 대하여 살펴보기로 하겠다. 먼저 우리 나라 탑파의 시원과 그 변형에 대한 일반적 견해를 보자. 탑파는 불사리·법사리 등을 봉안하기 위하여 건립한 불가의 건축물로 속칭 탑이라 부른다. 탑의 유형을 보면, 형태가 작고 낮은 토탑·옥탑·금탑 등이 있고, 사찰을 중심으로 거대하게 건립한 목탑·석탑·전석혼용탑·전탑 등이 있다.

우리 나라에서 석탑이 발생한 시기는 삼국시대 말기로 추정된다. 삼국 중 건축이 가장 발달한 백제의 석탑을 보면 화강암으로 된 익산의 미륵사지석탑(국보 11호)과 부여 정림사지 5층석탑(국보 9호)이 전한다. 이들 탑은 목조탑의 형식을 모방한 것으로 그 중 미륵사지석탑은 우리나라 석탑의 시원으로 간주된다.

신라의 석탑은 634년(선덕여왕 3) 건립한 분황사 모전석탑(국보 30호)과 분황사 석탑의 계열에 속하는 의성 탑리5층석탑(국보 77호)이 신라석탑의 시원 양식에 속하는 것이다. 그리고 선덕여왕(632～647) 때 백제인 아비지(阿非知)를 초빙하여 용춘(龍春)의 감독 하에 완성(643～645)한 황룡사 목조9층탑이 이채롭다. 이 탑은 왕실의 권위를 높이고 '이웃나라의 항복과 구한(九韓)의 조공'을 표징한 것이자 불교의 힘을 빈 정치적·호국적 상징물로서, 이를 통해 신라중심의 사상을 갖고자했던 것이다. 즉, 황룡사9층탑은 왕권을 강화하고 국위를 선양하는 동시에 신라인의 힘을 결합하는 정신적 지주로 삼기 위한 것으로 통일의식을 고취시키기 위한 상징적 탑이다.

한편 삼국통일 후 신라의 석탑은 새로이 정돈된 양식을 갖추게 되는데 그 전형적 탑파는 감은사지 동서3층석탑(경북 월성군, 신문왕 2년 완성 : 682년), 고선사지3층석탑(경주시, 7세기 후반), 나원리5층석탑(경북 월성군, 8세기)과 구황동3층석탑(경주시, 700년 전후)의 과도기적인 양식을 거쳐 8세기 중엽에 이르러 건립된 불국사3층석탑과 갈항사동3층석탑(경북 금릉군 남면, 현 경복궁 소재)에서 정형을 볼 수 있다.

그러나 8세기 중엽에 완성된 신라식 석탑의 정형은 9세기 후반에 들면서 탑의 규모가 전체적으로 작아지고 각 부의 양식도 약화되거나 생략된 변모를 보이는 것이 특징이다. 이와 같은 변화는 곧 계속된 왕위 쟁탈전으로 국력이 약화되고, 지방호족들의 할거로 사회가 혼란함에 따라 나타난 현상이다.

이제 중앙탑의 건립시기와 그 탑을 세우게 된 배경에 대하여 살펴보자. 먼저 건탑의 시기에 대한 이미 제기된 견해부터 보면,

① 삼국통일초의 설
② 신문왕(681~682) 대인 7세기 후반 설
③ 원성왕(785~798) 12년(8세기 말) 설
④ 9세기 전기 설
⑤ 후삼국 초기 설

등이 있다. 위의 설에서 원성왕대의 설이 학계의 일반적 견해이다. 그리고 중앙탑 건립의 배경에 대한 연구의 결과를 보면 아래에서 보듯이 그 견해 역시 구구한 실정이다.

ⓐ 충주가 삼한의 중앙이며, 또한 이곳에 왕기가 있으므로 왕기를 압승하기 위하여 세운 것.
ⓑ 김생(711~790)이 창사하고 고대의 참고서적을 보관하기 위해 건축.
ⓒ 신라 원성왕 12년 국토의 중앙을 표시하기 위하여 건립.
ⓓ 신라의 영토 중앙의 위치에 처한 충주에 탑을 세워 새로이 편입된 백제 · 고구려 지역과 그 지역 민을 포용 · 융합하고자 하는, 즉 불력에 의해 백제 · 고구려 유민을 사상적으로 제도하고자 하는 의미가 있다는 것.
ⓔ 충주 지역의 역사 지리적 상황을 고려해 볼 때 이 석탑은 국토의 중앙에 세웠다는 커다란 의미의 상징과 함께 육로와 수로의 안전을 기원하는 의미를 지닌 것이라고 전제하면서 사찰과는 무관한 것으로 당시에 성행했던 풍수사상에 의해 건립된 것으로 추정한 견해.

등이다. 앞에서 본 건탑의 시기와 그 배경에 대한 견해는 모두가 확실한 문헌에 근거한 것이 아니며, 다만 중원지역이 갖는 역사성과 그 고장의 전설, 지역적 특성, 그리고 탑의 구조와 양식 등을 고려하여 추정해 본 것이다.

어쨌든 중앙탑의 건탑 시기와 그 배경을 밝히고자 할 때 결정적인 사료가 없는 한 간과해서는 안될 중요한 사실은 탑의 구조와 양식 등으로 보아 추정되는 건탑의 시기와 그 배경으로 간주되는 때의 정치·사회적 여건과 서로 맞아 떨어져야 한다는 점이다. 이제 중앙탑 건립의 시기와 그 배경에 대한 여러 견해를 정치·사회적 요인과 관련하여 구체적으로 살펴보자.

첫째, 삼국통일초의 건탑설은 관야 정(關野 貞)이 주장한 것이다. 그는 『조선미술사』에서

> 충주 탑정리칠중석탑은 2층의 기단 위에 세워졌으며 높이는 약 48척, 규모가 장대하고 각층감축의 도가 많으며 수고(秀高)한 모습을 나타내고 있다. 익산 미륵사탑에 버금가는 반도 제2의 고탑으로 역시 당대 초기에 있어서의 대작으로서 또한 걸작이다.

라고 하였다. 한편 『조선고적도보』 4책(1916)에 의하면 중앙탑이 위치한 부근에서 수습한 와당(도보 : 1427 · 1428)은 보통 삼국 말기부터 신라 통일 초의 어간에 해당되는 형식이며, 다른 와당들도 성당(盛唐)의 기풍이 농후하다는 것이다. 이와 같은 점에서 추정된 견해가 곧 통일초의 설이라고 볼 수 있다.

둘째, 삼국통일초의 기간에 속하는 7세기 후반기설 역시 중앙탑의 구조와 양식으로 보아 그 건립 연대를 나원리탑과 동일한 신문왕대의 작품으로 본 것이다. 앞에서 본 ①, ②의 설은 석탑의 구조 및 양식의 변모와 탑의 부근에서 출토된 와당 등에 근거한 추정이다. 그러면 ①,

②의 건탑기 설에 대한 건탑의 배경이 될 당시의 정치·사회적 여건과 관련하여 그 타당성을 살펴보자.

삼국통일 초에 해당하는 시기는 백제(660)·고구려(668 : 문무왕 9)가 신라에 통합된 후 당나라 세력을 반도 내에서 축출한 문무왕 16년(676)부터 신문왕(681～692)까지 약 30여 년간을 초기로 볼 수 있다. 당시 신라가 취해야 할 시급한 과제는 광역화된 영토를 통제할 수 있는 행정·군사 제도의 정비와 백제·고구려 유민과의 동질성 추구와 신뢰성 회복에 역점을 두는 일이 관건이었을 것이다.

이때의 무열왕(654～661)은 백제를 통합한 업적을 남겼으며, 문무왕(661～681)은 고구려의 통합과 그후 제·려 유민의 부흥운동을 진압함과 동시에 7년간의 대당 전쟁을 완수, 대동강으로부터 원산만 이남의 고구려 영토를 신라의 땅으로 통합, 통일을 위한 전쟁을 종식되었다(676).

이후 문무왕의 치적에서 주목되는 것은 당병 축출을 염원하는 뜻에서 이룩한 사천왕사의 창건(679)이다. 이것은 곧 반당(反唐)의식을 높이고 신라의 자주성과 통일의식을 모으려 했던 것으로 볼 수 있다. 즉 그 배경에는 신라중심 사상이 반영된 것으로 통일의식의 선양이었던 것이다. 그리고 북원경과 금관경을 설치하는 한편 남산성을 증축(679)하는 등 경주의 모습을 일신코자 하는 뜻을 가졌으나 실행하지 못했다.

신문왕(681～692) 때의 경우를 보면, 즉위 직후 김흠돌의 모반(681)과 고구려의 왕족 안승의 족자·대문의 반란(684)으로 한때 정치적 혼란을 겪었다. 그러나 그는 국학(國學)을 세우고 녹읍제(祿邑制)를 폐지하는 등 왕권강화에 역점을 두었다. 특히 그는 전국의 국토를 9주 5소경으로 정비(685), 행정적으로 지방 통제책을 강구하는 한편 수도를 대구(달구벌)로 옮기려 했으나(689) 귀족들의 반대로 좌절되었다.

또한 백제·고구려·보덕국·말갈인 등 피정복민을 끌어들여 9서당을 정비(687)하였으며, 서원경과 남원경에 성을 쌓아 군비강화에도 힘썼다. 그리고 오악(토함산·지리산·계룡산·태백산·공산)의 설정과 감은사(682), 망덕사(685) 등을 건축하는 등 불교진흥에도 힘썼다.

이렇듯 신문왕은 통일정부에 걸맞은 제도적 정비와 왕권강화에 진력하는 등 통일정부의 위상을 높이려 했다. 이와 같은 그의 시책 등을 고려하면, 삼국통합 후 불력에 의해 백제·고구려 유민을 사상적으로 제도하기 위하여 남북 지역간의 중앙이며, 물산 교통과 군사적 요충지로 행정적 부도인 충주(中原)에 중앙탑을 세웠을 개연성도 있다고 보겠다. 즉, 삼국통합 후 새로이 편입된 백제·고구려 유민들에게 삼국통일 과정에서 성장한 신라중심사상을 선양하기 위한 상징물로 건탑한 것이라고 추리해 볼 수 있다.

요컨대 앞에서 본 건탑 시기의 ①, ②설은 7세기 후반기 설이 보다 설득력이 있다고 보겠다. 그러나 후고 할 문제이긴 하지만, 이미 연구된 탑의 양식이나 왕기가 있다는 등의 충주지역의 전설과 9세기에 등장하는 반 신라적 지방세력 등을 고려하면 7세기 후반기 설은 재고할 문제점이 있다고 생각된다.

셋째, 8세기 말기 설(원성왕 12)과 9세기 전기 설을 함께 묶어 살펴보자. 8세기 말 원성왕대의 건탑설은 신문왕대의 설보다 무려 100여 년이 지난 뒤의 일이다. 이 설은 어디에서 유래하였는지 구체적인 언급과 검증 없이 수용했다는 부정적인 견해가 이미 제기되었다.

8세기 중반 이후의 시대상을 보면, 경덕왕(742~765) 때부터 왕권에 대한 귀족관료들의 불만과 도전이 서서히 나타나 사회불안과 민심 이반이 예고되었다. 예컨대 748년(경덕왕 7) 정찰(貞察) 1인을 처음으로 두어 백관의 기풍을 살피고 바로잡게 한 점, 아찬 정절(貞節) 등을 시켜 북변 지방을 시찰케 하고 대곡성(大谷城 : 평산) 등 14군 현을 처음 설치한 점, 그리고 경덕왕은 귀족들의 불만과 압력에 눌려 신문왕 때 폐지된 녹읍제를 부활(757)시킨 점, 특히 경덕왕 재위기간에 시중이 빈번하게 교체된 점과 상대등 김사인(金思仁)이 연년 재이의 누견을 이유로 상소하여 시정의 득실을 극론한 사실, 왕의 총애를 받던 대나마 이순(李純)이 하루아침에 세간을 피해 깊은 산중으로 들어가 끝내 중이 되어 왕을 위해 단속사(斷俗寺)를 세웠다는 점 등에서 충분히 짐작할 수 있다.

그리고 경덕왕의 뒤를 이은 혜공왕(765~780) 역시 성색(聲色)에 빠지고 궐 밖 출입이 잦아 왕실의 기강을 문란시켜 지배층의 도전을 받았고 재이 마저 자주 일어나 민심이 이반되는 실정이었다. 당시 주목을 끄는 점은 김융(金融 : 770)·김은거(金隱居 : 775)·김염상(金廉相)과 김정문(金正門 : 775) 등의 모반사건이 연이어 일어나자 왕도와 5도 주·군의 96각간이 서로 싸우는 대란으로 확대된 사실이다. 혜공왕이 서원경(청주)에 행행하여 경로 주현의 죄수를 특사한 것이나 백좌법회를 베푼 것은 민심 이반과 사회안정을 수습하기 위한 방편이었을 것으로 생각된다.

그러나 혜공왕은 김지정(金志貞)의 반란(780)으로 왕비와 함께 살해되고 왕위는 내물왕계의 10세손인 김양상에게 돌아가 선덕왕(780~785)으로 즉위하였다. 선덕왕의 치적을 보면, 아래의 사료에서 보듯이

① 781년(선덕왕 2) 7월에 사자를 파견하여 패강 이남의 주군을 안무하였다(『삼국사기』 권9, 선덕왕 2년).
② 782년(선덕왕 3) 2월에 왕이 한산주에 순행하여 민호를 패강진으로 옮기였다(『삼국사기』 권9, 선덕왕 3년).
③ 두상대감(頭上大監 : 진의 장관)은 1인이니 782년(선덕왕 3) 처음으로 두었고…(『삼국사기』 권40, 잡지 9 외관 패강진전조).
④ 783년(선덕왕 4) 1월에 아찬 체신(體信)을 대곡진(大谷鎭 : 평산)의 군주(軍主)로 삼았다(『삼국사기』 권9, 선덕왕 4년).

그는 삼국통일 후 60여 년간(676~735) 신라의 통제력이 거의 미치지 못했던 서북면 변경지대의 개척과 행정적 통제에 주력한 점이 특징

이다. 즉, 패강지대를 신라 통치권내로 묶어 들이려는 그의 시책은 곧 옛 고구려 지역에서 자생하는 반 신라적 의식을 고려한 것이 아닌가 싶다.

그러나 선덕왕이 불행하게도 후사가 없이 죽자 군신들은 무열왕계의 6세손인 김주원(金周元)을 후계자로 추대하였다. 이때 마침 폭우가 내려 알천(閼川)이 범람하자 왕궁에 이르지 못하여 내물왕계의 12세손 김경신(金敬信)을 다시금 추대함으로써 경신이 원성왕(785~798)으로 즉위하였다.

당시 김경신의 즉위는 서열을 무시한 것으로 그들 사이의 갈등과 대립이 있었음이 분명한 것 같다. 그 사실은 김주원이 지금의 강릉으로 퇴거한 사실과 김주원의 아들 김헌창이 아버지가 왕위에 오르지 못한 것을 구실로 웅천주에서 반란(822)을 일으킨 사실에서 족히 판단이 된다.

우여곡절 끝에 즉위한 원성왕은 경덕왕 이후 실추된 왕권과 특히 왕위쟁탈전의 위협으로부터 왕권을 강화하고 이반되는 민심을 수습, 사회안정을 되찾는 것이 관건이었을 것이다. 그러나 그가 시행코자 한 독서삼품과의 예에서 보듯이 진골귀족들의 반대로 왕권강화책은 뜻대로 실현되지 못했다.

다음은 원성왕의 뒤를 이은 소성왕(798~800) 이후 애장왕(800~809), 헌덕왕(809~826), 흥덕왕(826~836), 희강왕(836~838), 민애왕(838~839), 신무왕(839), 문성왕(839~857)까지 9세기 전반기의 시대상을 보자.

9세기 전기는 반역군에 의해 살해된 애장왕·민애왕과 난병에 몰려 자결한 희강왕의 예에서 보듯이 진골귀족간의 대립과 분열이 격화되어 무력에 의한 왕위쟁탈전이 빈번하게 나타났다. 이에 따라 왕권이 약화되어 정치체제 전반에 걸친 이완현상과 특히 반 신라적 지방세력이 나타나는 시기였다.

그 대표적 예를 들면, 앞장에서도 보았듯이 822년(헌덕왕 14) 일어난 김헌창의 난과 825년 헌창의 아들 범문(梵文)의 난이 그것이다. 당시 김헌창은 웅천주 도독으로 부임한지 1년도 안 되는 시기에 옛 백제의 수도를 거점으로 거병하여 단시일 내에 무진주·완산주·청주(菁州)·사벌주와 서원경 등 3소경을 일시적이긴 하지만 장악했다. 이와 같은 성과의 배경은 왕권의 약화로 정치적 혼란이 야기된 틈을 타 옛 제·려 지역 주민들이 갖는 반 신라적 의식과 그가 가진 막강한 군사력 때문으로 볼 수 있다. 그 반란의 요인이야 어쨌든 그 영향은 지방세력의 할거적 경향을 크게 촉진시켰고, 왕위쟁탈전 등 정치적 분열과 사회적 혼란에 커다란 씨앗이 되었다.

이후의 시대상을 보면, 826년(헌덕왕 18) 우령(金川) 태수 백영(白永)에게 명하여 한산 이북의 여러 주군의 백성 1만 명을 징발하여 패강(예성강) 장성 300리를 쌓았다. 그리고 828년(흥덕왕 3) 청해진(완도)이 설치되고, 한산주 표천현(瓢川縣)의 요술인이 자칭 빨리 부자가 되는 술법을 가졌다고 하며 많은 사람이 혹신한다는 말이 퍼지자 왕이 그를 섬으로 귀양보낸 일도 있다. 그리고 829년 대당 교통로의 거점인 남양만에 당성진을 설치했다. 이와 같은 일련의 시책은 곧 정치적 분열과 사회적 혼란기를 틈타 변방지대에서 형성되는 지방세력에 불안을 느껴 취해진 조치로 볼 수 있다.

특히 흥덕왕 이후의 경우, 희강왕과 민애왕이 연이어 살해되는 등 정치적 혼란은 더욱 가중되었다. 그 사실은 신무왕의 뒤를 이은 문성왕대의 정세를 보면 실감할 수 있다. 이를테면, 일길찬 홍필(弘弼)의 반란(841), 장보고의 피살사건(841), 혈구진 설치(844), 이찬 양순(良順)과 파진찬 흥종(興宗)의 반란(847), 이찬 김식(金式)·대흔(大昕)의 반란(849) 등에서 보듯이 나라를 헤치는 간신들이 득실거렸으며, 또한 청해진을 혁파(851)하여 그곳 주민을 벽골군으로 사천시킨 사건 등이 그것이다.

문성왕 말년(857)에 내린 아래의 유조(遺詔)를 보면,

짐이 미미한 자질로 숭고한 자리에 처하여 위로는 하늘에 득죄할까 두려워하고 아래론 백성의 기대를 잃을까 염려하여 조석으로 긍긍함이 연못의 얼음을 건넘과 같다.

하였다. 이를 음미하면 9세기 전반기는 왕실의 안녕과 국가적 불안을 해소하기 위한 대안이 그 어느 때보다도 절실하게 요청되는 정세였음을 알 수 있다. 그러나 당시 약화된 왕권과 율령체제에 따른 합법적 기능으로는 옛 제・려 지역에서 등장하는 지방세력과 이반되는 민심을 진무하여 왕실과 국가안정을 기하기는 어려운 처지였음을 알 수 있다.

요컨대 9세기 전반기의 정치 사회적 정황으로 보아 왕실에서는 불교・풍수・비보론 등의 사상적 힘을 빌어 이반된 민심을 되돌려 국민화합과 국가의 안정을 위한 대안이 그 어느 때보다도 절실하게 요구되는 형편이었다. 즉, 중앙탑의 건립은 그 뜻을 실현하기 위한 호국적 원탑의 상징물로 국토의 중앙지이며 소경으로서의 부도인 중원경에 세웠을 개연성이 그 어느 시기보다 농후하다고 볼 수 있다.

이와 같은 판단은 신라 탑파상에 있어 9세기에 이르러 왕실 혹은 개인의 번영을 기원하는 목적에서 건립한 법광사지삼층석탑(828), 경주 창림사지삼층석탑(855) 등의 원탑과 풍수지리설에 의해 9세기 전기에 건립된 것으로 추정되는 경주 남산용장사곡삼층석탑의 건립을 시발로 나타난 경주 남산리동삼층석탑, 경주 서악리삼층석탑 등이 그 단서를 제공해 주고 있기 때문이다. 그리고 867년(경문왕 8) 6월 황룡사탑에 벼락이 떨어져 871(경문왕 11) 1월에 왕이 황룡사탑을 개조하도록 명하자 이를 재건하면서 만들어 넣은 『황룡사 구층탑찰주본기』에서도 실감할 수 있다.

그 찰주본기에 보면, 문성왕(839～857) 때 이르러 황룡사탑이 동북으로 기울어지므로 탑이 무너질까 염려하여 재목을 모은 지 30여 년이 지나도록 고치지 못하였는데 871년(경문왕 11)에 이르러 왕의 친제인

위홍(魏弘)에게 명하여 동년 8월 12일 옛 것을 헐고 새롭게 개조하기 시작했다는 얘기가 있다. 이 탑은 만 2년(871년 8월~873년 9월)의 세월을 거쳐 개조가 완료되었다.

9세기 중반의 전후시기는 국가적으로 큰 위기를 맞고 있던 시기로 불력의 힘을 빌어 현세적 구복과 국가적 안정을 기하고자 하는 사상적 의식이 강렬하게 작용하고 있었음을 알 수 있다. 그 사실은 경주의 남산에 분포된 불교관계 유물과 유적에서 이 시기에 많은 불사가 행해졌다는 사실을 통해 알 수 있다.

다만 앞에서 본 건탑들은 중앙탑과는 달리 수도를 중심으로 건탑된 것이 다를 뿐 국민사상을 통일하고 왕권강화를 위한 사상적 이념을 지닌 뜻은 기맥이 상통한다고 보겠다. 그러면 중앙탑을 충주에 건립한 배경은 무엇일까. 필자의 생각은 9세기에 들어 유독 옛 제·려 지역에서 등장하는 지방세력과 정치적 불만으로 이반되는 반 신라적 민심을 회유할 때, 충주가 군사적 요충지로서 신라 국토의 중앙지이며, 소경인 부도라는 지역적 조건이 고려된 것으로 판단된다.

3) 중앙탑의 성격

그리고 건탑의 성격은 옛 제·려 지역에서 등장하는 지방세력과 반 신라적 민심을 회유, 범국민적 화합이라는 귀일점에 민심을 모으기 위한 상징물로 추리해도 무리는 아닐성싶다. 요컨대 중앙탑은 9세기 전반기 지방세력 등장을 막고, 반 신라적 민심과 사회적 혼란을 호국적인 불교의 힘을 빌어 국가적 안정의 꽃을 피우기 위한 염원의 상징물로 건탑했다고 판단된다.

필자가 중앙탑을 9세기 전반기 작품으로 추론하는 데 확신을 갖게 하는 또 다른 근거는 '93 중원 탑평리유적 『발굴조사보고서』(1994)에서 뒷받침해주고 있다. 그 보고서의 내용 중 건탑의 시기 등 관련 사항을 보면, 탑평리 석탑(중앙탑)은 전형기의 양식도 검출되지만 9세기에 이르러 발생하는 초층탑신받침의 수법 등 후대에 나타나는 양식이 전체를 통틀어 봐도 더욱 많이 표현되어 있으며, 특히 9세기에 있어서도 신구양식이 혼재되어 나타나는 것으로 보아 9세기 전기의 건립으로 추정하고 있다는 점이 그것이다.

그리고 중앙탑을 사찰과는 무관한 것으로 파악하였으며, 그 건탑의 배경에 대하여는 중앙탑에 대한 기존의 전설이 모두 풍수설과 연관이 있고 충주의 역사 지리적인 상황을 고려할 때 당시에 유행했던 풍수사상에 의해 건립된 것으로 추정하였다. 한편 탑의 성격에 대하여는 중앙탑이 국토의 중앙에 세웠다는 커다란 의미의 상징과 함께 그 위치가 세곡 등을 경창으로 운반하였던 수운의 중심지(가흥창)였다는 점을 고려, 육로와 수로의 안전을 기원하는 또 다른 의미를 지닌 것으로 보았다.

앞의 견해 중 필자의 생각과 크게 다른 점은 탑의 성격에 대한 관점이다. 중앙탑이 육로와 수로의 안전을 기원하는 의미를 지녔다는 것은 탑의 위치가 국토의 중앙지며 강변에 연접해 있다는 점을 고려하면, 일면 수긍이 되기도 한다. 그러나 탑의 규모나 9세기 전반기의 시대상을 고려해 보면, 앞서 제시한 필자의 생각과는 거리가 있다. 어쨌든 가장 중요한 사실은 건탑양식으로 본 정영호 교수의 9세기 전반설은, 건탑의 배경으로 간주될 수 있는 9세기 전반기(문성왕)의 정치 사회적 여건으로 보아 가장 합당하게 맞아떨어진다는 판단이 필자의 견해이다.

끝으로 후삼국 초기의 건탑설을 보자. 후삼국기는 신라가 후백제(900), 후고구려(901)로 분열되었다가 다시 후고구려의 뒤를 이은 고려(918)가 신라(935)와 후백제(936)를 통합한 시기까지 불과 40년도 채 안 되는 기간이다.

당시 충주지역의 형세를 보면, 900년(신라 효공왕 4) 궁예의 부장이었던 왕건이 지금의 충주・청주・괴산 등지를 공격, 청길(淸吉), 신훤

(莘萱) 등의 세력을 평정시킴으로써 충주지역은 후고구려의 판도가 되었다. 그리고 905년에는 신라의 변읍을 침탈하여 궁예의 세력은 죽령 동북지역까지 확대되었다. 한편 후백제 견훤은 907년(효공왕 11) 일선군(선산) 이남의 10여 성을 탈취하였다. 이로써 신라의 영토는 소백산맥 외곽을 벗어나지 못한 경상도 지역만을 겨우 관장하는 소국으로 전락하고 말았다.

이렇듯 후삼국기의 충주는 일시(900～918) 후고구려 영역에 속했다가 918년 이후는 고려 태조 왕건의 세력권이 되었다. 이렇게 본다면, 후삼국기 설의 중앙탑은 신라의 유산이 아닌 후고구려(궁예)나 아니면 고려(왕건)가 건탑했다는 것으로 볼 수밖에 없다.

설혹 중앙탑을 충주지방의 강력한 호족인 유긍달・유권열 등과 깊은 인연을 갖는 왕건이 건립했다고 가정해 본다해도 막대한 국력이 소요되는 건탑의 조성은 고려 개국 초의 정세로 보아 불가능한 것으로 판단된다. 그리고 건탑의 구조와 양식이 9세기 전기의 것으로 판단되는 점등의 이미 연구된 성과를 고려하면 후삼국기의 설은 재고의 여지가 없다고 보겠다.

요컨대 중앙탑은 9세기 전반기에 건립된 것이며, 그 성격은 단순한 불사 중심의 사탑이라기보다는 국가적 차원에서 호국적인 불력의 힘을 빌어 반 신라적 지방세력과 민심 이반을 진무시킴과 동시에 국가적 안정을 위해 신라의 천하관인 신라중심사상을 선양하기 위한 비보적 의미를 지닌 상징적 원탑으로 봄이 옳다고 생각된다.

3. 대림산성에서의 대몽항전

1) 위치와 현황

대림산성(해발 487.5m)은 충주시 살미면 향산리 산45번지 일대의 대림산에 있다. 먼저 대림산성의 지형적 조건을 보면, 대림산은 충주의 진산으로 성의 정상부에 오르면 북쪽으로 충주시내의 전경은 물론 달천강과 남한강이 합류하는 탄금대와 장미산성이 확연히 보인다. 또한 동쪽으로는 충주영액(안림동)·남산성과 서로 마주 대하고 있어 계립령과 죽령로의 길목(살미면 신당리→문화리→재오개리→발티재→충주시 직동)을 차단하거나 충주 분지의 사방을 방어하기에 가장 유리한 요새이다.

그리고 성의 정상부에 위치한 봉수대는 동쪽의 심항산 봉수(종민동 계명산), 남쪽의 주정산 봉수(상모면 온천리), 서쪽의 마산 봉수(이류면 대소리 봉화산)와 서로 마주 보이는데 대림산 봉수는 주정산 봉수를 받아 마산 봉수로 전하는 역할을 했던 것이다.

한편 대림산에서 가장 높은 봉우리를 배후로 하고 위치한 정문방향인 서쪽변은 옛 3번 국도를 사이에 두고 그 도로의 옆으로는 마치 해자의 구실을 하는 달천강을 끼고 있고, 그 서벽 아래의 지세는 해발 100m가 넘는 깎아지른 절벽이다. 그리고 동·북·남쪽의 성벽도 산의 경사가 급하여 적의 진입이 어려운 조건을 갖추고 있으며, 조선조 임경업 장군이 무술 연마차 올라 다녔다는 삼초대도 바로 이곳에 있다.

요컨대, 대림산성은 배산임수의 형태로 자리잡고 있어 소수의 병력으로 다수의 적을 차단 방어하기에 유리한 조건을 갖추고 있다. 이점은 통구하를 해자로 하고 있는 고구려 환도성의 자연 조건과 비슷하다고 보겠다.

<대림산성 입구 : 서쪽>

다만 <사진>에서 보듯이 서문 밖 건너편 쪽에서 성내부가 훤히 들여다보이는 것이 큰 약점이라 하겠다.

다음은 대림산성의 규모를 살펴보자. 대림산성의 구조적 형태를 보면, 면적은 871.719m² (263.695평)이며, 남향의 계곡을 두른 전형적인 포곡식 토석혼축성이다. 성벽의 높이는 대략 4~6m이며, 전체 둘레는 4,906m에 달하는 부정형의 장타원형으로 충주지역 소재의 산성 가운데 가장 큰 규모이다.

성벽은 전략적으로 취약한 부분만을 다듬은 돌로 쌓은 곳이 10여 군데 남아 있으나 전체적으로 보아 성벽은 토석혼축으로 되어 있다. 그런데 축성된 성벽의 고도가 최고 487.5m에서 최하 100m로, 그 고도의 차이가 커서 성 내부에서 성벽까지의 경사가 심하게 나타난다. 이 때문에 전체 면적에 비하여 농지 등으로 활용 가능한 지역은 5,800평에 불과하다. 이렇듯 성벽의 고도차이가 심한 것은 산세가 험준한 남한강 상류지역에서 볼 수 있는 특징으로 그 대표적인 예가 아닌가 싶다. 그리고 성의 구조를 보면, 건물지(12)·문지(3)·우물지(3)·봉화대(1)·치성(10)·망루와 장대 등 산성의 기본시설을 갖추고 있으며 성벽의 안쪽에 4~5m 폭의 회곽도가 조성되어 있다. 성내의 건물지 중에는 대궐터, 창터라고 칭하는 전설이 전하기도 한다. 성내의 자연환경은 삼면이 높은 산으로 감싸 안정감이 있으며, 특히 수질이 좋고 수원이 풍부한 3곳의 우물과 식수로 이용할 수 있을 정도의 개울이 있어 성의 요건으로는 손색이 없는 곳이다.

다만 성 내부가 경사지고, 경지면적이 협소한 듯이 보이나 남한강 상류지역에 분포된 여러 성 중 군사와 군마의 주둔이나 식량의 자체 조달 등에 있어 가장 유리한 자연적 환경을 갖추고 있다. 때문에 소수의 병력으로 적을 방어, 차단하거나 장기 항전을 벌이기에는 충주 관내의 여러 성중에서 가장 유리한 조건을 갖춘 요새로 볼 수 있다.

2) 축성시기

이 성의 축성시기는 단정하기 어려운 형편이나 축성의 구조나 성내에서 출토되는 유물에 의거 추측할 뿐이다. 1982년 이원근(李元根)의 조사보고에 의하면 성안에서는 신라계 및 백제계의 토기조각이 많이 발견되며, 통일신라·고려·조선시대의 토기, 도기 및 자기 조각이 발견되는데 그 중 백제계의 연질토기 조각이 주류를 이루고 있어 그는 삼국시대 백제에 의해 쌓아져서 몇 차례 주인이 바뀐 산성으로 간주했다.

한편, 1997년 상명대학교에서 조사한『충주 대림산성 정밀 지표조사 보고서』에 의하면, 수습된 유물 가운데 통일신라 말기의 것으로 추정되는 몇 점의 인화문토기편과 와편 중 회백색과 적갈색 연질의 선조문과 격자문 와편이 상당수 수집되었다. 그러나 이들 토기로 보아 삼국시대까지 올려 볼 수 있는 근거가 될 수는 있으나 이들 기와 편만을 통해 삼국시대까지 올려보는 것은 문제가 있다는 조심스러운 견해를 제시하면서 신라 말 호족세력에 의해 축성되었음을 고려할 수 있으나 고려시대에 축성된 것이 합리적이라고 했다.

이에 필자의 생각은 대림산성의 최초 축조시기를 삼국시대로 볼 수 있는 개연성이 충분하다고 보겠다. 이를테면 첫째, 백제의 수도 한성이 함락된 이후 남한강 상류의 충주지역의 지배권은 백제에서 고구려로, 다시 신라로 바뀐 사실, 즉 5~6세기에 걸쳐 충주지역은 삼국항쟁의 거점이 되었다는 점. 둘째, 석축부분의 경우, 성돌의 크기가 일정하지 않고 일부 구간의 성벽을 제외하고는 바른층 쌓기를 하지 않은 점, 토석혼축 부분의 경우 성벽의 기단부분만 석축을 하고 그 위쪽과 안쪽은 토축을 하였지만 토축부분은 판축의 흔적이 보이지 않고 삭토를 통해 생긴 흙을 할석과 함께 막다짐으로 다져 놓아 토석혼축으로 된 성벽은 허술한 면을 가지고 있다. 이 점은 삼국항쟁의 혼란기에 급조한 양상을 보여준다고 판단되는 점. 셋째, 성내에서 백제·신라계 토기편 등이 함께 출토된다는 사실 등에서 판단할 수 있다.

어쨌든 이 성 역시 지배의 주인이 백제·고구려·신라·고려·조선시대로 오면서 개축, 수리·증축되어 초축 당시의 본래 모습을 잃었다고 할 것이다. 이러한 사실은 이 성에서도 고려·조선시대와 관련을 갖는 와편과 청자, 백자편 등의 유물이 출토되고 있다는 사실에서 알 수 있다.

3) 대몽항쟁지로서 대림산성

다음은 고려 고종 때 대몽항전지로 유명한 <충주산성>과의 관련성에 대하여 살펴보자. 고려의 대몽항전 때 충주에서 몽고군과의 싸움은 1231년(고종 38) 12월 몽고 제1차 침입시 이 지역 노비출신인 지광수가 노비·잡류별초를 이끌고 몽고군을 격퇴시킨 것부터 주목을 끄는 점이다.

이후 충주에서 더욱 주목을 끄는 대몽항전은 1253년(고종 40 ;제5차 침입) 10월부터 12월 18일까지 70여일간 <충주산성>에서 공방전을 벌여 몽고군의 남진을 차단시킨 싸움이다. 즉 충주지역에서의 대몽항전은 곧 이 고장 주민의 직역 수호의 자위적 정신에 의한 승리였다고 보겠다. 그러나 충주산성의 위치에 대한 비정이 지금까지 그 견해가 구구한 실정이다.

예컨대 충주시 남산(금봉산) 정상부에 위치한 남산성(면적 ; 46.524m^2, 둘레 ; 1.120m), 충주읍성, 충북 제천시 한수면 송계리 관내의 월악산(해발1,097m)의 정상과 기슭에 축성한 월악산성(덕주산성), 그리고 충주의 진산인 대림산에 (해발 ; 487.5m)에 위치한 대림산성 등으로 보는 견해가 그것이다. 이와 같이 충주산성의 위치에 대한 견해가 분분한 것은 이를 뒷받침할 수 있는 결정적 문헌자료와 고고학적 유물이 없기 때문이다.

요컨대 이같이 구구한 견해를 새로이 비정해 보기 위해서는 고문헌과 이미 연구된 성과를 토대로 각 성의 규모와 주변 여건, 전설, 성내의 건물지와 출토유물, 각종 지리지에 언급된 각 성의 위상 등을 종합적으로 비교 분석, 추정해 보는 것이 최선의 방안이 아닌가 싶다.

먼저 해당 산성의 이해를 돕기 위하여 충주 지역 대몽항전과 관련되는 문헌 자료부터 보면 아래의 내용이 참고된다.

A. 是月 也窟等 圍攻忠州 (『고려사』 권 24 세가 고종 40년 10월조)
B. 率二城降民 攻忠州城 七十餘日 不下 (『고려사』 권 130 李峴伝)
C. 後爲 忠州山城 防護別監 蒙古兵來圍州城 凡七十餘日 糧儲幾盡 (『고려사』 권 103 金允侯伝)
D. 癸丑車羅大 攻忠州山城 風雨暴作 城中人抽 精鋭奮擊之敵 解圍遂南下 (『고려사』 권 24 세가 고종 41년(1254) 9월조)

E. 當是時 若此城見陷則 其他列堡靡 然席卷者必矣 幸賴月嶽大王 現大威力 密加扶護 乃克守禦終成 萬世之功 (『고려사』 권 24 세가 고종 41년 12월조)

F. 蒙兵入忠州 屠州城 又攻山城 官吏老弱 恐不能拒 登月嶽神祠 忽雲霧風雨雷雹俱作 蒙兵以爲神助 不攻而退 (『고려사』 권 24 세가 고종 43년(1256) 4월조)

위의 자료(A～F)에 언급된 몽고군과 관련되는 성을 분류해보면, <충주성>(B), <충주산성>(C～D), <주성>(C · F), <산성>(F), <차성>(E)으로 구분된다. 이로서 본다면 충주에서 대몽항전시 <주성>과 <산성> 등 주변의 여러 곳에서 산발적으로 방어전이 이루어졌음을 알 수 있다.

그리고 자료 C의 <주성>은 전후의 문맥으로 보아 70여일 항전한 충주산성으로 볼 수 있으며, 자료 F에서 보는 <주성>은 충주읍성으로 간주된다. 그리고 자료B의 <충주성>은 70여 일이나 공격했다는 내용으로 보아 <충주산성>으로 보아야 할 것 같다. 이렇듯 문헌자료에서 보는 <충주산성>은 충주지역 관내의 고대산성 중 어느 것에 해당되는 지를 확인할 수 없다.

이제 앞에서 본 남산성, 충주읍성, 월악산성, 대림산성 등으로 비정해보는 각 설에 대한 타당성 여부에 대한 문제들을 살펴보자.

첫째 남산성(금봉산성)부터 살펴보자.

남산성은 충주시내에서 동남쪽 약 4km 지점에 위치한 남산(금봉산) 정상부에 위치해 있다. 성의 면적은 46.524m^2 이며, 성의 둘레는 1.120m로 규모가 대림산성에 비하면 1/4에 불과하다. 성이 처한 지리적 위치로 보면, 대림산성과 서로 마주하고 있어 남북 왕래의 거점인 죽령로와 계립령로를 통하는 발티재를 차단 통어하기에 유리한 군사적 요충지에 처해있다.

그러나 남산성을 충주산성으로 비정하기 어려운 문제점을 지적하면

① 성의 규모가 적고 특히 식수원이 부족하여 군마와 많은 사람이 함께 성내에서 70여일 간 버틸 수 없다는 여건이 큰 약점이다. ② 특히 1999년『충주산성 동문지』발굴조사 보고서에 의하면 '문터 내부와 주변에서 발견된 유물들은 고려나 조선시대의 것은 찾아 볼 수 없고 거의 6세기 중엽 이후의 신라계 유적에서 볼 수 있는 것들 일색으로 되어 있다'고 하며, '성문의 구조와 유물로 보아 신라의 6세기 후반 이후 통일신라 시기에만 사용한 것으로 추정되는 중요 산성이다'라고 명기해 놓고 있다.

이렇듯 앞의 사실을 종합하면 남산성은 새로운 결정적 단서가 나오지 않는 한 70여일 항전한 <충주산성>으로 보기에는 재고의 여지가 없다고 보겠다.

둘째, 충주읍성이 <충주산성>일 가능성도 있다는 견해를 보자.

충주읍성을 <충주산성>으로 볼 수 있는 근거는 앞서본 자료에 보이는 충주성(B), 주성(C,F)이 표기된 앞뒤의 문맥을 보면 가능성도 있다고 볼 수 있다. 그리고 충주산성 방호별감 김윤후가 병사들에게 '관노를 등록한 장부를 불태워 버리고 또 노획한 소와 말을 나누어 주었다'는 당시의 정황을 고려하면 70여일 전투현장이 충주읍성으로 간주되는 주성일 개연성도 있다고 보겠다.

그러나 이에 관한 의문은 윤용혁도 지적했듯이 전략상 사면이 다 포위된 평지의 읍성(州城)에서 70여일 간을 장기간 항전했다는 것은 전술 전략상 의문의 여지가 있다고 보겠다.

셋째, 월악산성으로 비정하는 견해를 보자.

이에 관한 문헌적 근거를 굳이 찾는다면 앞서 본 자료 중 월악대왕과 월악신사의 관련을 갖는 E,F의 내용이다. 윤용혁은 F의 내용에서 '주성을 무찌르고, 또 산성을 쳤다'는 산성을 문맥으로 보아 <충주산성>의 약칭으로 본 것이 그것이다.

그리고 E의 자료에서 보는 '만일 차성이 함락되었더라면 다른 성들은 반드시 걷잡을 수 없이 무너졌을 것이다'라고 한 차성과 '월악대왕이 큰 위력을 나타내어 가만히 도와주어 (이성을) 수어하여 마침내 만세의 공을 이루었다'는 <이성>이 <충주산성>일 가능성이 있다고 볼 수도 있지 않나 싶다.

그러나 E와 F의 자료에서 본 '차성'과 '산성'이 월악산성(덕주산성)으로 봄이 옳다고 할지라도 E,F의 기사는 1254년(고종 41)과 1256년(고종 43)년의 사건으로 1253년(고종40) 10월부터 12월까지 70여일 간 항전한 기록상의 내용과는 전혀 다른 별개의 것이다. 이로서 본다면, 70여일 간 항전한 기록상의 내용과는 분명히 다른 사건이다. 이로서 본다면, 70여일 간의 대몽항전지를 월악산성으로 볼 수 있다는 것은 설득력이 없다고 보겠다. 한편 또 다른 문제점을 든다면, 월악산은 충주의 치소로부터 50리나 떨어진 곳이며 행정구역으로 청풍현 관내의 것이다. 즉 충주의 진산이 아닌 월악산을 충주를 대표하는 <충주산성>으로 호칭했다는 점은 문제가 있지 않나 싶다.

그리고 산성내에서 항몽전쟁과 관련지어 볼 수 있는 유물・유적 등이 발견되지 않는 것이 또한 문제점이다.

다만 월악산성의 경우 험준한 지역에 축성한 거대한 성의 규모(상성=내성, 중성=학소대성, 차단성, 외각성)나 풍부한 식수원, 남북 왕래의 교통로를 끼고 있는 군사적 요새지로서의 조건은 적으로부터 피신과 방어에 유리한 조건을 갖춘 곳으로 볼 수 있다. 그 사실은 신라(小祀)와 고려 시대에 국가적 규모의 제사처로 영험한 수호신이 있는 신성지역으로 간주한 점, 정혼(鄭混)의 문집인 『진재집(進齋集)』의 『한훤관방방략(寒暄關防方略)』에 문경 관음리와 충주 미륵리 사이의 하늘재를 요새지로 보고, 월악산에 덕주산성을 쌓고 관문을 만들어 지키도록 하고 진 설치에 대한 규례 등을 언급한 것을 통해 족히 알 수 있다.

끝으로 대림산성의 경우를 보자

대림산성을 <충주산성>으로 비정해 볼 수 있는 필자의 견해를 종합하면 다음과 같다.

첫째, 대림산성은 충주의 진산인 대림산에 축성된 성으로 충주관내의 여러 성중에 그 규모(둘레 4.906m)가 가장 크며, 행정·사법·군사의 중심지인 충주의 치소로부터 불과 4km이내에 위치하여 전략적 이동이 용이한 곳에 처해 있다는 점이다.

둘째, 성의 동북쪽 삼면이 모두 급한 경사를 이루고, 특히 서쪽은 100m에 이르는 깎아지른 절벽이 자연적으로 성벽 구실을 해주고 있으며, 그 아래는 옛 3번 국도를 사이에 두고 북쪽으로 흐르는 달천강이 해자의 구실을 하고 있어 적의 접근이 어려우며 적을 격퇴하기에 좋은 천연적 조건을 갖추고 있다.

그리고 성 아래의 달천강과 도로는 병력의 이동과 군수물자 수송에도 편리한 전략적 요충지로서 이는 대림산성의 위용을 더해 주고 있다.

셋째, 대림산성이 처한 지형적 조건을 보면, 동쪽으로 충주영액과 남산성을 서로 마주 대하고 있어 당시 남북왕래의 길목인 죽령로와 계립령로로 이어지는 발티재를 통제하기에 가장 좋은 지점에 처해 있다.

특히 산성의 정상부에 위치한 봉수대에서 사방을 조망하면 서북쪽으로 탄금대 토성과 장미산성, 동으로는 남산성, 서남쪽으로 문주리산성과 용관동산성이 서로 마주보고 있어 적의 이동을 관찰·방어하기에 최적의 조건을 갖춘 점이 그것이다.

넷째, 대림산성은 충주관내의 여러 성중 농지면적(현 5800평)이 가장 크며, 또한 식수원이 풍부한 성내의 우물과 서쪽면에 달철을 끼고 있어 많은 사람과 군마가 함께 장기간 생활할 수 있는 조건을 갖추고 있다.

다섯째, 향산리 지역 촌노들로부터 구전되어오는 <종주바위>의 전설이 주목을 끈다. 즉 <종주바위>는『고려사』열전에 전하는 충주부사 우종주(于宗柱)를 지칭하는 것으로 볼 수 있다. 즉 우종주는 몽고 제1차 침입시 양반별초를 인솔하고 몽고군과 싸운 인물이다.

<종주바위>는 현지에서 '너럭바위'로 칭하고 있는데 이 전설은 구전에 불과하지만 전설이 역사적 사실과 부합되는 사례가 많은 점을 고려하면 대림산성은 항몽전쟁과 관련되는 <충주산성>일 가능성을 시사해 준다고 보겠다.

여섯째, 『충주 대림산성 정밀지표조사 보고서』(1997)에 의하면 성내에서 웅장한 건물지의 초석이 확인되고, 특히 고려 계통의 와편과 토기 등의 유물이 주류를 이루어 출토된다는 것은 충주관내의 여러 성중에서 대림산성이 <충주산성>일 가능성을 크게 뒷받침해 준다고 보겠다.

일곱째, 조선조의 『세종실록지리지』, 『동국여지승람』, 『신증동국여지승람』, 『증보문헌비고』, 『여지도서』, 『대동지지』 등의 산천 고적 성지조에 보면, 대림산을 충주의 진산으로 기록해 놓았고, 대림산성을 충주읍성 다음으로 기록할 정도로 인식한 점 등을 고려하면 대림산성이 충주에서 가장 중시된 성이었다는 점 역시 그 가능성을 시사해 준다고 생각된다.

4) 대림산성의 중요성

지금까지 대림산성의 위치와 형태, 축성시기, 특히 대몽항쟁의 거점이었던 <충주산성>과의 관련성에 대하여 살펴보았다.

대림산성은 삼국시대이래 남북왕래의 길목으로 수륙 교통이 편리한 군사적 요지에 축성되었다. 즉 지형적으로 산세가 험준한 배산임수의 자연 조건을 최대로 활용, 소수의 병력으로 적을 방어, 차단하거나 장기 항전을 벌이기에 유리하며, 적의 접근과 공격이 어려운 지점에 축성되었다.

성의 형태는 남쪽으로 향한 계곡을 두른 전형적인 포곡식 토석혼축성으로 성의 구조는 현재까지 확인된 건물지, 문지, 봉수대, 치성, 우물지, 망루, 장대, 회곽도 등으로 보아 산성의 기본 형태를 두루 갖추고 있으며, 성내에 비교적 넓은 면적의 농경지와 풍부한 식수원을 갖고 있는 것이 특징이다.

성의 축성시기는 성의 구조나 성내에서 출토되는 유물에 의하면, 삼국시대에 축성된 것으로 5～6세기이래 성 지배의 주인이 백제 · 고구려 · 신라 · 고려 · 조선으로 바뀔 때마다 개축 · 수리 · 증축되어 본래의 모습을 잃고 있다고 판단된다. 어쨌든 충주지역에서는 지리적 조건과 성의 구조나 출토유물 등으로 보아 대림산성과 장미산성이 가장 중시되었던 성으로 볼 수 있다. 대림산성을 <충주산성>과의 관련성을 종합해 볼 때 ① 성의 규모, ② 충주읍성과의 거리, ③ 수륙 교통의 편리성, ④ 전략적 군사요충지로서의 조건, ⑤ 풍부한 식수원 확보, ⑥ 구전되어 오는 전설, ⑦ 성내의 건물지와 출토 유물, ⑧ 조선조 각종 지리지 등에 언급된 대림산(산성)의 위상 등을 종합하여 충주관내의 다른 성들과 비교해 보면 대림산성을 <충주산성>으로 비정해 볼 수 있는 조건을 두루 갖추고 있다는 것이 필자의 생각이다.

그러나 향후 보다 객관적인 확인을 얻어내기 위해서는 대림산성의 발굴작업이 추진되어야 할 점으로 관계 당국의 조치가 요구된다.

4. 임진왜란과 탄금대전투

1) 임진왜란 초기의 전략

1592년(선조 25) 4월 13일에 왜군이 부산포에 상륙하면서 임진왜란이 일어났고 이어 동래를 점령한 왜군은 세 길로 나누어 진격하였다. 중도는 양산·밀양·청도·대구·인동·선산을 경유하여 상주에 이르러 이일의 군사를 패배시켰고, 좌도는 장기·기장을 거쳐 좌병영인 울산을 함락시키고 경주·영천·신령·의흥·군위·비안을 지나 용궁의 하풍진을 건너 문경으로 진출해서 중도의 군사와 합류 조령을 넘어 충주로 침입하였다.

조선은 이일을 순변사로 삼아 중간 길로, 성응길을 좌방어사를 삼아 좌도로, 조경으로 우방어사를 삼아 서로로 내려가게 하였다. 또 유극량과 변기를 조방장으로 삼아 각각 죽령과 조령을 지키게 하는 한편 신립을 도순변사로 삼아 이일을 후원하게 하였다.

조선측의 전략은 『제승방략』 분진법에 따라 순변사 이일이 대구에 집결한 경상도 군사들을 지휘하여 왜군의 북진을 일단 저지한 후 최전선에서의 접전·감제상태를 유지하는 한편 주장인 신립은 조령의 험난함을 이용 강력한 방어선을 구축한 후 좌우의 죽령과 추풍령 방어선을 연결하여 양 날개로 삼고 전방의 이일과 함께 깊은 종심방어선을 형성하여 적의 예봉을 제압하고 전쟁의 주도권을 장악하여 적을 소탕한다는 구도를 갖고 있었다. 그러나 신립은 조령을 지키지 못하고 충주 탄금대에서 배수진을 치고 왜적을 맞이하여 싸웠다.

2) 탄금대의 역사적 배경과 전술적 위치

신립의 탄금대 전투를 파악하기 위하여 먼저 탄금대의 지형을 알 필요가 있다. 탄금대는 행정구역으로 충북 충주시 칠금동 산 1-1번지이며 충주 중심가인 제1로터리를 기점으로 하여 서북쪽 3.5㎞ 거리에 위치하며, 고도는 해발 100여 m로 구릉상태를 이루고 있어 산 전체가 평퍼짐하여 경사가 거의 없는 지형이다. 탄금대의 넓이는 302,300㎡(약 91,450평)이며 경치가 아름다워 1986년 8월에 공원이 되고 충청북도 지방기념물 제4호로 지정 보호되고 있다.

탄금대는 견문산과 더불어 조선시대 각종 지리지에 기록이 나타난다. 견문산에 대한 기록을 보면, 『신증동국여지승람』에 고을 서쪽 8리에 있다. 그 아래에 큰 내가 있는데 금휴포(琴休浦)라 한다.

『여지도서』에는 현의 서쪽 8리에 있다. 그 아래에 금휴포가 있고 그 위에는 우륵이 가야금을 탄주하던 대가 있다 하였다. 이러한 기록은 『충청도읍지』·『호서읍지』·『대동지지』·『조선환여승람』에도 동일하게 기록하였다. 탄금대에 관한 기록을 살펴보면, 『신증동국여지승람』에 '탄금대 : 견문산에 있다. 푸른 벽이 낭떨어져서 높이가 20여 길이요 그 위에 소나무 참나무가 울밀하여 양진명소에 굽어 임하고 있는데 우륵이 가야금을 타던 곳이다. 뒷사람이 이에 그대를 탄금대라 이름하였다'고 기록하였다. 이런 내용은 『여지도서』·『충청도읍지』·『호서읍지』 등에도 그대로 기록되었다. 이를 종합하여 보면 견문산은 충주 서쪽 8리에 있고 그 아래에 큰 내가 있는데 금휴포라 하며 절벽이 있어 높이 20여 길이고 우륵이 가야금을 탔던 곳으로 뒤에 사람들이 이 대를 탄금대라 하였다는 내용을 알 수 있다. 지금은 견문산이란 지명은 사용되지 않고 견문산 전체를 탄금대라 하며 우륵이 가야금을 탔다는 대는 열두대라 한다.

탄금대의 전투기록을 보면 『선조수정실록』에 신립이 군사를 인솔하여 탄금대에 나가 주둔하여 배수진을 쳤다하였고, 『여지도서』에는 '고전장 : 현의 서쪽 10리 달천 가에 탄금대가 있다. 임진왜란 때 도원수 신립이 배수진으로 싸웠으나 패몰하였다' 등의 기록이 있어 신립이 탄금대에서 결사의 의지로 배수진을 치고 왜적과 싸웠으나 패전했다는 사실을 알 수 있다.

일반적으로 탄금대는 전략적으로 중요한 지형이 아닌 것으로 알기 쉬우나 임진왜란의 전쟁 중에도 전략의 요충지였다. 선조가 유성룡과의 대화에서 유성룡은 탄금대의 형세가 매우 좋고 충주는 서울의 울타리가 될 뿐 아니라 한강 상류에 위치하고 있으니 형세 상 지키지 않을 수 없고, 만약 얼음이 얼어 곧바로 왜적이 군사를 나누어 쳐들어온다면 매우 막기 힘든 형편이 된다 하여 탄금대에 성을 수축할 것을 주장하였다. 이런 사실로 볼 때 탄금대는 역사적으로도 중요시된 요충지였음을 알 수 있다.

탄금대는 어떤 지형이기에 신립이 진을 쳤을까. 북쪽은 남한강에 연하여 천험의 단애를 이루고 그 중 동북쪽은 바위가 층층으로 형성되어 열두대라 하며, 부여 부소산성의 낙화암을 연상케 한다. 탄금대의 남쪽은 경사가 완만하여 금대라는 자연부락이 형성되었고 그 앞에는 주로 밭이 있고 그 앞으로 충주천에 제방을 쌓아 물이 달천으로 흘러간다. 그러나 1963년에 제작된 충주지도를 보면 충주천에 제방이 없고 금대마을 앞에서 충주천이 둘로 갈라져 일부는 서쪽의 달천으로 흘러가고, 다른 일부는 동쪽으로 흘러 칠지소의 물과 합하여 탄금대 동쪽 벼랑 밑에서 남한강에 유입된다.

탄금대는 북으로 남한강, 서쪽은 달천강, 남쪽에서 동쪽까지는 충주천이 흘러 탄금대를 둘러막은 해자의 모습이 되었다. 이처럼 탄금대는 남북 1㎞, 동서 1㎞ 구역이 사방에서 물로 두른 독립구역을 이루고 있음을 볼 때 그 자체로서도 매우 견고한 성지일 뿐만 아니라 방어취락의 거대한 유적으로도 볼 수 있을 것이다. 실제로 신립이 왜적을 맞이하여 이곳에 진을 베풀고 대적한 것은 이처럼 탄금대가 난공불락의 요새로 되어있었음을 감안한 것이라고 여겨지며, 왜적이 당시 충주성내의 민가들을 뜯어다가 해자를 메우고 탄금대를 공격하였던 전투상황도 설명되어질 수 있을 것이다.

3) 탄금대 전투상황

고니시 유끼나가(小西行長)은 4월 25일 상주에서 이일의 군사를 격파하고, 26일 문경에서 숙영한 후 27일 종일 행군하여 조령을 넘어 28일 오전에 안부역을 지나 충주 남쪽 단월역에 도착하여 척후로 하여금 조선군의 상황을 정찰케 하였다.

조정에서는 4월 17일에 이일(李鎰)을 순변사로 삼아 정예병을 이끌고 상주에 내려가 적을 막도록 하였고, 이어 신립(申砬)을 도순변사로 삼아 이일의 군사를 응원케 하였다. 『선조수정실록』에는 유성룡이 모집한 장사 8천 명을 신립에게 소속시켜 떠나게 하였다 하였으나. 그러나 신립이 인솔한 병사는 8천 명으로 보기 어렵다. 왜냐하면 이일이 서울을 떠날 때 300명을 거느리고 가려 하여 병조에서 군사를 뽑은 문서를 가져다가 보았더니 이들은 여염집과 시정의 군사 경험이 없는 무리들이었다. 그래서 이일은 명령을 받은 지 3일이 되도록 떠나지를 못함으로 할 수 없이 이일로 하여금 혼자서 먼저 떠나게 하고, 별장 유옥(兪沃)으로 하여금 뒤따라 군사를 거느리고 가게 하였다. 이러한 상황하에서 신립이 서울을 떠날 때 유성룡이 모집한 비장이 될 만한 무사 80여 명을 신립에게 주어 데려가게 했고, 신립이 충주에 이르니 충청도 여러 군·현의 군사가 와서 모여 있는 사람이 8천여 명이라 하였으니, 신립이 서울서 인솔하고 떠난 병사는 8천 명이 아닌 듯하며, 충주에 모인 충청도 군·현 병력 8천 명이 탄금대 전투의 주력병력이라 할 수 있겠다.

신립은 4월 26일 충주에 도착하여 단월역에 진을 쳤다. 그리고 몇 사람만 데리고 조령에 달려가서 형세를 살펴보았다. 이때 신립이 대동한 인물이 충주목사 이종장(李宗長), 종사관 김여물(金汝岉) 등이었다. 신립은 정찰 중에 순변사 이일을 만났고 이일은 상주에서 패하여 문경에 이르러 그 패전한 상황을 조정에 급히 알린 다음 조령을 지키려고 하다가 신립이 충주에 있다는 말을 듣고 충주로 가던 중이었다. 신립은 이일에게 적의 형세를 물었다. 이일은 훈련도 받지 못한 백성으로 대항할 수 없는 적을 감당하려니 어떻게 할 수 없었고, 경오년(중종 5년, 1510)의 삼포왜란과 을묘년(명종 10년, 1555) 달량포왜변 때의 왜적과는 비교할 수 없을 정도로 막강할 뿐 아니라, 또 북쪽 오랑캐(선조 16년의 니탕개의 난) 같이 쉽사리 제압되지도 않는 적이라고 대답하였다.

이 대답에는 상주전투에서 패전한 변명도 포함되어 있다고 보여지지만 훈련되지 않은 병사들로는 대항할 수 없는 강한 적임을 토로하였다. 삼포왜란, 달량포의 왜변과 니탕개의 난은 국지전이었다면 임진왜란은 전면전이었으니 그 양상과 군대의 강도가 다를 수밖에 없었을 것이다. 이어 이일은 이제 험준한 곳을 점거하여 적의 길을 끊지 못하였으니 만약에 넓은 들판에서 교전한다면 당해낼 도리가 없을 것이므로 차라리 후퇴하여 서울이나 지키자고 자기 의견을 개진하였다. 또한 종사관 김여물도 왜적은 수가 많고 우리는 적으니 그 예봉과 직접 맞부딪칠 수는 없으니 천험의 요새인 조령을 점령하여 굳게 지키면서 산중에 군사를 매복시켰다가 적이 골짜기에 들어오기를 기다려 양쪽 언덕 높은 곳에서 내려다보고 쏘면 성공하지 못할 리가 없다고 주장하였으며, 그래도 만약 능히 적을 당하지 못하겠다면 물러나 경성을 호위하는 것도 또한 한 가지 계책이라고 의견을 제시하였다.

이때 신립의 작전은 왜적은 보병이고 우리는 기병이니 넓은 들판에서 빠른 기동력을 갖춘 철기로서 공격하면 승리할 수 있다는 전제하에 조령 같은 산골에서는 기병은 힘을 발휘하기 어려워 활용할 수 없고 또한 활쏘기가 불편하므로 넓은 들판에 맞아들여 싸워서 승리하려는 것이었다. 신립은 왜적이 이미 조령 밑까지 육박해 있을 것으로 추산하고 아군이 조령을 점령하기 전에 적과 마주치면 사태가 위급할 것으로 보았으며, 뿐만 아니라 아군은 모두 훈련되지 못한 병사이므로 사지에 몰아 넣지 않고는 힘을 다 발휘할 수 없을 것으로 판단하여 탄금대에서 배수진을 펼칠 작전을 구상하였으리라 생각된다.

또한 이일과 신립의 출전이 갖는 전략적 목적은 이일이 대구에 집결한 경상도 군사들을 지휘하여 북상하는 적의 주력을 먼저 요격하고 최전선에서 접적 감제상태를 유지하면서 적의 북진을 저지할 동안 배후의 방어선(특히 조령 방어선)을 구축할 시간적 여유를 얻어 방어진지를 구축한 후 추풍령과 죽령에 나가있는 여러 장수들과 함께 전선을 연결하여 횡적인 방어선을 연결하고 전방의 이일과 함께 깊이 있는 종심방어선을 구축한 후 축차적 방어작전으로 적의 주력을 섬멸하고 전쟁의 주도권을 장악하여 적을 소탕하려는 작전인 것이다. 그러나 신립이 막상 전장에 당도했을 때는 이일의 패보와 함께 조령 이남의 전선은 존재하지 않았다. 그리하여 신립은 소수의 병력으로 월등 우세한 적을 끝까지 감당할 수는 없으나 가능한 한 오랫동안 적을 붙들어 둘 수 있는 곳이라고 생각한 탄금대에 배수진을 치고 옥쇄를 각오한 일전을 기대했던 것이다. 그리하여 군사를 인솔하여 충주성으로 돌아왔으며, 다음 날인 4월 28일 아침에 군사를 인솔하고 탄금대에 나가 배수진을 쳤다.

신립은 니탕개의 난 때 직접 적과 육박전을 벌려 싸울 때마다 공을 세웠고, 이것을 본 군사들이 비로소 분발하여 과감하게 전투를 벌여 적을 공격하였으며, 또한 평소 철기 5백여 명을 훈련시켜 전술을 익히게 하였다. 그는 이러한 용감성과 기병의 빠른 기동성으로 니탕개 난을 승리로 이끈 경험을 가지고 있었다. 신립은 이러한 전투 경험을 바탕으로 빠른 기동력을 갖고 직접 선봉에 선다면 이에 군사들이 분발하여 싸움을 함으로서 승리할 수 있다고 판단했을 것이다.

한편 적은 정오 이후부터 공격준비를 시작하였는데 그 부서는 다음과 같았다.

좌익대장 - 마쯔우라(松浦 鎭信 : 3천 명)
중앙대장 - 고니시 유끼나가(小西行長 : 7천 명)
우익대장 - 무네(宗義智 : 5천 명)
예비대장 - 아리바(有馬晴信)
오오무라(大村喜前) 합계 3천 7백 명(충주성에 위치)
고지마(五島純玄)

이들 적병은 길을 나누어 대진은 곧바로 충주성으로 들어가고, 좌군(좌익)은 달천강변을 따라 내려오고, 우군(우익)은 산을 따라 동쪽으로 가서 상류를 따라 강을 건너 진격해 왔다.

당시 조선군의 진용은 도순변사 신립, 순변사 이일, 종사관 김여물, 조방장 변기, 충주목사 이종장, 척후장 고언백(高彦伯), 김효원(金孝元), 박안민(朴安敏), 군관사평(軍官) 사평(司評) 이충(李忠), 양재찰방 신흠(申欽), 광흥주부(廣興主簿) 이운룡(李雲龍) 등이 탄금대 전투에 참여했으나 이들의 활동 상황은 기록이 없다. 전투상황에 대한 기록을 보면, 신립이 곧장 충주성을 향하여 진격했으나 군사들은 대열을 이루지 못하고 점점 흩어지고 숨어 버렸다. 성중에서 적이 호각소리를 세 번 발하자 일시에 나와서 공격하니 신립의 군사는 크게 패하였으며, 적이 사면으로 포위하자 병사들은 다투어 물에 빠져 흘러가는 시체가 강을 덮을 정도였다. 신립도 이때 물에 뛰어들어 죽었다. 『연려실기술』을 보면, 신립의 군대는 적의 공격을 맞아 제대로 싸우지도 못하고 적의 포위 공격에 후퇴하고, 군사들은 처음부터 사기가 저하되어 싸울 용기도 없이 밀리어 달천강물에 뛰어들어 크게 패하고 말았다.

4) 패전의 원인과 영향

신립의 군대가 무기력하게 패전한 것은 무엇 때문인가.

첫째, 조령을 지키지 못한데서 비롯되었다고 보겠다. 충주를 보전하려면 조령을 굳게 지키는 것으로부터 시작해야 하고, 조령의 험준함을 막지 못하면 충주 또한 지킬 수 없다는 것은 전략가들의 일반적인 견해이다.

둘째, 기마병을 활용하여 빠른 기동력으로 들판에서 싸워 적을 물리치기 위하여 탄금대 앞 달천의 넓은 들을 택하였지만 말들이 달리기에는 불편하였고 또한 간밤에 내린 비로 군마가 자유로이 움직일 수 없던 조건도 실패의 변수로 작용했다.

셋째, 신립이 거느린 병사는 오합지졸이었다는 점을 들 수 있다.

넷째, 무기체제도 문제가 되었다. 왜인들은 무기를 가지고 있었다. 그러나 신립은 조총의 위력을 과소 평가했던 것이다.

다섯째, 신립은 적의 동태를 전혀 알지 못했다는 점을 지적할 수 있다. 신립이 전장으로 떠날 때 임금이 인견하고 묻기를 '적세가 이와 같으니 경의 생각에는 이 적을 당해 낼 수 있겠는가' 하니, 신립이 말하기를 '적이 군사 쓸 줄을 알지 못합니다. 어찌 외로운 군사로 깊이 들어와서 패하지 아니하는 자가 있겠습니까' 하였다는 점을 지적할 수 있다.

여섯째, 조선의 국방체제는 철저한 문관 중심의 체제였다는 점도 패전의 요인으로 지적할 수 있다.

탄금대에서 신립이 패전한 여파는 컸다. 예컨대 민심이 크게 동요되었으며, 위로는 조정 관리로부터 아래로는 군인과 장교에 이르기까지 도망가서 서울에는 성문이 닫히지 않았고 인경도 치지 못한 정세로 변하였고, 선조는 여러 빈과 종묘와 사직의 신주를 받들고 파천하였다. 한편 임해군과 순화군을 함경도와 강원도에 보내어 근왕병을 모집하도록 하였으며, 이때 대신들은 명나라에 구원병을 요청하여 수복을 도모하도록 선조에게 아뢰었다.

탄금대전투에서 승리한 왜적은 사기가 충천되어 그 예봉을 당할 수 없게 되었다. 왜병들은 10여명, 혹은 5, 6명으로 민가에 침입하여 노략질을 하는 등 피해가 컸다.

5. 충주의 인물

1971년 예총 충주지부가 설립되고 같은 해 충주 및 충북 북부지역의 문화예술 활동 및 전통있는 향토문화 계승과 창달을 위해 종합 예술행사로 우륵문화제(于勒文化祭)를 개최하여 30여 년 계속되고 있다. 우륵문화제 행사 중 전야제로 행해지는 명현추모제는 악성 우륵·대문장가 강수·명필 김생·충장공 신립·충민공 임경업 등 오현을 모신다. 이분들을 간략하게 소개하였다.

1) 악성 우륵

가. 우륵의 생애

충주시민의 문화 축제 행사인 우륵문화제(于勒文化祭)는 이 지역에서 살았던 위대한 음악가 우륵(于勒)의 이름을 따서 명명한 축제이다. 그러나 우륵의 출생 등 생애에 대하여는 자세히 알 수 없고, 다만 『삼국사기』에 짤막하게 기록되어 있는 내용을 통해 그의 생애를 더듬어 볼 수밖에 없다.

우륵이 태어난 해나 태어난 곳이나 가계는 기록이 없고, 지금의 고령지방 가야산 부근에 해당하는 성열현(省熱縣) 사람이라 하였으니 대가야, 즉 고령가야 출신이다. 그러나 충북 청풍 출신이라는 학설도 있다. 가야국은 낙동강 하류에서 일어난 부족국가들로 6가야를 형성하였는데, 그중 금관가야의 세력이 가장 커서 맹주격이었다. 우륵이 살았던 대가야는 16대 520년간 존속하다가 562년(진흥왕 23)에 신라에 병합되었다.

우륵은 대가야의 악사(樂師)로 있다가 대가야가 망하기 11년 전인

551년(진흥왕 12) 나라가 어지러워지자 가야금을 가지고 신라로 왔다. 신라의 진흥왕은 우륵과 그의 제자 이문(尼文)을 충주에서 살게 하였다. 진흥왕은 551년 3월 국내를 순행하다가 낭성(娘城)에 이르러 우륵과 그의 제자 이문이 음악을 잘한다는 말을 듣고, 그들을 불러 하림궁(河臨宮)에서 음악을 연주케 하니 새로운 노래를 만들어 연주하였다. 진흥왕이 우륵의 음악을 들은 낭성의 하림궁을 청주로 비정하는 학자와 충주로 보는 학자로 나누어지고 있다. 신채호 선생은 낭성을 지금의 충주 탄금대로 보았다.

552년(진흥왕 13) 진흥왕은 대나마(大奈麻) 계고(階古)와 법지(法知), 대사(大舍) 만덕(萬德)을 우륵에게 보내어 음악을 배우게 하였다. 우륵은 그들의 재능에 따라 계고에게 가야금을, 법지에게 노래를, 만덕에게는 춤을 가르쳤다. 왕은 그들이 배움을 마치자 그들에게 배운 바를 연주케 하고 말하기를 '먼저 낭성에서 우륵에게 들던 음악과 조금도 다름이 없다' 하고 그들에게 후한 상을 내렸다.

계고 등 제자 3인은 우륵에게서 11곡을 전수 받고서 '음악이 번거롭고 음란하여 우아하고 바른 것이라고 할 수 없다' 하고 요약하여 5곡으로 만들었다. 우륵은 그 말을 듣고 몹시 노하였으나 다섯 곡을 다 듣고 나서는 눈물을 흘리면서 탄식하기를 '이 음악은 즐거우면서도 방탕하지 않으며, 애절하면서도 슬프지 않으니 바르다고 할 만하다. 너희들이 왕의 앞에서 연주하라' 하였다. 왕은 세 사람의 연주를 듣고 크게 즐거워하였다. 이로 보면 신라의 음악은 우륵과 그의 제자들에 의해 크게 발전하였음을 알 수 있다.

그러나 간신(諫臣)이 의논하여 왕에게 아뢰기를 '망한 가야국의 음악은 취할 것이 못됩니다' 라고 하였다. 왕이 말하기를 '가야왕이 음란하여 스스로 멸망하였는데 음악이 무슨 죄가 되겠느냐. 대개 성인이 음악을 제정하는 것은 인정으로 연유하여 조절하게 한 것이니 나라를 다스리고 어지러움을 음악 곡조로 말미암은 것이 아니다' 하고 드디어

행하게 하여 대악(大樂)이 되었다.

나. 가야금과 가야금곡(伽倻琴曲)

가야금의 원류에 대한 『삼국사기』의 기록을 통해 가야금에 대하여 알아보자. 가야금은 본래 중국 진나라 악기인 쟁(箏)을 본 떠서 만든 것이다. 『풍속통(風俗通)』에 이르기를 '쟁은 줄(絃)을 높이 매어 그 소리가 매우 맑고 아름다웠다'고 했으며, '병주(幷州)와 양주(梁州)의 쟁은 그 모습이 비파(琵)와 같다'고 기록하였다. 진(晉) 나라의 문인(文人) 전현(傳玄)은 그 생김새에 대하여 '위가 둥근 것은 하늘을 상징하고, 아래가 평평함은 땅을 상징함이며, 가운데가 빈 것은 육합(六合 : 천지)을 본뜬 것이며, 현주(絃柱)가 12개이니 이는 1년 12월을 본뜬 것이다. 그러니 이는 어질고 지혜로운 악기라 할 수 있다' 라고 하였다. 위(魏)나라의 문인 완우(阮瑀)는 '쟁의 길이는 6척이니 율수(律數)에 응한 것이고 현이 12줄이니 4시를 상징한 것이며 주고(柱高)가 3촌이니 천지인(天地人) 삼재(三才)를 상징한 것이다. 가야금이 비록 쟁의 제도와 조금 다르나 대개는 비슷하다'라고 하였다.

가야금은 가야국의 가실왕(嘉實王)이 당나라 악기를 보고 만들었다고 하였지만, 이전부터 있어온 악기였다는 사실이 밝혀지고 있다. 가야국의 고(琴)라는 뜻에서 가야고라 한 것인데 보통 가야금이라고 하나 가야고가 옳은 이름이라 한다.

가실왕은 악사 우륵에게 이르기를 '모든 나라의 방언도 각각 다른데 성음(聲音)이 어찌 하나일 수 있겠는가'라고 하며 가야금을 위하여 악곡 12곡을 짓게 하였는데, 그 곡명은 하가라도(下加羅都), 상가라도(上加羅都), 보기(寶伎), 달기(達己), 사물(思勿), 물혜(勿慧), 하기물(下奇物), 사자기(師子伎), 거열(居烈), 사팔혜(沙八兮), 이사(爾赦), 상기물(上奇物)이다. 우륵이 지은 12곡 중 보기(寶伎), 사자기(師子

伎), 이사(爾赦)를 제외한 나머지 9곡은 당시의 군·현 이름과 같아 해당 지방 민요의 성격을 띤 것으로 추정되고 있다. 이문이 지은 3곡은 오(烏), 서(鼠), 순(鶉)인데, 새와 짐승의 이름이다.

가야금에는 두 음조가 즉 하림조(河臨調)와 눈죽조(嫩竹調)인데, 모두 180곡이 있었다고 한다. 668년(문무왕 8) 문무왕은 당나라 군사와 함께 고구려 공격에 참가하고 있는 장병들을 독전하기 위하여 평양으로 가던 중 고구려의 보장왕이 항복하고 평양성이 함락되었다는 소식을 듣고 서울로 되돌아가다 욕돌역(褥突驛)에 이르렀을 때, 국원경 사신인 용장(龍長)이 잔치를 베풀고 왕과 여러 시종을 대접하였다. 이 때 나마(奈麻) 긴주(緊周)의 아들 능안(能晏)이 나이 15세로 가야의 춤을 추었다. 욕돌역은 어디인지 밝혀지지 않았지만 국원성 사신이 잔치를 베풀었다는 것으로 보아 충주 부근으로 짐작해 볼 수 있고, 능안이 이 잔치에서 가야춤을 추었다는 사실에서 우륵이 제자에게 가르친 가야금과 노래와 춤이 충주 지방을 중심으로 계승·발전되었다고 할 수 있다. 가야금은 가야국에서 만들어졌지만 진흥왕의 애호와 우륵의 노력으로 신라 음악으로 발전하여 오늘까지 우리 국악으로 이어져 오고 있다.

가야금의 명인 우륵이 신라로 귀화한 후 충주에서 살았으므로 충주에는 이와 연관된 지명이 여러 곳 있다. 탄금대는 충주시 칠금동 남한강가에 있는 야트막한 산으로 그 이름이 대문산 또는 견문산이었으나, 우륵이 이곳에서 가야금을 탄주하여 탄금대(彈琴臺)라 불러지게 되었다. 우륵이 가야금을 탄주하다 쉬었다는 금휴포(琴休浦)가 탄금대 서쪽 남한강 가에 있고, 우륵이 가야금을 탄주하는 소리를 들었다는 청금리(聽琴里 : 충주시 가금면 창동리)도 있다. 금곡리(琴谷里 : 충주시 칠금동)·금뇌리(琴腦里 : 충주시 금릉리) 등 가야금과 관련된 지명도 있다.

참고문헌

『삼국사기』, 『신증동국여지승람』, 『여지도서』, 『충청도읍지』, 『호서읍지』, 『충청북도지』, 『충주시지』, 『인물지』.
충주시 · 예성문화연구회, 1997, 『충주의 지명』.
이상덕 · 이종춘, 1982, 『우륵 · 난계에 관한 연구』, 『호서문화연구』 2.
김현길, 1985, 『우륵에 대한 연구』, 『예성문화』 7.

2) 대문장가 강수

가. 출생과 가계

강수의 출생에 대하여는 그 어머니가 꿈에 뿔이 돋친 사람을 보고 임신하였는데 아이를 낳으니 머리 뒤에 높은 뼈가 있었다. 아버지는 하도 기이하여 당시에 이름난 현자를 찾아가 이 아이의 머리뼈가 이러하니 무슨 까닭인지 물어 보았다. 현자는 '내가 듣건대 복희씨는 범의 형상이요, 여와씨는 뱀의 몸이고, 신농씨는 소의 머리요, 고도는 말의 입이라 하였으니, 성현은 같은 유형이지만 그 상이 역시 보통 사람과 다른 바가 있다. 또 아이를 보니 머리에 검은 사마귀가 있다. 관상을 보는 법에 얼굴의 사마귀는 좋지 아니하나 머리의 사마귀는 나쁘지 않다고 하였으니, 이것은 반드시 기이한 것이다' 하였다. 아버지가 돌아와서 아내에게 말하기를 '그대의 아들은 비상한 아이니 잘 기르면 장래에 나라의 선비가 될 것이다' 하였다. 이러한 머리의 생김새로 우두(牛頭)라고 이름을 지었다.

강수는 중원경의 사량(부) 사람이라 하였다. 중원경은 오늘의 충주이고, 사량(부)사람이라 하였으니 충주지역에 사량이라는 지역이 있었을 것이다. 신라의 경주는 초기에 6부(급량부·사량부·본피부·점량부·한지부·습비부) 체제로 구분하고 있었으며, 소경에도 각기 6부의 제도를 도입하였다. 그러므로 소경인 중원에도 사량부를 비롯한 6부가 있었을 것으로 보이지만, 사량부가 지금의 어느 지역인지는 짐작할 수 없다. 다만 충주시 금가면에 사랑골 이라는 마을과 이곳에 인접한 마을로 섬말에 속한 자연부락으로 가마골이 있다(사랑골이 강수가 태어난 중원경 사량부가 아닌지?). 강수가 일찍이 부곡의 풀무장이 딸과 야합하여 애정이 퍽 깊었다 하였으니, 부곡은 솥 만드는 골이고, 풀무장이는 대장장이다. 그러므로 부곡의 풀무장이 딸은 삼국시대 천민의 집단행정구역인 소에 소속된 천민의 딸이고 부곡은 곧 가마골이 된다. 지금의 금가면 도촌리의 가마골에는 쇳물을 다루다 남은 쇠똥이 산재하고 있으며, <도리마을 자랑비>에 '강수선생은 사랑동 태생으로 섬말 동내 가마골 숙녀와 결혼 … '라 하여 강수와의 관련을 밝히고 있다.

『삼국사기』 열전의 기록에서 강수는 태종무열왕에게 중원경 사량 사람이라 하지 않고, 본래 임나가량 사람이라고 하였다. 임나가량이 어디냐 하는 문제는 아직 명확히 밝혀지고 있지 않지만 대가야(지금 고령 일대)로 비정하였다. 대가야가 562년(진흥왕 23) 신라에 병합된 사실과, 대가야의 악사 우륵이 진흥왕에게 투항했다는 기록들을 미루어 강수의 가계도 진흥왕대에 국원에 이주한 것으로 생각된다. 그러므로 강수는 태종무열왕에게 (현재는 중원경 사람이지만) 본래(조상)는 가야 사람이라고 말한 것은 아닌가 생각된다.

태종무열왕이 강수에게 성명을 물으니 강수는 우두(牛頭)라고 답하였다. 왕이 '경의 두골을 보니 강수(强首)선생이라 할 만하다' 하고, 당 황제 조서에 답하는 표문을 짓게 하였는데 글이 잘 짜여지고 뜻이 극진하였다. 왕이 더욱 기특히 여겨 이름을 부르지 않고 임생(任生)이라고만 하였다 하였으니 왕이 우두에게 강수(우수한 머리)란 이름을 지어주었고 이름을 부르지 않고 임생이라 불렀다 하여 『신중동국여지승람』 이후 <임강수>라고 기록하고 있음을 많이 본다. 그러나 이는 잘못된 견해로 보인다. 임생이라는 말은 임나의 선생, 또는 임나의 출생이라는 뜻으로 풀이되어야 함이 옳을 것이기 때문이다. 강수의 성은 석씨로 봄이 옳다. 이는 그의 아버지 이름이 석체(昔諦)이고, 석씨는 월성 석씨 단본으로 시조는 신라 4대왕 탈해니사금이며, 석체는 월성 석씨 대동보에 탈해왕의 17세손으로 기록되었기 때문이다.

석씨는 신라의 4대왕인 탈해니사금 이후 7세에 이르는 동안, 9대 벌휴 · 10대 내해 · 11대 조분 · 12대 첨해 · 14대 유례 · 15대 기림 · 16대 흘해왕 등 8왕이 신라 초기에 왕위를 계승하고 있다. 강수의 할아버지는 시조로부터 16세인 오원이고, 오원의 둘째 아들이 강수의 어버지인 석체다. 강수는 석체의 장로자 두 아들을 두었으나 그 이후는 후손이 없다.

족보상에서 강수의 조부인 오원은 파진찬의 벼슬로 선덕왕 때 첨성대를 만들고, 분황사를 창건하였으며 648년(진덕왕 2)에 죽으니 대보(大輔)에 증직되었다. 조부 오원이 첨성대와 분황사를 창건한 것으로 보아 중원경으로 이주한 것은 아버지인 석체 때로 볼 수 있지 않을까 한다.

나. 강수의 활약

강수가 성장하면서 그 스스로 글 읽을 줄 알고 글 뜻에 통달하였다. 부친이 강수의 뜻을 시험해 보려고 '네가 불도를 배울 것인가, 유도를 배울 것인가'라고 물으니 강수가 대답하기를 '제가 들으니 불도는 세상 밖의 도라 합니다. 저는 세간인이니 어찌 불도를 배우겠습니까? 유자의 도를 배우기 원합니다'라고 명쾌하게 유자의 길을 가겠다고 밝혔다. 이에 부친은 강수가 뜻대로 하도록 허락하였다. 그리하여 스승에게 나가서 『효경』 · 『곡례』 · 『이아』 · 『문선』을 읽었는데, 듣는 것은 비록 천박하고 비근한 것이지만 깨달아 얻는 바는 더욱 뜻이 높고 뛰어나 당대의 걸출한 인물이 되었다. 드디어 벼슬길에 나아가 여러 관직을 역임하고 세상에 알려진 인물이 되었다.

653년 태종무열왕이 즉위하자 당의 사자가 와서 조서(임금의 명령을 쓴 문서)를 전하였는데 그 중에 알기 어려운 데가 있었다. 왕이 강수를 불러 물으니 한 번 보고 설명하여 의심스럽거나 막히는 것이 없었다. 왕이 놀라고 기뻐하면서 서로 늦게 만난 것을 한탄하면서 이름을 묻고 강수라는 이름을 하사하였다. 이어서 당 황제 조서에 답하는 표문(임금께 올리는 글)을 짓게 하였는데, 글이 잘 짜여지고 뜻이 극진하였다. 왕이 더욱 기특히 여겨 이름을 부르지 않고 임생(任生)이라고만 하였다.

신라는 통일을 위한 전쟁기에 군을 잘 통솔할 수 있는 지휘력을 갖춘 실력있는 장군의 수적 확보와, 문장력 있는 행정관료도 필요하였을 것이다. 이러한 시기에 강수의 등장은 최전선에서 전쟁을 담당하는 장군 못지 않은 역할을 담당하였던 것이다.

문무왕이 말하기를, '강수는 문장 짓는 일을 스스로 맡아 중국 및 고구려 · 백제의 두 나라에 편지로서 뜻을 잘 전하였으므로 우호를 맺는데 성공할 수 있었다. 나의 선왕이 당나라에 군사를 청하여 고구려와 백제를 평정한 것은 비록 무공에 의한 것이라고는 하나, 또한 문장의 도움이 있었기 때문이니 강수의 공을 어찌 소홀히 할 수 있겠는가?' 하고, 사찬(8관등, 6두품) 벼슬을 주고, 녹봉을 매년 1백 석에서 2백 석으로 올려주었다. 이 사실은 강수가 당나라 고종에게 김인문의 석방을 청하여 결과를 얻은 공으로 이루어진 것으로 보인다.

668년(문무왕 8) 당은 신라와 연합하여 고구려를 멸망시킨 후 유병(遊兵)과 여러 장병을 남겨두고 장차 신라를 도모하려고 하였다. 왕은 이에 군사를 발하여 대응하였다. 그러자 이듬해 당 고종은 왕의 아우인 김인문을 불러 꾸짖으며 옥에 가두고, 군사 50만을 조련하여 신라를 치려고 하였다. 이때 의상법사가 유학차 당에 있었는데 김인문을 찾아가니, 김인문은 당나라의 움직임을 말하며 의상을 곧 귀국시켜 왕에게 고하여 방어책을 세우게 하였다.

왕은 이와 같은 사실을 강수에게 명하여 김인문을 석방하여 달라는 청방인문표(請放仁問表)를 짓게 하여 사인 원우를 시켜 당에 전달하였다. 당의 고종이 이 표문을 보고 눈물을 흘리며 김인문을 석방하여 위로하였다고 한다. 강수의 표문은 당나라 황제의 노여움을 풀게 하였으니 그의 설득력 있고 감동적인 문장력을 짐작케 하고도 남음이 있다.

그러나 강수의 문장은 오늘에 전하는 것이 없다. 671년(문무왕 11) 7월에 당의 총관 설인귀가 신라왕에게 보낸 항의문에 대한 <답설인귀서>를 강수가 지은 것으로 추측하고 있을 뿐이다. 이 문장은 장장 2,448자나 되는 장문으로 『삼국사기』에 전문이 실려 있다.

당은 신라와 더불어 백제와 고구려를 멸망시킨 뒤 백제와 고구려는 물론 신라의 독립성 마저 무시하고 계림도독부라 하고 신라왕을 계림도독으로 임명하는 등 삼국을 그들의 직할 영토로 삼으려고 하였다. 신라는 당의 이와 같은 야욕을 눈치채고 고구려 정벌이 끝난 670년(문무왕 10)부터 은밀히 대당전쟁, 즉 통일전쟁을 준비하고 항쟁을 시작하였다. 신라는 고구려 검모잠의 부흥군을 지원하며 백제의 80여성을 공취하고, 이듬해부터 더욱 적극화하여 백제지역의 가림성을 치고, 석성에서 당군과 싸워 이를 격파하니 당은 백제를 구원하고자 내원까지 할 정도였다. 당군의 공세는 매우 치열하였다. 신라도 이에 적극적으로 대처하니 당의 행군총관 설인귀는 671년(문무왕 11) 7월 26일에, 당나라는 신라를 도와 백제와 고구려를 멸하였는데 오히려 은혜를 원수로 대한다고 하며 왕에게 불신을 책하는 글을 보내와 항전을 중지하라고 강력히 촉구하였다. 이에 문무왕은 당나라와의 약속은 백제와 고구려가 평정되면 평양 이남의 땅을 신라에게 준다고 하였으나, 오히려 당나라가 약속을 어기고 있음을 당당한 입장에서 설명한 <답설인귀서>를 보낸 것이다. 설인귀는 이 회답을 받고는 할 말을 잃고 묵묵히 항전을 지속하였다.

통일전쟁은 신라의 끈질긴 항전으로 7년 만인 677년(문무왕 17)에 당나라가 옛 삼국을 총괄하여 지배하려고 설치하였던 평양의 안동도호부를 만주 방면의 신성으로 철수하면서 일단락 짓게 되었다. 이로써 신라는 대동강과 원산만을 잇는 선 이남을 통치하는 데 성공하였으니 바로 삼국의 통일을 완수한 것이다. 신라가 당나라를 자주적인 힘으로 몰아내고 민족의 통일을 이룩하게 된 것이니, 삼국통일의 역사적 의의가 또한 여기에 있다고 할 것이다.

다. 유학의 도덕을 실천한 강수

유학에 뜻을 세운 강수는 스승을 찾아가 『효경』과 『곡례』·『이아』·『문선』을 읽었다고 한다. 『효경』이란 부모가 물려준 신체의 보전으로부터 입신 행도하여 후세의 평가에 이르기까지, 즉 부모가 살아 있을 때는 애경으로, 죽어서는 애척으로 하여 부모 섬기는 일을 다함을 이르는 내용으로 인륜의 근본이 효에 있다고 강조한 책이다. 『곡례』는 『예기』의 속편으로 오례(길·흉·빈·군·가례)의 행사에 관해 설명한 것이다. 강수는 이들의 책을 통하여 유교의 기본덕목을 스스로 실천하였던 것이다.

또한 『이아』는 문자의 뜻을 고증하고 설명한 자전적 성격을 지닌 책이다. 『문선』은 상고 주대로부터 양대에 걸치는 부시·조책·표계·송찬이나, 제문·비문·묘지에 이르기까지의 명문들을 수집하여 엮은 책이다. 강수는 이 한문학의 명작선인 『문선』을 통하여 문장법을 익혀 대문호로 성장하였다고 보인다. 더욱이 『문선』은 당 이래 과거시험을 위한 교과서와 같이 활용되어오던 책이다.

이와 같은 사실로 보아 강수가 성장했던 중원지방에는 당시에 이미 상당한 수준의 유학이 행해지고 있었던 것으로 보인다. 이러한 환경적 배경이 없이는 강수의 학문은 형성될 수 없었을 것이다. 실제로 중원은 대륙의 문물을 경주보다 앞서서 받아들일 수 있는 문호였다고 하는 데에서도 짐작이 간다고 하겠다.

삼국말 통일초기 신라에서 활약한 대표적인 유학자는 강수와 설총이었다. 강수는 이미 유학의 기반이 있었던 중원경에서 학문을 충실히 익히고 그의 문장의 힘으로 중앙관계에 나아가 배운 바를 토대로 하여 신라의 국학 설치에도 크데 기여하였다고 보인다. 사실상 강수와 설총은 국학에서 구경을 후학에게 가르쳤다.

국학의 설치와 정비는 강수·설총 등 유학자들의 건의와 당나라의 국학에 참관하고 돌아온 김춘추(뒤의 태종무열왕)의 적극적인 관심에 의해서 이루어진 것이라고 할 것이다. 이와 같이 국학이 설치·운영되면서 신라의 정치제도는 귀족의 종교적 권위주의가 유교의 대두로 새로운 관료제도로 성장하게 되었다고 생각된다.

이와 같이 유학을 배운 강수는 유교적 실천도덕을 준행하고 있으니 그의 결혼관에서 알 수 있다. 강수는 일찍이 부곡의 풀무장이 딸과 야합하여 애정이 퍽 깊었다. 나이 20세가 되자 부모가 읍 중의 여자로 용모와 행실이 아름다운 자를 중매하여 아내로 삼게 하려 하였는데, 강수는 '두 번 장가갈 수 없다' 하여 사절하였다. 부친이 노하여 말하기를 '네가 세상에 이름이 나서 나라 사람은 모르는 자가 없는데 미천한 자로 짝을 삼는다면 수치스러운 일이 아닌가' 하니 강수가 재배하고 말하기를 '가난하고 천한 것이 수치스러운 바가 아닙니다. 도를 배워서 행하지 못하는 것이 정말 수치스러운 바입니다. 일찍이 듣자오니 옛사람의 말에 "조강지처는 당하에 내려오게 하지 않고, 빈천한 때의 교우는 잊을 수 없다" 하였으니, 천한 아내라고 해서 차마 버릴 수는 없습니다' 하였다.

이 사실은 당시 신라의 엄격한 골품제 신분 사회에 있어서 관행으로 여겨오던 신분을 기준으로 한 통혼권에 대한 비판적인 태도이기도 한 것이었다. 신라의 골품제 사회에서 신분적인 차가 혼인과 결합하기에는 매우 어려운 시련이 뒤따르고 있었음을 알게 한다. 당시 강수는 6두품 신분에 이미 명성이 있어 세상사람들이 모두가 그를 흠모하고 있는 터였다. 미천한 신분인 대장장이의 딸과의 혼인은 아버지의 말처럼 수치로 여겨졌을 것이다. 그 이면에는 이러한 신분의 차가 아들의 출세에도 지장이 따른다는 것임을 크게 느끼고 한 말일 것이다. 강수의 학문은 출세나 부귀영화보다는 유교사상에 의한 도덕적 실천에 있었던 것이다.

이러한 그의 유교사상은 그의 생활에서도 그대로 나타난다. 강수는 일찍이 생계를 도모하지 않고, 집이 가난하지만 태연하였다. 그가 생계를 도모하려고 하였다면 신라 귀족들이 누리던 부를 향유하였을 것이나 그렇게 하지 않았다. 여기에서 또한 강수의 실천적 유교도덕관을 이해할 수 있다. 강수의 청렴한 생활을 안 왕이 유사에게 명하여 해마다 신성의 조 1백 석을 준 것은 강수의 도덕적 실천 생활, 즉 불의와 부정을 용납하지 않은 그에게 포상적 성격을 띤 것으로 보아야 할 것이다.

강수는 삼국통일의 꿈을 실현시킨 큰 공과 업적을 남긴 인물이다. 이러한 강수에게 사찬의 벼슬을 주고 매년 200석의 녹봉을 주었다. 그의 공로에 비해 그가 받은 사찬 벼슬은 큰 것이라고 할 수 없다. 이는 전공으로 김유신에게 지급한 식읍과 토지 등에는 크게 미치지 못한다. 신문왕 때에 강수가 죽으니, 관에서는 장례비용을 매우 후하게 지급하였다. 집안 사람들은 장례를 치르고 남은 것을 사사로이 쓰지 않고 모두 불사에 바쳤다.

강수는 평상시의 생활을 녹봉에 의존하였으므로 경제적인 여유가 없었던 것으로 생각된다. 그나마 그가 죽자 녹봉은 지급되지 않았다고 보인다. 그렇기 때문에 강수의 아내는 식생활이 궁핍하여 고향으로 돌아가려고 하였다. 이러한 사정을 들은 대신이 왕에게 청하여 조 1백 석을 주게 하였더니 강수의 아내는, '저는 천한 사람입니다. 입고 먹는 일은 남편에 의지하였으므로 나라의 은혜를 입은 바가 많았습니다. 지금은 이미 혼자 몸이 되었는데 어찌 다시 후한 사물을 받을 수가 있겠습니까' 하고 사양하며 고향으로 돌아갔다고 하였다. 천민 출신으로 평생 동안 남편을 내조하였던 그의 아내도 남편의 뜻을 받들어 남편과 같이 도덕적 생활을 실천했다고 하겠다.

강수는 단문한족으로 전제적 왕권 밑에서 자신의 학식이나 행정능력으로 발탁되어서 유학을 바탕으로 한 문장의 힘, 즉 학문으로 국가에 고용된 관료적 신분으로 출세한 인물이라고 할 것이다. 그가 남긴 '가난하고 천한 것이 수치스러운 것이 아니고, 도를 배워서 행하지 못하는 것이 정말 수치스러운 것입니다' 한 말은 오늘에 사는 우리가 교훈으로 삼을 말이다.

참고문헌

『삼국사기』, 『신증동국여지승람』, 『충청북도지』, 『충주시지』, 『인물지』.
충주시 · 예성문화연구회, 1997, 『충주의 지명』.
김현길, 2001, 『강수의 연구』, 『강수 · 신립』, 예성문화연구회편.

3) 서성 김생

가. 생애

우리나라에 문자가 들어온 이후 2천여 년이 지난 오늘에까지 서예에 관한 족적으로는 고대로부터 금석문이 많이 전하여 내려오고 있으며, 그 동안 이름 높은 서예가도 수 없이 배출되었다. 역대에 이름 난 서예가로는 신라의 김생(金生)을 비롯하여 요극일(姚克一), 김인문(金仁問), 영업(靈業), 최치원(崔致遠), 최인곤(崔仁袞 : 彦僞) 등과, 고려시대 탄연(坦然) 류신(柳伸), 홍관(洪灌), 이암(李嵒), 조선시대 안평대군(安平大君), 양사언(楊士彦), 한호(韓濩), 이광사(李匡師), 김정희(金正喜) 등이 있다.

김생은 중국 서도의 최고봉이며 모범이라 할 수 있는 우군체(右軍體, 王羲之의 書體)를 완전히 체득하고 오히려 그를 능가하여 자유자재로 체세(體勢)를 발휘한 신필(神筆)로 알려지고 있는 서예의 대가이다. 그럼에도 불구하고 김생에 대하여는 그 기록이 간단하고, 그가 남긴 유묵(遺墨) 또한 오늘에 찾아보기가 어려울 정도이다.

김생의 생애를 『삼국사기』 열전의 간략한 기록과 노수신(盧守愼)의 『예성야록(蘂城野錄)』의 기록을 통하여 알아보자. 김생은 부모가 가난하고 신분이 낮아서 집안의 계통을 알 수 없다. 711년(성덕왕 10)에 태어난 김생은 어려서부터 글씨를 잘 썼는데, 5세 때부터 풍월(風月) 두 글자를 배우면서 굵직한 싸리나무로 모래밭 위에다 글씨를 썼었고, 6~7세부터는 불경 2권을 부지런히 쓰기 시작하여 20세에 서법을 대성하였다.

이 때쯤 김생은 글씨에 능한 일본의 중 혜담(惠曇)을 만났는데, 혜담은 김생의 글씨를 보고 기이하게 여기면서 왕희지가 쓴 글씨를 김생에게 주었다. 김생은 그 뒤부터 왕희지의 글씨 쓰기에 진력하여 낮에는 작은 글자, 밤에는 큰글자를 써서 게을리 하지 않았다. 김생은 평생동안 오로지 글씨 쓰기에 힘써 80이 넘도록 붓을 잡고 쉬지 않아 예서(隷書), 행서(行書), 초서(草書)가 모두 신묘한 경지에 이르러 그 명성이 이웃 나라까지 진동하였다.

전해오는 전설에 의하면 김생은 여러 곳에서 글씨 공부를 한 것으로 알려졌다. ① 경상북도 안동에 있는 문필산(文筆山)은 신라의 김생이 여기에서 글씨를 배웠으므로 붙여진 이름이라 한다. ② 경상북도 봉화군 명호면에 있는 청량산(淸凉山)은 해발 870m의 높은 산으로 12개의 봉우리가 있는데, 연화봉 기슭에 청량사(淸凉寺)가 있으며, 이 산에 김생이 글씨를 썼던 곳으로 김생굴이 있다. 김생이 여기에서 단풍잎을 따서 글씨를 쓰니 샘물이 모두 검어졌다고 한다. ③ 김생은 일찍 계림(鷄林)의 석굴에 들어가 나뭇잎을 따서 글씨를 쓰며 40년을 나오지 않았으므로 글씨가 신(神)에 통하였다. ④ 충북 음성군 원통산 아래 김생암이 있는데, 신라의 중 김생이 이곳에서 나뭇잎에 글씨 연습을 하였기 때문에 시내가 막히고 물이 검게되었다. 이상과 같은 전설은 구전되어 오다가 『신증동국여지승람』 등 지리지에 기록된 것으로 보이지만, 김생이 얼마나 열심히 글씨 연습을 했는가를 대변해 준다고 하겠다.

김생은 불교를 좋아하여 고기를 먹지 않고 불도를 닦았는데, 김생이 불도를 닦은 곳이 김생암과 김생사(金生寺)로 생각된다. 김생암은 충북 음성군 감곡면에 터가 있고, 김생사는 충주시 금가면 유송리에 '김생사터'가 있다. 신라 선덕왕 때 김생이 김생사를 창건한 뒤 중앙탑(中央塔 : 중원탑평리7층석탑, 국보 제6호)을 세우고 고대의 전적(典籍)을 감추었다는 기록이 있다. 이 기록의 진위 여부를 떠나 이런 기록으로 미루어 볼 때 아마 김생은 나이가 들면서 승려 생활을 하였을 것으로 보인다. 김생은 나이 90이 되어서도 눈빛이 전광과 같아 붓을 손에서 떼지 않다가 나이 97세에 죽었다고 한다.

나. 후세의 평가와 전하는 글씨

김생의 글씨는 왕희지의 글씨를 배워 왕희지를 능가하는 전무후무한 신필(神筆)로 알려지고 있으나, 천여 년이 지난 오늘에 그의 글씨가 남아 전하는 것이 거의 없다. 고려와 조선시대 김생의 글씨가 전하여 왔을 당시 그의 글씨를 보고 평한 글을 통해 김생의 글씨가 얼마나 훌

륭한가를 알아보자.

고려 숙종 때 학사 홍관(洪灌)이 진봉사(進奉使)를 따라 송나라에 가서 송나라 수도의 변경(汴京 : 지금 중국 하남성 개봉)의 객관(客館) 묵고 있을 때, 송나라의 한림학사(翰林學士) 양구(楊球)와 이혁(李革)이 송 황제의 명령으로 객관에 와서 족자(簇子)에 글씨를 청하므로 홍관은 김생의 행서와 초서 한 권을 내보이니, 두 사람은 크게 놀라면서, '오늘 뜻밖에 왕우군(王右軍 : 황희지)의 글씨를 보게 될 줄이야' 하고 감탄하였다. 이에 홍관이 말하기를 '그런 것이 아니라, 이것은 신라 사람 김생이 쓴 글씨다' 하니, 두 사람이 웃으면서 말하기를, '천하에 왕우군을 제외하고 어찌 이와 같은 신묘한 글씨가 있으랴'라고 하였다. 이에 홍관이 여러 번 김생의 글씨라고 하였지만 끝내 믿지 아니하였다.

고려 중기의 문인 이인로(李仁老)는 '김생은 붓 놀림이 신과 같아서 초서도 아니며 행서도 아니며 멀리 57종의 여러 서예가의 체세(體勢)를 뛰어넘었다', '그의 필법이 기묘하여 진·위(晉·魏) 때 사람이 발돋움하여 바라볼 바가 아니다' 하였다.

고려 고종 때 대학자 이규보(李奎報)는 '양무제(梁武帝)가 왕희지의 서체를 평하기를 "용이 천문(天門)에 뛰고 범이 봉각(鳳閣)에 누웠다"고 하였으며, 당문황(唐文皇)은 "연기가 아른거리고 이슬이 맺히고 봉이 날고 용이 서리는 듯하므로 마음으로 흠모할 만한 자는 오직 이 사람뿐이다" 하였으나, 서체의 제일인자는 바로 김생으로 그 분은 신필(神筆)이었다. 왜 그렇게 말하는가 하면 세상에 전하기를 '어느 날 어떤 사람이 김생 앞에 이르러 『제석경(帝釋經』을 써 달라고 하기에 다 쓰고 나서 어디서 왔느냐고 묻자, 그 사람은 "나는 제석의 사자인데 나에게 명하여 글씨를 받아 오라고 해서 온 것이다"라 하고는 온데 간데 없이 사라졌다'고 하였다. 또 '아침 이슬이 맺히고 저녁 연기가 일어나며 성낸 교룡(蛟龍)이 뛰고 신령스런 봉황이 난다. 김생과 왕희지는 몸은 비록 다르나 솜씨는 같았다. 마음과 손이 서로 호응해서 하늘에 맡겼으니, 신이랄까, 기적이랄까, 말로 전하기는 어렵다'고 하였다.

조선 초기의 명신이며 학자인 성현(成俔)은 '우리나라에 글씨 잘 쓰는 이가 많아도 해범(楷範)을 가진 이가 대개 적은데, 김생은 잔글씨를 잘 쓰면서도 털끝 만한 것도 다 정밀하다' 하였다.

조선 현종 때 허묵(許默)은 '일가 사람 허숙옥의 집에서, 중국비단에 쓴 옛날 김생의 진적을 보니, 그 자체가 기괴하여 신인이 쓴 것 같고 사람의 필력으로는 도저히 그렇게 할 수 없는 것이었다. "이상한 일이로다! 천하의 보물이 1천 1백년을 지내오는 동안 사람이 죽어 없어지고 세상이 바뀐 것이 그 얼마나 많았으리요? 그런데도 지금 그 글 자취는 오히려 새로우니 아! 귀신이 지킨 것이 아니면 어찌 이럴 수가 있는가" 나는 그것을 보고 한참 동안 감탄하였다'고 하였다.

김생의 글씨라고 전하여 오는 금석문으로는 경주 금오산 기슭에 있는 창림사비(昌林寺碑)와 경주박물관 안에 있는 백율사석당기(栢栗寺石幢記)가 있으며, 김생의 글씨를 집자하여 만든 집자비(集字碑)로는 경북 봉화군 태자사(太子寺)의 낭공대사백월서운탑비(郎空大師白月栖雲塔碑), 경기도 포천군 소흘면 송우리의 서명구(徐命九)묘비, 경기도 양주군 조내면 산복리 조계(趙棨)묘비가 있다.

편액(扁額)으로는 경주의 대로원(大魯院)액과, 전남 강진의 만덕산 백련사(萬德山白蓮社)액, 충남 공주 마곡사의 대웅보전 편액, 강원도 금강산 유점사의 편액 등이 있다. 불상의 복장 유물로 나왔다는 금자사경(金字寫經)과 전유암서(田遊岩序), 여산폭포시(廬山瀑布詩)와 사성절보(四聲絶寶) 등이 있다.

참고문헌

『삼국사기』, 『고려사』, 『조선왕조실록』, 『예성야록』.

『신증동국여지승람』, 『충주읍지』, 『조선환여승람』, 『여지도서』.

『영가지』, 『해동역사』, 『동국이상국집』.

김현길, 『金生과 그의 遺墨跡에 관하여』(1997. 10. 16. 김생연구회서 발표).

이호영, 『金生의 墨痕과 足跡에 대하여』(1997. 10. 16. 김생연구회서 발표).

김현길, 2003, 『書聖 金生』, 『우륵 · 김생 · 임경업』, 예성문화연구회편.

4) 충장공 신립 장군

가. 가계와 생애

신립(申砬)은 1546년(명종 원년)에 태어나 1592년(선조 25) 임진왜란 때 탄금대 전투에서 순국한 인물이다. 신립이 살아가던 16세기 후반의 조선은 건국 후에 보여준 문물의 창조와 발전은 점차로 퇴보와 분열의 시기에 접어들면서 사회정의와 기강이 서서히 문란해지고 있었다. 더욱이 사화와 붕당으로 인한 지배층의 분열로 국력이 점차로 쇠퇴하고 따라서 국방력도 허술해지면서 나라의 운명이 점차 위험 속으로 빠져들고 있었다.

대륙에서는 여진족의 세력이 점차로 커지는 양상으로 나타나고, 만주지역의 여진족은 우리 나라의 북부지역을 노략질하기 시작하여 선조 16년(1583) 니탕개(尼蕩介)의 난이 일어났다. 한편 일본은 전국시대라는 내부의 분열 싸움이 16세기말에 이르러 혼란이 수습되었다. 이 시기의 일본과의 관계는 삼포왜란(중종 5년, 1510), 사량진왜변(중종 39년, 1544), 을묘왜변(명종 10년, 1555)이 일어났으며, 선조 20년(1583) 2월 왜적선 18척이 전라도 흥양지경을 침범했다. 이러한 상황에서 조선은 남왜북로(南倭北虜)에 대한 대비책에 부심하고 있었으나 실제로 성과를 거두지 못하고 있었다. 이러한 시기에 무장이었던 신립은 북쪽의 니탕개의 난을 평정하여 무장으로 명성을 떨쳤고, 동래와 상주전투에서 이기고 파죽지세로 북상하는 왜군을 충주에서 맞아 싸우다가 순국한 명장이다.

신립은 대대로 높은 관직을 역임한 전통적 문관가문에서 태어났다. 신립의 5대조 좌의정 신개(申槩)는 문희(文僖)란 시호를 받고 세종 묘정에 배향되었고, 고조 신자준(申自準)은 관찰사를 역임하고 좌찬성에 증직되었으며, 증조 신말평(申末平)은 정6품직인 사헌부 감찰을 역임하였고 당대의 세도가인 권람의 사위였다. 조부 신상(申鏛)은 이조판서를 역임하고 시호는 문절(文節)이다. 아버지 신화국(申華國)은 성균생원으로 벼슬은 하지 않았으나, 아들들이 귀하게 되어 평주부원군(平洲府院君) 영의정에 추증되었다. 이러한 가문에도 불구하고 신립은 무과에 급제하여 무관의 길을 걸은 사람이다. 그 후 그의 후손들도 무과에 합격하여 무신으로 입신출세하였다.

신립은 1567년(명종 22) 무과에 합격한 후 선전관겸비변랑(宣傳官兼備邊郞)에서 출발하여 도총부(都摠府) 도사(都事), 경역(經歷)을 역임하고 진주판관(晉州判官)이 되었다. 1583년(선조 16) 2월 온성부사로 있을 때 야인들의 소굴을 소탕하고 돌아왔다.

1584년(선조 17) 3월 신립은 북도병사로 제수받아 임지로 떠나며 임금에게 하직인사를 올리니 임금이 술을 내리고, 환도(還刀)·궁대·장편전(長片箭)·투구 등을 하사했다.

1592년(선조 25) 4월 임진왜란이 일어나자 조정에서는 한성판윤 신립을 도순변사(都巡邊使)로 임명하고 전 목사 김여물(金汝岉)을 종사관으로 삼아 군대를 거느리고 남쪽으로 내려가 왜적을 막도록 하였으나 충주 탄금대전투에서 패하여 죽었다. 영의정 평양부원군(平陽府院君)에 추증되고 시호는 충장(忠壯)이다.

나. 니탕개의 난을 평정하다

육진의 북쪽 두만강 건너편에 살며 육진의 변두리 보루에 와서 무역을 하고 공물을 바치는 자들을 번호(藩胡)라 하였으며, 백두산 북쪽에 사는 여러 오랑캐로서 아직 조선과 친하게 지내지 않은 자들을 심처호(深處胡)라 하였다.

이들 심처호는 때때로 변방에 찾아와 정성을 바치기도 하였지만 침략도 하였다. 번호는 심처호가 변방에 들어오려고 할 때면 즉시 보고하고 이들을 막거나 구원을 하는 역할을 하였다. 때문에 우리나라에서는 조선 초기 때부터 번호를 후하게 대해주었다. 번호 중에 가장 강성한 자가 니탕개(尼湯介)였다. 그러므로 선조 16년에 일어난 번호들에 의한 일련의 반란을 니탕개의 난이라 한다.

육진 개척 이후 오랜 세월이 지난 선조 때 변방의 방어가 차츰 소홀해졌고 번호는 차츰 강성해졌다. 뿐만 아니라 변방의 장수들은 대부분이 적임자가 아니어서 번호의 부락에 조금씩 피해를 끼쳤으나 이들을 제대로 무마하지 못하게 되자 도리어 반란의 계기가 되었다.

1583년(선조 16) 2월 번호는 1만기의 병력으로 경원부성(慶源府城)을 포위하여 함락시키고 군졸을 풀어 크게 노략질을 해갔다. 그때 종성의 오랑캐, 율보리(栗甫里)와 회령의 오랑캐 니탕개 등도 연락을 받고 호응하여 일시에 모두 배반하였는데 니탕개가 더욱 강성하였다.

이후 번호가 다시 경원부를 포위하자 온성부사 신립이 가볍게 무장한 병사를 거느리고 앞장서서 성에 들어가니 적이 세 겹으로 포위하였다. 신립의 군사가 결사적으로 싸우는데 적장 중에 백마를 탄 자가 의기양양하게 보루로 오르는 것을 본 신립이 화살로 쏘아 죽이니 적이 마침내 물러갔다. 적이 또 안원보(安原堡)에 침입하였는데 적의 병력이 매우 강성하여 지키는 장수들이 모두 굳게 지킬 뜻이 없었고 병사들의 사기는 떨어져 성을 넘어 도망하는 병사까지 있었다. 신립이 아산을 구원하러 가다가 이때 안원보를 경유하게 되었는데 마침 성을 넘어 도망하는 자를 발견하고 즉시 목베어 깃대에 매달아 군사의 마음을 진정시키니 적이 이 사실을 알고서 감히 침범하지 못하고 물러갔다.

번호가 훈융진(訓戎鎭)을 포위하고 사다리를 놓고 올라오며 사방에서 성을 공격하니 첨사 신상절(申尙節)이 밤낮으로 항거하여 싸웠으나 화살이 떨어지고 힘이 다하여 성이 장차 함락될 지경이었다. 그때 온성부사 신립이 사잇길로 달려와 포위를 뚫고 들어가 적의 추장을 쏘아 죽였다. 이에 신립의 얼굴을 알아보는 호인들이 서로 놀라며 말하기를 '온성의 영공이다' 하면서 활을 휘두르며 물러갔다. 신상절도 성문을 열고 나와 공격하면서 신립과 합세하여 기세를 타고 적을 추격해서 70급을 베고 곧바로 그들의 부락까지 쳐들어가 소굴을 불지르고 돌아왔다.

1583년 2월 북병사 이제신과 온성부사 신립, 부령부사 장의현(張義賢), 첨사 신상절 등이 세 길로 나누어 강을 건너서 금득탄(金得灘)·안두리(安豆里)·자중도(者中島) 등 번호의 여러 부족 소굴을 습격하여 쌓아둔 식량과 무기를 불지르고 3백여 적을 죽이고 돌아왔다.

얼마 동안 잠잠하던 오랑캐는 그해 5월에 다시 대대적 공세를 취하였다. 번호의 추장 니탕개가 1만여 명의 기병을 거느리고 길을 나눠 종성과 동관진을 포위·공격해 왔다. 온성부사 신립이 날랜 기병을 거느리고 와서 구원하자 적이 허둥지둥 도망가니 두만강까지 추격하고 돌아왔다.

처음 우리 군대가 번호들에게 패배한 것은 당시 태평세월을 오래도록 누린 나머지 군사들이 싸울 줄을 알지 못한 채 그저 성벽이나 지키면서 마치 먼 거리의 과녁을 맞추는 것처럼 활을 쏠 뿐이었다. 그래서 적이 혹시라도 육박전을 하며 성에 올라오기라도 하면 모두 겁에 질려 활을 제대로 쏘지 못하였기 때문이다. 신립이 번호와의 전투에서 승리할 수 있었던 것은 적의 칼날을 무릅쓰고 육박전을 벌이며 싸울 때마다 공을 세웠고, 이를 지켜본 변방의 군사가 비로소 분발하여 이에 과감하게 야전(野戰)을 벌여 적을 공격한 용감성 때문이다. 다음은 신립이 평소 철기(鐵騎) 5백여 명을 훈련시켜 사냥을 하며 전술을 익히게 하였고, 더욱이 두만강 언덕에서 달리기 연습을 시켰는데 그 빠르기가 귀신같았다. 이러한 용감성과 기병의 빠른 기동성이 번호와의 전투에서 승리할 수 있었던 요인이라 하겠다. 그러므로 육진을 보전하여 지킬 수 있었던 것은 신립이 앞장서서 용감히 싸워 용맹을 떨쳤기 때문이었다.

다. 탄금대전투

1592년 4월 13일에 왜군이 부산포에 상륙하면서 임진왜란이 일어났고 이어 동래를 점령한 왜군은 세 길로 나누어 진격하였다. 조정에서는 이일(李鎰)을 순변사로 삼아 중간 길로, 성응길(成應吉)을 좌방어사를 삼아 좌도로, 조경(趙儆)으로 우방어사를 삼아 서쪽으로 내려가게 하였다. 또 유극양(劉克良)과 변기(邊璣)를 조방장으로 삼아 각각 죽령과 조령을 지키게 하는 한편 신립을 도순변사(都巡邊使)로 삼아 이일을 후원하게 하였다.

당시 조선측의 전략은 제승방략 분진법에 따라 순변사 이일이 대구에 집결한 경상도 군사들을 지휘하여 왜군의 북진을 일단 저지한 후 최전선에서의 접전・감제상태를 유지하는 한편 주장인 신립은 조령의 험난함을 이용하여 강력한 방어선을 구축한 후 좌우의 죽령과 추풍령 방어선을 연결하여 양 날개로 삼고 전방의 이일과 함께 깊은 종심방어선을 형성하여 적의 예봉을 제압하고 전쟁의 주도권을 장악하여 적을 소탕한다는 것이었다. 그러나 신립은 조령을 지키지 못하고 충주 탄금대에서 배수진을 치고 왜적을 맞이하여 싸웠다.

고니시 유끼나가(小西行長)는 4월 25일 상주에서 이일의 군사를 격파하고, 26일 문경에서 숙영한 후 27일 종일 행군하여 조령을 넘어 28일 오전에 안부역을 지나 충주 남쪽 단월역에 도착하여 척후로 하여금 조선군의 상황을 정찰케 하였다.

한편 조선에서는 1592년(선조 25) 4월 17일에 이일을 순변사로 삼아 정예병을 이끌고 상주에 내려가 적을 막도록 하였고, 이어 신립을 도순변사로 삼아 이일의 군사를 응원케 하였다. 신립이 충주에 이르니 충청도 군현 병력 8천 명이 집결해 있었다.

신립은 4월 26일 충주에 도착하여 단월역에 진을 쳤다. 그리고 몇 사람만 데리고 조령에 달려가서 형세를 살펴보았다. 이때 신립이 대동한 인물이 충주목사 이종장(李宗長), 종사관 김여물(金汝) 등이었다.

신립의 작전은 왜적은 보병이고 우리는 기병이니 넓은 들판에서 빠른 기동력을 갖춘 기병으로 공격하면 승리할 수 있다는 전제하에 조령 같은 산골에서는 기병은 힘을 발휘하기 어려워 활용할 수 없고, 또한 활쏘기가 불편하므로 넓은 들판에 맞아들여 싸워서 승리하려는 것이었다. 신립은 왜적이 이미 조령 밑까지 육박해 있을 것으로 추산하고 아군이 조령을 점령하기 전에 적과 마주치면 사태가 위급할 것으로 보았으며, 뿐만 아니라 아군은 모두 훈련되지 못한 병사이므로 사지(死地)에 몰아 넣지 않고는 힘을 다 발휘할 수 없을 것으로 판단하여 탄금대에서 배수진을 펼칠 작전을 구상하였으리라 생각된다. 신립은 4월 28일 아침에 군사를 인솔하고 탄금대에 나가 배수진을 쳤다.

한편 적은 정오 이후부터 공격준비를 시작하였는데, 단월역에 포진해 있던 적은 길을 나누어 대진은 곧바로 충주성으로 들어가고 좌군은 달천강변을 따라 내려오고 우군은 산을 따라 동쪽으로 가서 상류를 따라 강을 건넜는데 병기가 햇빛에 번쩍이고 포성이 천지를 진동시켰다.

도순변사 신립, 순변사 이일, 종사관 김여물, 조방장 변기, 충주목사 이종장, 척후장 고언백(高彦伯) 등이 탄금대 전투에 참여했다. 충주목사 이종장과 이일이 척후로 전방에 있다가 적에게 차단당하여 정세보고가 단절되었고, 탄금대 신립의 진에는 조방장 변기, 종사관 김여물과 8천의 군사가 왜군에 대하여 어떻게 대처했는지 자세한 기록이 없어 알 수 없다. 탄금대 앞에는 논이 많아서 물과 풀이 섞이어 말을 달리기에 불편했다. 전투상황에 대한 기록을 보면, 신립이 곧장 말을 채찍질하여 충주성으로 향하여 나아가니 군사들은 대열을 이루지 못하고 점점 흩어지고 숨어 버렸다. 적이 공격하니 신립의 군사가 크게 패하였으며, 적이 벌써 사면으로 포위하므로 신립이 도로 진을 친 곳으로 달려갔는데 사람들이 다투어 물에 빠져 흘러가는 시체가 강을 덮을 정도였다. 신립이 김여물과 말을 달리면서 활을 쏘아 적 수십 명을 죽인 뒤에 모두 물에 뛰어들어 죽었다 하였고, 『연려실기술』에는 적이 아군 뒤로 나와 겹으로 포위하였다. 싸움이 처음 어울리면서 아군은 모두 달아나 흩어져 장수와 졸병이 겁결에 모두 달래강 물에 뛰어들자 적이 칼로 마구 찍어 물에 뜬 시체가 강을 메웠다고 기록하였으니 신립의 군대는 적의 공격을 맞아 제대로 싸우지도 못하고 적의 포위공격에 후퇴하고, 군사들은 처음부터 사기가 저하되어 싸울 용기도 없이 밀리어 달천강 물에 뛰어들어 크게 패하고 말았다.

후세 사람들은 신립을 탄금대 패전에 대하여 여러 가지로 평가할 것이다. 그러나 그는 자타가 공인하는 당대의 명장이었다. 신립이 막상 전장에 도착하여 발견한 것은, 제승방략에 의해 이일이 지휘하여야 하는 전방 부대도 대구에서 붕괴해 버렸고, 제대로 훈련된 병력의 소집도 불가능하다는 것을 알게 되었다. 따라서 조령 위주의 방어개념은 재고될 수밖에 없었다. 적이 우세한 병력을 이용하여 조령과 같은 험로에 일부 병력을 아군과 대치시켜 전선을 고착시켜 놓고, 아군의 기동을 봉쇄한 후 적의 주력을 후속 부대와 함께 조령을 우회하여 도성을 강습한다면, 조정과 군주가 일거에 적에게 유린당하게 되리라는 것은 자명한 일이었다. 신립은 조령정상에 방어선을 구축하기에는 때가 늦은 것을 간파하고 탄금대에서 최후의 일인까지 옥쇄작전으로 적을 저지하면서 적의 우회작전을 차단하여 사직의 붕괴를 방지하고자 하는 것이었을 것이다.

라. 신립에 대한 후세의 평가

신립이 니탕개의 난을 평정한 후인 선조 16년 8월 신립의 중형 신급이 상소를 올려 삼사의 간특함을 극론하니 선조가 답하기를 '너의 상소문을 보니 참으로 충성이 대단하다. … 네 아우 신립이 충성을 다해 나라에 보답하고 있어 그가 변성을 지키면 오랑캐들이 감히 가까이 못하여 옛 양장(良將)의 풍모가 있다'고 하여 신립을 어진 장군으로 평가하였다.

선조 16년 5월 율보리와 니탕개가 군사를 이끌고 와서 방원보를 공격할 때 정예로운 장졸들이 변방 진에 많이 모여 당시 온성부사인 신립을 대장으로 받들기를 희망할 정도로 장졸들의 신망이 두터웠다.

신립은 항상 신의와 풍절(風節)로써 자신을 지켰다. 정언신(鄭彦信)이 정여립(鄭汝立)의 옥사에 연루되어 귀양가게 되자 다른 사람은 감히 그의 집을 가까이 하지 못했지만 신립은 그의 관할하에 있었던 신의로 자주 그의 집에 가서 그의 부인을 위안하였다,

임진난이 일어난 처음에 신립은 중추부에 나아가 스스로 전방에 나아가 싸우기를 자원할 정도로 충성심이 있는 인물이기도하다.

지금 탄금대 열두대 어귀에 서있는 탄금대기 비가 있는데 육당 최남선이 지었다. 이 비문의 신립에 대한 기록을 발췌해 요약하면 다음과 같다.

신립은 역전상승의 명장이지만, 상투적인 방법으로는 왜적을 막을 수 없어 일전필살의 배수진을 치고 오로지 옥쇄에 뜻을 두고 벼락치듯 재빨리 공격했으나 지극히 분하고 원통하게도 장졸이 혼연히 순국성인의 일단이 되었다. 7년 풍진 대소 백전에 의기영풍으로 천고에 빛날 자는 특히 금산, 진주와 함께 탄금대를 꼽을 것이요, 3자 중에서도 처음으로 모범을 보인 장거로는 탄금대 전투를 최고로 삼지 않을 수 없다. (신립은 패장이라는) 세상의 뜬소문은 다만 영웅의 진면목을 성패 이외에서 구할 줄 모르기 때문이다.

참고문헌

『조선왕조실록』, 『국조인물고』, 『국조문과방목』, 『송자대전』.
『서애집』, 『미수기언』, 『신증동국여지승람』, 『여지도서』.
『대동야승』, 『연려실기술』.
육군사관학교 한국군사연구실, 1968, 『한국군제사』 근세조선전기편, 육군본부.
충주공업전문대학 박물관, 1991, 『탄금대지표조사보고서』.
이석형, 1976, 『임진전란사』 상권, 임진전란사간행위원회.
최영희, 1974, 『임진왜란』, 교양국사총서편찬위원회.
이헌종, 1996, 『신립에 대한 수정적 비판』, 『동의사학』 9 · 10.
최일성, 2001, 『충장공 신립』, 『강수 · 신립』, 예성문화연구회 편.

5) 충민공 임경업 장군

가. 출생과 생애

임경업(林慶業) 장군은 당시 친명반청의 사회분위기와 함께 우국충정에 뛰어난 충신이요 무장으로 병자호란 때 의주 백마산성을 지켰지만, 인조가 청나라에 항복하자 그는 명나라와 힘을 합쳐 청나라를 쳐서 병자호란의 치욕을 씻으려 하였던 충주가 배출한 명장이었다.

임경업은 1594년(선조 27)에 태어나 1646년(인조 24) 심기원(沈器遠) 옥사에 연루되어 억울하게 죽을 때까지 조선 중기에 살았던 인물이다. 임경업이 살아가던 17세기는 정묘호란과 병자호란이 일어나 대외관계에서 중요한 변화가 일어난 시기였다. 건주위(建州衛)의 누루하치는 임진왜란 때 조선 조정에 후원을 제의할 정도로 세력이 커졌다가 마침내 1616년 후금국(後金國)을 세웠다. 대륙에서 이러한 세력변화는 조선에 영향을 주었으며 광해군은 대륙에서의 후금・청 대결의 결과를 관망하면서 일종의 중립정책을 취하였으므로 후금의 침입을 받지 않았다. 이와 같은 광해군의 외교정책은 인조반정 구실의 하나가 되었고, 반정으로 성립된 서인정권은 명분론을 앞세워 친명배금책을 분명히 하여 호란을 자초하였다. 임진왜란의 복구가 미처 이뤄지기 전에 호란을 당하여 비록 조선왕조는 무너지지 않았으나 정치・경제・사회 등 각 부문에 걸쳐 심각한 타격을 주었다.

임경업의 가계를 보면, 고조 임정수(林挺樹)는 진사, 증조 임유명(林有名)은 증통정대부(贈通政大夫) 승정원(承院) 좌승지(左承旨) 겸 경연참찬관(兼經筵參贊官) 행중직대부(行中直大夫) 사헌부(司憲府) 감찰(監察)이며, 조(祖) 임덕윤(林德胤)은 증가선대부(贈嘉善大夫) 호조참판(戶曹參判) 겸동지의금부사(兼同知義禁府事) 오위도총부(五衛都摠府) 부총관(副摠管)이고, 부(父) 임황(林篁)은 증보국숭

록대부(贈輔國崇祿大夫) 영중추부사(領中樞府事) 행절충장군(行折衝將軍) 용양위(龍驤衛) 부사직(副司直)이다. 증조부터 부(父)까지는 임경업 장군이 귀하게 된 후 증직된 것이다.

임경업이 9세에 처음 글을 배웠는데, 『통감』 2권에 항우가 말한 '글이란 배워봤자 성명이나 기록할 뿐이니 만인을 대적하는 법을 배우기를 원합니다'라는 대목을 보고 여러 차례 반복하여 '그것이 참으로 대장부의 말이로다' 하며 감탄하였다. 임경업이 이때부터 장군이 되기를 희망한 듯하다. 17세에 처음으로 말타기와 활쏘기를 익혔는데 재주가 출중했다. 임경업은 충주의 남쪽에 있는 대림산의 삼초대와, 보은의 속리산 경업대에서 무술을 연마했다고 전해지고 있다.

1618년(광해군 10) 25세가 되던 해 무과에 합격하고, 1620년(광해군 12) 함경도 삼수 소농보 권관(權管), 1621년(광해군 13) 소농보에서 근무기간을 마치고 돌아와 다음해인 1622년(광해군 14) 4월에 첨지중추부사(僉知中樞府事)에 임명되었다.

1624년(인조 2) 이괄의 난이 일어나자 임경업은 선봉장 정충신(鄭忠信) 휘하에 들어가 안현전투에서 공을 세워 원종1등공신에 책록되고, 가선대부로 승진하였다. 1626년(인조 4) 낙안군수로 전임하여 재직 중인 1627년(인조 5) 정묘호란이 일어났다. 정묘호란 때 전라병사 신경인(申景禋)이 임경업을 좌영장(左營將)에 임명하고 후금군을 무찌르기 위하여 강화도로 향하였으나 이미 주화파에 의하여 강화가 성립되어 군졸을 이끌고 낙안으로 되돌아왔다.

그후 평양 중군을 거쳐 검산산성 방어사가 되어 검산산성, 용골산성, 운암산성 능한산성을 수축하고, 청북방어사가 된 후 명의 반장(叛將) 공유덕과 경명중을 격파하여 명나라 황제로부터 총병의 직을 받고, 병자호란 때는 의주부윤 겸 청북방어사로 백마산성을 지켰으며, 병자호란 다음해 가도정벌에 공을 세워 청나라 황제로부터 상을 받았다. 평안병사 겸 안주목사가 되어 청이 명의 금주위를 공격할 때 주사상장으로 전투에 참여했고, 그 후 명나라에 망명하였다가 심기원 옥사에 연루되어 53세로 죽을 때까지 줄곧 무장의 길을 걸어왔다.

나. 병자호란 때 백마산성을 지키다

명나라 장수 공유덕(孔有德)과 경중명(耿仲明)은 명나라를 배반하여 등주와 래주(萊州)를 점거하여 세력이 강성하였는데, 1633년(인조 11) 4월에 명나라 군에게 패배를 당하여 흩어진 군사를 수습하여 해로를 따라 장자도(獐子島)에 정박하고 있었다. 이들이 우리나라로 오게 되면 근심거리가 될 수 있으므로, 의주부윤 윤진경(尹進卿)과 청북방어사 임경업으로 하여금 공격하게 하였다. 마침 명나라에서도 수군대도독 주문욱(朱文郁) 등이 이들을 치러 와서 조선군과 명군은 함께 이들을 공격하였다. 이 싸움에 임경업의 공이 크므로 명나라 황제가 총병(摠兵)에 임명하였다. 임경업은 이때부터 임총병으로 명나라에서도 크게 알려지게 되었다.

정묘호란 후 후금은 당초의 맹약을 위반하고 무리한 요구를 해오자, 조선에는 척화배금을 주장하는 사람들이 급격히 늘어났다. 1636년(인조 14) 후금은 나라 이름을 청(淸)으로 고치고 연호를 숭덕(崇德)이라 하였다. 청은 조선사신에게 왕자와 대신 및 척화론을 주장하는 자를 압송하라는 내용의 최후통첩을 보내왔으나 조선에서는 그들의 요구를 묵살하고 말았다. 이에 청 태종은 전쟁에 나설 것을 결심하고, 1636년(인조 14) 12월 청군 7만, 몽고군 3만, 한군(漢軍) 2만 도합 12만의 대군으로 조선 침략을 감행했다. 청군은 12월 9일 압록강을 건너자 장수 다탁(多鐸)이 전봉장(前鋒將) 마부태(馬夫太)에 명하여 바로 서울로 진격하도록 하였다. 마부태는 의주부윤 임경업이 백마산성을 굳게 수비하고 있음을 알고 이를 피하여 밤낮으로 달려 10여일 만에 서울에 육박하였다.

인조는 세자와 백관을 대동하고 남한산성으로 들어갔으나 성안에 있는 군사 13,000명으로 성을 지키도록 하고 각도에 근왕병을 모으도록 하는 한편 명나라에 원병을 청하였다. 청군은 남한산성을 포위하고 청 태종은 다음해 1월 1일 남한산성 밑 탄천(炭川)에 군사를 포진시켰다. 남한산성 안에서 악전고투하던 인조는 1637년(인조 15) 1월 30일 삼전도에서 『성하(城下)의 맹(盟)』을 행한 뒤 서울로 돌아왔다. 청은 세자・빈궁・봉림대군을 볼모로 삼고 척화론자 오달제(吳達濟), 윤집(尹集), 홍익한(洪翼漢)을 잡아 심양으로 돌아갔다.

병자호란 때 백마산성을 지키고 있던 의주부윤 임경업은 청나라 태종의 조카인 요퇴로 하여금 300기의 정예병을 이끌고 본국으로 돌아가게 하였는데 이를 압록강에서 맞아 무찌르고 잡혀가던 우리나라 백성 남녀 120명과 말 60여 필을 빼앗는 전과를 올렸다.

병자호란 때 백마산성을 지키고있던 의주부윤 임경업은 백마산성은 잘 지켰지만, 적병의 침입은 막지 못했고 나라도 구하지 못하였다. 청나라 군대가 백마산성을 그냥 두고 남쪽으로 진격한 다음, 임경업은 평안병사 류림에게 『여류림서(與柳琳書)』란 글을 보냈는데 그 내용은 다음과 같다.

이 적은 소위 여진입니다. 여진은 만 명만 되어도 천하를 횡행하는데 지금은 수십 만입니다. 지혜로 싸우는 것은 가능하지만 힘으로 싸워 이기기는 어렵습니다. 지금 한(汗 : 청 태종)이 정예병력을 모조리 끌고 나왔기 때문에 심양(당시 청의 수도)에는 노약자들만 남아 지키고 있을 것인즉 청컨대 5,000 병력만 주신다면 적국으로 직행하여 7일 이내 심양에 도착합니다. 심양에서는 반드시 한에게 급히 알릴 것이고 이것도 7일이 걸려서 한에게 도착할 것입니다. 병사께서는 요해처마다 복병을 숨겨두었다가 적병이 자기 나라로 가는 것은 못 본 체하고, 적국에서 우리나라로 오는 적은 모두 잡아서 서로 내통하지 못하게 하면, 한(汗)은 저들의 수도가 함락될까 걱정되어 수일을 지나지 않아 스스로 철병해 갈 것입니다. 그렇게 되면 우리는 무공을 빛내고 위엄을 떨쳐 오랑캐의 뿌리를 뒤흔들어 놓은 다음 건주(建州)로 향하여 조대수(祖大壽 : 명나라 수비장)의 지역을 거쳐 등주를 돌아 가도(椵島)로 환군하면 칼날에 피를 묻히지 않고도 능히 큰 일을 이룰 수가 있습니다. 이는 손빈이 위(魏)나라 도읍으로 바로 진격하던 계책입니다. 우리의 외로운 군사가 비록 적장의 목을 베지는 못할 지라도 포위는 스스로 풀릴 것입니다.

평안 병사 류림은 임경업의 요청을 들어주지 않았다. 그 이유가 무엇인지는 사서에 기록이 없어 알 수 없다. 만약 임경업의 작전과 같이 시행되었다면 치욕적인 항복은 없었을 수도 있었을 것이다. 이 글을 보면 임경업은 적을 정확하게 파악하고 있었을 뿐만 아니라 우리측의 상황도 잘 알고 있었기에 텅 빈 적의 심장부를 찔러 승리를 꾀하려 했던 것이다.

다. 가도정벌과 금주위 싸움

가도(椵島)는 평안북도 철산군에 있는 섬인데 1621년(광해군 13) 명나라 요동도사(遼東都司) 모문룡(毛文龍)이 후금군에 쫓겨 이 섬에 주둔하고, 우리측에 자주 군량을 요청하여 주지 않으면 갖은 약탈은 자행하고 우리측을 중상하여 조선과 명나라 사이를 이간하므로, 조선에서는 점점 적대시하게 되었다. 또한 후금은 작전상 그들의 후방을 교란시킬 목적으로 조선에 진을 치고 있는 명군을 공략, 후환을 없애기 위하여 마침내 1627(인조 5) 정묘호란을 일으켰다. 그 뒤 명나라 조정의 명에 따라 모문룡은 후금을 정벌하기 위하여 요동으로 진출하였으나 실패했다.

한편 청나라는 명나라를 공격하기 위하여 청의 배후인 가도에 주둔해 있는 명군을 치려고 청나라 장수 마부달이 전선 70여 척을 이끌고 가도를 공격할 때 조선에서는 평안병사 류림을 주장(主將)으로 삼고 의주부윤 임경업을 부장으로 삼아 보냈다. 이 싸움에서 임경업의 계책대로 하여 승리하자 임경업은 그 상으로 사로잡혀간 우리나라 사람을 데리고 돌아왔고, 1637년(인조 15) 5월 청나라 황제의 부름을 받고 심양에 가서 비단 20필, 잘갖옷 1령, 은자 100냥, 안장을 갖춘 말 1필을 상으로 받아 가지고 돌아왔다.

청나라에서는 명나라를 치기 위한 병력의 동원을 조선에 여러 차례 요청했지만, 그 때마다 사신을 파견하여 잘 교섭하여 병력을 동원하는 일은 없었다. 1639년(인조 17) 청나라는 명나라의 근거지인 금주위를 공격하기 위하여 수군 6,000명과 군량 및 전함을 요구했다. 이에 조선은 임경업을 주사상장(舟師上將), 이완(李浣)을 부장으로 삼아 1640년 전선 120척, 격군(格軍 : 조선시대 水夫의 하나로 沙工의 일을 돕던 사람) 1,323명, 사수(射手) 1,000명, 포수(砲手) 4,000명, 화약 일만 근, 철환(鐵丸) 40,200개, 조총 4,170정, 군량미 17,160석, 그리고 청에 보내는 세공미 10,000석도 싣고 안주를 출발하여 금주위로 향하였다. 한편 임경업은 최명길과 밀의하여 승려 독보(獨步)를 등주에 있는 명나라 수군도독 홍승주(洪承疇)에게 보내어 이 사실을 알려 주었다.

또한 임경업이 이끄는 수군은 금주위 전투에서 ① 전진하라고 해도 전진하려 하지 않고, ② 쌀부대를 요하구(遼河口)에 내리라고 해도 가려고 하지 않고, ③ 5월말일 명나라 전함이 후미의 배를 공격하였는데도 포를 쏘지 않고, ④ 발포하더라도 사람을 다치지 않게 하였으며, ⑤ 그 앞에 있던 배도 서로 구해주지 않았고. ⑥ 명나라 배 38척이 가까운 곳에 있는데도 싸우지 않았다. 이 싸움에서 조선군은 총과 활을 허공을 향해 쏘았다.

청에서는 임경업이 명나라와 내통하고 있다는 눈치는 채었으나 확증을 잡지 못했다. 그러나 1642년(인조 20) 청과의 싸움에서 패배한 명나라 병부상서 홍승주(洪承疇)는 청나라에 투항하여 우리나라와 명나라가 밀통(密通)한 사실을 자세히 말해줌으로서 조선이 명나라와 비밀리에 접촉한 사실을 알게 되었다. 또 선천부사 이계가 명나라 배와 몰래 상거래 한 것이 발각되어 이계를 조사하니 ① 선천부사 이계가 임경업이 최명길과 상의하여 독보를 명나라에 보내어 밀통한 사실, ② 명나라 배가 왔을 때 최명길이 임경업과 상의하여 (묘)향산의 승려 한 사람과 사공 4사람에게 문첩(文帖)을 주어 보냈는데 아직 돌아오지 않았다는 사실, ③ 홍승주의 휘하 오난영(烏鸞營)이 임경업이 수군을 거느리고 금주위 전투 때 일부러 풍랑에 밀려가고 끝내 교전하지 않았다는 사실 등이 밝혀지게 되었다.

이에 청나라에서 임경업을 잡아 보내라고 요구하자, 임경업이 청나라로 가던 중 황해도 금천군 금교역에서 자취를 감추었다.

라. 명나라 망명과 심기원 옥사

1642년(인조 20) 임경업이 금교에서 도망하여 산골짜기로 들어가 머리를 깎고 중이 된 뒤 양구(楊口)의 작은 절에 숨어 있다가 영동과 관서 지방을 두루 돌아다녔다. 1643년(인조 21) 서울로 돌아와 경강(京江)에 이르러 배 한 척을 빌려 상선을 가장하여 서울 마포에서 출발하여 해서(海西)를 통해 중국으로 가 처음에는 총병(摠兵) 마등고(馬騰高)의 휘하에 소속되어 있었는데, 청나라에 볼모로 가 있는 대군(大君)을 우리나라로 귀환시킬 계책을 세우고자 하였다.

1644년(인조 22) 3월 유적 이자성(李自成)이 명나라 수도를 함락하니 의종은 순국하였고, 명의 산해관 수비장 오삼계(吳三桂)가 관문을 열고 청군을 끌어들여 이자성을 격퇴하니 청나라가 북경을 점령하였다. 북경을 점령한 청나라는 임경업에게 초유문을 보냈는데 그 내용은 '…너는 진심으로 정성을 다하여 너를 따르는 사람들 및 섬 안의 백성들을 거느리고 앞장서 와서 귀순하라. 그렇게 하면 내가 의당 너의 재능을 헤아려서 공명의 길을 열어 보일 것이다. …' 하였다. 이에 대하여 임경업이 어떤 내용의 답서를 보냈는지 알 수 없지만 북경에서 회답하기를 '우리가 지금 너를 용서하니, 너는 섬에 있는 조선 사람들을 거느리고 너의 나라로 돌아가라' 하므로, 임경업이 귀국하려 했는데 이때 본국에서는 그의 후원자인 심기원의 옥사가 일어나 임경업이 연루되었다는 소식이 전해졌으니 그는 갈 곳을 잃어버렸다. 1645년(인조 23) 마총병이 5척의 배를 타고 남경으로 간다고 임경업을 속이고 배에 태워 청나라에 가서 항복하였다. 이에 임경업은 청의 포로가 되어 감옥에 구금되었다.

1644년(인조 22) 3월에 심기원은 회은군(懷恩君) 이덕인(李德仁)을 추대하려는 반란을 꾀하였다. 이 옥사에 임경업이 연루되었다 하여, 인조가 청나라에 임경업을 보내달라고 요청하여 1646년(인조 24) 죄인의 몸으로 압송되어 시민당(時敏堂)에서 인조의 친국을 받았으나 역모가담을 극력 부인하였다.

인조와 대신들이 임경업의 죄를 논하고 있는데, 승지 이시해(李時楷)가 임경업이 이미 죽었다고 보고하였다. 인조가 측은해하며 말하기를 '경업이 죽었단 말인가, 그가 역적이 아니라는 것을 밝혀 내가 그에게 알려주려 하였는데 틀렸구나. 그가 제법 장대하고 실하게 보이더니, 어찌 이렇게도 빨리 죽었단 말인가. 그리고 그는 담력이 커 국가가 믿고 의지할 만하였다. 그런데 도리어 흉악한 무리의 꾀임에 빠져 헛되이 죽고 말았으니, 애석할 뿐이다' 하였다.

임경업이 형신(刑訊 : 죄인을 고문하여 자백시키던 일)을 받게 되자 크게 부르짖기를 '조정에서는 이미 천하의 일이 안정되었다고 생각하는가, 오늘 나를 죽인다면 반드시 후회가 있을 것이다' 하였다. 그가 죽자 백성들이 그 소식을 듣고 불쌍해하지 않음이 없었다.

1642년(인조 20) 이후의 집권세력은 청의 우세를 인정하고 새로운 국제질서를 수용해야 한다는 친청세력과 대청 문제에 대한 반청운동을 보다 적극적으로 추진해야 한다는 반청세력으로 나누어 대립하였다. 대청정책을 둘러싼 정치적 갈등은 심기원의 역모사건을 계기로 하여 대립 양상이 더욱 날카로워졌다. 심기원은 김자점 등 친청파를 죽이고 인조를 상왕으로 모시고 회은군 이덕인을 추대하여 명나라와 연결시켜 청나라를 치려고 했고, 청나라를 치는 선봉장으로 임경업이 거론되었으며, 명나라와 연결하여 청나라를 치기 위해 임경업을 보내 명나라와 연결하려 하였다.

1644년(인조 22) 3월 명나라를 멸망시킨 청나라는 인질로 잡아두었던 소현세자와 청나라를 배척한다고 잡아갔던 척화신들을 모두 돌려보내니 심기원 역모사건으로 권력을 장악했던 친청파 김자점 일파는 위기를 느끼지 않을 수 없었다. 이에 친청파는 소현세자도 죽이고 주화파와 타협하여 봉림대군을 옹립하며 정권기반을 다진다. 이러한 과정에서 심기원 등과 함께 명나라와 연결하여 청나라를 치려는 선봉장이었던 임경업을 청나라에서 붙잡아 놓고도 죽이지 않자, 1645년(인조 23) 12월 김자점은 사은사로 간 기회를 이용하여 청나라 사신 정명수와 역관 이형장과 짜고 임경업을 본국으로 귀국시켜 심기원 옥사와 연루시켜 죽이려 하였다. 이러한 음모는 성공하여 임경업을 귀국시켜 김자점이 위관(委官)이 되어 임경업에게 형장을 가하여 1646년(인조 24) 6월 18일 형장에서 죽었다. 임경업의 나이 53세였으며 고향인 충주 달천에 장사지냈다.

임경업이 억울하게 죽은지 31년 후인 1677년(숙종 23) 임중번(林重蕃)이 글을 올려 그 조부 임경업의 원통함을 호소하자, 임경업의 관직을 회복하고 그의 사당인 충렬사를 세우게 했다. 1706년(숙종 32) 충민(忠愍)이란 시호를 내렸으며, 1791년(정조15) 정조는 규장각의 신하 김희(金熹)에게 『임경업실기(林慶業實紀)』를 편집하게 하고, 책이 이루어지자 정조가 서문을 지어주고 간행토록 명하였다. 또 7월에는 충민공 임경업의 비문을 써서 주고 새겨 충렬사에 세우도록 하니 이것이 어제달천충렬사비(御製達川忠烈祠碑)이다.

마. 임경업에 대한 후세의 평가

조선 중기의 문신이며 학자로 효종 때 이조판서에 임명되어 북벌 계획의 핵심인물로 활약하였고 현종 때 좌의정을 역임한 송시열이 임경업장군의 행장을 읽고 감격하여 『전기(傳記)』를 지었다. 또 송시열의 문인으로 지조와 곧은 절의가 있으며 숙종 때 이조참판을 역임했던 이선(李選)이 『충민공전(忠愍公傳)』을 지었고, 영조대에 대사성, 대제학, 예조의 판서를 역임한 황경원(黃景源)은 『황조배신전(皇朝陪臣傳)』을 지었으며, 이들 모두는 충민공 임경업의 전기를 지어 그의 업적을 찬양하였다.

『인조실록』에는 '임경업은 충원 사람이다. 무과로 발신(發身)하자, 상신(相臣) 김류가 그의 초일(超逸)한 재주를 사랑하여 청북방어사를 제수하였다. 그 지역은 가도와 심양 사이에 끼어 있었는데 제법 일을 잘 마무리하였으며 오랫동안 서쪽 국경에 있으면서 인심을 많이 얻었다. 그가 죽자 백성들이 그 소식을 듣고 불쌍해하지 않음이 없었다' 하였다.

영조 때 충주에 사는 유학 정만근(鄭萬根)이 상소하여 충민공 임경업의 사원(祠院)에 사액(賜額)해 주기를 청하니, 그 비답에 '임경업의 외로운 충성과 크나큰 절의는 선조(先朝)께서 포상했던 바이고 온 나라가 함께 칭송하던 바이다. 근자에 이르러 사액의 폐단을 내가 실로 병통으로 여기지만 이 사원 문제에 이르러서는 다른 서원과 다르니, 이를 해조(該曹)에서 즉시 거행토록 하라' 하였다.

이어 사론에 '임경업은 충주 사람으로 남한산성에서 하성(下城)을 당한 뒤에 중 독보를 불러 주문(奏文)을 써서 중국으로 들여보내 숭정황제가 조서(詔書)를 내리고 포가(褒嘉)하였다. 가도(椵島)·금주(錦州)의 일에 이르러서는 충절이 더욱 드러났다. 일찍이 바다를 건너 명나라 조정에 들어가 부총제(副摠制)의 직을 배수하여 마침내 사막을 쓸어서 깨끗이 하는 것을 자기의 임무로 여겼었는데, 명나라 국운이 이미 끝났고 조선으로 송환되어서는 역적 김자점에게 얽혀 들어 옥(獄)에서 죽으니 나라 사람들이 가련하게 여겼다' 하였다.

함석헌은『뜻으로 본 한국역사』에서 '임진란을 말하는 데 충무공을 뺄 수 없는 것같이, 병자호란을 말하는 데서 충민공을 내놓을 수는 없다. 그와 충무를 비교하면 잘 대조가 된다. 저가 나라의 남문을 지킨 대신 이는 북문을 지켰다. 저가 바다의 영웅이면 이는 육지의 호걸이다. 그 빼어난 재용(才勇)에서 같고, 그 뛰어난 식견에서 같고, 그 높은 충의의 인격에서 같다 .저를 병자(丙子)에 두었으면 임장군이 되었을 것이요, 이를 임진에 내놓았으면 이충무가 되었을 것이다. 그러나 둘의 운명은 달랐다. 그 한 몸 한 마음을 나라와 겨래 위해 바친 데서 다를 것이 없으나, 하나는 계획을 세워 세운 대로 성공이 되어 나라를 건지는 사명을 다하였고, 하나는 애를 쓰면 쓰는 대로 틀려나가 천고의 원한을 맺고 갔을 뿐이다. 그 재가 못하여서인가? 그 만났던 적국이 달라서인가? 아니다. 그보다 그때의 대세가 허하지 않았기 때문이다. 둘의 운명이 다름은 둘의 맡은 시대의 뜻이 다르기 때문이다. 우리가 생각하여도 심양을 사뭇 찌르자는 것은 해볼만한 전략이었다. 청 태종으로 하여금 간담을 서늘하게 만드는 그의 지략과 그의 기개가 병(兵)을 주고 시세로 허하여 그 쾌완(快腕)을 한번 마음껏 내두르게 하였더라면 혹은 그 피장부혜 아장부(彼丈夫兮 我丈夫)의 칼을 흑룡강 물에 씻었을 것이다' 하였다.

참고문헌

『조선왕조실록』, 『연려실기술』, 『증보문헌비고』, 『비변사등록』.
『통문관지』, 『심양장계』.

충민공임경업 장군 기념사업회, 1977, 『충민공 임장군 요람』, 제일출판사.
충민공실기발행 평택임씨대종회관, 1977, 『임충민공실기』.
함석헌, 1998, 『뜻으로 본 한국역사』, 제일출판사.
송갑득, 1998, 『낙안읍성』.
이기순, 1998, 『인조 · 효종대정치사연구』, 국학자료원.
지두환, 2000, 『인조대 후반 친청파와 반청파의 대립』, 『한국사상과 문화』.
한종구, 2001, 『임경업 장군 탄생전설 고찰』, 『충주대학교 논문집』 36- 1.
최일성, 2003, 『충민공 임경업 장군』, 『우륵 · 김생 · 임경업』, 예성문화연구회 편.

부 록

역대 왕조 계보

고 구 려 <삼국사기 B.C.37~668>

- 동명(성)왕 — 유리왕
  - 대무신왕 — 모본왕
  - 민중왕
  - 재 사
    - 태 조 왕 53~146
    - 차 대 왕 146~165
    - 신 대 왕 165~179
      - 고 국천왕 179~197
      - 신 상 왕 197~227
        - 동 천 왕 277~248 — 중 천 왕 248~270 — 서 천 왕 270~292
          - 봉 상 왕 292~300
          - 돌 고 — 미 천 왕 300~331 — 고국원왕 331~371
            - 소수림왕 371~384
            - 고국양왕 384~391 — 광개토대왕 391~413 — 장 수 왕 413~491 — 조 다 — 문자(명)왕 491~519
              - 안 장 왕 519~531
              - 안 원 왕 531~545 — 양 원 왕 545~559 — 평 원 왕 559~590
                - 영 양 왕 590~618
                - 영 류 왕 618~642
                - 태 양 — 보 장 왕 642~668

백 제 <삼국사기 B.C.18~660>

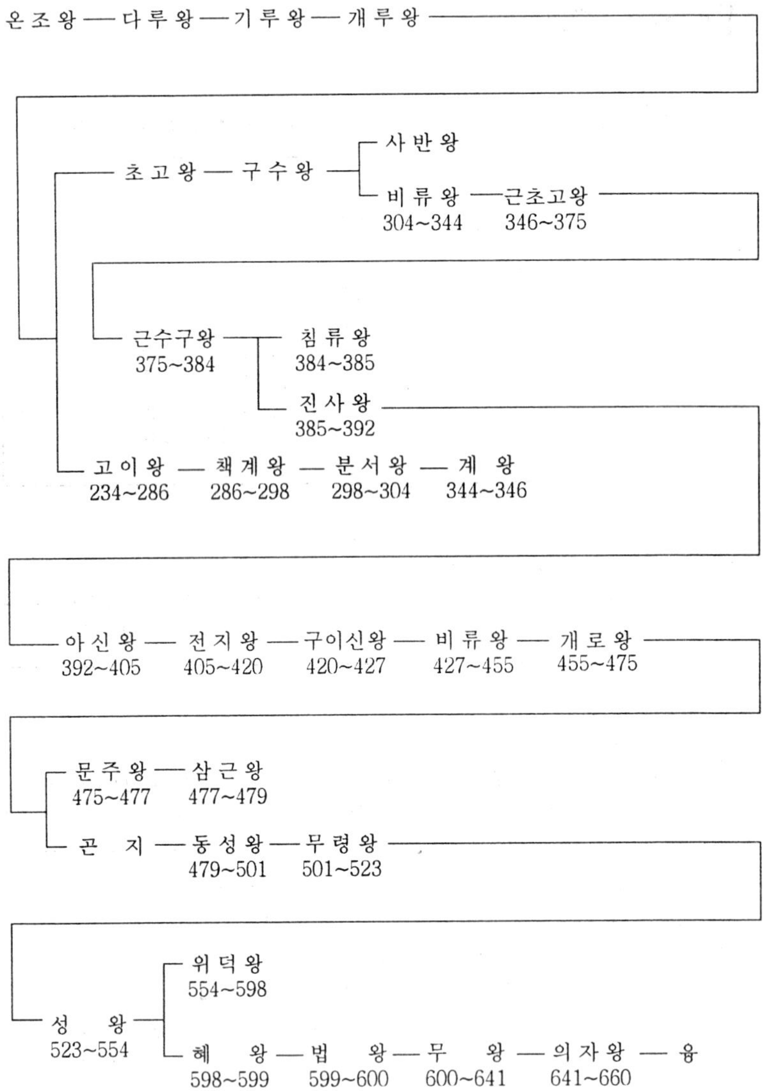

신 라 <삼국사기 B.C.57~935>

<박 씨> 7왕

- 혁거세—남해—유리
  - 파사—지마
  - 일성—아달라

<석 씨> 8왕

- 탈해—(구추)—벌휴
  - (골정)
    - 조분
      - 유례
      - (걸숙)—기림
    - 첨해
  - (이매)—나해—(우로)—흘해

<김 씨> 37왕

- 구도 (김알지 후손)
  - 미추
  - (말구)—내물 356~402
    - 눌지 417~458—자비 458~479—소지 479~500
    - □—(습보)—지증왕 500~514
      - 법흥왕 514~540
      - 입종—진흥왕 540~576
        - 동륜
          - 진평왕 579~632—선덕여왕 632~647
          - 국반—진덕여왕 647~654
        - 진지왕 576~579—용춘(문흥왕)—무열왕 654~661
          - 문무왕 661~681—신문왕 681~692
            - 효소왕 692~702
            - 성덕왕 702~737
              - 효성왕 737~742
              - 경덕왕 742~765
                - 혜공왕 765~780—선덕왕 780~785 (내물 10세손)
                  - 원성왕 785~798 (내물 12세손)
                    - 인겸
                      - 소성왕 798~800—애장왕 800~809
                      - 헌덕왕 809~826
                      - 흥덕왕 826~836
                      - 충공—민애왕 838~839
                    - 예영
                      - 헌정—희강왕 836~838 ☆
                      - 균정
                        - 신무왕 839—문성왕 839~857
                        - 헌안왕 857~861
- 대서지—실성 402~417

☆

계 명 — 경문왕 861~875
- 헌강왕 875~886 — 효공왕 897~912
- 정강왕 886~887
- 진성여왕 887~897

<박 씨> 3왕

신덕왕 912~917 (아달라 원 손)
- 경명왕 917~924
- 경애왕 924~927

<김 씨> 1왕

경순왕 927~935 (문성왕 6세 손)

발 해 <229년, 698~926>

고 왕 698~719 — 무 왕 719~737 — 문 왕 737~793

고 왕 698~719 ---- 폐왕 원의 793~793

문 왕 737~793
- 광 림 — 성 왕 793~794
- 강 왕 794~809
  - 정 왕 809~812
  - 희 왕 812~817
  - 간 왕 817~818

고 왕 698~719
- 야 발 — □ — □ — □
  - 선 왕 818~830 — 신 덕
    - 왕(이진) 830~857
    - 왕(건황) 858~871 — 현 석 871~894 — 위 해 894~906 — 인 선 906~926

고 려 <475년, 918~1392>

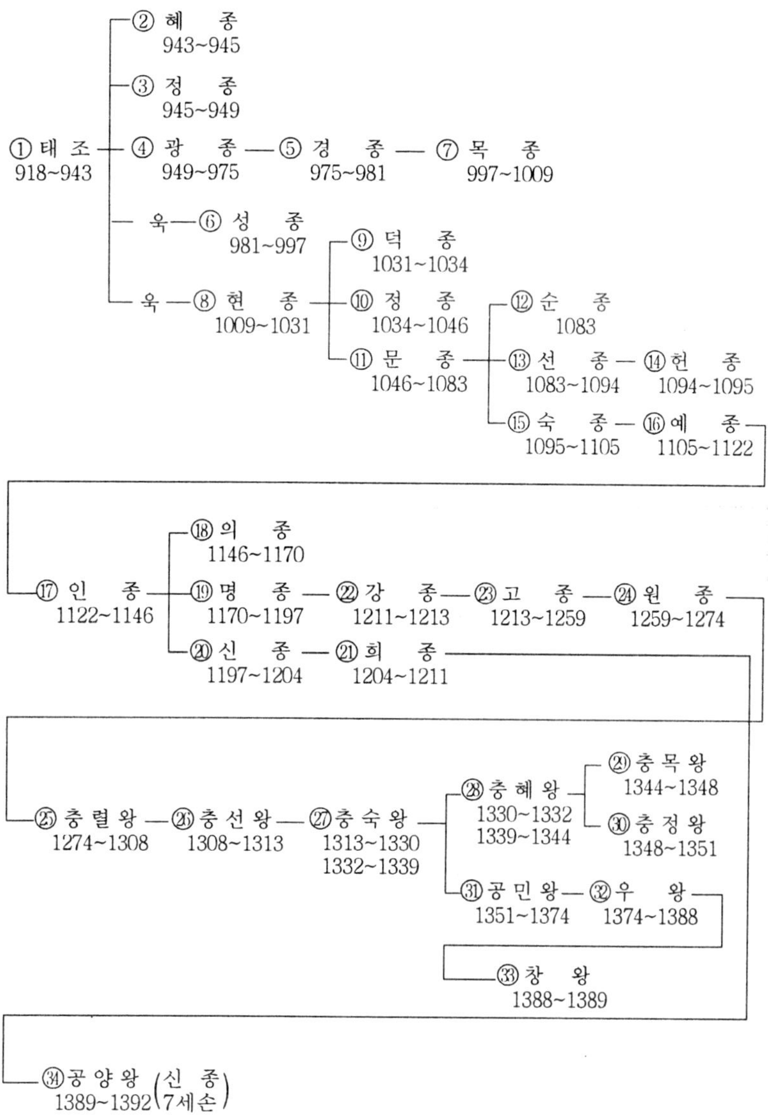

조 선 <519년, 1392~1910>

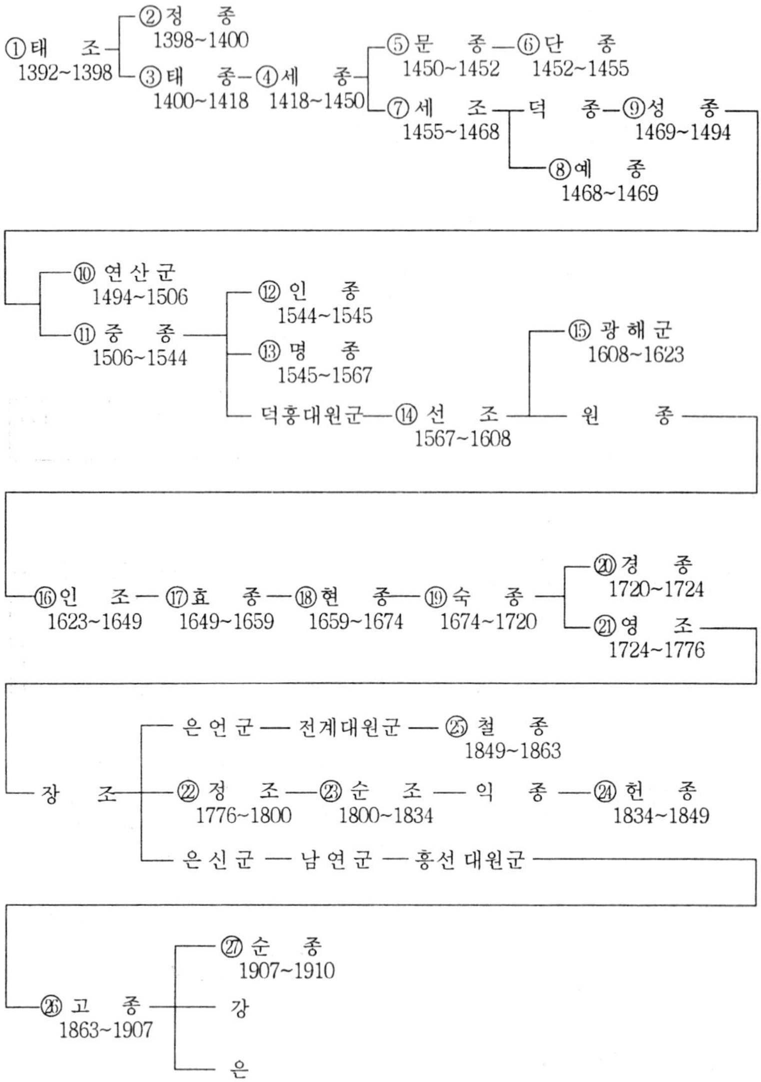

왕조 변천 일람표

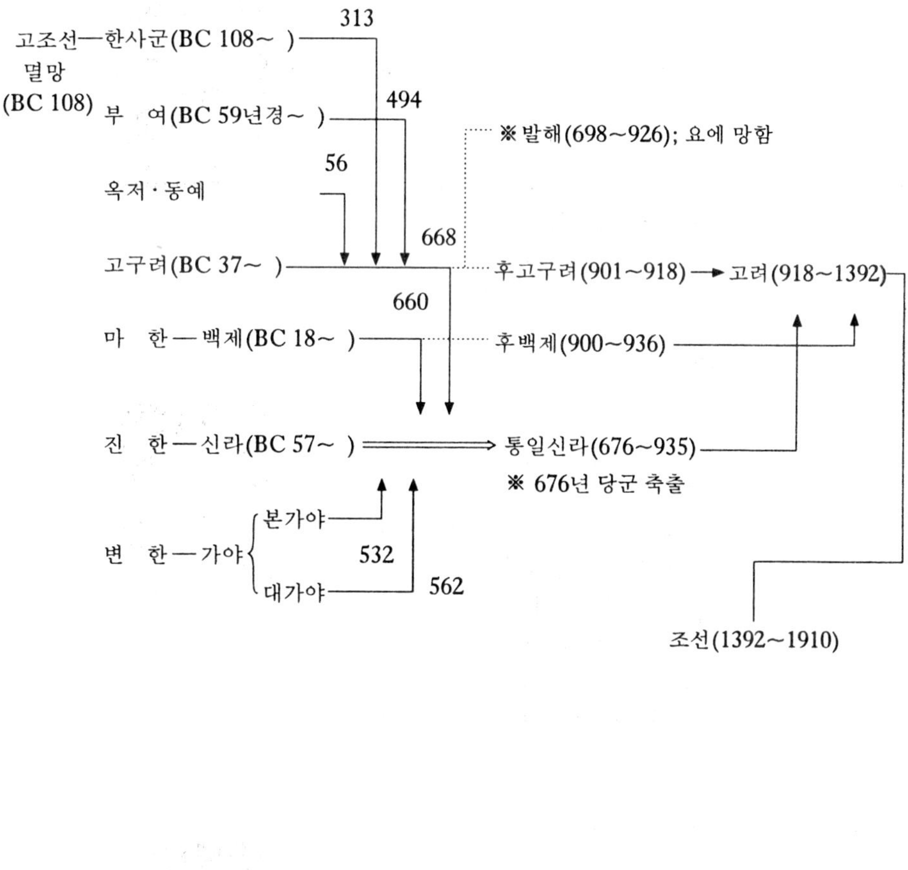
313
고조선—한사군(BC 108~)
멸망
(BC 108)
494
부 여(BC 59년경~)
※발해(698~926); 요에 망함
56
옥저·동예
668
고구려(BC 37~)
후고구려(901~918)
고려(918~1392)
660
마 한—백제(BC 18~)
후백제(900~936)
진 한—신라(BC 57~)
통일신라(676~935)
※ 676년 당군 축출
본가야
변 한—가야
532
대가야
562
조선(1392~1910)

저자 약력

최근영

고려대학교 사학과 졸업
단국대학교 대학원사학과(문학석사)
성균관대학교 대학원 사학과(문학박사)
국사편찬위원회 통사실장, 사료조사실장
편사부장(직대) 역임
단국대학교 겸임교수 역임
한국사학회장 역임
현 : 성균관대학교·상명대학교 강사
　충청북도 문화재위원회 위원

최일성

한국외국어대학교(문학사)
청주대학교 대학원 사학과(문학석사)
상명대학교 대학원 사학과(문학박사)
청주대학교·청주과학대학 강사 역임
충주대학교 박물관장 역임
현 : 충주박물관 자문위원
　충주시 문화 예술 자문위원회 문화재분과 위원
　충청북도 문화재위원회 위원
　충주대학교 교양과정부 교수

이헌주

고려대학교 사학과(문학사)
고려대학교 대학원 사학과(문학석사)
고려대학교 대학원 사학과 박사수료
고려대학교·세명대학교 강사 역임
현 : 고려사학회 평의원
　충주대학교 강사

(증보판)

시련과 극복의 한국사

2002년 3월 2일 초 판 발행
2008년 3월 3일 증보판 3쇄 발행

저 자 / 최근영 · 최일성 · 이헌주

발행자 / 오판근
발행처 / 교우사
주 소 / 서울 동대문구 제기2동 148-19
전 화 / 925-2861(대), 편집부 / 925-2825
팩 스 / 925-2860
E-mail / kw2861 @ chollian. net
http: // www. kyowoo. co. kr
등록 / 1994. 3. 24 제6-0256호

ISBN 978-89-8172-303-3 (93910)

값 **15,000**원